국역 한직일기

번역
김종학(서울대학교 정치외교학부 교수)
이미진(한국고전번역원 교정위원)

감수
양진석(전 서울대학교 규장각한국학연구원 학예연구관)

자료협조
서울대학교 규장각한국학연구원
한국학중앙연구원 장서각

서울사료총서 19
국역 **한직일기**

발행인	서울역사편찬원장 이상배
발행처	서울역사편찬원(history.seoul.go.kr) 서울특별시 송파구 올림픽로 424(02-413-9622)
기획·편집	박명호(시사편찬과장), 김웅호, 김현정
발행일	2022년 10월 31일
판매가	15,000원
디자인인쇄	온그라피
발간등록번호	51-6113542-000081-01
ISBN	979-11-6071-147-9 978-89-94033-03-7(세트)

서울사료총서 19

국역

한직일기

漢直日記

서울역사편찬원

발 간 사

서울역사편찬원은 1949년 서울시사편찬위원회로 설립된 이후, 서울의 역사를 연구하고 알리기 위해 다양한 사업을 진행하며 수많은 책을 발간해 왔습니다. 1956년 《동국여지비고東國輿地備攷》 발간으로 시작한 서울사료총서는 그 대표적인 사업입니다. 사료란 역사 연구와 편찬의 기본적인 자료입니다. 따라서 서울사료총서는 서울 역사 연구에 다가서기 위한 첫걸음이라고 할 수 있습니다. 서울역사편찬원은 연구자와 시민들이 그 첫걸음을 쉽게 내딛을 수 있도록 원문 사료를 조사하고 이를 한글로 번역하여 발간해 왔습니다.

이번에 발간하는 《국역 한직일기》는 19번째 서울사료총서입니다. 70여 년의 세월 동안 열아홉이라는 숫자는 결코 많은 수가 아닙니다. 서울사료총서의 진정한 가치는 바로 이 점에 있습니다. 눈에 보이는 성과나 양에 치중하지 않고, 가치있는 사료를 발굴하는 데 그 목적을 두고 내실 있게 진행했습니다. 이처럼 하나의 방향성을 가지고 오랜 역사와 경험을 바탕으로 발간한 책이 제19권 《국역 한직일기》입니다.

《한직일기漢直日記》는 한성부에서 작성한 업무 일지입니다. 날마다 날씨와 출근한 관리 명단, 국내 주요 관청 및 외국 공관과 주고받은 공문의 요지가 짧지만 요령있게 정리돼 있습니다. 물론 기재된 기간이 1903년 5월 26일~1904년 1월 18일, 1905년

1월 8일~1906년 1월 2일까지 2년 정도에 불과하다는 점이 아쉬움으로 남기도 합니다. 그렇지만 1894년 신설된 경무청에 치안과 호구조사 업무가 이관되고, 1895년 신설된 한성재판소에 사법 관련 업무가 이관되면서 소관 업무가 많이 줄어들었던 대한제국 시기 한성부의 모습을 잘 보여주는 몇 안 되는 사료입니다. 특히 이 시기 서울에서 발생한 사건들을 파악하는 데 많은 도움이 될 뿐만 아니라 외국 공관과의 관계 등 한성부가 처리했던 구체적인 업무를 알려 준다는 점에서 《한직일기》의 번역은 의미 있는 작업이라 생각합니다.

끝으로 책이 나오기까지 수고를 아끼지 않으신 번역자와 감수자 선생님, 서울역사편찬원의 연구원을 비롯한 관계자 여러분의 노고에 감사드립니다. 아무쪼록 이 책의 발간으로 우리들이 대한제국 시기 서울의 역사에 대해 더 많고 더 정확한 이해를 갖게 되기를 희망합니다.

독자 여러분의 애정 어린 질정을 부탁드립니다.

2022. 10.

서울역사편찬원장 **이 상 배**

목 차

- 장서각소장본

원문

- 규장각소장본

- 장서각소장본

해 제

《한직일기》는 한성부漢城府에서 작성한 업무 일지이다. 매일 처리한 사무 및 매일 입직入直한 관리의 명단과 함께 외국 공관과 왕복한 공문의 요지가 비교적 상세하게 기록되어 있어 한성부의 기능 및 한성에서 발생한 사건들을 파악하는 데 매우 중요한 자료이다. 현재 서울대학교 규장각한국학연구원과 한국학중앙연구원 장서각에 각각 1부가 소장되어 있는데, 규장각본은 1903년 5월 26일부터 1904년 1월 18일까지, 장서각본은 1905년 1월 8일부터 1906년 1월 2일까지의 내용이 실려 있다.

한성부는 조선 건국 초기인 1395년(태조 4)에 정2품 아문으로 창설되어 강제병합이 일어난 1910년까지 515년간 존속하면서 오늘날로 말하면 호적, 상업, 부동산, 교통, 사법과 치안, 위생과 빈민 구호 등의 업무를 관장했다. 그런데 1894년 갑오개혁 이후 한성부의 지위는 크게 낮아졌다. 예를 들어 사법의 경우 그동안 한성부는 살인과 강도 등 중죄인을 제외하고, 절도·화간和奸·구타 및 욕설 등의 경범죄를 즉결처분하고 해당 범죄자를 구속·심문할 수 있었을 뿐 아니라, 형식상 지방법원에 해당함에도 불구하고 묘지, 전답과 가옥, 노비와 관련한 소송에선 전국적인 영향력을 행사했다. 그러나 1895년 한성재판소가 설치되면서 그 사법 업무는 이관되고, 한성부는 오직 일반 행정만 수행하게 되었다. 덧붙여 말하면, 당시 통용된 영사재판권에 따르면 외국인이 원고가 된 경우에는 해당 국가의 영사가 자국 법률에 따라 재판권을 행사하고, 피고가 될 때는 조선(대한제국)의 사법절차에 따르되 영사가 청심관聽審官으로 재판에 참석할 수 있었다.

또한 1894년 8월 내무아문內務衙門 내 경무청警務廳이 신설되면서 치안, 소송, 호구조사의 업무가 한성부로부터 경무청으로 이관되었다. 이에 따라 한성부가 이들 업무를 수행할 때는 반드시 경무청에 협조를 구해야 했다. 1896년 9월 10일 칙령 제37호로 반포된 〈지방관리직제地方官吏職制〉에 따르면, 한성부의 장長인 판윤은 내부대신의 지휘 감독을 받아 한성 오서五署 구역 내 행정사무를 관장하고, 각부各部와 관계된 사무는 해당 대신의 지휘를 받아야 하며, 외국 영사와의 교섭은 오직 한성부 안에 거류하는 외국인의 인명과 재산에 관한 사항만 다룰 수 있었다. 이처럼 한성의 행정에서 경무청이 차지하는 비중이 커지면서 행정구역 또한 기존의 5부部에서 5서署 체제로 바뀌었다. 구체적으로는 한성부 → 서署(5개) → 방坊(47개) → 계契(288개) → 동洞(775개) → 통統 → 호戶로 재편되었다.

한성부 직제의 경우, 본래 정2품 판윤判尹, 종2품 좌윤左尹과 우윤右尹, 종4품 서윤庶尹 각 1명, 종5품 판관判官 1명과 종6품 주부主簿 2명이 있었지만, 갑오개혁 시기에 이르러 판윤과 소윤少尹 외에 좌윤과 우윤은 없애고 판관과 주부는 주사主事로 개칭하는 식으로 직제가 변경되었다.

이상의 배경을 염두에 두고, 《한직일기》를 통해 1903년부터 1906년까지 한성부의 주요 업무를 살펴보면 다음과 같다.

① 외국인 부동산 거래의 통제

한성에 외국 상인이 공식적으로 거류하기 시작한 계기는 1882년에 발발한 임오군란壬午軍亂이었다. 조선 정부는 그 처리 과정에서 일본과 〈조일수호조규朝日修好條規 속약續約〉(1882.8.30., 이하 양력)을 체결했는데, 그 제1조는 원산·부산·인천 등 개항장에서의 자유 통행 구역을 2년 후 100리로 확대하는 한편, 1년 후에 양화진楊花津을 개시장開市場으로 지정할 것을 규정했다. 또 같은 해 10월 4일 청국과 체결한 〈조청상민수륙무역장정朝淸商民水陸貿易章程〉의 제4조에서는 한성과 양화진에서 청국 상인이 거주, 통상할 수 있는 권리와 함께 영사領事에 해당하는 상무위원의 치외법권 및 영사재판권을 인정했다. 이는 제2차 조영 및 〈조독수호통상조약〉을 비롯해서 러시아, 오스트리아, 이탈리아, 벨기에, 덴마크와의 조약에도 동일하게 적용되었다. 미국은 이미 〈조미수호통상조약〉(1882.5.22.)으로 최혜국 대우를 주장할 권리를 갖고 있었고, 일본 또한 〈조일통상장정〉 및 〈해관세칙〉(1883.7.25.)에서 이 조항을 신설했다. 이로써 한성은 당시 동아시아 3국의 도시 중에서도 보기 드문 자유로운 개시장이 되었다. 이후 한성에 거류하는 외국인의 수는 점차 늘어나서, 시노부 준페이[信夫淳平]의 《한반도韓半島》(1911)의 통계에 따르면, 1908년을 기준으로 일본인 1,734명, 청국인 1,517명, 영국인 17명, 프랑스인 10명, 독일인 13명, 미국인 15명, 포르투갈인 3명, 그리스인 1명, 네덜란드인 2명, 이탈리아인 4명 등 3,000명 이상에 달했다.

한성에 거주하는 외국인이 증가함에 따라 가옥 및 토지의 매매가 급증했다. 이로 인해 그 가격 또한 크게 올라서, 1900년부터 1902년까지 불과 2년 사이에 한성 내 토지 및 가옥의 가격은 거의 5배가 폭등하고 남서南署 지역 등 상업지구에서는 50% 이상의 주거지 변동이 발생했다. 이와 함께 외국인이 조선인의 가옥과 토지를 전집典執(전당)하는 사례도 늘어서 1903년 1월 8일자 《황성신문皇城新聞》의 논설에 따르면, 한성 내 전체 4만여 가옥의 40%에 달하는 1만 6천여 가옥이 외국인에게 저당 잡혀 있다고 할 정도가 되었다. 이 과정에서 집문서나 토지문서를 위조하거나 훔쳐서 거래하고, 또 원소유자 몰래 저당을 잡혀 돈을 빌리는 등 많은 문제점과 혼란이 발생했다.

이에 대해 조선 정부는 이미 1893년부터 한성부를 통해 외국인의 부동산 거래를 공증하는 가계제도家契制度를 시행했다. 가계家契란 한성부에서 가옥의 소유권을 증명하기 위해 발급한 공문서를 말한다. 즉, 가옥을 매매할 때는 한성부에 구계舊契를 반납하고 신계新契로 교환하도록 하며, 전당할 경우에는 당사자가 가계家契를 신청해서 그 내용을 등록하게 한 것이다. 입안立案과 입지立旨 등 관에 의한 부동산 공증제도는 이미 오래전부터 시행되고 있었지만, 이 시기 가계제도는 그 양식을 통일하는 한편 외국인의 무분별한 부동산 획득을 저지하려는 데 그 목적이 있었다.

이 밖에도 대한제국 정부는 외국인의 부동산 거래를 통제하기 위해 다양한 시도를 했다. 1898년에는 양전量田, 즉 토지 측량을 전담하는 관청으로 양지아문量地衙門을 설립함과 동시에 한성부 토지 전체를 관유지로 설정하고 오직 가옥의 소유만 허용하는 정책을 추진했다. 또 한성부는 1898년 6월 고시 제7호를 통해 부동산 중개인인 가쾌家☒를 지정해서 이들에게만 가옥의 매매를 허가하고, 1900년 11월에는 외국인이 내국인 소유 가옥을 매득할 때는 거간을 담당하는 가쾌로 하여금 한성부에 사전에 보고를 해서 허가를 받을 것을 고시하는 등 일종의 거래 허가제를 도입했다. 1902년 10월에는 궁궐 담장 500m 내 외국인 가옥 소유를 금지하는 조처를 내리기도 했다. 그 정점은 1901년 10월 지계아문地契衙門의 창설이었다. 이는 한성을 포함한 전국의 지계地契, 즉 개인의 토지 소유권을 국가에서 인정하는 문서를 정리하고 관리하기 위한 것으로, 그 의도는 사적 토지거래에 대한 공인과 통제를 더욱 강화하는 한편, 외국인에 의한 거래를 제한하려는 데 있었다.

특히 외국인에 의한 부동산 거래에 대해 그 가계家契 및 지계地契의 교환과 신규 발급 업무를 맡은 한성부는 아직 양전量田이 완료되지 않았다거나 아직 새로운 관계官契가 시행되기 전이라는 이유 등을 내세우며 인색하게 대처했다. 《한직일기》에서 보이듯이, 이는 각국 공관과 한성부 간의 심각한 분쟁을 야기했다. 그리고 국가의 토지 소유권을 확립하고 외국인의 토지 침탈을 막으려는 일련의 시도는 일본을 위시한 외국 공사관의 항의와 방해로 거의 성과를 거두지 못했다. 예를 들어 1900년의 외국인 가옥거래 허가제는 일본공사 하야시 곤스케[林權助], 미국공사 알렌(H. N. Allen) 등의 항의로 철회되었고, 궁궐 담장 500m 이내 외국인의 가옥 소유를 금지한 조처 또한 경운궁에서는 250m, 왕실 사당이나 궁궐에서는 150m로 축소되었던 것이다. 결국 광무황제(고종)는 1904년 1월 지계아문을 축소해서 탁지부 양지국量地局에 소속시키고 4월에는 관계官契의 발급을 중단했다. 이로써 대한제국의 양전 및 외국인의 부동산 거래 통제 시도는 좌절되고 말았다.

② 호적 관리

조선왕조 500년간 한성부의 가장 중요한 업무는 전국의 호적을 관리하고 보관하는 일이었다. 그런데 앞에서 언급한 것처럼, 갑오개혁 이후 실제 호구조사는 경무청이 담당하고, 한성부는 오직 그 계획을 공포하고 조사에 응하지 않은 호주의 처벌을 경무청에 의뢰하는 역할만 담당하게 되었다.

한편 이 시기 〈호적법〉의 강화는 부동산 거래 질서의 확립 및 외국인의 부동산 소유 통제와 밀접히 관련되어 있었다. 1898년 1월 7일 반포된 한성부 고시 제1호에 따르면, 이제 백성들은 각각 호적용지를 구입해서 기입하되 그 내용에는 통호統戶와 호주 및 가구 구성원의 성명뿐만 아니라 가옥구조까지 적어야 했다. 다시 말해 이는 호적과 가옥대장의 용도를 겸한 것이었다. 그리고 가옥을 매매할 때는 반드시 한성부에서 이 대장에 의거해서 관계官契를 발급했으므로, 호적 신고를 하지 않은 자는 아예 가옥의 매매를 할 수 없게 한 것이다.

③ 위생 및 시신 관리

조선 초기부터 한성부는 주민의 위생을 위해 개천을 준설하거나 오물을 처리하는 업무를 중요시했다. 특히 개항 이후에는 각지에 쓰레기 적치장[汚穢場]을 지정하고, 이를 어기고 오물을 아무 데나 버리거나 쓰레기 적치장을 사적으로 이용한 사람에 대해서는 경무청에 처벌을 의뢰했다. 개천(청계천)의 오염을 막기 위해 개천의 주변 주민들에게 그 청결을 관리하는 책임을 지우기도 했다. 이와 함께 경무청의 협조를 얻어 개천을 수시로 준설하거나 교량과 도로를 보수, 확장하는 것도 한성부의 업무였다.

한성부의 호적 관리와 관련해서 신원 불상의 시신을 처리하는 일도 한성부 소관이었다. 한성에서 사망자가 발생하면 그 시신은 반드시 서소문과 광희문[水口門]을 통해 운구하는 것이 조선 시대의 관례였다. 이에 따라 한성부에서는 사망자 통계를 위해 두 문의 시신 운구를 관리했다. 그리고 1899년 1월에는 걸인의 동사凍死를 막기 위해 5서署에 각각 토막土幕을 설치하여 이들을 구휼하기도 했다.

《한직일기》는 사실 한성부의 일상의 업무를 정리한 매우 무미건조한 기록이다. 하지만 유일하게 기록자가 격정을 토로한 구절이 있다. 바로 1905년 11월 17일 체결된 을사늑약(제2차 한일협약)에 관한 대목이다.

> 오전 1시경, 이토 히로부미와 하세가와[長谷川]가 정부 대신들과 어전에서 회의를 열고 신약新約 4건을 성립시켰다. 참정대신 한규설韓圭卨은 반대해서 유배되었다. 외부대신 박제순朴齊純, 내부대신 이지용李址鎔, 농부대신 권중현權重顯, 탁지부대신 민영기閔泳綺, 학부대신 이완용李完用, 법부대신 이하영李夏榮, 군부대신 이근택李根澤, 궁내부대신 이재극李載克이 일체一體로 조인했다. 통곡하고 통곡할 뿐이다. … 500년 종사宗社가 오늘에 이르러 이 지경이 되었는가! 통곡하고 통곡할 뿐이다.
>
> (《한직일기》, 1905년 11월 18일)

《한직일기》가 마지막으로 기록된 1905년은 대한제국이 외교권을 잃고 일제의 피보호국으로 전락한 해였다. 7월 29일에는 미국과 일본 간에 가쓰라-태프트 밀약이 이뤄지고 8월 2일에는 제2차 영일동맹을 통해 영국이 일본에 의한 한국의 보호국화를 승인했다. 또 9월 5일에는 포츠머스 강화조약을 통해 대한제국에 대한 일본의 지도,

보호, 감독권이 공인되었다. 이러한 관점에서 본다면 을사늑약은 이미 제국주의 열강에 의해 정해진 대한제국의 운명을 재확인하는 요식 행위에 지나지 않았다.

일제가 병합조약을 강제하여 대한제국의 주권을 완전히 탈취한 것은 그로부터 5년 뒤인 1910년 8월 29일의 일이었다. 그리고 한 달 후, 칙령 제357호 〈조선총독부지방관관제朝鮮總督府地方官官制〉를 반포하여 한성부를 경성부京城府로 개칭하고 부윤에 오바 간이치[大庭寬一]를 임명했다. 515년간 조선왕조의 왕도王都인 한성을 관리해온 한성부는 이로써 영원히 역사의 뒤안길로 사라졌다.

《한직일기》는 조선 시대의 다른 관찬 사료와 비교할 때 오탈자가 많고 문장이나 기록의 수준도 높지 않다. 이로 인해 번역이 쉽지 않았던 것도 사실이다. 하지만 이보다 더 작업을 어렵게 한 것은 그 문서의 조악함이 마치 망국亡國의 운명을 반영하는 것처럼 여겨지는 데서 오는 처연한 감정이었다. 물론 이 점이 여러 오역에 대한 역자들의 책임을 면해주지는 못 한다. 이 번역서가 대한제국기 한성부의 역할과 사회 변화상을 이해하는 데 도움이 되기를 희망한다.

김종학(서울대 정치외교학부 교수)

일러두기

- 이 번역서는 서울대학교 규장각한국학연구원 소장 《漢直日記》(奎21795)와 한국학중앙연구원 장서각 소장 《漢直日記》(PB6B-50)를 저본으로 삼았다.
- 공문의 수발신을 뜻하는 '去'와 '來'는 각각 '발송함', '접수함'으로 풀이했다. '去'와 '來'로 수발신 관계가 표기되지 않은 경우는 문맥이나 전후 관계로 미루어 임의로 표기했다.
- 공문 중에서 요구나 지시에 관한 것은 '~할 것', 업무 및 문서의 요지는 '~하는 건', '~함' 등으로 옮겼다.
- 난해하거나 오해할 수 있는 용어는 한자를 병기하되, 같은 달에 다시 나오는 경우에는 병기하지 않았다. 단, 한성부 관원의 경우 처음 나올 때 한 차례만 한자를 병기했다.
- 외국 인명의 경우 서양인과 일본인은 원음, 중국인은 한자음으로 옮겼다. 단, 한자로 표기한 외국 인명 가운데 원음을 확인할 수 없는 경우에는 한자음대로 옮겼다.
- 널리 알려지지 않은 관청이나 지명 등은 처음 나오는 기사에 각주를 달아 설명했다.
- 용어의 간략한 설명은 각주 대신 본문에 위 첨자 형식의 괄호 안에 넣었다. 단, 원문의 할주(割註)와 난외두주(欄外頭註)는 【 】로 표기했다.
- 원문에는 없지만 독자의 이해를 위해 덧붙인 구절은 괄호 안에 표기했다.
- 판독이 불가능한 글자는 □로 표기했다.

규장각 소장본

광무7년 5월 — 광무8년 1월

광무 7년
(1903)

5월

26일(화)[1] |

○ 소윤少尹 하규일河圭一, 주사主事 이의식李宜植·김우현金宇鉉·안봉호安鳳鎬가 출근[進]하다. 강준영姜準永이 숙직[入直]하다.[2]

○ 육군법원의 훈령을 접수함. 「일본 체부遞夫(우편 집배원)가 우리 병졸을 구타한 안건과 관련하여, 오는 목요일 오후 1시에 회동하여 심결審決하는 건」

○ 중서中署의 조회를 접수함. 「본서(중서) 내 호적지戶籍紙와 호구 실수實數의 성책成冊은 안동眼同(회동·입회)해서 작성, 교부할 것」

27일(수) |

○ 소윤 하규일, 주사 이의식·김우현·안봉호가 출근하다. 강준영이 숙직하다.

○ 청 공관의 공함空函을 접수함. 「청 상인[華商] 금성태錦盛泰가 구타당해 상해를 입고 점포에서 전화錢貨를 강탈당한 사건을 회동하여 신문하는 건」

○ 서서西署의 조회를 접수함. 「본서(서서) 효창원孝昌園 산에서 남성 시신 1구를 수습하여 매장한 비용을 지급할 것」

---

1 26일과 27일, 31일은 날씨 기록이 없다.

2 이 책에서는 '進'은 '출근하다'로, '入直'은 '숙직하다'로 풀이하였다.

○ 일본 공관의 조회를 접수함. 「우리 우편체송인郵便遞送人 모리 겐시로[森源四郎]가 시위대 병정과 연루된 사안과 관련하여, 당當 관원館員이 회심會審하는 건」

○ 일본 공관에 조회를 발송함. 「일본 우편체송인 모리[森]가 구타한 병졸과 관련하여, 내일 오후 1시에 우리 육군법원에서 회심하는 건」

○ 청 공관에 조회를 발송함. 「청 상인 서배인徐培仁이 법정을 모욕[唾詈]한 사건과 관련하여, 일개 장사치의 흉악한 습관을 속히 엄중히 징계할 것」

28일(목) | 반은 흐리고 반은 맑음.

○ 민 판윤,[3] 소윤 하규일, 주사 김우현·안봉호·강준영이 출근하다. 이의식이 숙직하다.

○ 원수부元帥府에 보고를 발송함. 「청 상인 금성태를 구타하고 소동을 피운 병졸 김운길金云吉을 회심하여 엄중히 징판懲辨하는 건」

○ 농부農部에 보고를 발송함. 「용산 연강沿江 등지에 설립한 중상회사中商會社를 다른 사람이 속히 철파撤罷함」

○ 미국 공관에 조회를 발송함. 「본부(한성부) 주사 이규연李奎淵의 가옥에 붙은 미국인 콜브란·보스트윅[4]의 문패를 떼내어[撤銷][5] 돌려주는 건[繳交]」[6]

29일(금) | 큰비가 내림.

○ 주사 김우현·안봉호가 출근하다. 이의식이 숙직하다.

○ 서서西署의 조회를 접수함. 「본서(서서)의 호적지 값을 보낼 것」

○ 일본 공관의 공함을 접수함. 「우리 병사兵舍 통행로에 신축한 와옥瓦屋(기와집)은 매 칸 2,200냥 이내로 결정하는 건」

---

3 당시 한성판윤은 민경식(閔慶植)이었다.

4 콜브란(Henry Collbran, 高佛安)·보스트윅(Hany R. Bostwick, 宝時旭): 고종과 함께 한미전기회사(韓美電氣會社)를 차리고 중요 사업인 전차 노선의 부설과 전등의 가설 사업을 진행했다.

5 철소(鐵銷): 법령 등을 취소하거나 철회함.

6 작교(繳交): 서류나 물건 등을 반송함.

○ 독일 공관의 조회를 접수함. 「독일인 고샬키[7]가 전당 잡은 가옥을 매도한 최치홍崔致弘의 집을 새로 매입한 현흥택玄興澤이 그 사들인 집터를 획득한 건」

30일(토) | 비.

○ 민 판윤, 주사 이의식·안봉호·강준영이 출근하다. 김우현이 숙직하다.

○ 육군법원의 훈령을 접수함. 「청 상인 금성태호[8]에서 소란을 피웠다고 하는 병정은 어떠한 증거도 없으니 다시 분명하게 내시來示할 것」

○ 미국 공관의 조복照復을 접수함. 「이상필李相弼이 전집典執한 이규연의 가옥을 다시 콜브란과 보스트윅에게 넘길 것」

○ 중서中署의 조회를 접수함. 「상동相洞 장내掌內에서 남성 시신을 수습하여 매장한 비용을 청구함」

○ 경무청에 조회를 발송함. 「프랑스인 마르텔[9]의 집에 돌을 던진 범인들을 별도로 조사해서 엄중히 징판할 것」

○ 미국 공관에 조복을 발송함. 「미국 장로교회가 교환한 남대문 밖 터와 가옥의 계권契券을 전례에 따라 작성하여 교부하는 건」

31일(일) |

○ 주사 김우현이 숙직하다.

---

7 고샬키(A. Gorschalki, 高率基): 독일 상인으로서 1884년부터 제물포에서 영업을 시작했다.

8 호(號)는 상점을 뜻한다.

9 마르텔(Martel. E, 馬太乙): 벨기에 명예 영사로 조선총독부 체신국 촉탁, 경성제국대학 법문학부 불어 강사, 동성학교 불어 강사, 일본기독교청년회관 불어동호회 강사 등을 역임했다.

광무 7년
(1903)

6월

■ **1일(월) | 흐림.**

○ 민 판윤, 소윤 하규일, 주사 이의식·김우현·강준영이 출근하다. 안봉호가 숙직하다.

○ 일본 공관에 조회를 발송함. 「가와즈 싯치[川津志智] 외 2명이 매수한 가옥의 가계를 신계新契로 교환해주는 건」[1]

○ 러시아 공관의 조복을 접수함. 「우리나라 사람 '이기싸'가 현재 외국에 나갔으니 돌아온 후 상세히 조사해서 다시 명백히 알려주겠음」

○ 북서北署의 조회를 접수함. 「호적지戶籍紙와 통표지統表紙를 송부하는 건」

○ 농상공부農商工部의 지령을 접수함. 「태속중상회사太屬中商會社의 해당 상세 문건은 즉시 철소撤銷하고 구류한 상인들을 모두 즉시 석방할 것」

○ 이탈리아 공관의 조회를 접수함. 「우리나라 사람 비이로費伊魯의 집터 관계官契 사안을 선처해줄 것」

○ 한성재판소의 조회를 접수함. 「강화江華 공전公錢과 관련하여, 안기현安基鉉의 해당 가옥 판권板券을 즉시 내어 송부할 것」

---

1 1893년 경성에 처음으로 가계, 가권이란 관문서를 발급하기 시작하였다. 가옥 매매의 경우는 구계(舊契)를 반납하게 하고 신계를 발급하였다. 또 가옥을 저당할 경우 소관 관청에 신청해 가계에 그 내용을 구체적으로 적도록 하였다. 예부터 매매 과정에서 종종 폐풍(弊風)이 발생하기도 하였는데 이 제도 덕분에 그러한 폐풍이 조금이나마 개선되었다. 그러나 한국에는 아직 완전한 등기제도가 없어 때때로 한 가옥에 여러 첩의 가권이 설정되거나 유사 증서가 작성되는 바람에 분쟁이 자주 일어났다(서울특별시 시사편찬위원회, 《국역 경성부사 2》, 2013, 378쪽).

○ 청 공관의 공함을 접수함.「청 상인[華商] 운무천雲茂川 안건을 속히 타결할 것」[2]

2일(화) | 이른 아침부터 가랑비가 내리거나 흐리다가 저녁 늦게 갬.

○ 소윤 하규일, 주사 이의식·김우현·강준영이 출근하다. 안봉호가 숙직하다.

○ 일본 공관에 공함을 발송함.「경부철도 공역비工役費 중 절취[3]와 성토[4]의 평수坪數는 모두 2푼分으로 계산해서 지급하는 것과 품삯[雇]의 정규定規가 어떠한지 상세히 알려줄 것. 그리고 병사兵舍 통로에 들어온 가옥의 가격을 금일 내로 송부할 것」

3일(수) | 맑음.

○ 소윤 하규일, 주사 이의식·김우현·안봉호가 출근하다. 강준영이 숙직하다.

○ 미국 공관의 조회를 접수함.「미국인 콜브란이 회동會洞의 정인헌鄭寅獻에게 매입한 집의 구계舊契를 다시 돌려주는[繳交] 건」

○ 경무청의 조회를 접수함.「이번 빗물에 서서西署 약현본동藥峴本洞의 왜교矮橋가 붕괴되고 중서中署 종로鍾路의 입전立廛·병문屛門·은구隱溝(땅속에 묻은 수채)·교량 4개가 무너졌으니 속히 보수할 것」

○ 동서東署의 조회를 접수함.「호적戶籍과 성책成冊 2건의 비용을 송부함」

○ 경무청의 조복을 접수함.「프랑스인 마르텔의 집에 투석投石한 안건과 관련하여, 해당 서署에 훈칙訓飭해서 금지하고 단속함」

○ 일본 공관의 조복을 접수함.「경부철도회사 계약의 공구工區 부분이 과연 몇 공구 내 제 몇 호號에 있는지 알려줄 것」

---

2 당시 청 상인 운무천이 철도 건축 청부를 맡는 과정 중에 우리나라 관리가 위조된 증명서를 발급해서 속인 사건이 있었다(박정현 외, 《중국 근대 공문서에 나타난 한중 관계》, 한국학술정보, 2013, 429~430쪽).

3 절취(切取): 원래 지반의 흙을 일정한 방향으로 깎는 일.

4 성토(盛土): 토목공사에서 지반 조성을 위해 흙을 쌓아 올리는 것.

4일(목) | 맑음.

○ 민 판윤, 소윤 하규일, 주사 이의식·안봉호가 출근하다. 강준영이 숙직하다.

○ 남서南署의 조회를 접수함. 「호적지와 성책成冊 1건을 송부함」

○ 이탈리아 공관의 조회를 접수함. 「본 총영사 모나코Attilio Monaco, 毛樂高가 부임 즉시 업무를 봄」

○ 내부內部에 조회를 발송함. 「서서 왜교 및 중서 입전·병문·은구·교량을 즉시 보수하는 건」

5일(금) | 반은 흐리고 반은 맑음.

○ 민 판윤, 주사 김우현·안봉호·강준영이 출근하다. 이의식이 숙직하다.

○ 원수부의 훈령을 접수함. 「병정 김성운金聖云을 구타한 김경락金景洛 놈을 체포해서 구수拘囚한 후 엄중히 징판할 것」

○ 위와 같음.[5] 「병정 이민화李敏化의 처 및 재산과 가재를 유인誘引한 구 소사召史[6]를 엄중히 조사해서 징치懲治할 것」

○ 원수부의 지령을 접수함. 「청 상인[華商] 안운청安雲清의 채원菜園에서 한국 병졸 몇 명이 술에 취해[乘醉] 구타당한 사건은 여러 가지로 조사했지만 끝내 확실한 증거를 찾지 못했으니, 해당 영사관에 조회를 보낼 것」

○ 청 공관의 공함을 접수함. 「청 상인 임순옥林順玉의 분실물과 전재錢財를 훔쳐 간 사람을 상세히 조사하도록 확실히 통지할 것」

○ 미국 공관에 조회를 발송함. 「남대문 밖의 남묘南廟 뒷 기슭에 미국인 언더우드[7]가 일으킨 공역工役을 즉시 중단하고 (이미 세운 건물 등은) 철거할 것」

---

5 원문의 '上仝'(위와 같음)은 바로 위의 '元帥府來訓'(원수부의 훈령을 접수함)을 의미한다.

6 소사: 평민 신분의 과부에게 붙이는 호칭.

7 언더우드(Horace Grant Underwood, 元杜羽): 미국 북장로교 선교사로 1885년 조선에 들어왔다. 광혜원(廣惠院)에서 제약사로 일했고, 제중원 의학교에서 물리와 화학을 가르쳤다.

6일(토) | 맑음.

○ 민 판윤, 소윤 하규일, 주사 김우현·안봉호·강준영이 출근하다. 이의식이 입직하다.

○ 내부內部 토목국土木局의 조복을 접수함. 「붕괴 교량 두 곳의 수축修築과 관련하여, 공사비를 방금 탁지부에 청구함」

○ 일본 공관의 공문을 접수함. 「철도 공역에 사용할 모래를 채취하는 역부役夫가 체포되었으니, 즉시 시흥군始興郡에 공문을 보내 석방할 것」

○ 중서中署의 조회를 접수함. 「본서(중서) 혜정교惠政橋에서 남성 시신 1구를 수습하여 매장한 비용을 지급할 것」

○ 청 공관에 조복을 발송함. 「청 상인 안운청에게 구타당한 한병韓兵의 성명을 다시 조사해서 시명示明할 것」

○ 이탈리아 공관에 조복을 발송함. 「파충[8]하여 업무를 본 것을 축하함」

7일(일) | 맑음.

○ 주사 김우현이 숙직하다.

8일(월) | 맑음.

○ 민 판윤, 소윤 하규일, 주사 이의식·안봉호·강준영이 출근하다. 김우현이 숙직하다.

○ 청 공관의 공함을 접수함. 「청 순사[華捕]가 전에 금성태호錦盛泰號에서 소란을 부린 한변韓弁 성명 김운길이라는 자를 체포했는데, 동서東署의 순포巡捕와 헌병 부위副尉 홍중유洪中裕가 군부에 호송한 건」

○ 한성재판소에 조복을 발송함. 「철도 공역에 지급한 공부工部의 공사구역[工區]을 시명할 것」

○ 경무청에 조회를 발송함. 「청 상인 임순옥이 화물貨物 강도를 당한 사건과 관련하여, 별도로 염탐해서 끝까지 조사할 것」

---

8 파충(派充): 관리를 임명하여 충원함.

○ 궁내부에 보고를 발송함. 「시흥始興 삼막동三幕洞 경부철도 채사장採砂場 역부役夫를 금지한 사건의 전말을 소상하게 시명할 것」

○ 원수부에 보고를 발송함. 「시위대侍衛隊 병졸 김성운이 이민화 부부에게 구타를 당한 것은 실로 본부(한성부)에서 처리할 수 있는 것이 아님」

9일(화) | 맑음.

○ 민 판윤, 소윤 하규일, 주사 이의식·김우현·강준영이 출근하다. 안봉호가 숙직하다.

○ 농상공부에 보고를 발송함. 「오서[9] 내 각 전포세典舖稅 음력 4월분 240원, 벌금 50원 그리고 성책成冊 1건을 송부함」

○ 미국 공관의 조복을 접수함. 「미국인 콜브란·보스트윅이 전집典執한 이규연의 가계家契를 교환해줄 것」

○ 농상공부의 지령을 접수함. 「오서五署 내 각 전포세와 벌금 290원, 성책 1건의 수봉收捧(징수)을 승인함」

○ 경무청의 조복을 접수함. 「청 상인 임순옥의 물건 분실 및 강도 사건과 관련하여, 각서各署에 신칙申飭해서 반드시 체포하고자 함」

○ 일본 공관의 조회를 접수함. 「일본인 미우라 기쿠타로[三浦菊太郎]가 한국 병사 장경순張敬順을 구타하여 엄중히 처리하는 건」

○ 일본 공관의 조회를 접수함. 「한국 병사 이동이李同伊 등 4명이 일본인 전포典舖 상공商工 젠타로[然太郎]를 난타한 사건과 관련하여, 우선 징벌하고 손해금을 배상할 것」

10일(수) | 간혹 흐리고 간혹 맑음.

○ 민 판윤, 소윤 하규일, 주사 이의식·강준영이 출근하다. 안봉호가 숙직하다.

○ 일본 공관의 조회를 접수함. 「귀국인 송수만宋秀萬 외 3명 등의 은행권銀行券 반대

9 오서: 한성부 영역에 설치한 다섯 경찰서로, 중서(中署)·동서(東署)·남서(南署)·서서(西署)·북서(北署)를 가리킨다. 1894년(고종 31)에 기존의 오부(五部)를 대신하여 설치했다가 1910년(융희 4)에 폐지하였다.

운동과 관련하여 엄금한다는 고시문을 신속히 철소撤消 할 것」[10]

○ 서서西署의 조회를 접수함. 「본서(서서) 아현阿峴 유천鍮川에서 남성 시신 1구를 수습하여 매장한 비용을 지급할 것」

○ 청 공관에 공함을 발송함. 「청 상인 양경삼楊景三의 점포에서 위조 은행 초표鈔票(지폐)를 간파[識破]하고 이를 사용한 김순종金順宗을 별도로 탐지했으나, 남서南署에서는 애초에 알지 못하였음」

○ 원수부의 지령을 접수함. 「병정 김성운을 구타한 김경락 및 병졸 이민화의 처가 구소사에게 속임을 당한 사건에 관해선 응당 조처가 있을 것임」

11일(목) | 맑음.

○ 민 판윤, 소윤 하규일, 주사 이의식·김우현·안봉호가 출근하다. 강준영이 숙직하다.

○ 한성재판소의 조회를 접수함. 「강화江華 범포인[11] 이윤경李潤慶의 집행한 가옥의 문권文券을 만들 것」

○ 통신원通信院의 훈령을 접수함. 「오서 내 가옥의 통호수統戶數를 자세히 책자로 만들어 송부할 것」

12일(금) | 아침에 흐리다가 저녁에 비가 온 후 갬.

○ 민 판윤, 소윤 하규일, 주사 이의식·김우현·안봉호가 출근하다. 강준영이 숙직하다.

---

10 《한성부래거안(漢城府來去案)》에 송수만의 일본 제일은행권 반대운동과 관련하여 다음의 기사가 보인다.
- 송수만 등이 일본제일은행권 유통을 방해하는 운동을 엄금하고 종로 등지에 붙인 고백문(告白文)을 철거할 것 (1903.6.22.)
- 송수만 등이 일본제일은행권 유통을 방해하고 있으나 유통 여부는 사람들의 신용 여부에 달려 있음 (6.23./ 7.1.)
- 일본 제일은행권의 유통을 방해하지 말 것을 고시하여 일본과 한국의 사이의 장애를 없애도록 할 것 (6.29.)
- 일본 제일은행에 대한 조사 기한이 경과하였으므로 어음 발행과 준비금이 어느 정도인지 조사한 것을 보고할 것 (7.22.)
- 일본 영사와 함께 한 일본제일은행의 어음 조사에 대한 보고

11 범포인(犯逋人): 포흠(逋欠), 즉 국고를 사적으로 유용한 죄인을 말한다.

○ 여주驪州의 보고를 접수함.「일본인 약상藥商 아카자키 료노스케[赤崎良之助]의 약가藥價 안건과 관련하여, 한국인 신경학申爆學이 명령을 내리기 전에 다른 곳으로 떠나 아직 위로 압송하지 못했으므로 약상藥商을 내려보내 찾아가게[推去] 하는 건」

○ 일본 공관의 공함을 접수함.「노조지[12]에 날인하여 송부하는 건」

○ 한성재판소의 조회를 접수함.[13]「북서北署 정인수鄭寅壽의 해당 가옥의 판권板券을 즉시 만들어 줄 것」

○ 원수부元帥府에 보고를 발송함.「남대문 밖 정거장에 있는 차량의 고용인 2명을 구타한 병졸 장경순張敬淳의 사안과 관련하여, 전말을 조사한 후 훈시訓示하는 건」

○ 위와 같음.[14]「일본인 무로 젠타로[室然太郎]의 전포典舖에서 소란을 부린 병졸 이동이李同伊 안건을 특별히 조사해서 처리하는 건」

○ 미국 공관에 조회를 발송함.「이규연 가옥 2채의 가계家契를 본부(한성부)로 반환했으므로 그 집에 붙어 있는 명패를 떼어내 반환할 것」

13일(토) | 맑음.

○ 민 판윤, 소윤 하규일, 주사 김우현·안봉호·강준영이 출근하다. 이의식이 숙직하다.

○ 한성재판소에 조회를 발송함.「일본인 하타노 히코사부로[羽多彦三郞]가 적성積城에 사는 윤 진사와 이치명李致明에게 청구한 손해금과 관련하여 모두 숫자를 써서 넘겨줄 것」

○ 일본 공관의 조회를 접수함.「귀국인 송수만의 방해운동 사건과 관련하여, 급히 금지하고 단속할 것」

14일(일) | 맑음.

○ 이의식이 숙직하다.

---

12 노조지(路照紙): 여권. 외국인이 한국의 내지(內地)를 돌아다닐 때 필요했던 증명서로 보인다.

13 원문 '한재래조(漢裁來照)' 뒤에 '민기조(民起照)'라는 구절이 있는데, 의미가 분명하지 않다.

14 원문에 '上소'이란 용어는 없다. 그렇지만 이 항목이 바로 앞의 '원수부에 보고를 발송함'에 같이 있으므로, 12일에 원수부에 두 건을 보고한 것으로 간주하여 '위와 같음'을 삽입하였다.

○ 궁내부 훈령. 「경부철도 사석沙石과 관련하여, 일본 영사관에 다시 조복照復할 것」
○ 중서中署의 조회를 접수함. 「본서(중서) 돈화문敦化門 앞 길가에서 남성 시신 1구를 수습하여 매장한 비용을 청구함」

15일(월) | 맑음.

○ 민 판윤, 소윤 하규일, 주사 이의식·안봉호·강준영이 출근하다. 김우현이 숙직하다.
○ 일본 공관의 조회를 접수함. 「귀국인 송수만 등의 은행권 유통 방해운동을 엄중히 금지하고 단속할 것」
○ 원수부의 지령을 접수함. 「청 상인 금성태호錦盛泰號에서 소란을 피운 병정 김운길 사건의 전말을 해당 서署의 권임權任 윤영조尹永祚를 통해 조사했는데, 또한 증거로 삼을 만한 것이 없었음」
○ 프랑스 공관에 공함을 발송함. 「귀국인 마르텔의 집에 돌을 던진 사건과 관련하여 해당 서署에 알려서 특별히 조사하고 엄금함」

16일(화) | 맑음.

○ 민 판윤, 소윤 하규일, 주사 이의식·안봉호·강준영이 출근하다. 김우현이 숙직하다.
○ 미국 공관의 조회를 접수함. 「정동貞洞 소재 미국 장로회와 남대문 밖 기지基址의 계권契券 1장, 문서 1장을 모두 교환해줄 것」
○ 서북철도국西北鐵道局의 조회를 접수함. 「철도를 침범한 전토田土의 결수結數, 소재 동명洞名 및 지주의 성명」[15]
○ 미국 공관의 조회를 접수함. 「미국인 크럼[16]이 남서南署 석정동石井洞의 사들인 가옥의 가계를 신계新契로 교환해줄 것」

15 원문에 이후 문장이 누락되어 있다.

16 크럼(Krum, Raymond, 巨廉): 미국인 측량기사로서 1899년에 양지아문의 고빙(雇聘)으로 조선에 들어왔다.

○ 일본 공관의 공문을 접수함. 「귀국 내장경內臟卿 이용익李容翊 씨 병실의 폭발약爆發藥 파열사건破裂事件[17]과 관련하여 해당 범인 및 그 엄금할 것」[18]

○ 일본 공관의 공함을 접수함. 「우리나라 사람 식목업자 다카하시 요스케[高橋要亮][19]가 칭경예식[20]의 원유회 거행 시 식목植木한 금액을 급히 청구, 지불하는 건」

○ 영건도감營建都監의 훈령을 접수함. 「대안문大安門 밖 궁궐 담장 어로御路(임금이 통행하는 길)에 청 사람 유풍성裕豊盛이 가옥을 건축하려고 하니 금지시킬 것」

○ 원수부에 보고를 발송함. 「청 상인과 소란을 피운 병정 김운길은 압송하여 넘겨주고[押交], 헌병 부위副尉 홍중유洪中裕는 군부軍部로 보내어 넘겨줌[送交]」

○ 청 공관에 공함을 발송함. 「청 상인 임순옥의 점포에서 물건을 도둑맞은 사건과 관련하여, 즉시 조사하여 범인을 체포하고 진상을 규명하도록 힘쓰게 하였음」

17일(수) | 맑음.

○ 민 판윤, 소윤 하규일, 주사 이의식·김우현·강준영이 출근하다. 안봉호가 숙직하다.

○ 미국 공관의 조회를 접수함. 「이규연 가옥의 전집典執 사건과 관련하여, 수봉收捧하기 전에는 계권契券을 돌려줄[還給] 수 없음」

○ 청 공관에 조회를 발송함. 「대안문 밖 어로를 침범하여 점거하고 가옥을 건축한 귀국의 백성 유풍성호의 우虞 성姓에게 속히 엄칙嚴飭을 내려 공역을 그만두게 할 것」

○ 이탈리아 공관에 조복을 발송함. 「귀국인 비이로費伊魯와 차車 씨 백성 간에 분쟁이 발생한 터는 이미 다시 관유지로 귀속되었으므로 다시 상의해서 처리해야 함」

17 1903년 6월 15일 이용익 암살 시도를 말하며, 이후 본문에서는 '한성병원 폭발약 파열 사건'으로 나온다. 이용익은 대한제국기 내장원경, 탁지부대신 등을 역임하며 재정을 담당했다. 명동 한성병원의 이용익이 입원해 있던 병실에서 다이너마이트 폭발이 있었고, 이로 인해 이용익은 고종 황제가 보낸 황실수비대 호위를 받아 황궁 근처 자신의 저택으로 이송되었다. 〈파블로프의 보고문〉에 의하면, 이 사건의 발생시점은 6월 3일이며 일본인 구역에서 일어났기 때문에 이용익이나 고종 황제에게도 일본인에 대한 불신을 증대시켰다고 하였다[《황성신문》 1903년 6월 17일; 〈A. 파블로프의 보고문〉, 《러시아 소장 근대한국문서》(동북아역사재단, 동북아역사넷 제공)].

18 원문에 '該犯人及其嚴禁事'로 되어 있다. 누락된 구절이 있을 것으로 짐작되나 일단 원문대로 옮겼다.

19 원문은 '高要亮'으로 되어 있으나 6월 26일 기사를 참고하여 '다카하시 요스케[高橋要亮]'로 수정하였다.

20 칭경예식(稱慶禮式): 고종 즉위 40년을 기념하는 예식으로 환구단에서 고유제를 거행한 후, 경운궁 중화전에서 백관의 하례를 받은 뒤 관병식, 원유회로 이어졌다.

18일(목) | 맑음.

○ 민 판윤, 소윤 하규일, 주사 이의식·김우현·강준영이 출근하다. 안봉호가 숙직하다.

○ 미국 공관의 조회를 접수함. 「본국인 무스[21]가 광희문光熙門 내에서 사들인 가옥의 신계新契를 (구계와) 바꾸어 내어줄 것」

○ 일본 공관의 공문을 접수함. 「귀국인 송수만 등의 은행 방해 통문운동通文運動을 엄금한 후 다시 조회할 것」

19일(금) | 맑음.

○ 민 판윤, 소윤 하규일, 주사 이의식·김우현·안봉호가 출근하다. 강준영이 숙직하다.

○ 일본 공관에 조회를 발송함. 「경부철로에 사용할 사석의 채용採用과 관련하여, 해당 사석감독沙石監督 김영진金永振, 현영운玄映運이 서로 사적으로 처리해서 매용買用한 건」

20일(토) | 맑음.

○ 민 판윤, 소윤 하규일, 주사 이의식·김우현·안봉호가 출근하다. 강준영이 숙직하다.

○ 미국 공관의 조회를 접수함. 「우리나라 사람 사압沙鴨이 사들인 남대문 밖 가옥의 신계新契를 (구계와) 바꾸어 내어줄 것」

○ 일본 공관의 공문을 접수함. 「한성병원漢城病院 폭발약爆發藥 파열 사건[22]과 관련하여, 박의현朴宜鉉 등을 엄중히 타일러 경계시키는 건」

○ 육군법원의 훈령을 접수함. 「청 상인 금성태호錦盛泰號와 병정이 서로 다툰 사건과 관련하여, 오는 화요일 오후 1시에 청 영사와 회동·심리하여 처리하는 건」

---

21 미국인 선교사 무스(R. J. Moose)로 추정된다. 무스는 1890년부터 20여 년간 한국에 체류했으며 1911년 《Village Life in Korea》(번역서: 1900, 조선에 살다)를 발간했다(정희선 외, 〈개화기 조선 체류 서양인 기록물의 디지털 아카이브 시스템 구축〉, 《한국비블리아학회지》 27, 2016, 233쪽).

22 《경무청래거문(警務廳來去文)》 제1권의 6월 20일과 22일 기사에 따르면, 이 사건은 6월 15일에 일어났다.

○ 청 공관에 조회를 발송함. 「청 상인 동순태호[23]표票의 진위는 원래 우리 백성이 분별할 수 있는 것이 아니니, 해당 표액票額 360원은 모두 무효로 하는 것이 마땅함」

21일(일) | 맑음.

○ 주사 이의식이 숙직하다.

○ 홍릉洪陵의 조회를 접수함. 「박창삼朴昌三 명의의 결복結卜 3부負 5속束을 탈급[24]하는 건」

22일(월) | 맑음.

○ 민 판윤, 소윤 하규일, 주사 김우현·안봉호·강준영이 출근하다. 이의식이 숙직하다.

○ 외부外部에 보고를 발송함. 「일본 은행권 유통을 방해한 송수만 사건과 관련하여, 처리 방안에 관해 훈령을 청함」

○ 청 공관에 공함을 발송함. 「청 상인 금성태호에서 소란을 부린 병졸 사건과 관련하여, 회동·심리하여 판결하는 건」

○ 외부外部의 조회를 접수함. 「남대문 밖 미국인 병원 도본圖本을 즉시 척반擲返하는 건」

23일(화) | 맑음.

○ 소윤 하규일, 주사 이의식·안봉호·강준영이 출근하다. 김우현이 숙직하다.

24일(수) | 맑음.

○ 민 판윤, 소윤 하규일, 주사 이의식·안봉호·강준영이 출근하다. 김우현이 숙직하다.

---

23 동순태호(同順泰號)는 개항기 조선에 등장하여 일제강점기까지 강대한 세력을 구축했던 대표적인 화교 상점으로 담걸생(譚傑生)이 대표였다(강진아, 〈담걸생, 한성에 동순태를 개점하다〉, 《개항기 서울에 온 외국인들》, 서울역사편찬원, 2016 참조).

24 탈급(頉給): 탈면(頉免)을 허락해 줌. 탈면은 뜻밖의 사고로 인해 납부 등을 면제해 주는 것을 말한다.

○ 외부外部의 훈령을 접수함. 「일본 은행권 사건과 관련하여, 예전에 본 대신이 일본 공사와 교섭했을 때 해당 은행권의 수수受授는 백성의 편의에 따르고, 이후 만약 통상을 저해하면 별도로 장정에 비추어 감단勘斷(죄를 심리해서 처단함)하기로 한 후 공문을 통해 성명했으니, 어찌 무리를 모아 일을 크게 벌일 필요가 있는가? 마땅히 엄중히 금칙禁飭해서 조단照斷(법률에 의거해서 처단함)의 뜻에 맞추는 것이 옳을 것이다.」

○ 원수부의 훈령을 접수함. 「육군법률 및 치죄규정治罪規程 1권을 송부함」

○ 일본 공관에 조복을 발송함. 「한성병원 폭발약 파열 사건과 관련하여, 귀관貴館에서 형사詗査(염탐하고 조사함) 방법에 더욱 주의할 것」

○ 또 (일본 공관에) 조회를 발송함. 「우리나라 사람 채원실蔡元實이 잃어버린 조응현趙應賢의 가계를 곧장 귀부貴府[25]에 추환推還하는 건」

○ 또 조복을 발송함. 「일본 은행권 유통 방해운동과 관련하여 효유曉諭하고 금칙禁飭함」

○ 외부에 조복을 발송함. 「미국인 기념병원 터의 도본圖本을 보내는 건」[26]

25일(목) | 맑음.

○ 민 판윤, 소윤 하규일, 주사 이의식·김우현·강준영이 출근하다. 안봉호가 숙직하다.

○ 서서西署의 조회를 접수함. 「서소문西小門 내 복차교卜車橋에서 남성 시신 1구를 수습하여 매장한 비용을 지급할 것」

○ 일본 공관의 공문을 접수함. 「은행권 방해운동을 금지하는 고시문을 속히 반포할 것」

○ 예식원禮式院에 보고를 발송함. 「일본인 다카하시 요스케[高橋要亮]의 칭경예식稱慶禮式 시 결취문結翠門 및 식목의 청부금액請負金額을 지불하는 건」

○ 홍릉에 조복을 발송함. 「동서東署 결민結民(결전을 내는 백성) 박창삼이 납부해야 하는 결結 3부負 5속束을 궁내부에 직보하여 청감請勘(처벌을 청함)하는 건」

○ 미국 공관에 조회를 발송함. 「미국인 언더우드가 매입한 우수현牛首峴[27]터의 계권契券과 본부本府에서 매입한 이문동 터의 계권을 교환하여 순조롭게 처리하는[妥案] 건」

25 문맥상 '本府'가 되어야 할 것으로 보이나, 일단 원문대로 옮겼다.

26 《한성부래거안》 1903년 6월 23일자에 따르면, 본 미국인 기념병원은 남대문 밖 정거장에 자리하였다. 1904년에 남대문 봉숭아골(현 도동)으로 이전한 세브란스 병원을 지칭하는 것으로 보인다.

27 우수현: 용산구 동자동에서 후암동으로 넘어가는 곳에 있던 고개.

26일(금) | 맑음.

○ 민 판윤, 소윤 하규일, 주사 이의식·김우현·강준영이 출근하다. 안봉호가 숙직하다.

○ 서서西署의 조회를 접수함. 「본서(서서) 아현阿峴 유천鍮川에서 남성 시신 1구를 수습하여 매장한 비용을 지급할 것」

○ 예식원의 지령을 접수함. 「칭경예식 원유회 식목비액植木費額 계약서를 돌려줄[繳交] 것」

○ 서서西署의 조회를 접수함. 「본서(서서) 독립문에서 남성 시신 1구를 수습하여 매장한 비용을 지급할 것」

○ 장례원掌禮院의 훈령을 접수함.[28] 「정릉貞陵 내 송충이가 크게 늘었으니, 부근 동민洞民을 넉넉히 보내서 힘을 모아 제거할 것」

○ 일본 공관에 조복을 발송함. 「일본 은행권을 방해한 이들을 엄중히 명하여 해산시킨다면 백성들이 반드시 본부의 고시문을 기다리지 않고 스스로 편의대로 통상할 것이라는 건」[29]

27일(토) | 비.

○ 소윤 하규일, 주사 이의식·김우현·안봉호가 출근하다. 강준영이 숙직하다.

○ 일본 공관의 공함을 접수함. 「우리 우편체부郵便遞夫 모리 겐시로[森源四郎] 사건과 관련하여, 조사 결과 병정 김창욱金昌煜의 죄상이 명백하니 처형한 후 회시回示할 것」

○ 육군법원의 훈령을 접수함. 「종로 일본인 전당포에서 다툼을 벌인 병정 이동이 사건에 관한 심사 결과가 완전히 상반되니, 영사에게 조회하여 오는 화요일 오후 1시에 본 법원에서 모여 심리하게[會審] 할 것」

○ 남서南署의 조회를 접수함. 「죽동竹同에서 남성 걸인 1명이 쓰러져 죽어서 끌어내 매장함」

28일(일) | 맑음.

○ 강준영이 숙직하다.

28 원문에 '掌禮院來訓' 다음에 세 글자 정도가 가려져 있다.

29 《한성부래거안》 1903년 6월 23일과 7월 1일자에 관련 기사가 보인다.

29일(월) | 맑음.

○ 민 판윤, 소윤 하규일, 주사 김우현·안봉호·강준영이 출근하다. 이의식이 숙직하다.

○ 일본 공관에 조회를 발송함. 「귀국인 나카무라 사이조[中村再造]가 전집典執한 서서西署 김한성金漢成 가옥과 관련하여, 현재 본부(한성부)에서 상환을 요구하여 해당 채무 800원을 불일내에 청산하는 건」

○ 일본 공관에 공함을 발송함.[30] 「귀국인 무로 젠타로의 전포典舖에서 소란을 부린 병졸 이동이의 사건을 모여 심리하는[會審] 건」

○ 외부外部에 보고를 발송함. 「일본 은행권 방해운동과 관련하여, 고시를 발하고 금지하는지 여부에 대해 즉시 훈시訓示를 내려주실 것」

○ 육군법원에 조회를 발송함. 「일본 우체인郵遞人 모리를 폭행한 김창욱에 대해 모여 심리한 후 형벌을 집행하여 일반에게 널리 알리는 건」

○ 미국 공관의 공문을 접수함. 「우리나라 사람 크럼이 매수한 가옥의 신계新契를 (구계와) 교환하여 발급해 줄 것」

30일(화) | 맑음.

○ 민 판윤,[31] 소윤 하규일, 주사 김우현·안봉호·강준영이 출근하다. 이의식이 숙직하다.

○ 일본 공관의 공함을 접수함. 「회심 사안은 내일 사정이 생겨서 7월 1일 수요일 오후 1시로 연기하는 건」

○ 러시아 공관의 공문을 접수함. 「본 영사 쏠니노쓰키가 며칠 전 귀항歸港하여 예전처럼 업무를 보고 있음」

○ 농부農部의 훈령을 접수함. 「광진廣津 남초南草의 분파分派와 관련하여, 윤영신尹榮莘이 구례舊例에 따라 추봉抽捧하였으니 도착하는 대로 고시문 1통을 광진의 여객주인旅客主人과 남초의 상점에 붙일 것」

○ 일본 공관의 공문을 접수함. 「폭약 사건과 관련하여 소환해서 실상을 조사시킬 것을 의뢰함」

---

30 원문에 '上仝'으로 기재하였다.

31 원문에 '閔景'으로 되어 있다. 앞에서 언급했듯이 당시 한성판윤은 민경식(閔慶植)이었다.

광무 7년
(1903)
7월

■ **1일(수) | 맑음.**

○ 민 판윤, 소윤 하규일, 주사 이의식·강준영이 출근하다. 김우현이 숙직하다.

○ 서서西署의 조회를 접수함.「동령동東嶺洞에서 남성 시신 1구를 수습하여 매장한 비용을 지급할 것」

○ 남서南署의 조회를 접수함.「광희문光熙門 밖에서 여성 시신 1구를 수습하여 매장한 비용을 지급할 것」

○ 동서東署의 조회를 접수함.「동대문 밖 수유리水踰里에서 남성 시신 1구를 수습하여 매장한 비용을 지급할 것」

○ 외부外部의 훈령을 접수함.「일본 은행권 유통 방해 사건과 관련하여, 이미 훈령을 내렸으니 즉시 그에 따라 처리하되, 오직 이전에 게시한 고시문에 의거하여 그 영칙令飭을 신명申明할 것」

○ 미국 공관에 조복을 발송함.「미국인 크럼이 매입한 가옥 2채의 가계家契를 돌려주는[繳交] 건」

○ 내부內部에 통첩을 발송함.「한성 내 조관朝官 및 사서인士庶人 가운데 나이가 90세인 자와 30세의 사람들을 추원정단[1]하게 하고, 이를 모아서 성책成冊한 후 송부하는 건」

---

1 추원정단(追願呈單): 추원(追願)은 추가로 희망한다는 뜻이고, 정단(呈單)은 관아에 단자를 제출하는 일을 말한다.

2일(목) | 맑음.

○ 민 판윤, 소윤 하규일, 주사 이의식·강준영이 출근하다. 김우현이 숙직하다.

○ 원수부의 지령을 접수함. 「청 상인 금성태호錦盛泰號에서 소란을 부린 병졸과 관련하여, 현재 청 영사와 모여 심리해서[會審] 법규를 적용하는[照律] 건」

○ 일본 공관의 조회를 접수함. 「일본인 사케미 미츠오[酒見三雄] 외 8명이 매수한 가옥의 가계家契를 교환해줄 것」

○ 이탈리아 공관의 공함을 접수함. 「도로가 더러운 귀관貴館 부근에 급히 통지하고 인원을 보내 속히 처리하는 건」

○ 장례원에 보고를 발송함. 「정릉 내 송충이를 박멸하는 일과 관련하여, 부근 각 동洞에 훈령을 내려 각자 성의를 다해 반드시 실효를 거두도록 하였으며, 조사의 동독董督(감시하고 감독함) 등은 정릉의 관원들에게 형편에 따라[便宜] 거행하게 함」

3일(금) | 맑음.

○ 민 판윤, 소윤 하규일, 주사 이의식·김우현이 출근하다. 강준영이 숙직하다.

○ 미국 공관의 조회를 접수함. 「영국인 희우喜佑가 매입한 가옥 3곳의 가계를 신계新契로 교환해 보낼 것」

○ 농상공부에 보고를 발송함. 「오서五署 내 각 전포典舖의 음력 5월 세금 242원 50전 및 벌금 5원, 합 247원 50전을 성책成冊해서 송부함」

○ 일본 공관에 공문을 발송함. 「일본인 다카하시 요스케의 결취문結翠門 계약금을 내일 오전 9시 전까지 한기준韓基準의 집에 가서 영수하는 건」

○ 청 공관에 조회를 발송함. 「청 상인 금성태호에서 소란을 부린 병졸 윤尹·이李 2명에게 법규를 적용하는[照律] 건」

4일(토) | 아침에 맑다가 저녁에 비.

○ 민 판윤, 소윤 하규일, 주사 이의식·김우현이 출근하다. 강준영이 숙직하다.

○ 남서의 조회를 접수함. 「본서(남서) 회동會洞에서 남성 시신 1구를 수습하여 매장한 비용을 지급할 것」

○ 농부農部의 지령을 접수함. 「오서 내 전포금典舖金과 벌금罰金 247원 50전을 수봉收捧하는 건」

○ 이탈리아 공관에 공함을 발송함. 「귀 공관 부근 도로의 오물과 관련하여, 엄칙嚴飭하여 금지[禁制]함」

5일(일) | 맑음.

○ 주사 이의식이 숙직하다.

6일(월) | 맑음.

○ 소윤 하규일, 주사 김우현·강준영이 출근하다. 이의식이 숙직하다.

○ 일본 공관에 공함을 발송함. 「우리나라 백성 김한성의 가계家契를 전당 잡은 채무 전화錢貨 758원을 송부하는 건」

○ 북서北署의 조회를 접수함. 「본서(북서) 내 벽동碧洞에서 남성 시신 1구를 수습하여 매장한 비용의 지급을 청구함」

○ 일본 공관의 복함復函을 접수함. 「일화日貨 758원을 나카무라 사이조[中村再造]에게 전달한 후 영수증 1건을 송부함」

7일(화) | 맑음.

○ 민 판윤, 소윤 하규일, 주사 이의식·강준영이 출근하다. 김우현이 숙직하다.

○ 일본 공관의 공함을 접수함. 「일본인 다카하시 요스케[高橋要亮]의 칭경예식稱慶禮式 원유회苑遊會에서 사용한 결취문結翠門 청부금액을 귀부(한성부)를 경유해서 교부하는 건」

○ 한성재판소에 조회를 발송함. 「본부(한성부) 전 주사 김원표金源杓 재직 시 사용한 지가紙價 8,000여 냥 및 가옥 한 채에 대해 계권契券을 2개로 나눈 사건과 관련하여, 해당 관원의 공포쇄여[2]를 즉시 징수해서 보냄」

2 공포(公逋)는 공금을 유용한다는 뜻이므로, '公逋刷餘'는 유용한 공금 중에 추쇄(推刷)하고 남아 있는 금액을 가리키는 것으로 보인다.

○ 농부에 보고를 발송함. 「오서 내 전포에서 세금을 거두는 사령使令 2명을 또 증액하는 건」

8일(수) | 맑음.

○ 민 판윤, 소윤 하규일, 주사 이의식·강준영이 출근하다. 김우현이 숙직하다.

○ 미국 공관의 조회를 접수함. 「미국인 크럼이 매입한 가옥의 신계를 발급하는 데 인색할 경우, 반드시 그에게 큰 손해를 끼칠 것이니 속히 교환해서 발급할 것」

○ 일본 공관의 조회를 접수함. 「우리 전보배달인電報配達人 이시미츠 기사부로[石光喜三郞]를 구타한 한인 장재수張在守를 엄중히 처분할 것」

9일(목) | 맑음.

○ 민 판윤, 소윤 하규일, 주사 이의식·김우현이 출근하다. 강준영이 숙직하다.

○ 홍릉의 조회를 접수함. 「본릉(홍릉)의 위토位土로[3] 새로 매입한 사답私畓 결結 57부負[4] 9속束이 아직도 면세되지 않았으니 즉시 탈감頉減할 것[5]」

○ 일본 공관의 조회를 접수함. 「노조지路照紙 10매를 날인해서 송부할 것」

○ 한성재판소에 조회를 발송함. 「일본 전보 배달인配達人[6] 이시미츠가 우리 백성 장재수[7]에게 구타당한 정황[情形]을 자세히 살피는 건」

10일(금) | 맑음.

○ 민 판윤, 소윤 하규일, 주사 이의식·김우현이 출근하다. 강준영이 숙직하다.

---

3 위토: 제사에 필요한 비용을 충당하기 위한 토지.

4 원문에 '貟'으로 잘못 기재되어 있다.

5 탈감: 재해나 변고 등의 탈로 인해 세금 따위를 감해줌.

6 원문에 '現達人'으로 기재되어 있다.

7 원문에 '張在秀'로 되어 있으나 8일 기사에는 '張在守'로 기록하였다.

○ 미국 공관의 조회를 접수함. 「콜브란 및 보스트윅[8]이 전집典執한 이규연의 가권家券과 관련하여[9] 지화紙貨 348원을 영수한 후 해당 가권 1매를 돌려주는 건」

○ 한성재판소의 조회를 접수함. 「일본인 사이토[齋藤]와 김정현金正鉉의 송안訟案과 관련하여, 채전債錢 1만 2,500냥을 일본 공관에 조회하여 찾아가게 한[推去] 후 김정현의 가권家券을 찾아서 교부하는[覓交] 건」

○ 한성재판소의 조회를 접수함. 「조설하趙卨夏가 김명선金明善에게 제기한 송안과 관련하여 일본인 소산엄호小山奄護가 추권推券을 보내지 않은 이유를 살펴본 결과, 일본인의 전권典卷(전당 잡은 문권)은 시행하지 말고 조설하의 문권文券을 만들어 보낼 것」

○ 프랑스 공관의 조회를 접수함. 「프랑스인 마르텔이 매입한 서서 반석방盤石坊 120통統 9호戶 가옥 1채의 구권舊券을 첨부해 보내니 신계로 바꾸어 보낼 것」

○ 남서南署에 조회를 발송함. 「북서北署 장동壯洞에 거주하는 동몽童蒙 김봉학金鳳鶴·유정복劉丁福이 청나라 사람과 다투었을 때, 증인이 될만한 귀서(남서)의 인원과 그 청나라 사람의 이름을 소상히 시명示明할 것」

11일(토) | 맑음.

○ 민 판윤, 소윤 하규일, 주사 김우현·강준영이 출근하다. 이의식이 숙직하다.

○ 한성재판소에 조회를 발송함. 「정진환鄭鎭桓이 받았던 숙수방熟手房 도중都中이 환매換賣한 미목가米木價를 실제 숫자대로 독봉督捧(납부를 독촉함)해서 본부(한성부)에 보내는 건」

○ 남서의 조복照復을 접수함. 「북서北署 장동壯洞에 거주하는 김봉학·유정복이 돈을 잃어버렸을 때, 순검 김덕현金悳鉉, 권임權任 종순鍾淳[10]이 서로 힐난하는 청나라 사람 손건기孫建岐를 목격함」

○ 농부의 지령을 접수함. 「전포典舖 사령 2명을 보고한 대로 시행할 것을 허락함」

---

8 원문에 '崔時旭'으로 되어 있으나, 이는 '宝時旭'의 오기로 보인다.

9 관련 기사가 광무7년(1903) 5월 28일에도 나온다

10 원문에 한 칸 정도 비어 있어 권임 종순의 성(姓)을 확인할 수 없다.

12일(일) | 맑음.

○ 이의식이 숙직하다.

13일(월) | 맑음.

○ 민 판윤, 소윤 하규일, 주사 이의식·강준영이 출근하다. 김우현이 숙직하다.

○ 일본 공관의 조회를 접수함. 「귀국인 허위許瑋 등의 은행권 방해운동을 다시 엄히 금지할 것」

○ 한성재판소의 조회를 접수함. 「경성교당京城教堂에 머물고 있는 강두영姜斗永에 대하여 해당 관館에 조회하여 즉각 체포하여 압송하도록 할 것」

14일(화) | 맑음.

○ 민 판윤, 소윤 하규일, 주사 이의식·안봉호·강준영이 출근하다. 김우현이 숙직하다.

○ 동서東署의 조회를 접수함. 「어의동於義洞에서 남성 시신 1구를 수습하여 매장한 비용을 지급할 것」

○ 내부內部 통첩. 「영친왕궁英親王宮 문 앞의 도로 정비와 관련하여, (도로 정비에) 들어가는 민가 몇 호戶를 곧 철거할 것이니, 고원雇員 1명에게 인지印紙를 지참시켜 들여보낼 것」

○ 일본 공관에 조회를 발송함. 「일본인 사이토가 집류執留한 김정현의 가권家券과 관련하여, 한결같이 본부재판소(한성재판소)의 판결에 따라 속히 돌려주게[還付] 하는 건」

○ 일본 공관에 공함을 발송함. 「일본인 무로 젠타로의 전포典舖에서 소란을 부린 병졸 이동이와 관련하여, 모여 심리할 날짜를 다시 정하여 시명示明하는 건」

15일(수) | 아침에 흐리다가 오후 늦게부터 늦은 밤까지 비가 내림.

○ 민 판윤, 소윤 하규일, 주사 이의식·김우현·강준영이 출근하다. 안봉호가 숙직하다.

○ 서서西署의 조회를 접수함. 「남대문 북쪽의 성곽 밑[城底]에서 여성 시신 1구를 수습

하여 매장한 비용의 지불을 청구함」

○ 한성재판소의 조회를 접수함. 「박희대朴羲大가 돈을 준비해[備錢] 와서 납부하며 답권[11]을 찾아가길[推去] 원하는 건과 관련하여, 일본 영사관에 조회를 보내 해당 이모토 도요사부로[井本豊三郎]에게 문권을 지참시켜 보내게 할 것」

16일(목) | 이른 아침부터 흐리다가 낮에 비가 내림. 오후 늦게 흐리다가 늦은 밤에 비가 내림.

○ 민 판윤, 소윤 하규일, 주사 이의식·김우현·강준영이 출근하다. 안봉호가 숙직하다.

○ 남서南署의 조회를 접수함. 「본서(남서) 수표교水標橋에서 여성 시신 1구를 수습하여 매장한 비용을 청구함」

○ 서서西署의 조회를 접수함. 「서소문西小門 복차교[12] 길가에서 남성 시신 1구를 수습하여 매장한 비용을 청구함」

17일(금) | 흐리고 비.

○ 민 판윤, 소윤 하규일, 주사 이의식·김우현·강준영이 출근하다. 안봉호가 숙직하다.

○ 일본 공관의 공함을 접수함. 「우리나라 사람 무로 젠타로가 병을 무릅쓰고 육군법원 법정에 출두하는[出廷] 의도는 해당 법원에 전보轉報(부탁해서 대신 알림)하려는 것임」

○ 영국 공관의 공함을 접수함. 「회어會晤(배알)와 관련하여, 기일을 내일 오전 12시로 정했음을 알려드리니, 그때가 되면 회신[示覆]하실 것」

○ 일본 공관의 공문을 접수함. 「우리나라 사람 나카무라 사이조 외 13명의 지소地所 및 매입 가옥의 구권舊券 18매를 신권新券 총 20매로 교환해줄 것」

---

11 답권(畓券): 논의 소유권을 관에서 공인한 문서.

12 복차교(卜車橋): 중구 서소문동 입구에 있던 다리.

18일(토) | 흐리고 비.

○ 민 판윤, 소윤 하규일, 주사 이의식·김우현·안봉호·강준영이 출근하다. 김용현金用鉉이 숙직하다.

○ 프랑스 공관에 조회를 발송함. 「아산군牙山郡의 교민敎民(기독교 신자) 강두영이 평민을 침학侵虐한 사건과 관련하여, 조사해보니 그가 도망쳐 교당에 있으므로 즉각 체포해서 돌려보낼 것」

19일(일) | 비.

○ 강준영이 숙직하다.

20일(월) | 비.

○ 민 판윤, 소윤 하규일, 주사 이의식·김우현·안봉호·김용현이 출근하다. 강준영이 숙직하다.

○ 일본 공관의 조회를 접수함. 「우리나라 사람 아카츠카 노리오[赤塚敬雄]가 귀국인 박병헌朴炳憲에게 대부한[13] 일화日貨 6,000원의 기한이 지났으므로 해당 금액을 마땅히 처분할 것」

○ 일본 공관 공함. 「귀국 병정 이동이의 회심會審을 내일 오후에 여는 건」

○ 프랑스 공관의 조복照復을 접수함. 「강두영의 재판과 관련하여, 기일에 맞추어 그를 보내 재판에 응하도록 하겠음」

○ 프랑스 공관에 공함을 발송함. 「충남 아산군 백성 박성진朴聖鎭 등이 교민敎民 강두영에 대해 제기한 재판과 관련하여, 내일 오후 1시에 본부재판소한성재판소에 출두하여 질판質判할 것」

---

13 원문은 '我邦人赤塚敬雄貴國人朴炳憲對日貨'로 뜻이 통하지 않는다. 문맥상 일본인이 한국인에게 대출한 금액의 상환을 독촉하는 내용으로 보고 임의로 옮겼다.

21일(화) | 맑음.

○ 민 판윤, 소윤 하규일, 주사 김우현·안봉호·김용현·강준영이 출근하다. 이의식이 숙직하다.

○ 내부內部에 질품서[14]를 발송함. 「영국인 및 일본인이 매입한 가계家契를 만들어 주는 데[15] 관해 문의함[質稟]」

○ 러시아 공관의 조회를 접수함. 「한국인 노종성盧鍾成이 한화韓貨 178원 64리利를 러시아인 김병도金炳道에게 갚아야 하므로 수기手記 2장을 보내니 해당 금액을 받아서 보낼[捧送] 것」

22일(수) | 반은 흐리고 반은 맑음.

○ 민 판윤, 소윤 하규일, 주사 김우현·안봉호·김용현·강준영이 출근하다. 이의식이 숙직하다.

○ 내부內部에 보고를 발송함. 「오서五署 내 호적 및 사찰·승니僧尼의 성책成冊 1권을 송부함」

○ 궁내부의 훈령을 접수함. 「영건소營建所 창고지기 박일영朴一榮이 포흠[16]을 범한 사건과 관련하여 해당 가옥을 즉시 집행할 것」

23일(목) | 맑음.

○ 민 판윤, 소윤 하규일, 주사 이의식·안봉호·강준영이 출근하다. 김우현이 숙직하다.

○ 외부外部의 훈령을 접수함. 「일본 제일은행의 일람불[17]어음[手形]과 관련하여, 날짜를 정해 회동하여 일체 조사할 것」[18]

---

14 원문은 '報' 옆에 다른 글씨체로 괄호 속에 '質'을 써넣은 '報(質)'로 되어 있다.

15 원문은 '善給'으로 되어 있으나 '繕給'의 오기로 보인다.

16 포흠(逋欠): 관청의 물건을 사사로이 써버림.

17 일람불(一覽拂): 수취인이 지급인에게 어음 금액을 청구하면서 함께 제시하면 바로 지급해야 하는 어음. 정시불(呈示拂). 요구불(要求拂).

18 《한성부래거안》 1903년 7월 22일자에 "일본 제일은행에 대한 조사기한이 경과하였으므로 어음 발행과 준비금이 어느 정도인지 조사한 것을 보고할 것"이라는 기록이 보인다.

○ 한성재판소의 조회를 접수함. 「일본인 이모토 도요사부로와 우리나라 사람 박희대의 채급전債給錢과 관련하여, 판결에 따라 찾아가게 할[推去] 것」

○ 서서西署의 조회를 접수함. 「하중리[19]에서 남성 시신 1구를 수습하여 매장한 비용을 청구함」

○ 프랑스 공관 부영사가 충남 아산군 등의 선교사를 대동하고 와서 교민教民 강두영이 평민을 침학한 사건을 모여 심리하였는데[會審] 미처 끝까지 처리하지 못하여 다시 모레[再明日]로 날짜를 잡음.

24일(금) | 맑음.

○ 민 판윤, 소윤 하규일, 주사 이의식·안봉호·김용현·강준영이 출근하다. 김우현이 숙직하다.

○ 벨기에 공관의 조회를 접수함. 「장동[20] 일본 영사관 주변 소교小橋 옆에 도로를 침범하여 짓기 시작한 가가假家(임시로 허름하게 지은 집) 3채를 철거할 것」

○ 농부農部의 훈령을 접수함. 「우리 백성 강순근姜順根 등이 일본인 다카하시 세이조[高橋淸藏]와 한통속이 되어 생강生薑 여각[21]을 칭하여 어공御供을 빠뜨리는 데에 이르게 되었으니 매우 통탄스럽다. 장차 일본 영사에게 조회해서 다카하시가 다시는 간섭하지 못하게 할 것」

○ 일본 공관의 조회를 접수함. 「우리나라 사람 우메무라 규고[梅村休吾]가 귀국인 윤규영尹奎榮과 서병헌徐丙憲에 대해 제기한 채무금 변제 요구 사건은 성법成法에 준거해서 공평하게 처리할 것」

○ 프랑스 공관의 조회를 접수함. 「교민教民 강두영 회심 안건과 관련하여 공초供招를 살펴본 결과 유학자[儒民]들의 고발은 모두 날조된 것으로, 그를 체포하여 가둔 것은 대단히 온당치 않은 처사임」

---

19 하중리(賀中里): 마포구 하중동의 1895년에서 1936년까지의 명칭.

20 장동(長洞): 중구 남대문로3가·충무로1가·회현동1가에 걸쳐 있던 마을.

21 여각(旅閣): 조선시대에 포구에 자리 잡고, 지방에서 오는 객상(客商)을 위해 화물의 도매·위탁판매·보관·운송업 등과 금융업·여관업을 겸하던 상업기관.

○ 일본 공관에 조복을 발송함. 「우리나라 사람 허위許瑋 등의 일본 은행권 방해운동과 관련하여, 그 손익을 살펴보건대 균이 다시 조치하여 마무리할[措辦] 필요가 없음」

○ 또 조복을 발송함. 「일본인의 상호 매매 및 분할, 분실 가계家契 13매를 교환해서 교부함」

○ 궁내부에 보고를 발송함. 「환구단圜丘壇, 경운궁의 역비役費(공사비)의 유용범 박일영의 가옥을 집행하였는데, 이는 한성재판소의 소관임」

25일(토) | 아침에 맑다가 낮에 비가 내림. 저물기 전에 흐리다가 어두운 밤에 다시 비가 내림.

○ 민 판윤, 소윤 하규일, 주사 이의식·김우현·김용현·강준영이 출근하다. 안봉호가 숙직하다.

○ 영국 공관의 공함을 접수함. 「영국 영사관 희우喜佑가 매입한 용산방龍山坊 가옥 4장의 문권文券을 속히 교환해줄 것」

○ 일본 공관의 공함을 접수함. 「노조지路照紙 10매를 날인하여 송부할 것」

○ 미국 공관의 조회를 접수함. 「미국인 언더우드가 매입한 우수현[22] 터의 교환과 관련하여, 본 총영사가 장차 그 터의 계권契券을 송부할 것임」

○ 미국 공관의 조회를 접수함. 「정동貞洞 소재 미국 교당 터에 장차 벽돌 담을 다시 세울 것이니, 독일 공관 터 앞 삼거리에 있는 병정 파수간把守間(초소)을 간격을 두고 공사할 것」

○ 프랑스 공관 부영사가 충남 아산군의 선교사를 대동하고 와서 교민敎民 강두영이 평민을 침학한 사건을 모여 심리하였는데[會審] 미처 끝까지 처리하지 못하여 다시 모레[再明日]로 날짜를 잡음.[23]

22 우수현(牛首峴): 용산구 동자동(옛 도동2가)에서 후암동으로 넘어가는 고개이다.

23 7월 23일에 동일한 기사가 다시 기재되었다.

○ 외부外部의 훈령을 접수함. 「일본인의 전신주[電桿]을 금지하고 철거할 것」[24]

○ 프랑스 공관에 조복을 발송함. 「교민教民 강두영에 대해 모여 심리하는[會審] 사건과 관련하여 미리 법관이 공정하지 않으리라고 짐작할 필요는 없음」

○ 외부外部에 보고를 발송함. 「제일은행권의 조사 사무는 본부(한성부)의 소관이 아님」[25]

○ 원수부元帥府에 보고를 발송함. 「정동貞洞 미국 교당教堂 터 앞 삼거리에 있는 병정의 파수간을 건너편[越邊]으로 옮겨 설치함[移設]」

○ 한성재판소에 조회를 발송함. 「우메무라 규고[梅村休吾]가 윤규영·서병헌에 대해 제기한 소송과 관련하여 이미 판결이 내렸으니 서병헌의 가옥을 집행함이 어찌 타당하지 않겠는가?」

○ 청 공관의 조회를 접수함. 「청상인[華商] 이보산李寶山·진조상陳兆祥이 세운 누방樓房 북쪽 창호窓戶를 가로막고 있는 박창식朴昌植을 효유曉諭하여 탄압彈壓(죄상을 밝혀 억누름)할 것」

26일(일) | 비.

○ 안봉호가 숙직하다.

27일(월) | 맑음.

○ 민 판윤, 소윤 하규일, 주사 이의식·김우현·안봉호·강준영이 출근하다. 김용현이 숙직하다.

---

24 이와 관련하여, 《한성부래거안》의 다음 기사가 참조된다.
- 남대문 밖에 일본인이 전신주를 마음대로 세운 것에 대해 일본 공사에게 힐책하고 철거할 것(1903.7.25.)
- 일본인이 전신주를 제멋대로 세우고 철거하지 못하게 한 건에 대하여 철거하고 사건의 전말을 보고할 것 (7.28.)
- 남대문 밖에 일본인이 마음대로 세운 전신주를 철거하려 하였으나 일본인의 방해를 받음(7.28.)
- 남대문 밖 정거장 부지에 일본인이 가설한 전신주에 대해 일본 공관에서는 한국 정부가 간섭할 이유가 없다고 함(7.30.)
- 일본 헌병이 철거를 방해하는 것은 불법임(7.31.)
- 남대문 밖 정거장 부지에 일본인이 마음대로 세운 전신주 철거의 어려움에 대한 보고(8.1.)

25 《한성부래거안》 1903년 7월 24일자에 "일본 제일은행 재정 조사는 원래 한성부의 소관 업무가 아니므로 명령을 행하기가 난처함을 보고함"이라는 기록이 있다.

○ 미국 공관의 조회를 접수함. 「이번 달 10일의 조회를 돌려보내는[繳交] 건」

○ 일본 공관의 조회를 접수함. 「우리나라 사람 모리 야스키치[森安吉] 외 3명이 매입한 가옥의 신계 7매를 교환해줄 것」

○ 일본 공관의 공함. 「귀부(한성부) 오서五署 내 호구표戶口表 1매를 송부하고, 귀국 병사 김창욱과 일본인 모리 겐시로의 사건 결과를 공문으로 회답할[回示] 것」

○ 외부外部의 훈령을 접수함. 「일본 제일은행 일람불一覽拂 어음[手形]의 조사와 관련하여, 신속하게 처리한 후 즉시 보고할 것」[26]

○ 내부內部의 통첩을 접수함. 「남서南署 소룡동[27]에 있는 쓰레기장[汚穢場] 터에 어떤 일본인이 잡기장雜記場을 설치했다고 하니, 이제 거류去留 여부를 상세히 탐지한 후 보고할 것」

○ 일본 공관에 조회를 발송함. 「남대문 밖 도동桃洞 사거리[四街里]에 일본인이 설치한 전신주[電桿]를 속히 철거할 것」

○ 외부의 훈령을 접수함. 「남대문 밖 도동에 일본인이 설치한 전신주[電桿]를 즉시 뽑아버릴 것」

28일(화) | 오전에 맑다가 오후에 흐림.

○ 민 판윤, 소윤 하규일, 주사 이의식·김우현·안봉호·강준영이 출근하다. 김용현이 숙직하다.

○ 일본 공관의 공문을 접수함. 「남대문 밖 도동 사거리에 우리나라 사람이 전신주를 세운 것은 우리의 우편전신국과는 무관하며 내지內地에 건설하는 경부철도[京鐵道]의 필요에 따른 것임」

○ 농부의 훈령을 접수함. 「진언번등[28] 고시告示에 따라, 오서五署 내 각 상호商戶는 한결같이 좌측의 양식대로 성명·거주지·(취급하는) 업종명을 상세하게 (기재하여) 30일 내로 본부(농부)에 납부하게 할 것」

---

26 《한성부래거안》 1903년 7월 27일자에 "일본 영사가 일본 제일은행의 재정을 조사할 때 한성판윤도 대등관(對等官)으로 함께 조사할 것"이라는 기록이 있다.

27 소룡동(小龍洞): 중구 남대문로2가·명동1가·을지로2가·충무로1가에 걸쳐 있던 마을.

28 진언번등(眞諺翻謄): 한문을 한글로, 또는 한글을 한문으로 번역해서 옮긴 글.

○ 외부外部에 보고를 발송함. 「도동 사거리에 세운 일본 전신주는 겨우 1개만 뽑아냄」

○ 일본 공관에 조회를 발송함. 「일본인이 남대문 밖에 제멋대로 전신주를 설치한 것과 관련하여, 이제 외부外部의 훈칙訓飭을 받았으니 즉시 뽑아갈 것」

○ 일본 공관에 조회를 발송함. 「우리 태의원太醫院 경卿이 생강生薑 여각旅閣을 이바지하는 데 방해한 일본인 다카하시 세이조에게 칙유飭諭해서 간섭하지 못하게 할 것」

○ 일본 공관에 조복을 발송함. 「도동 사거리에 가설架設한 전신주를 스스로 뽑아갈 것」

○ 미국 공관에 조복을 발송함. 「귀 교당教堂의 터 앞에 있는 병정 파수간을 우리 정부의 터로 이설移設하는 일과 관련하여, 어찌 유독 길 하나 건너편의 우리 정부 터여야 하는가? 용납할 수 없으니, 한번 질의하여 명백히 하고자 함」

○ 미국 공관에 조복을 발송함. 「이규연 가옥과 관련하여 이상필의 귀국을 기다려 조처하되, 이미 보낸 지화紙貨 348원은 작교繳交하고, 해당 조회는 작송繳送할 것」

○ 벨기에 공관에 조복을 발송함. 「새로 지은 구애拘碍되는 가가假家 한 칸은 이미 철거했으며 다시 지을 수 없음」

29일(수) | 맑음.

○ 민 판윤, 소윤 하규일, 주사 이의식·김우현·안봉호·김용현이 출근하다. 강준영이 숙직하다.

○ 러시아 공관의 조회를 접수함. 「러시아인의 지폐를 위조한 일본인과 한국인을 탐지했으니 엄중히 징계할 것」

○ 일본 공관의 조회를 접수함. 「남대문 밖 경부철도 정거장 내에 세운 전신주의 철거와 관련하여 일일이 회답하는 것은 온당하지 않음」

○ 미국 공관의 조회를 접수함. 「미국 교회 터 근처의 파수간을 옮겨 설치하는 건」

○ 외부外部에 보고를 발송함. 「일본은행 일람불一覽拂 어음의 조사와 관련하여, 지시대로 처리하는 데 어려움이 있음」

○ 프랑스 공관에 공함을 발송함. 「아산군 백성 박성진 등의 소송 안건과 관련하여, 모레 오후 1시 이후 심문[審質]을 개최하는 건」

30일(목) | 맑음.

○ 민 판윤, 소윤 하규일, 주사 이의식·김우현·안봉호·김용현이 출근하다. 강준영이 숙직하다.

○ 프랑스 공관의 공함을 접수함. 「성成 신부가 아산군으로 출발하였으니 서울에 도착한 후 다시 심리하여 판결[審辦]하는 건」

○ 미국 공관의 조회를 접수함. 「귀부(한성부)가 물리치려고 하는 가계家契와 일화日貨 348원을 작교繳交하고, 접수된 것을 확인한 후 영수증을 만들어 보내는 건」

○ 한성재판소의 조회를 접수함. 「최복규崔復圭·이도성李道成의 가계家契를 전당[典質] 잡은 사안과 관련하여, 일본 공관에 조회를 보내어 일본인 고노 다미키치[河野民吉][29]를 보내도록 것」

31일(금) | 맑음.

○ 민 판윤, 소윤 하규일, 주사 김우현·안봉호·김용현·강준영이 출근하다. 이의식이 숙직하다.

○ 전기철도사무사판소電氣鐵道事務查辦所의 통첩을 접수함. 「전기철도회사電氣鐵道會社 간에 한성수기漢城水器의 합동合同과 관련하여,[30] 판윤 이봉래李鳳來 재임 시 조인한 원본을 즉시 송부할 것」

○ 한성재판소의 조회를 접수함. 「백두복白斗福의 질사質査 귀결歸結 사건과 관련하여, 일본 공관에 조회하여 일본인 마츠카와 조지로[松川長次郎]를 오는 월요일에 한성재판소[敝所]로 보낼 것」

○ 외부外部의 훈령을 접수함. 「남대문 밖 도동에 일본인이 제멋대로 세운 전신주의 철거와 관련하여, 방법을 마련하여 속히 처리한 후 즉각 보고할 것」

○ 또 훈령을 접수함. 「독일인 칼리스키Herrn Kalitzky, 賈利咨吉의 가옥 전집典執과 관련하여, 상세한 인원을 기한에 맞게 파견하여 상판商辦할 것」

---

29 원문에 안노 다미키치[阿野民吉]로 되어 있으나, 이후 기사로 볼 때 이것은 고노[河野]의 오기이다.

30 수기(水器)는 수도사업을 말한다. 1898년 12월 26일 미국인 콜브란, 보스트윅이 운영하는 전기철도회사와 한성판윤 간에 경성수도포설(京城水道布設) 계약이 체결되었다(1900년 7월 14일과 9월 29일에 재차 약정하였다. 《주한일본공사관기록》 제25권 기밀 제62호(1904.6.15.)).

○ 외부外部에 보고를 발송함. 「남대문 밖 정거장에 일본인이 세운 전신주를 뽑아내는 일과 관련하여 손해를 추요追要(사후에 요구함)하는 건」

○ 내부內部에 질품서를 발송함. 「프랑스인 마르텔 및 일본인 아유카이 후사노신[鮎貝房之進] 외 2명이 매입한 가계家契를 교환하여 발급하는 건」

○ 내부內部에 첩문을 발송함. 「남서南署 소룡동小龍洞의 관유官有 오예장汚穢場 밖에 민인民人 마츠다[松田]가 설치한 일본인 나희장[31]을 이미 철거함」

○ 한성재판소에 조회를 발송함. 「러시아 지폐의 위조와 관계된 자인 이승우李勝佑의 공술供述을 기록하여 교부하는 건」

○ 원수부에 보고를 발송함. 「미국 교당敎堂 터의 모퉁이에 있는 병정 파수간의 이설移設에 관한 건」

○ 한성재판소에 조회를 발송함. 「낙선방樂善坊에 있는 박병헌朴炳憲 가옥[32]을 집행하는 건」

○ 일본 공관에 조회를 발송함. 「남대문 밖에 일본인이 세운 전신주를 즉시 철거할 것」

○ 청 공관에 조복을 발송함. 「청 상인 이보산李寶山이 세운 안방桉房 북쪽 창호窓戶를 속히 막는[杜塞] 건」

○ 미국 공관에 조회를 발송함. 「미국인 언더우드가 매입한 우수현牛首峴 터의 계권契券은 당연히 송부해야 함」

○ 프랑스 공관에 조회를 발송함. 「아산 백성이 제기한 소송[訴控]은 해당 재판소로 이관함」

31 나희장(儺戱場): 나희는 섣달 그믐 밤에 민가와 궁중에서 마귀와 사신(邪神)을 쫓기 위하여 베풀던 놀이를 말한다. 원문에 '戱儺場'으로 기재되어 있다.

32 원문에 '樂善坊朴炳憲所在家屋'으로 되어 있다. '박병헌'과 '소재'의 위치가 바뀐 것으로 보고 풀이하였다.

광무 7년
(1903)

8월

1일(토) | 가랑비가 내림.

○ 민 판윤, 소윤 하규일, 주사 김우현·안봉호·김용현·강준영이 출근하다. 이의식이 숙직하다.

○ 외부外部에 보고를 발송함. 「일본인이 멋대로 세운 전신주[電桿]는, 본부(한성부)의 힘으로는 강제로 철거할 수 없음」

○ 프랑스 공관의 조복을 접수함. 「아산군 공소控訴 안건을 다른 관할로 이정移定하는 것은 인정할 수 없음」

○ 일본 공관에 조복을 발송함. 「최복규가 이도성의 가계家契를 잘못 전당잡은 것과 관련하여, 고노 다미키치[河野民吉]를 대질하여 조사하지[査質] 않을 수 없으니 오는 토요일에 고노를 한성재판소로 보낼 것」

○ 일본 공관에 조회를 발송함. 「경무청에서 백두복白斗福을 압송해온 안건과 관련하여, 귀국인 마츠카와 조지로[松川長次郞]를 대질할 일이 있으니 오는 월요일에 본 재판소로 보낼 것」

○ 수륜원[1]에 통첩을 발송함. 「귀원(수륜원)에서 빌려 입주한[借接] 지전紙廛 소도가小都

1 수륜원(水輪院): 대한제국 때 관개(灌漑)·관수(灌水) 등의 일을 맡아본 관청이다. 궁내부의 예하 기관으로 1899년(광무 3) 내장원(內藏院)에 설치한 수륜과를 1902년 원으로 확대·개편했다가 1906년 폐지하였다.

家[2]는 현재 사용하고 있지 않으니 해당 전민廛民에게 반환할 것」

○ 일본 공관의 공문을 접수함. 「남대문 밖 정거장의 전신주를 뽑아내는 일은 필요가 없음」

2일(일) | 비.

○ 주사 김우현이 숙직하다.

3일(월) | 맑음.

○ 소윤 하규일, 주사 이의식·안봉호·김용현·강준영이 출근하다. 김우현이 숙직하다.

○ 일본 공관의 조회를 접수함. 「우리나라 사람 마츠카와 조지로가 오는 6일 오후 1시 귀부(한성부) 재판소에 출두할 예정임」

○ 수륜원의 복첩復牒을 접수함. 「광통교廣通橋에 있는 지전紙廛 소도가는 이미 혜민원惠民院에서 유지有旨(왕의 명령서)의 뜻을 받들어 이접移接(이주)하게 한 것이니, 환급還給 여부는 본원(수륜원)의 권한이 아님」

4일(화) | 맑다가 밤에 비.

○ 민 판윤, 소윤 하규일, 주사 이의식·김우현·김용현·강준영이 출근하다. 안봉호가 숙직하다.

○ 청 공관의 공함을 접수함. 「남대문 내에서 우리 중국의 채소 장수가 한국인의 달구지[牛車]에 다쳤으므로 한·청 양인의 상흔傷痕을 검시檢視하는 건」

○ 미국 공관의 조회를 접수함. 「우수현牛首峴 터의 계권契券 7장을 제출하니, 언더우드와 한 약조에 따라 이문동里門洞의 계권을 교부하는 건」

○ 육군법원의 조복을 접수함. 「병정 김창욱을 처분한 형명刑名과 형기刑期를 왼쪽과 같이 기록함[左開]」

---

2 도가: 조선시대에 시전 상인들이 모여서 사무를 처리하거나 회의를 하던 사무소 또는 공동 창고.

○ 통신원의 훈령을 접수함. 「서서西署 반석방盤石坊 사거리에 있는 성영달成永達 가옥 13칸을 1,196원으로 매수한 입지立旨 1장과 신권新券을 첨부하는 건」
○ 한성재판소의 조복을 접수함. 「이승우李承祐의 공안供案 전부를 등서해서 송부함」
○ 한성재판소에 조복을 발송함. 「백두복 안건과 관련하여, 대질하여 조사할 일본인 마츠카와 조지로는 오는 6일 오후 1시에 귀 재판소에 출두할 예정임」
○ 통신원通信院에 통첩을 발송함. 「러시아 공관에 발송할 제5호 공문 1건을 신속히 전달하는 건」

5일(수) | 아침에 비가 내리다가 오후 늦게 맑다가 흐리다가 함.

○ 민 판윤, 소윤 하규일, 주사 이의식·김우현·김용현·강준영이 출근하다. 안봉호가 숙직하다.
○ 청 공관에 복함復函을 발송함. 「귀국 상인 중에 수레에 밟혀 다친 사람과 구타를 당해 중상을 입은 사람과 관련하여, 즉시 관원을 파견해서 회동하여 검사하는 건」
○ 농상공부에 보고를 발송함. 「오서五署 내 전세典稅 음력 계묘癸卯 윤5월 조條 232원과 성책成冊 1건, 벌금 5원, 합 237원을 송부함」
○ 일본 공관의 공문을 접수함. 「우리나라 사람 무로 젠타로[室然太郞] 라는 자가 귀국 병정 이동이 외 4명 등에게 폭행을 당해 손해를 입은 것은 명확함」
○ 농상공부의 지령을 접수함. 「오서五署 내 각 전포세금典舖稅金 합 237원 및 성책成冊 1건을 액수에 맞게 수봉收捧하는 건」
○ 청 공관의 조회를 접수함. 「청 상인 손대성孫大盛이 남대문 내에서 땅에 앉아 채소를 팔다가 한국인 수레꾼과 최창학崔昌學에게 구타당해 골절상을 입었으므로 조사할 것」

6일(목) | 반은 흐리고 반은 맑음. 간혹 가랑비가 내림.

○ 민 판윤, 소윤 하규일, 주사 김우현·안봉호·강준영이 출근하다. 김용현이 숙직하다.
○ 일본 공관의 공함을 접수함. 「노조지路照紙 10매에 내지內地 여행자의 성명을 기록하여 송부함」
○ 러시아 공관에 조복을 발송함. 「러시아 지화紙貨 위조 사건과 관련하여, 관계인

이승우李勝祐의 공초供招 1건을 등서해서 송부함」

○ 육군법원에 조회를 발송함. 「일본인 무로 젠타로가 손해 입은 금액을 속히 변상케 하는 건」

7일(금) | 흐림.

○ 판윤은 공고,[3] 소윤 하규일, 주사 이의식·김우현·안봉호·강준영이 출근하다. 김용현이 숙직하다.

○ 내부內部의 훈령을 접수함. 「장례원 앞길의 철거 비용을 지불할 것」

○ 프랑스 공관의 공함을 접수함. 「성 선교사 사위[成教師四違]에 대해 한성漢城에서 속행할 심리의 개시 일자를 속히 알려줄 것」

○ 태의원太醫院의 조회를 접수함. 「본원(태의원) 의관청醫官廳 3곳의 가권家券은 본래부터 없었으니 판권板券 3장을 모두 작성해서 지급하는 건」

○ 일본 공관의 공문을 접수함. 「우리나라 사람 히라타 가쿠타로[平田格太郎]가 (한국) 병정에게 중상을 입었고 또 우리나라 사람 야마자키 다이치[山崎多一]가 병정에게 구타를 당했으니, 해당 가해자를 찾아내어 엄중히 처벌할 것」

○ 일본 공관의 공문을 접수함. 「우리나라 사람 다카하시 세이조[高橋清藏]가 귀국인 손춘흥孫春興 외 2명과 공동으로 생강을 매매한 건과 관련하여, 관계를 금지할 것」

8일(토) | 흐림.

○ 소윤 하규일, 주사 이의식·김우현·안봉호·강준영이 출근하다. 김용현이 숙직하다.

○ 일본 공관의 공함을 접수함. 「대안문大安門 앞에 우리나라 사람 우라카미 에이사쿠[浦上榮作]가 자신이 거주하는 가옥을 개축하는 건」

○ 벨기에 공관의 조회를 접수함. 「장동長洞의 벨기에 공관[4]터와 접해 있는 곳과 관련하여 본 영사의 명의로 다시 새 판권板券을 만들어 송부할 것」

3 공고(公故): 벼슬아치가 조회(朝會), 진하(進賀), 거둥, 그 밖의 궁중에서 행하는 행사에 참여하던 일.

4 1903년 당시 벨기에 영사관은 중구 회현동2가 78번지 일대에 있었는데, 이곳은 현 신세계백화점 본점 자리에 있었던 일본 영사관의 남서쪽에 해당한다.

○ 일본 공관의 조회를 접수함. 「우리나라 사람 아유카이 후사노신[鮎貝房之進]이 매입한 장동長洞 가옥의 가계를 신계新契로 교환해줄 것」

9일(일) | 큰비가 내림.

○ 주사 김용현이 숙직하다.

○ 일본 공관의 공문을 접수함. 「귀국 서서西署 순검巡檢 6명이 우리나라 사람의 가옥에 침입했으니, 불법행위를 엄중히 취조하여 징벌할 것」

10일(월) | 아침에 비가 내리다가 저녁에 갬.

○ 민 판윤, 소윤 하규일, 주사 이의식·김우현·안봉호·김용현이 출근하다. 강준영이 숙직하다.

○ 남서南署의 조회를 접수함. 「본서(남서) 제중원濟衆院에서 여인 1명이 사망하여 시신을 들어내 매장한 비용을 지불할 것」

○ 통신원通信院의 훈령을 접수함. 「용산방龍山坊 마포계麻浦契의 기와집 28칸, 기와 창고 11칸을 이보현李輔鉉에게서 매수했으므로 옛 문기文記 1장과 입지立旨 3장, 새 문기 1장을 별도 첨부할 것」

11일(화) | 비.

○ 민 판윤, 소윤 하규일, 주사 이의식·김우현·안봉호·김용현이 출근하다. 강준영이 숙직하다.

○ 서북철도국西北鐵道局의 조회를 접수함. 「당해 공관(서북철도국)의 기수旗手 김기준金基俊과 잡상雜商 김창엽金昌燁이 외국인에게 난타당했으니, 미국·프랑스 두 공관에 조회하여 그 죄상을 밝히고 법률에 따라 징계하게 할 것」

○ 일본 공관의 공문을 접수함. 「우리나라 사람 다무라 겐고[田村謙吾]가 귀국인 조인식趙仁植에게 어음[手形] 금액을 요구하는 건」

○ 육군법원의 조회를 접수함. 「조석헌 사안과 관련하여, 이전에 보낸 조회에서 알려

준 대로 해당 동洞의 가쾌家儈를 소환해서 보낼 것」

○ 원수부에 보고를 발송함. 「일본인 히라타 가쿠타로가 우리 병사 김춘경金春景이 던진 돌에 중상을 입고 또 일본인 야마자키 다이치가 우리 병사에게 몽둥이로 구타당하는 등 이처럼 두 사건이 반복되었으니. 엄중히 취체取締(단속)하는 건」

○ 농상공부에 보고를 발송함. 「강순근姜順根 등이 일본인 다카하시와 한패가 되어 생강을 독점하였으니, 불법으로 금지하지 않을 수 없음」

12일(수) | 맑음.

○ 민 판윤, 소윤 하규일, 주사 김우현·안봉호·김용현·강준영이 출근하다. 이의식이 숙직하다.

○ 프랑스 공관의 조회를 접수함. 「마르텔의 가계家契를 바꾸어 송부하는 건」

○ 영국 공관의 공함을 접수함. 「이제 중요한 공무로 인해 금일 오후 3시에 배오拜晤(배알)하기 위해 갈 예정임」

○ 학부學部의 훈령을 접수함. 「성균관장成均館長 서상욱徐相勖이 보고한 《경의칠조經義七條》·《구오句唔》·《찬서撰書》를 오서五署 내에 번칙飜飭(번역해서 신칙함)해서 오류를 바로 잡을 것」

○ 영국 공관의 공함을 접수함. 「내일 오후 2시에 귀서(한성부)에 갈 예정임」

○ 한성재판소에 조회를 발송함. 「한성전기회사에 파견한 순검 등이 전기회사에서 고용한 미국인 등과 함께 폐단을 일으키고[作弊] 우리나라 칙임관勅任官을 능욕한 건」

○ 한성재판소에 조회를 발송함. 「서서西署 순검 이덕중李德仲 등이 인야寅夜(새벽 4시경)에 남대문 밖 정거장에 침입한 사건과 관련하여, 불러서 조사할 것」

○ 미국 공관에 조회를 발송함. 「미국인이 행패를 부리고 우리 칙임관을 능욕한 사건과 관련하여, 별도로 조사하여 엄중히 처리하는 건」

13일(목) | 맑음.

○ 민 판윤, 소윤 하규일, 주사 김우현·안봉호·김용현·강준영이 출근하다. 이의식이 숙직하다.

○ 일본 공관의 공문을 접수함. 「노조지路照紙 10매를 날인해서 송부할 것」

○ 일본 공관의 조회를 접수함. 「우리나라 사람 도우 마사지로[唐雅次郎] 외 4명이 귀국인 포목상[木布商] 조인식趙仁植에게 어음 금액의 상환을 요구하는 건」

○ 영국 공관의 공함을 접수함. 「안부를 여쭙는 것은 1시 반부터 3시 반 사이 반드시 직접 나아가는 건」

○ 한성재판소에 조회를 발송함. 「남송현[5] 포목상 조인식에게 일본인 다무라田村 등이 준 채금債金과 관련하여, 그 가산家産을 집행함으로써 일본인에게 피해가 생기지 않게 하는 건」

○ 내부內部에 질품서를 발송함. 「미국인 사압沙鴨 및 무스가 매입한 가계家契를 교환해주는 건」

○ 일본 공관에 공함을 발송함. 「노조지 10매를 날인하여 송부하는 건」

○ 한성재판소의 조회를 접수함. 「강두영에 대해 이문하여 다시 재판소에 알리고, 기한이 되면 질판質辦하게 할 것」

○ 육군법원의 조회를 접수함. 「일본인 차량車輛을 강박하여 물건을 실은 병사를 체포해서 그 이유를 조사할 것」

○ 육군법원의 조회를 접수함. 「일본인 무로 젠타로가 우리 병사의 폭행으로 치료를 받았으니, 해당 병사에게 징수해서 치료비를 계산하는 건」

14일(금) | 맑음.

○ 민 판윤, 소윤 하규일, 주사 이의식·안봉호·김용현·강준영이 출근하다. 김우현이 숙직하다.

○ 영국 공관의 조회를 접수함. 「영국 영사관 희우喜祐가 매입한 용산방龍山坊 전지田地에 그대로 가사家舍 10칸을 지었으니 신계新契 발급을 청함」

○ 경무청의 조회를 접수함. 「남서南署 어교[6] 좌우 변석邊石이 무너졌으니 속히 수축修

5 남송현(南松峴): 중구 소공동·북창동·남대문로2가·남대문로3가에 걸쳐 있던 마을이다. 종로구에도 송현(솔고개)이 있었기 때문에 북쪽에 있는 종로구 송현은 북송현, 남쪽에 있는 중구 송현은 남송현으로 부르기도 하였다.

6 어교(漁橋): 중구 광희동1가 296번지와 오장동 193번지 사이에 있던 다리.

築할 것」

○ 태의원太醫院에 조회를 발송함. 「귀원(태의원)에 소속된 의관청직방醫官廳直房에서는 멋대로 관계官契를 발급해서는 안 됨」

○ 내부內部에 보고를 발송함. 「본부(한성부) 주사 김우현이 판임관判任官 4등으로 승서陞敍함」

○ 미국 공관에 조회를 발송함. 「정동貞洞 소재 병정 파수간은 실로 옮기기가 어려움」

○ 프랑스 공관에 조회를 발송함. 「아산군민의 소송 안건과 관련하여, 충남재판소에 공문을 보냄[移文]」

15일(토) | 맑음.

○ 소윤 하규일, 주사 이의식·안봉호·김용현·강준영이 출근하다. 김우현이 숙직하다.

○ 원수부의 지령을 접수함. 「병정 김춘경金春景은 이미 징계했으니, 세 병사에 대한 자세한 조사[査探]를 진행할 것」

○ 서서西署의 조회를 접수함. 「아현阿峴에서 남성 시신 1구를 수습하여 매장한 비용을 지급할 것」

○ 미국 공관의 조회를 접수함. 「서북철도 감독監督 이인영李寅榮이 전기회사에 대해 제기한 공힐控詰 사건과 관련하여, 이미 외부外部에서 교섭하였으니 곧 자세한 조사[査探]를 진행할 것임」

○ 청 공관의 복함復函을 접수함. 「청 상인 원춘화源春和는 돈과 문서 2장[二紙]을 첨부하여 돌려보내 해당 소[牛] 주인인 박순녀朴順女에게 내어줄 것」【박민이朴民耳에게 바로 지급함】[7]

16일(일) | 이른 아침에 흐리다가 늦게 비가 내리고 흐림.

○ 주사 안봉호가 숙직하다.

7 본문에 미상인 글자와 해석되지 않는 부분이 많다. 마지막의 작은 글씨로 된 부분에 대한 풀이는 대괄호(【】)로 묶었다.

■ **17일(월)** | **이른 아침에 흐리다가 오후에 비가 옴. 신시(오후 4시)부터 간혹 흐리다가 간혹 비가 내림.**

○ 소윤 하규일, 주사 이의식·김우현·김용현·강준영이 출근하다. 안봉호가 숙직하다.

○ 일본 공관에 공함을 발송함. 「오서五署 내 호구조사표戶口調査表 및 병정 김창욱金昌煜을 별도로 기록하여 송부함」

○ 한성재판소의 조회를 접수함. 「청 상인 동순태호 전표錢票 위조 사안과 관련하여, 곧 이를 청 영사관에 조회를 보내고, 해당 청 상인 유풍덕裕豊德은 오는 수요일에 이곳에 와서 대기하게 하는 건」

○ 일본 공관의 공문을 접수함. 「우리나라 사람 무로 젠타로가 귀국 병정 이동이李同伊 등에게 폭행당한 일로 인한 손해 금액을 합당하게 조처하는 건」

○ 일본 공관의 공문을 접수함. 「장동長洞에 가설한 우리 소관 전신선주電信線柱가 절단, 절취되었으니 그 범인을 엄중히 수사하고, 절차를 힘써 행할 것」

■ **18일(화)** | **오전에 흐리고 비가 내리다가 오후에 갬.**

○ 민 판윤, 소윤 하규일, 주사 이의식·김우현·안봉호·강준영이 출근하다. 김용현이 숙직하다.

○ 한성재판소의 조회를 접수함. 「조인식趙仁植의 가옥 집행과 관련하여, 일본 영사관에 조회하여 내일 오후 1시[8]에 일관경찰관日館警察官(영사경찰)과 와서 모여 심리하게 할 것」

○ 또 조회를 접수함. 「남대문 밖 정거장에서 소란을 부린 사건을 모여 심리하는 것[會審]과 관련하여, 일본 공관에 조회를 보내어 오는 토요일에 역부驛夫 김경숙金景淑을 데리고 본원에 올 것」

○ 영국 공관의 조회를 접수함. 「영국인 희우喜祐가 매입한 가옥 터의 구권舊券을 송부하니, 신계新契로 교환해줄 것」

○ 내부內部에 질품서를 발송함. 「벨기에 공관 터와 연접連接한 연문구延文九의 가옥 1채와 관련하여, 신계新契로 교환해줄 것을 청하는 건」

---

8 원문에 '上午一点'으로 되어 있는데, '下午一点'의 오기로 보인다.

○ 또 질품서를 발송함. 「일본인 모리 야스키치 외 3명이 매입한 가계를 교환해주는 건」

○ 또 토목국에 조회를 발송함. 「남서南署 어교漁橋의 좌우 변석邊石이 무너졌으니 신속히 수축修築하는 건」

○ 통신원通信院에 보고를 발송함. 「본원(통신원)에서 매입한 반석방盤石坊 및 용산방龍山坊의 가옥 2채의 신계新契를 교환해주는 건」

○ 경무청에 조회를 발송함. 「일본 전신부電信部 소관 전신 중에서 남산 부분의 경동선硬銅線을 절취한 자를 별도로 조사해서 징판하는 건」

○ 일본 공관에 조복을 발송함. 「우리 병정 이동이의 배상금에 관한 사안은 이미 결정[斷案]을 내렸고, 여러 사람들이 파손한 물건 또한 결코 물러내게[懲出] 하기 어려움」

○ 또 조복을 발송함. 「남대문 밖 정거장에서 사용하는 차량에 강제로 물건을 실은 우리 병사 장경순張敬順은 분명히 변환變幻[9]이니, 그 이유를 잡아서 조사하는 건」

○ 각 공관에 조회를 발송함. 「한성 내 거주하는 각국 관리와 국민의 남녀 총수, 각 공사관 및 영사관에서 사환使喚으로 일하는 우리나라 사람, 각국 인가人家에서 고용한 우리나라 사람의 성명을 시명示明할 것」

19일(수) | 혹은 비가 내리고 혹은 흐리다가 맑아짐.

○ 민 판윤, 소윤 하규일, 주사 이의식·김우현·안봉호·강준영이 출근하다. 김용현이 숙직하다.

○ 일본 공관의 공함을 접수함. 「대안문 앞에 우라카미 에이사쿠 소유지의 가옥 매입 사건과 관련하여, 해당 가액價額을 20일에 보내거나 그렇지 않으면 그 다음 날에 개축 공사를 시작함」

○ 일본 공관에 조복을 발송함. 「일본인 다무라 겐고 외 5명이 우리나라 사람 조인식에게 가액價額을 요청한 것과 관련하여, 현재 조인식의 가산家産 압수가 진행 중이니 입회할 것을 요청함」

○ 청 공관에 조회를 발송함. 「귀국 상인 동순태호 전표錢票 위조 사건과 관련하여, 행인行人 박석규朴錫圭 등을 곧 질판質辦할 예정이니 귀국 상인 유풍덕을 오는 수요일

9 변환: 갑자기 출몰함.

에 보낼 것」

○ 청 공관의 공함을 접수함. 「우리나라 상인 동순태호 전표 위조 사건과 관련하여, 귀국 판윤이 박석규 등을 대동하고 폐서敝署(청 공관)에 와서 심질審質하는 것을 들을 것」

20일(목) | 맑음.

○ 민 판윤, 소윤 하규일, 주사 이의식·김우현·안봉호·김용현이 출근하다. 강준영이 숙직하다.

○ 미국 공관의 조회를 접수함. 「매입한 석정동[10] 가옥 2채를 살펴보고, 혹시 매입 의사가 있으면 크럼[巨廉]과 상의할 것」

○ 일본 공관의 공문을 접수함. 「우리나라 사람 다무라 겐고가 이병의李秉儀의 수형금手形金에 대해 제기한 안건과 관련하여, 한화사실[11]을 취조取調할 것」

○ 일본 공관의 공문을 접수함. 「우리나라 사람 사이토에게 김정현의 가권家券을 반부[12]하는 것과 관련하여, 이 건은 재심을 거쳐 공정해졌으니 신속하게 타결할 것」

○ 전기회사의 통첩을 접수함. 「금곡金谷 어로御路의 정비는 합동으로 하며, 해당 금액의 명세서를 검토하기 위해 본 사판소査辦所로 보낼 것」

○ 미국 공관의 조회를 접수함. 「언더우드가 매입한 우수현牛首峴 터의 계권契券 2매를 송부하며, 이문동里門洞 터와 언더우드가 주접住接하고자 하는 소유 가옥은 에비슨[13]병원의 문계文契와 마찬가지로 발송할 것」

○ 일본 공관의 공함을 접수함. 「우라카미 에이사쿠 소유지 가옥의 가액價額을 14일 내로 결정하는 건」

---

10 석정동(石井洞): 중구 을지로1가·소공동·태평로2가에 걸쳐 있던 마을.

11 '韓貨事實'이 무엇을 의미하는지는 분명치 않다.

12 반부(返附): 본래는 적과 내통해서 들러붙는다는 의미지만, 여기서는 반환을 뜻한다.

13 에비슨(Oliver R. Avison, 魚丕信): 언더우드의 추천으로 미국 장로회 해외 선교부의 의료 선교사가 되어 1893년 조선에 들어왔다. 고종의 피부병을 치료하여 고종의 주치의 및 제중원(濟衆院) 원장이 되었으며, 후에 세브란스 병원의 병원장 및 세브란스 의학전문학교의 학교장을 역임했다. 1906년 고종은 에비슨의 의료 활동을 높이 평가하여 언더우드와 함께 4등에 서훈하고 태극장을 하사했다.

○ 내부內部의 훈령을 접수함. 「각처各處 오예장汚穢場과 관련하여, 해당 가액價額을 지급하지 않은 이유를 상세히 보고할 것」

○ 내부 토목국土木局의 조회를 접수함. 「남서南署 관내 어교漁橋 좌우 변석邊石이 무너져 수축修築하는 비용을 곧 청구할 것이므로 지급을 기다렸다가 수리하는 건」

○ 육군법원의 훈령을 접수함. 「병정 김희성金喜成을 구타한 역부役夫 정신영丁信永 등을 잡아 가두어 엄히 징벌하는 건」

○ 전기사판철도電氣査辦鐵道에 통첩을 발송함. 「한성전기회사와 약정한 금곡합동서金谷合同書를 등서해서 보냄」

21일(금) | 맑음.

○ 민 판윤, 소윤 하규일, 주사 이의식·김우현·안봉호·김용현이 출근하다. 강준영이 숙직하다.

○ 벨기에 공관의 공문을 접수함. 「한성 내 벨기에인 남녀 총수 및 가옥의 실수實數」

○ 한성재판소의 조회를 접수함. 「시위1대侍衛一隊 병정 김희성이 경인철도 정거장 역부役夫에게 난타를 당해 상해를 입은 사건과 관련하여, 해당 역부를 일본 영사관에 조회하여 한성재판소로 압송할 것」

○ 청 공관에 조회를 발송함. 「미동[14] 역잔役棧 청인淸人 덕흥호德興號에서 서쪽 방향으로 낸 창호窓戶를 속히 막게 할 것」

○ 청 공관에 공함을 발송함. 「청 상인 동순태 전표錢票 위조 사건의 사용인使用人 박석규 등의 심판審辦과 관련하여, 접인[15]한 유풍덕을 즉시 보낼 것」

22일(토) | 반은 흐리고 반은 맑음.

○ 민 판윤, 소윤 하규일, 주사 김우현·안봉호·김용현·강준영이 출근하다. 이의식이 숙직하다.

14 미동(美洞): 중구 남대문로1가·을지로1가에 걸쳐 있던 마을.

15 접인(接引): 영접, 접대, 인도의 의미이다.

○ 독일 공관의 조복을 접수함. 「한성 내 독일인 남녀 총액 및 실수實數를 송부함」

○ 내부의 지령을 접수함. 「일본·영국·프랑스·미국·벨기에인 등이 매수한 가옥의 신계新契를 교환해 주는 건」

○ 프랑스 공관의 조복을 접수함. 「본 공사는 이 일을 가지고 귀국 판윤과 힘들게 쟁론諍論할 필요가 없음」

23일(일) | 반은 흐리고 반은 맑음.

○ 주사 이의식이 숙직하다.

24일(월) | 비.

○ 소윤 하규일, 주사 이의식·안봉호·김용현·강준영이 출근하다. 김우현이 숙직하다.

○ 일본 공관의 공문을 접수함. 「우리나라 사람 마츠나가 다츠지로[松永達次郞]가 귀국인 황덕심黃德心에게 매수한 성균관계[16]의 새 가옥에서 취부取付[17]를 해제하고 그 방해를 막을 것」

○ 일본 공관의 공함을 접수함. 「우리나라 사람 다카하시 요스케의 칭경예식稱慶禮式 원유회장園遊會場 설비비 금액 지급을 처리할 것」

○ 일본 공관의 공함을 접수함. 「우리 상품진열소[18]와 관련하여 새로운 가옥을 건축하는 것이 급박하여 특별히 진력하고, 본관(일본 공사관)에서 표標를 사용하기를 희망하는 건」

○ 내부內部의 훈령을 접수함. 「오서五署 관내에서 나이가 90세인 부녀자의 명단을 상세하게 제출할 것」

---

16 성균관계(成均館契): 조선시대 동부 숭교방에 있던 계로서, 종로구 명륜동1가~4가와 혜화동의 일부에 해당.

17 일본어로 토리즈케[取付け]는 '설치'라는 뜻이다.

18 상품진열소: 《주한일본공사관기록(駐韓日本公使館記錄)》 제14권 〈일한무역(日韓貿易) 진흥확장(振興擴張) 등에 관한 건〉에 따르면, 1900년 일본은 조선 내 일본 상품의 판매를 높이기 위해 경상도의 대구·진주, 전라도의 전주·나주 등과 경부철도의 예정 정거장 부지 등에 상품 진열장을 개설하여 일본 상품에 대한 관심을 유도하고자 했다.

25일(화) | 맑음.

○ 민 판윤, 주사 이의식·안봉호·김용현·강준영이 출근하다. 김우현이 숙직하다.

○ 한성재판소의 조회를 접수함. 「한성병원에서 치료 중인 청 상인 손배휘孫倍輝가 우리 백성 최창운崔昌雲에게 상해를 입혀 머리가 깨지고 피가 흘렀으므로 해당 치료비와 손해를 청 공관에 조회로 알려서[知照] 협상하고 타결하는 건」

○ 일본 공관에 조회를 발송함. 「남대문 밖 정거장 역부役夫 정신영이 병졸 김희성金喜成을 마구 구타한 사건과 관련하여, 대질해서 조사하지 않을 수 없으니 이곳으로 압송할 것」

○ 일본 공관에 조복을 발송함. 「경인철도 정거장 사무소에 침입한 순검巡檢 이덕중李德仲을 오는 토요일 오전 11시에 관원을 파견하여 모여 심리[會審]하는 건」

○ 일본 공관에 조복을 발송함. 「귀국인 세이치 스케이치[勢一助市] 외 15명이 매수한 가계家契를 교환해주는 건」

○ 청 공관에 조회를 발송함. 「우리 병졸 정갑동鄭甲同을 구타한 청국 역부役夫 등을 별도로 조사해서 엄중히 처리할 것」

○ 프랑스 공관에 조복을 발송함. 「프랑스인 마르텔이 매입한 가계를 작성해 교부하는 건」

○ 벨기에 공관에 조복을 발송함. 「벨기에 공관과 접한 지역에 매입한 가옥의 신계新契를 전례에 따라 교환해주는 건」

○ 미국 공관에 조복을 발송함. 「미국인 사압 및 무스가 매입한 가계를 교환해주는 건」

○ 미국 공관에 조복을 발송함. 「언더우드가 교환한 이문동계의 가계를 신계로 교환해 주는 건」

○ 영국 공관에 조복을 발송함. 「영국인 희우가 매입한 가옥 3채의 가계를 신계로 교환해주는 건」

○ 내부內部에 질품서를 발송함. 「영국인 희우가 매입한 가옥 4채의 가계를 신계로 교환을 요청한 건」

○ 원수부에 보고를 발송함. 「일본인 다카시마 슈키치[高島周吉]를 구타한 우리 병졸 김봉석金奉錫 등을 엄중히 처벌하는 건」

○ 한성재판소에 조복을 발송함. 「일본인 사이토[19]가 김정현에 대해 제기한 송안訟案과 관련하여, 재심再審을 다시 진행하는 건」

---

19 원문에 '藤'이라고만 기재되어 있다.

○ 육군법원에 조회를 발송함. 「일본인 무로 젠타로의 손해 배상금을 교섭하여 잔액 2원 50전 6리里를 속히 모두 매상하는 건」

26일(수) | 맑음.

○ 민 판윤, 소윤 하규일, 주사 이의식·김우현·김용현·강준영이 출근하다. 안봉호가 숙직하다.

○ 일본 공관의 공문을 접수함. 「남대문 정거장 역부 정신영 등을 압송하는 안건과 관련하여, 오는 토요일 오전 11시 모여 심리하는[會審] 것에 관해 회답하는 건」

27일(목) | 맑음.

○ 민 판윤, 소윤 하규일, 주사 이의식·김우현·김용현·강준영이 출근하다. 안봉호가 숙직하다.

○ 내부內部의 훈령을 접수함. 「소룡동小龍洞 오예장汚穢場 터를 적간摘奸한 후, 과연 고소한 바와 같으면 문권을 만들어 환급換給할 것」

○ 중서中署의 조회를 접수함. 「본서(중서) 이동[20]에서 남성 시신 1구를 수습하여 매장한 비용을 지급할 것」

○ 일본 공관에 공함을 발송함. 「일본 (공관에서) 상품진열소로 지정한 터는 관유지로서 궁부宮府의 물품을 공급하는 곳이니 결코 승인하기 어려움」

○ 경위원[21]의 조회를 접수함. 「처분을 받들어 회동會洞에 거주하는 조인식이 거래한 일과 관련하여, 귀부(한성부)에서 독쇄[22]하며 말하길, 해당 표票는 3만 냥짜리 1장[片], 1만 5천 냥짜리 2장이라고 했으므로 액수에 맞게 모두 징수하는 건」

---

20 이동(泥洞): 종로구 운니동에 있던 마을.

21 경위원(警衛院): 대한제국 때 궁내부(宮內府)에 속한 관청으로, 황궁 안팎의 경비와 수상하거나 법을 어긴 자를 규찰하고 체포하는 업무를 담당하였다. 1901년(광무 5)에 설치했다가 1905년(광무 9)에 황궁경위국(皇宮警衛局)으로 개편되었다.

22 독쇄(督刷): 독봉(督捧), 즉 빚이나 세금 등을 독촉해서 받아내는 일.

28일(금) | 맑음.

○ 민 판윤, 소윤 하규일, 주사 이의식·김우현·안봉호·강준영이 출근하다. 김용현이 숙직하다.

○ 영국 공관의 조회를 접수함. 「본국 영사관의 희우喜祐가 매입한 가옥의 가계家契를 모두 작성해서 교환해줄 것」

○ 벨기에 공관의 조회를 접수함. 「장동長洞 일본 영사관 주변 소교小橋를 보수하는데 세운 2채의 임시 가옥[假家]을 오탐誤探한 건」

○ 동서東署의 조회를 접수함. 「본서(동서) 호동壺洞[23]에서 남성 시신 1구를 수습하여 매장한 비용을 지급할 것」

○ 육군법원의 조복을 접수함. 「일본인 무로 젠타로의 치료비 5원 6전을 일본 영사관에 보내는 건」

○ 일본 공관의 공문을 접수함. 「우리나라 사람 가와카미 데지로[川上貞次郎]가 청나라 지부[芝罘]에서 궁내부 출납국장 이유건李裕健에게 동인同人 인삼人蔘을 판매한 것과 관계되는 건」

○ 일본 공관의 공함을 접수함. 「미쓰이[三井] 물산회사 양효건楊孝健이 가옥을 매수하고 그가 전당 잡는 것을 모두 정지하고 우라카미[浦上]의 집 매수 금액 및 다카하시[高橋]의 금액을 신속하게 계산할 것」

○ 원수부의 훈령을 접수함. 「헌병憲兵 김봉석金奉錫 및 양성환梁聖煥에게 훈칙訓飭하여 법원의 심판을 받게 할 것」

29일(토) | 맑음.

○ 소윤 하규일, 주사 이의식·김우현·안봉호·강준영이 출근하다. 김용현이 숙직하다.

○ 원수부의 훈령을 접수함. 「동서 왕십리에 병졸을 파견하는 건과 관련하여, 도적의 정황情況을 염탐하는 것은 전적으로 순포巡捕의 책임이니 다시 경무청에 요청할 것」

23 호동: 종로구 원남동에 있던 마을.

30일(일) | 아침에 볕이 들다가 저녁에 비가 내림.

○ 주사 강준영이 숙직하다.

31일(월) | 맑음.

○ 민 판윤, 소윤 하규일, 주사 이의식·김우현·안봉호·김용현이 출근하다. 강준영이 숙직하다.

○ 청 공관의 조회를 접수함. 「홍흥석洪興錫 등의 집이, 청 상인 덕흥호德興號에서 설치한 가게[棧] 누방樓房에 서쪽 창문을 낸 곳과 가까운데, (이곳에) 벽을 세운 것은 정리情理에서 벗어난 일임」

○ 청 공관의 공함을 접수함. 「청 상인 손대성·손비요孫丕耀가 한국인의 달구지[牛車]에 치여 넓적다리뼈가 부러진 사건과 관련하여, 치료비 및 약값으로 지화紙貨 55원을 보낼 것」

○ 일본 공관의 공문을 접수함. 「우리나라 사람 나카무라 사이조[中村再造] 외 11명이 매수한 가옥의 구권舊券 18매를 송부하니, 전례에 따라 신권新券 15매로 교환해줄 것」

○ 일본 공관의 조회를 접수함. 「우리나라 사람 요시다 이와키치[吉田岩吉]가 사들인 박의대朴義大 삼일안三一案을 판윤의 결정에 따라 엄중히 타이를 것」

○ 일본 공관의 조회를 접수함. 「우리나라 사람 사콘 구라타로[左近倉太郞]를 귀국의 백성 김경룡金敬龍이 절취한 사건의 결과」

○ 일본 공관에 조회를 발송함. 「일본인 무로 젠타로의 손해 배상금 2원 66전 4리 및 이李 병정의 형명서刑名書를 송부함」

○ 한성재판소에 조회를 발송함. 「경위원警衛院에 봉납한 조인식의 표票 3편片을 송부하고 수에 맞게 모두 징수함」

광무 7년
(1903)

9월

■ **1일(화) | 맑음.**

○ 민 판윤, 소윤 하규일, 주사 김우현·안봉호·김용현·강준영이 출근하다. 이의식이 숙직하다

■ **2일(수) | 아침에 비가 오다가 저녁에 갬.**

○ 민 판윤, 소윤 하규일, 주사 김우현·안봉호·김용현·강준영이 출근하다. 이의식이 숙직하다.

○ 일본 공관의 공함을 접수함. 「노조지路照紙 10매를 날인하여 송부할 것」

○ 한성재판소의 조회를 접수함. 「조인식趙仁植에 관해 보고한 건을 일본 공관에 조회하여 각 채권자들에게 전칙轉飭하게 할 것」

○ 경무청의 조복을 접수함. 「전신부電信部 소관 전선주電線柱를 절단·절취한 범인을 다시 각 지서 및 각 마을[坊曲]에 엄칙해서 속히 염탐하여 체포하는 건」

○ 일본 공관에 조회를 발송함. 「우리나라 사람 조인식과 관련하여, 각인各人이 보고한 채권을 10개월 내 배상排償하는 건」

○ 청 공관의 공함을 접수함. 「수레에 치인 청 상인 손대성과 관련하여, 오는 토요일 오후 1시에 관원을 파견해 모여서 심리[會審]하는 건」

3일(목) | 맑음.

○ 민 판윤, 소윤 하규일, 주사 이의식·안봉호·김용현·강준영이 출근하다. 김우현이 숙직하다.

○ 미국 공관의 조회를 접수함. 「미국인 사압沙鴨 및 무스 기업基業의 계권契劵 2매를 영수領收함」

○ 또 조회를 접수함. 「미국인 언더우드가 교환한 이문동 계권 1매를 영수함」

○ 일본 공관의 조회를 접수함. 구기모토 도지로[釘本藤次郎] 외 4명이 매수한 가옥의 가계家契를 교환해줄 것」

○ 농상공부農商工部에 보고를 발송함. 「음력 6월 전포세금典舗稅金 234원 및 성책成冊 1건을 송부함」

○ 한성재판소에 조회를 발송함. 「일본인 가와카미 데타로[川上貞太郎][1]가 우리나라 사람 이유건李裕健에게 갚기를 요청한 보수금報酬金과 관련하여, 자세히 조사[審核]한 후 시명示明할 것」

○ 또 조회를 발송함. 「일본인 사콘 구라타로[左近倉太郎]의 화물을 훔친 김경룡金敬龍은 압송되기를 기다렸다가 조사[査覈]하고 시명示明할 것」

○ 또 조회를 발송함. 「우리나라 병정 김희성金喜成을 구타하여 상해를 입힌 철도 역부役夫 정신영丁信永은 이미 시위대대장侍衛大隊長에게 인도하여 구류하였음」

4일(금) | 맑음.

○ 민 판윤, 주사 이의식·안봉호·김용현·강준영이 출근하다. 김우현이 숙직하다.

○ 일본 공관의 조회를 접수함. 「우리나라 사람 무로 젠타로[室然太郎]의 피해 배상금 영수증 2매[2]를 송부함」

---

1 1903년 8월 28일조에는 '가와카미 데지로[川上貞次郎]'로 되어 있다.

2 원문은 '領收證二二紙'라고 기재되어 있다.

5일(토) | 비.

○ 민 판윤, 주사 이의식·김우현·김용현·강준영이 출근하다. 안봉호가 숙직하다.

○ 남서南署의 조회를 접수함. 「본서(남서) 제중원에서 치료를 받다가 병사한 시신 1구를 수습하여 매장한 비용을 청구함」

○ 중서中署의 조회를 접수함. 「본서(중서) 포병[3]에서 남성 시신 1구를 수습하여 매장한 비용을 청구함」

○ 농상공부農商工部의 지령을 접수함. 「오서五署 내 각 전포典舖의 6월 세금 실액實額 234원과 수봉규칙책收捧規則冊 30권을 송부할 것」

○ 일본 공관의 공문을 접수함. 「우리나라 사람 야마자키 구라미츠[山崎滿藏][4]의 전포典舖에서 소란을 부린 병정을 조사해서 엄중히 징계할 것」

○ 일본 공관의 공문을 접수함. 「우리나라 사람 우미우라 아츠야[5] 외 2명이 매수한 가옥의 가계를 신계新契로 교환해줄 것」

○ 내부內部에 보고를 발송함. 「오서五署 내 오예장汚穢場의 값을 지급하지 못한 이유를 보고함」

○ 일본 공관에 조회를 발송함. 「일본인 고노 다미키치[河野民吉]가 우리나라 사람 김정현金正鉉에 대해 제기한 소송 안건을 재심再審하는 건」

○ 청 공관에 조회를 발송함. 「청국인 천흥의天興義가 우리 상인 이희경李喜敬에게서 한화韓貨 400원을 추거推去했으니, 속히 응당한 보상을 하도록 명할 것」

○ 청 상인 손태성이 부상당한 사건과 관련하여, 청 영사가 와서 회심會審하고 가다.

6일(일) | 간혹 흐리고 간혹 비가 내림.

○ 주사 안봉호가 숙직하다.

○ 서서西署의 조회를 접수함. 「본서(서서) 서궐西闕(경희궁) 앞 수문 남쪽에서 남성 시신 1구를 수습하여 매장한 비용을 지급할 것」

---

3 포병(布屛): 종로구 종로2가·종로3가동에 걸쳐 있던 마을로, 포병계(布屛契)·포병문(布屛門)이라 불렸다.

4 원문에 '山崎滿儀'로 되어 있으나, 이후 기사로 볼 때 '儀'는 '藏'의 오기이다.

5 우미우라 아츠야[海浦篤彌]: 메이지 및 다이쇼 시기의 대륙 낭인으로 조선에는 1891년에 처음 건너왔다. 일설에 따르면, 1894년에 동학농민운동의 지도자 전봉준(全琫準)을 만난 일이 있다고 한다. 1898년에는 한성에 일본 상품진열소를 열었다. 저작에 《초재유고(初齋遺稿)》가 있다.

7일(월) | 큰비가 내림.

○ 주사 이의식·김우현·안봉호·강준영이 출근하다. 김용현이 숙직하다.

○ 광주廣州의 보고를 접수함. 「본부(광주부) 초부면草阜面 봉안역奉安驛 소재 노원역蘆原驛[6]의 결세結稅 납부를 거부한 백성들을 체포하여 독봉督捧하는 건」

○ 영국 공관의 조복을 접수함. 「한성 내 영국인에게 우거寓居하는 한국인은 남자 22명, 여자 23명, 유아 17명이며, 그 성명과 액수額數를 상세히 다음과 같이 기록하여 송부함」

○ 중서의 조회를 접수함. 「본서(중서) 종로 혜전鞋廛(신발가게) 주변에서 남성 시신 1구를 수습하여 매장한 비용을 지급할 것」

8일(화) | 맑음.

○ 소윤 하규일, 주사 이의식·김우현·안봉호·강준영이 출근하다. 김용현이 숙직하다.

9일(수) | 맑음.

○ 소윤 하규일, 주사 이의식·김우현·안봉호·김용현이 출근하다. 강준영이 숙직하다.

10일(목) | 맑음.

○ 민 판윤, 소윤 하규일, 주사 이의식·김우현·안봉호·김용현이 출근하다. 강준영이 숙직하다.

○ 일본 공관의 공문을 접수함. 「우리나라 사람 다카하시 요스케[高橋要亮]의 원유회장苑遊會場 설비 금액을 신속히 타결하는 건」

○ 일본 공관의 조회를 접수함. 「우리나라 사람 다무라 겐고[田村謙吾], 도우 마사지로[唐雅次郞] 등 6명이 귀국 상인 조인식에 대해 가진 채권 금액과 관련하여 직접 협의하는 건」

---

6 노원역은 양주군(楊州郡) 소속인데 왜 광주부에서 보고했는지는 불분명하다. 8월 10일 한성부에서 광주부에 보낸 훈령에서는 광주 소속의 봉안역(奉安驛)만 언급되고 있다.

○ 내부의 훈령을 접수함. 「도량형[升斗衡尺]의 개정을 각 시전市廛에 널리 알릴[布諭] 것」

○ 원수부元帥府에 보고를 발송함. 「일본인 야마자키 구라미츠의 전포에서 소란을 부린 병졸을 조사, 체포하여 엄중히 처벌하고, 또 배상금을 징수하는 건」

○ 내부에 보고를 발송함. 「용동궁龍洞宮[7]에서 소유한 오예장을 김기택金基宅에게 돌려주는 건」

○ 내부에 조회를 발송함. 「장동長洞 벨기에 공관 앞 소교小橋의 무너진 곳을 즉시 보수하는 건」

○ 광주부廣州府에 훈령을 발송함. 「봉안역 결민結民이 거주하는 방계坊契와 통호統戶를 상세히 조사하여 다시 보고할 것」

○ 벨기에 공관에 조회를 발송함. 「벨기에 공관 부근에 있는 임시 가옥[假家]은 이치상 강제로 철거하기 어려우며, 소교小橋 변석邊石의 보수는 해당 관리에게 통지하여 수리할 것임」

11일(금) | 아침부터 흐리다가 저녁에 갬.

○ 소윤 하규일, 주사 김우현·안봉호·김용현·강준영이 출근하다. 이의식이 숙직하다.

○ 벨기에 공관의 조회를 접수함. 「본 공관에서 매입한 장동 가옥 3채를 곧 철거할 것이므로 가계家契를 교환해서 송부하는 건」

○ 원수부 지령. 「일본인 야마자키 구라미츠의 전당포에서 우리나라 병정들이 서로 다툰 안건과 관련하여, 법원에 훈칙訓飭하여 심판할 것」

○ 평리원의 조회를 접수함. 「권필權泌이 가권家券을 위조한 사건을 조사하니, 김응수金應洙를 귀부(한성부)에서 보방保放했다고 하므로 그 보인保人을 압송해올 것」

7 원문에 '龍洞'으로 되어 있는데 용동궁으로 풀이하였다. 용동궁은 조선 후기에 어의궁(於義宮)·수진궁(壽進宮)·명례궁(明禮宮)과 더불어 왕실의 내탕(內帑) 기능을 하던 4개의 궁 중 하나였다.

12일(토) | 맑음.

○ 민 판윤, 소윤 하규일, 주사 김우현·안봉호·김용현·강준영이 출근하다. 이의식이 숙직하다.

○ 내부의 조복을 접수함. 「벨기에 공관 문 앞 소교의 가석架石과 무너진 도로를 즉시 수축修築하는 건」

○ 평리원에 조복을 발송함. 「가계家契 위조범 권필과 김응수를 모두 보방保放했다고 하니, 이는 모두 거짓으로 자백한[誣服] 것임」

○ 일본 공관에 조복을 발송함. 「일본인 등이 서로 매매한 가옥의 신계新契를 교환해 줄 것」

○ 일본 공관에 조복을 발송함. 「일본 전신부電信部 소관 전선 630칸間을 절취한 범인을 엄칙해서 적발할 것」

13일(일) | 맑음.

○ 주사 김우현이 숙직하다.

○ 양주군楊州郡의 보고를 접수함. 「군郡과 서署의 경계[交界]인 구파발점舊把撥店의 경계와 관할구역을 나누어 정한 후에도 경계를 넘어[越境] 침어[8]한 해당 방坊의 순검巡檢을 효유하여 (앞으로 이런 일을) 금지시키도록 하는 건」

○ 남서의 조회를 접수함. 「본서(남서) 용동龍洞에서 남성 시신 1구를 수습하여 매장한 비용을 지급할 것」

14일(월) | 맑음.

○ 소윤 하규일, 주사 이의식·안봉호·김용현·강준영이 출근하다. 김우현이 숙직하다.

○ 광주부의 보고를 접수함. 「본부(광주부) 소관 봉안역의 환획換劃한 전답의 결세結稅와 관련하여, 체포되어 수감된 해당 역인驛人들에게 독봉하도록 내려보내는 건」

---

8 침어(侵漁): 백성을 괴롭히고 못살게 군다는 뜻으로, 침학(侵虐) 또는 침탈(侵奪)과 같은 뜻이다.

15일(화) | 비.

○ 주사 이의식·김우현·김용현·강준영이 출근하다. 안봉호가 숙직하다.

○ 일본 공관의 공문을 접수함. 「서대문 밖 야동冶洞[9] 거주하는 우리나라 사람 시마다[島田]가 금년 6월 24일 오전 1시 흉한兇漢에게 교살絞殺(목을 졸라 죽임)을 당했으니 그 가해자를 수색할 것」

○ 일본 공관의 공문을 접수함. 「내일 16일 귀국 황제 폐하의 만수성절萬壽聖節을 맞이하여[10] 우리 거류민의 집마다 국기를 게양하고 점등하여 경축하는 건」

○ 일본 공관의 공함을 접수함. 「노조지 10매를 날인해서 송부할 것」【내지內地 여행자의 성명을 모두 기록해서 보내오다.】

○ 일본 공관의 공문을 접수함. 「일본인 조 타로[城太郎]가 전집典執한 조종구趙鍾九와 그 동생 용구鏞九 두 사람의 진잠[11]에 있는 가옥과 전토田土의 기한이 경과했으니 독촉할 것」

○ 일본 공관의 공함을 접수함. 「일본인 다카하시 요스케의 청구 건과 관련하여 원유회장 장식비[餙費金]에 관해 즉시 회답할 것」

16일(수) | 맑음.【만수성절】[12]

○ 주사 안봉호가 숙직하다.

○ 일본 공관의 조회를 접수함. 「귀국인 이윤삼李允三의 채전債錢을 속히 받아낼[徵出] 것」

17일(목) | 비.

○ 주사 이의식·김우현·안봉호·강준영이 출근하다. 김용현이 숙직하다.

○ 일본 공관의 공문을 접수함. 「우리나라 사람 아카츠카 노리오[赤塚敬雄]가 귀국인 박병헌朴炳憲에게 빌려준 금액金額의 환급[還附]을 타결하는 건」

---

9 야동(冶洞): 중구 순화동·의주로2가에 걸쳐 있던 마을.

10 만수성절은 광무 원년(1897)에 제정한 고종의 탄신일이다. 1903년 9월 16일이 음역 7월 25일이었다.

11 진잠(鎭岑): 대전광역시 유성구 지역의 옛 지명.

12 날짜 위에 '萬壽聖節'이라는 두주(頭註)가 있다.

○ 일본 공관의 공함을 접수함. 「절도범 김경룡을 경무청으로 압송하였는데, 그 김 씨는 무슨 도리인지[13] 급히 회시回示할 것」

○ 영국 공관의 공함을 접수함.[14] 「영국 영사관領事官 희우喜祐가 용산방龍山坊에서 매수한 가옥의 신계를 신속하게 교환해주는 건」

○ 한성재판소의 조회. 「일본인 우메하라 기치로[梅原喜市郞] 1명이 우리 백성 3명에게 찔렸으므로[15] 손해금損害金을 일일이 배상하게 하는 건」

18일(금) | 맑음.

○ 민 판윤, 소윤 하규일, 주사 이의식·김우현·안봉호·강준영이 출근하다. 김용현이 숙직하다.

○ 프랑스 공관의 조복을 접수함. 「귀국인 중 본서(프랑스 공관)에서 사환使喚으로 일하는 남녀의 성명 및 우리나라 관민官民에게 고용되어 우거寓居하는 이들을 단자에 기록하여 송부함」

○ 한성재판소의 조복을 접수함. 「김경룡은 이미 하향下鄕하였으니 체포[捕捉]하는 건」

○ 육군법원의 훈령을 접수함. 「일본인 다카시마 슈키치[高島周吉]가 헌병에게 구타당한 안건이 도착하는 대로 일본 영사에게 오는 월요일 오후 1시에 모여 심리한다고 조회를 보내고, 그 회신이 오는 즉시 우선 보고할 것」

○ 양주楊州에 훈령을 발송함. 「서署와 군郡의 경계[交界] 분할分轄에 대하여 본부(한성부)의 판단[商安]을 거치지 않고 곧장 내부에 보고하였으니, 이제 반드시 다시 본부의 지시를 기다릴 것」

○ 한성재판소에 조회를 발송함. 「일본인 요시다 이와키치가 우리나라 사람 박의대에게 해를 입힌 안건과 관련하여, 귀소(한성재판소)의 판결에 따라 5개월 이자를 모두 배상하게 하는 건」

---

13 원문은 '何分儀'로 되어 있는데 뜻이 통하지 않는다. 여기서는 '儀'가 '義'의 오자인 것으로 보고 옮겼다.

14 원문에 '英國公函來之'로 되어 있다.

15 원문에 '梅原喜市郞一名被刺我民三人'이라 하여 우메하라가 조선인 3명에게 칼을 맞은 것으로 기재되어 있으나, 이후 관련 기사로 볼 때 우메하라가 조선인 3명에게 상해를 입힌 것으로 보인다.

○ 외부外部에 보고를 발송함. 「전前 남별영南別營 옛터에 일본인이 세운 가옥을 인원을 파견하여 실지 조사하니, 도리어 귀부(외부)에서 정해준 계한界限 이내였음. 해당 터의 도형圖形을 첨부해 보고함」[16]

○ 내부에 질품서를 발송함. 「벨기에 영사領事가 매수한 가옥 3채와 일본인이 매수한 가옥 13곳과 관련하여, 해당 가주家主의 증명서를 첨부하여 보고[仰稟]함」

○ 일본 공관에 조회를 발송함. 「일본인 세이치 스케이치가 요청한 가계의 교환은, 이는 전집한 것이므로 신속히 송퇴送退하게 하는 건」

○ 일본 공관에 조복을 발송함. 「우리 대황제 폐하의 만수성절을 맞이하여 귀국인 등이 거류하는 집에서 국기를 게양하고 점등하여 함께 경하하는 뜻을 표한 것에 대해 깊이 감사함」

○ 일본 공관에 공함을 발송함. 「우리 백성 이근섭李根燮이 귀국인 사이토에 대해 제기한 안건과 관련하여, 장차 대질하여 조사[質査]할 것이니 즉시 미리 앞서서 평리원으로 보내어 분명하게 바로잡도록 할 것」

○ 청 공관에 공함을 발송함. 「우리 백성 조재성趙載成이 말을 잃어버린 사안과 관련하여 모여 심리할 날짜를 정하고, 이희경이 천흥의에게 추심해야 할 금액 한화 400원을 금지해줄 것을 청함[請楚]」

19일(토) | 맑음.

○ 민 판윤, 소윤 하규일, 주사 이의식·김우현·김용현·안봉호가 출근하다. 강준영이 숙직하다.

○ 남서의 조회를 접수함. 「본서(남서) 관내 제중원의 여성 시신 1구를 수습하여 매장한 금액을 지불할 것」

○ 일본 공관의 공문을 접수함. 「우리나라 사람 도다 이소지로[戶田磯次郎] 외 5명이 매입한 가옥의 구권舊劵 7매를 송부하니 신권新劵 6매로 교환해줄 것」

---

16 《한성부래거안》 1903년 9월 15일자에 "일본 수비대 병사 기지를 정할 때 구획한 한계선 안에 예전 남별영(南別營)이 포함되는지를 판별해 줄 것"이라는 기사가 있다.

○ 한성재판소의 조회를 접수함. 「일본인 이와키치[17]와 우리나라 사람 박의대의 상송相訟 안건과 관련하여, 물건값에는 원래 이자가 붙는 것이 아니라는 점을 일본 공관에 조복照復을 보내 알릴 것」

○ 일본 공관에 조회를 발송함. 「과천군果川郡 근처 지역에서 칼을 뽑아 사람을 찌르고 여장[行李]을 탈취한 일본인 우메하라 기치로[梅原喜市郞]를 법률에 따라 심판한 후 속히 합당한 형률을 시행하고 손해금損害金을 배상하게 할 것」

20일(일) | 맑음.

○ 주사 강준영이 숙직하다.

21일(월) | 맑음.

○ 소윤 하규일, 주사 김우현·안봉호·김용현·강준영이 출근하다. 이의식이 숙직하다.

○ 청 공관의 조복을 접수함. 「귀국 상인 이희경이 이경재李景載에게 추심하기 위한 항목과 또한 우리 상인 천흥의가 조인식에게 추심하기 위한 안건은 아마도 반드시 금지해줄 것을 청할 것임」

22일(화) | 맑음.

○ 민 판윤, 소윤 하규일, 주사 김우현·안봉호·김용현·강준영이 출근하다. 이의식이 숙직하다.

○ 경무청에 보고를 발송함. 「일본인 아카츠카 노리오[18]가 우리나라 사람 박병헌에게 준 대부금과 관련하여, 해당 안건을 조사[査核]한 후 아카츠카에게서 회수하는 건」

○ 위와 같음. 「서대문 밖 야동에 거주하는 일본인 시마다가 교살당한 사안과 관련하여, 반드시 염탐, 조사하는 건」

17 원문에 '岩吉'이 '吉岩'으로 잘못 기재되어 있다.

18 원문에 '赤塚敬雄'에서 '雄'자가 결락되어 있다.

○ 한성재판소에 조회를 발송함. 「서대문 밖 야동에 거주하는 일본 여인 시마다가 교살당한 사안과 관련하여, 반드시 조사[查核][19]해서 타결하는 건」

○ 일본 공관에 조복을 발송함. 「일본인 다카시마 슈키치를 구타한 헌병 김봉석·양성환 2명을 오는 목요일에 모여 심리하는 건」

○ 일본 공관에 조복을 발송함. 「요시다 이와키치와 박의대의 상송 안건은 물품 가액價額과 관계된 것이므로 판결 이후 5개월의 이자는 이치상 상환의 책임을 지우기 어려움」

○ 미국 공관에 조회를 발송함. 「서서 이문동里門洞의 상민商民 이덕유李德裕가 소유한 임원林園과 과전果田·채전은 모두 사도四道에 칙유飭諭하여 미국인 병원에서 주관한다고 했으니 침점侵占하지 못하게 하는 건」

23일(수) | 맑음.

○ 민 판윤, 소윤 하규일, 주사 이의식·안봉호·김용현·강준영이 출근하다. 김우현이 숙직하다.

○ 일본 공관의 공함을 접수함. 「일본인 다카시마 슈키치가 구타당한 안건과 관련하여, 모여 심리하는 일자를 다시 연기하는 건」

○ 일본 공관의 공함을 접수함. 「일본인 고노 다미키치가 김정현에게 상환을 요구한 채관債款과 관련하여, 1천 원을 주었으므로 해당 가권을 즉시 되돌려주는 건」

○ 경무청의 지령을 접수함. 「일본인 아카츠카 노리오가 박병헌에 대해 제기한 대금貸金 변제 사안과 관련하여, 그 채관債款은 관에 귀속[屬公]되어 이미 오서五署의 빈궁한 집들을 구휼하고자 나누어주었으니[分賑], 되돌려주는[還附] 것은 결코 시행을 허락할 수 없음」

24일(목) | 맑음.

○ 민 판윤, 소윤 하규일, 주사 이의식·안봉호·김용현이 출근하다. 김우현이 숙직하다.

19 원문은 '會核'으로 되어 있으나, 문맥상 '會'는 '査'의 오기인 것으로 보인다.

○ 경무청의 지령을 접수함. 「일본 여인 다카시마[高島]의 교살 사안과 관련하여, 회동하여 검심檢審할 것」

○ 한성재판소의 조복을 접수함. 「일본 여인 다카시마의 교살 사안과 관련하여, 이것은 회동하여 검심할 이유가 없는 건임」

○ 또 조회를 접수함. 「남대문 내 수교水橋에 거주하는 우리 백성 최창식崔昌植이 청 상인 등에게 구타를 당해 상해를 입었으니, 손해금損害金을 신속하게 배상케 하는 건」

○ 경위원警衛院의 조회를 접수함. 「조인식에게서 추심推尋한 6만 냥 어음[票] 3장[片]을 도로 돌려보내는[繳還] 건」

○ 한성재판소에 조회를 발송함. 「일본 공관에서 압송해 온 남서南署의 절도범 김경룡을 경감輕勘해서 풀어준[放送] 것은 법률에 흠결이 있으니, 경무청에 조회를 보내[移照] 다시 체포하는 건」

25일(금) | 맑음.

○ 민 판윤, 소윤 하규일, 주사 이의식·김우현·김용현이 출근하다. 안봉호가 숙직하다.

○ 일본 공관에 조복을 발송함. 「일본 여인 다카시마[20]의 교살 안건과 관련하여, 실로 대처하여 착수하기 어려움」

○ 위와 같음. 「일본인 아카츠카가 박병헌에게 준 대금貸金은, 경무청이 몰수해서 속공屬公한 금액과는 무관함」

○ 러시아 공관에 조복을 발송함. 「러시아인 '이기싸'[21]가 우리나라 사람 이문삼李文三에게 상환을 요청한 대금은 의심스러워 판결하기 어려우므로 다시 조사해서 알릴[示明] 건」

26일(토) | 맑음.

○ 민 판윤, 소윤 하규일, 주사 이의식·김우현·김용현·강준영이 출근하다. 안봉호가 숙직하다.

20 원문에 '島田'으로 잘못 기재되어 있다.

21 러시아인의 이름이 원문에 한글로 '이기싸'로 되어 있다.

○ 일본 공관의 공문을 접수함. 「우리나라 사람 다카시마 슈키치가 헌병에게 구타당한 건과 관련하여, 오는 화요일 오후 1시에 모여 심리하는 건」

○ 일본 공관의 공함을 접수함. 「귀국인 이병찬李丙瓚이 우리나라 사람 우메무라 규고[梅村休吾]의 가구家具와 관련해 제기한 소송 건과 관련하여, 증인이 경무청에 구류 중이므로 이호덕李鎬悳을 오는 월요일에 당관當館에서 모여 심리하는[22] 건」

○ 광주부의 보고서를 접수함. 「뚝섬[纛島] 성순창成順昌의 묘역에 암장暗葬한 후손[後人] 신성룡辛成龍이 이곳을 떠났는데 체포해서 순교巡校에게 압송하게 함」

○ 육군법원에 보고를 발송함. 「일본인을 구타한 헌병을 모여 심리할 날짜는 오는 29일 화요일 오후 1시로 연기함」

○ 경무청에 조회를 발송함. 「귀청(경무청)에 구류된 이호덕을 오는 28일 월요일에 대증對證을 위해 일본 공관에 보낼 것」

○ 경무청의 조복을 접수함. 「이호덕은 애초부터 갇힌 적이 없음」

○ 서서西署의 조회를 접수함. 「본서(서서) 서호西湖 신정리[23]에서 남성 시신 1구를 수습하여 매장한 비용을 지급할 것」

27일(일) | 맑음.

○ 주사 김용현이 숙직하다.

○ 양주군의 보고를 접수함. 「본군(양주군) 구파발舊把撥·진관津寬 두 리里가 서署와 군郡의 경계[交界]를 분할하는 과정에서 해당 서署의 순검이 월계越界하여 침어侵漁한 사건과 관련하여, 월침越侵의 피해는 없었음」

28일(월) | 맑음.

○ 민 판윤, 소윤 하규일, 주사 이의식·김우현·안봉호·강준영이 출근하다. 김용현이 숙직하다.

22 원문은 '當館會 件'으로 '會' 뒤에 한 글자가 삭제되었다.

23 신정리(新井里): 마포구 신정동의 조선 후기부터 1936년까지의 명칭.

○ 내부에 질품서를 발송함. 「일본인 도다 이소지로 외 ○명[24]이 매수한 가옥의 가계를 신계로 교환해줄 것을 청한 건」

○ 일본 공관에 공함을 발송함. 「이병찬이 우메무라 규고에 대해 제기한 소송 안건과 관련하여, 증질인證質人 이호덕을 경무청에 조회해서 알아보니 애초부터 그런 인물이 없다고 함」

29일(화) | 맑음.

○ 소윤 하규일, 주사 이의식·김우현·김용현이 출근하다. 강준영이 숙직하다.

○ 프랑스 공관의 조회를 접수함. 「황해도 연안延安 미산면米山面 한영수韓榮洙의 전답 70석石 낙전落田 18일경日耕과 관련하여 의양군[25]과 분쟁이 발생하였으므로 임박臨迫[26]해서 귀결歸結하는 건」

30일(수) | 맑음.

○ 민 판윤, 소윤 하규일, 주사 이의식·김우현·안봉호·김용현이 출근하다. 강준영이 숙직하다.

○ 한성재판소의 조회를 접수함. 「김창연金昌淵의 가옥을 인허받고자 해도 허락[許施]하지 말 것」

○ 한성재판소의 조회를 접수함. 「조인식의 표票는 배상排償하기로 약속한 것이므로 3장[片]을 작교繳交하는 건」

○ 육군법원에 조회를 발송함. 「중서 마동[27] 김 소사召史의 집에 입적入籍한 사람과 가계를 준 사람이 각각 따로 있음」

---

24 원문에 '外 名'으로 기재되어 있다.

25 의양군(義陽君): 이재각(李載覺, 1874~1935)의 봉호(封號)이다. 이재각은 사도세자의 셋째 아들인 은전군(恩全君) 이찬(李禶)의 손자인 완평군(完平君) 이승응(李昇應)의 아들이다.

26 오자가 있을 것으로 생각되나, 우선 원문대로 옮겼다. 10월 3일자 관련 기사에 따르면, 만나서 처리하자는 의미이다.

27 마동(麻洞): 종로구 권농동·봉익동·와룡동·묘동에 걸쳐 있던 마을.

광무 7년
(1903)

10월

■ **1일(목) | 아침에 맑다가 저녁에 비가 내림.**

○ 민 판윤, 소윤 하규일, 주사 김우현·안봉호·김용현·강준영이 출근하다. 이의식이 숙직하다.

○ 경위원警衛院에 조복을 발송함. 「회동會洞 상인 조인식이 낸 어음 3편片을 작환繳還하는 건」

○ 일본 공관의 공문을 접수함. 「황토현黃土峴에서 귀국 어린아이 1명이 전차에 치여 사망한 사건[1]과 관련하여 귀 정부의 책임[2]을 문영[3]하여 제출할 것」

○ 한성부재판소의 조회를 접수함. 「일본 우체국 고용인 김동규金東奎와 제일은행 고용인 이완식李完植 사안과 관련하여, 두 사람을 즉시 체포하여 압송하는 건」

---

1 《한성부래거안》 1권의 관련 기사에 따르면, 9월 30일 송교(松橋) 서천(西川) 부근에 거주하는 14세 남자아이 수돌(壽乭)이 당피동(唐皮洞) 어귀를 지나다가 전차에 깔려 죽는 사건이 있었다. 부친이 집으로 가져온 아이의 시신을 전차회사 소속 미국인이 회사로 가져가겠다고 하자 종로 등지의 사람들이 분개하여 해당 정거장에 모여 전차에 돌을 던졌다. 미국인이 당황하여 도망가다가 일본인 전신배달원 구마가야 코지로[熊谷光治郎]의 자전거를 빼앗아 타고 도망쳤는데 사람들이 일본인 오시마 센조[大島專藏]의 상점으로 간다고 착각하고 상점의 기물을 파손하고 전신 배달원도 폭행한 사건이다.

2 원문에 '債任'으로 잘못 기재되어 있다.

3 문영(問影): 본래 그림자에 물어본다는 뜻이지만, 여기서는 문맥상 어색하다. 오자가 있을 것으로 생각된다.

○ 경무청의 조회를 접수함. 「14세 아이가 전차에 치여 사망한 사건의 교섭과 관련하여 침묵[泯默]하기 어려우니 본 육군법원 조석경曺錫敬 적장籍帳을 잠시 보내는 건」

○ 위와 같음. 「일본인이 구타한 2개 안건과 관련하여, 치료비가 아직 획급劃給되지 않았으니 일본 공관에 조회를 보낼 것」

○ 위와 같음. 「일본인과 우리 병정의 폭행 사안과 관련하여, 다시 조사해서 알아낼 방도가 없으니 이를 그 영사관에 설명할 것」

2일(금) | 맑음.

○ 민 판윤, 소윤 하규일, 주사 김우현·안봉호·김용현·강준영이 출근하다. 이의식이 숙직하다.

○ 영국 공관의 공함을 접수함. 「회동과 관련하여, 어느 날 여유가 있는지 속히 회신할 것」

○ 일본 공관의 조회를 접수함. 「일본 임시전신부臨時電信部 소관 전주電柱 950칸을 절단, 절취한 범인을 수사할 것」

○ 영국 공관에 복함을 발송함.

○ 미국 공관에 조회를 발송함. 「서서西署 송교[4] 주변에서 인명을 압사壓死시킨 전차의 이李 차수車手(운전사) 등을 불일내로 본부(한성부)로 압송하는 건」

3일(토) | 맑음.

○ 민 판윤, 소윤 하규일, 주사 이의식·안봉호·김용현·강준영이 출근하다. 김우현이 숙직하다.

○ 이탈리아 공관의 조회를 접수함. 「본국인 남녀의 총액總額과 가옥의 실수實數를 별단別單에 적어 보냄」

○ 일본 공관의 조회를 접수함. 「일본인 다케다 하치로[武田八郎][5]가 귀국 병정에게 폭행당한 사건과 관련하여, 해당 가해 병정을 급히 수사해서 엄벌할 것」

4 송교(松橋): 세종문화회관 뒤편으로 흘러 내려오는 백운동천이 신문로와 만나는 지점에 있던 다리로서, 송기전교(松杞廛橋)·송기전다리·송기다리·송기교라고도 불렸다.

5 10월 6일 기사에 따르면, 정확한 성명은 다케다 하치로우에몬[武田八郎右衛門]인 것으로 보인다.

○ 프랑스 공관에 조복을 발송함. 「귀국인 어특蕉特이 의양군義陽君 이재각李載覺에 대해 제기한 연안군 소재 전답田畓과 관련하여, 이 안건을 모여 심리[會審]할 것을 청하였으나 이치상 허락[准辦]할 수 없음」

○ 외부外部에 보고를 발송함. 「전기차電氣車(전차)에 치여 사망한 사건을 사실대로 조사해 보고함」

○ 한성재판소에 조회를 발송함. 「황토현에서 전기차에 사람이 치여 사망할 당시 소란을 부린 인민들과 해당 지역을 지키던 순검 그리고 전차 운전수[運車手] 등을 모두 즉시 조사한 후 체포, 엄중히 처벌하는 건」

4일(일) | 맑음.

○ 주사 김우현이 숙직하다.

5일(월) | 맑음. [추석 휴일]

○ 주사 안봉호가 숙직하다.

○ 러시아 공관의 조회를 접수함. 「우리나라 사람 가산시기加散時基의 사환이 금시계 1개를 훔쳐 갔으니 찾아서 보낼 것」

○ 영국 공관의 공함을 접수함. 「이번 달 7일 오후 2시에 늦지 않게 갈 것임」

○ 일본 공관의 공문을 접수함. 「용산방龍山坊 금호金湖의 김병준金炳畯이라는 자가 우리나라 사람 야마네 구마지로[山根熊次郎] 소유의 물건과 한화韓貨를 훔쳐 달아갔으니, 그에게 상당한 처벌을 내릴 것」

○ 일본 공관의 공문을 접수함. 「우리나라 사람 다카시마 슈키치[高島周吉] 안건 및 귀국 헌병 사건과 관련하여, 배상금액과 가해자에 대한 헌병대의 처분을 회답하여 보여줄 것[回示]」

6일(화) | 아침에 맑다가 오후에 흐림. 저녁 이후로 비가 내림.

○ 민 판윤, 소윤 하규일, 주사 이의식·김우현·김용현·강준영이 출근하다. 안봉호가 숙

직하다.

○ 원수부元帥府에 보고를 발송함. 「일본인 다케다 하치로우에몬[武田八郎右衛門][6]을 구타한 해당 병정을 조사해서 엄벌하는 건」

○ 경무청에 조회를 발송함. 「일본 전신부電信部 소관 전선 가운데 홍엽정紅葉亭부터 남산을 통과하는 900여 척尺을 절단하여 훔쳐간 범인들을 조사해서 엄중히 처벌하는 건」

7일(수) | 오전에 비가 내리다가 오후에 갬.

○ 민 판윤, 소윤 하규일, 주사 이의식·김우현·안봉호·강준영이 출근하다. 김용현이 숙직하다.

○ 일본 공관의 공문을 접수함. 「귀국 병정과 황토현黃土峴 부근의 일단의 인민들이 우리 전신부電信部 관련자를 폭행한 사건을 타당하게 해결할 것」

○ 한성재판소의 조회를 접수함. 「우리 백성 조병철趙炳喆 등이 일본인 우메하라 기치로[7]에게 상해를 입은 안건과 관련하여, 다시 일본 영사관에 조회를 보내 재촉하여 신속하게 처리할 것」

○ 영국 공관의 조회를 접수함. 「영국 영사관 희우喜祐가 매입한 가옥 2채의 가계를 신계新契로 교환해줄 것을 청함」

○ 일본 공관에 조회를 발송함. 「본부(한성부) 재판소에 피소된 귀국 우신국郵信局 고용인 김동규 및 제일은행 고용인 이완식을 보내서 등질登質하게 할 것」

○ 일본 공관에 조복을 발송함. 「일본인 미나토 코시로[港孝四郞]이 우리 병정과 소란을 부릴 때 입회立會하였던 헌병 김덕성金德聲을 체포해서 심문하니, 그 병정의 대호隊號를 알지 못한 것인 이치상 당연한 일이었음」

○ 러시아 공관에 조복을 발송함. 「러시아인 가산시기加散時基 및 시계를 훔친 자의 성명 그리고 고용을 청할 때의 보증인 성명을 다시 분명히 통지할 것」

○ 한성재판소에 조회를 발송함. 「일본인 야마네 구메지로 소유 한화 19원 25전을 훔친 김병준을 남서南署로 압송하여 조사한 후 처벌하는 건」

---

6 원문은 일본어 가타카나가 포함된 '武田八郎右エ門'으로 기재되어 있다.

7 원문에 '梅原喜郎'로 기재되어 있다.

■ 8일(목) | 맑음.

○ 민 판윤, 소윤 하규일, 주사 이의식·김우현·안봉호·강준영이 출근하다. 김용현이 숙직하다.

○ 7일,[8] 경무청의 조복을 접수함. 「일본 전신부 소관 사안과 관련하여, 해당 각서各署를 검속檢束하여 반드시 범인을 체포하여 훗날의 폐단을 막는 건」

○ 외부에 보고를 발송함. 「일본 전신배달인 구마가이[熊谷] 및 오시마 센조[大島專藏]의 양복재봉점 폭행 사건과 관련하여 귀 정부에 대해 교섭하는 건」

○ 육군법원에 조복을 발송함. 「일본인 다카시마 슈키치가 구타당한 손해금損害金 6원 10전의 지불을 요청하는 건」

■ 9일(금) | 맑음.

○ 소윤 하규일, 주사 이의식·김우현·안봉호·김용현이 출근하다. 강준영이 숙직하다.

○ 일본 공관의 공문을 접수함. 「일본인 우메하라 기치로가 지난달[客月] 11일 과천에서 칼을 뽑은 사안은, 한성부에서 보내온 조회[貴照]와 상반됨」

■ 10일(토) | 맑음.

○ 주사 이의식·김우현·안봉호가 출근하다. 강준영이 숙직하다.

○ 서서西署의 조회를 접수함. 「묘시(오전 6시경)쯤에 도동[9] 길가에서 남성 걸인 시신을 들어내 매장한 비용을 지급할 것」

■ 11일(일) | 반은 흐리고 반은 맑음.

○ 주사 이의식이 숙직하다.

---

8 원문에 '右七日'로 기재되어 있다. 경무청의 조복을 접수한 날짜가 7일이라는 뜻으로 추정된다.

9 도동(桃洞): 중구 남대문로5가와 용산구 동자동(옛 도동1가 포함)과 후암동(옛 도동2가 포함)에 걸쳐 있던 마을.

12일(월) | 반은 흐리고 반은 맑음.

○ 민 판윤, 소윤 하규일, 주사 김우현·안봉호·김용현·강준영이 출근하다. 이의식이 숙직하다.

○ 일본 공관의 공문을 접수함. 「우리나라 사람 다무라 겐고[10]라는 자가 귀국인 유재오劉在吳 등에게 사투沙套-[11]를 요구한 사건을 타당하게 처리할 것」

○ 일본 공관의 공함을 접수함. 「우리나라 사람 다카하시 요스케의 원유회장苑遊會場 설비비設備費 금액을 빨리 지불할 것」

○ 한성재판소의 조회를 접수함. 「이근섭李根燮이 일본인 사이토[齋藤]·토가미[富上]에 대해 제기한 안건은 귀부(한성부) 소관이므로 해당 판결서를 등서해서 보냄」

○ 육군법원의 조회를 접수함. 「일본인 다카시마 슈키치의 치료비 금 12원 69전 6리를 보내는 건」

○ 내부內部에 질품서를 발송함. 「영국인 희우喜祐가 매입한 가옥 2채의 가계家契를 신계新契로 교환해주기를 요청한 건」

○ 내부에 보고를 발송함. 「작년 11월 이후 오서五署 내 시신의 수습, 매장 비용을 지급하는 건」

○ 위와 같음. 「본부(한성부) 이건비移建費 추가액 1만 97원 32전 8리를 즉시 지급하는 건」

○ 위와 같음. 「홍릉洪陵 어로御路를 침범한 백성의 전답田畓 결結 44부負를 견감蠲減[12]하는 건」

○ 육군법원에 조복을 발송함. 「본부(한성부)는 애초에 호적을 보관하는 관례가 없으니, 조曺라는 성을 가진 자의 장적[籍帳]을 고준考准[13]할 수 없음」

13일(화) | 맑음.

○ 소윤 하규일, 주사 이의식·안봉호·김용현·강준영이 출근하다. 김우현이 숙직하다.

---

10 원문에 '田村謙'으로 기재되어 있다.

11 10월 16일 기사 등을 참고하면 배상금을 요구했다는 내용이다.

12 견감: 조세 등의 일부를 감면해 주는 일.

13 고준: 등서한 서적이나 문서를 원본과 대조하는 일.

○ 러시아 공관의 조복을 접수함. 「우리나라 남녀의 실액實額 및 고용 한인韓人의 성명을 기록해서 송부함」

○ 철도원鐵道院의 통첩을 접수함. 「남대문 밖 경부철도 정거장 구역 내 일본인 소유 가옥과 관련하여, 귀부(한성부)에 등기되었다고 하면서 배상받기를 거부하니, 해당 등기의 유무를 소상하게 회신할 것」

○ 한성재판소의 조복을 접수함. 「용산 금호金湖 거주 김병준 안건을 조사하니, 그 9세 아들이 일본인 야마네의 집에 놀러 갔다가 비상금[褁錢]을 싼 문양 보자기[紋栿]를 잘못 들고 온 것이므로 그 아비에게 이징[14]할 수 없음」

14일(수) | 맑음.

○ 주사 이의식·안봉호·김용현·강준영이 출근하다. 김우현이 숙직하다. 소윤 하규일이 한성재판소 민사民事 판사로 이임하고, 그 후임자로 평리원平理院 판사 박승조朴承祖가 전임해 오다.

15일(목) | 맑음.

○ 민 판윤, 소윤 박승조, 주사 이의식·김우현·김용현·강준영이 출근하다. 안봉호가 숙직하다.

○ 탁지부度支部의 훈령을 접수함. 「조창식趙昌植이 사사로이 사용한[所逋] 공전公錢과 관련하여, 그 가옥 1채를 불일내로 발매[15]하여 납부하게 하는 건」

○ 일본 공관의 공함을 접수함. 「노조지路照紙 10매를 송부할 것」

○ 일본 공관에 복함을 발송함. 「노조지 10매를 날인하여 송부함」

○ 일본 공관에 조복을 발송함. 「일본인 다카시마 슈키치의 손해금 한화 총 12원 69전 6리를 대신 징수해서 송부하는 건」

14 이징(移徵): 세금이나 벌금 등을 다른 사람에게 옮겨서 부과하는 일.

15 발매(發賣): 여기선 가옥을 공매에 부쳐서 그 금액으로 유용한 공금을 상환한다는 의미이다.

16일(금) | 맑음.

○ 민 판윤, 소윤 박승조, 주사 이의식·김우현·강준영이 출근하다. 안봉호가 숙직하다.

○ 일본 공관의 조회를 접수함. 「우리나라 사람 아카츠카 노리오가 박병헌[16]에 대해 제기한 대금 사안을 속히 타결한 후 회답하여 알려줄[回示] 것」

○ 일본 공관의 조회를 접수함. 「우리나라 사람 다카시마 슈키치의 부상負傷 손해금 한화 12원 69전 6리의 영수증을 송부함」

○ 내부의 훈령을 접수함. 「양주군과 구파발의 교계交界는 이미 타결되었으니, 별도로 북서北署에 신칙하여 다시는 휴교携交하지 않게 할 것」

○ 내부의 지령을 접수함. 「영국·벨기에·일본 3국 국민의 가계家契 4차 보고 건은 지령에 따를 것」

○ 해주관찰부海州觀察府에 조회를 발송함. 「일본인 다무라 겐고가 송화군松禾郡 거주 유재오 등에게 배상금을 요구한 사건과 김 씨[金員] 사건을 속히 타결할 것」

○ 원수부의 지령을 접수함. 「보고를 받고 해당 연대聯隊에 훈령을 내렸음. 조사 보고에 따르면, 각 중대병中隊兵을 하나하나 조사했는데 확실한 증거가 없었다고 함. 이를 해당 영사에게 조회를 보낼 것」

17일(토) | 비바람이 붊.

○ 소윤 박승조, 주사 이의식·김우현·안봉호·강준영이 출근하다. 김용현이 숙직하다.

○ 미국 공관의 조복을 접수함. 「이덕유의 채전菜田과 가옥은 모두 정동貞洞 터에 편입된 것이 확실함」

---

16 원문에 '朴憲'으로 기재되어 있다.

18일(일) | 맑음.

○ 주사 김용현이 숙직하다.

○ 민 판윤이 농부農部 협판協辦으로 전임轉任되고, 부령副領 길吉이 신임 판윤이 되다.[17]

19일(월) | 맑음.

○ 소윤 박승조, 주사 이의식·김우현·안봉호·김용현이 출근하다. 강준영이 숙직하다.

○ 프랑스 공관의 공함을 접수함. 「한국인 한영수의 전답 사안을 매우 빨리 재판을 속개하여 결론을 낼 것」

○ 동서東署의 조회를 접수함. 「본서(동서) 돈암리敦巖里에서 여성 시신 1구를 수습하여 매장한 비용을 지급할 것」

20일(화) | 맑음.

○ 소윤 박승조, 주사 이의식·김우현·안봉호·김용현이 출근하다. 강준영이 숙직하다.

○ 과천에 훈령을 발송함. 「과천 등지에서 칼을 빼서 행패를 부린 일본인 우메하라는 모여 심리[會審]하여 결론을 내지 않을 수 없음」

21일(수) | 맑음.

○ 소윤 박승조, 주사 김우현·안봉호·김용현·강준영이 출근하다. 이의식이 숙직하다.

22일(목) | 맑음.

○ 소윤 박승조, 주사 안봉호·김용현·강준영이 출근하다. 이의식이 숙직하다.

---

17 1903년 10월 18일(음력 8월 28일)에 한성판윤 민경식이 농상공부 협판(農商工部協辦)에 임명되고, 후임으로 철도원 감독(鐵道院監督) 길영수(吉永洙)가 겸임 한성판윤(兼任漢城判尹)에 임용되었다(《승정원일기》 고종 40년 8월 28일).

○ 프랑스 공관의 조회를 접수함. 「어젯밤 귀부(한성부)에서 본관(프랑스 공관)으로 압송해 온 순경군巡警軍 안태연安泰然은 애매한 예에 속하여 관례상 잠시라도 구류할 수 없으므로 곧 석방할 예정임」【다시 작환繳還함】

23일(금) | 맑음.

○ 소윤 박승조, 주사 이의식·안봉호·김용현·강준영이 출근하다. 김우현이 숙직하다.

○ 장례원掌禮院의 훈령을 접수함. 「음력 9월 21일 함흥咸興·영흥永興 두 본궁本宮[18]의 의대衣襨와 향촉香燭을 받들고 나아갈 때 귀 판윤도 관례대로 배진陪進할 것」

○ 한성재판소 검실檢室의 조회를 접수함. 「일본 순사 스가타니 아라테[管谷新手]가 남서南署로 압송한 강작은돌姜者斤乭·장학순張學順 2명을 조사하니, 일본 순사가 포박하여 난타했다고 하는데 이는 정해진 장정章程을 크게 위반한 것임」

○ 철도원鐵道院에 통첩을 발송함. 「남대문 밖 도동桃洞 사거리 소재 3채 가옥과 관련하여, 보존 당안檔案(공문서)을 상고詳考하여 모두 일본인 세키 시게타로[關繁太郎]의 명의로 가계를 교환하는 건」

24일(토) | 맑음.

○ 길 판윤, 소윤 박승조, 주사 이의식·안봉호·김용현·강준영이 출근하다. 김우현이 숙직하다.

○ 내부에 보고를 발송함. 「본 판윤이 금일부터 업무를 보기 시작함」

○ 각부各部에 보고를 발송함. 「본 판윤이 금일부터 업무를 보기 시작함」

25일(일) | 이른 아침부터 미시(오후 2시경)와 신시(오후 4시경)까지 맑다가 저녁이 되자 흐려지더니 밤에 비가 옴.

○ 주사 안봉호가 숙직하다.

18 함경도 영흥에는 태조 이성계의 어진을 봉안하는 준원전(濬源殿)이 있었고, 함흥에는 태조의 4대 조상의 위패를 봉안하는 경흥전(慶興殿)이 있었는데, 각각 영흥본궁·함흥본궁으로도 불렸다.

26일(월) | 이른 아침에 가랑비가 내리고 오후 늦게 흐림.

○ 길 판윤, 소윤 박승조, 주사 이의식·김우현·김용현·강준영이 출근하다. 안봉호가 숙직하다.

○ 일본 공관의 공문을 접수함. 「귀 판윤이 사무를 접인[19]하였으니, 귀아간貴我間 교의가 더욱 친밀해질 것임」

○ 벨기에 공관의 조복을 접수함. 「귀 판윤이 금일 업무를 본 것을 축하함」

○ 독일 공관의 조복을 접수함. 「귀 판윤이 금일 업무를 본 것을 축하함」

○ 한성재판소 민실民室에 조회를 발송함. 「일본인 우메무라 규고가 윤규영과 서병헌에 대해 대금代金 상환을 요청한 건과 관련하여, 다시 자세히 알릴[示明] 것」

○ 육군법원에 조복을 발송함. 「일본인 다카시마 슈키치의 치료비 동화銅貨 12원 69전 6리의 영수증을 송부하는 건」

○ 일본 공관에 조복을 발송함. 「일본인 다케다 하치로가 병졸에게 구타당한 사건은 실로 진상을 밝히기 어려움」

○ 일본 공관에 조복을 발송함. 「일본인 다무라 겐고가 권재오에 대해 요구한 안건과 관련하여, 해당 관할 관찰사에게 조회를 보내 알리는 건」

27일(화) | 맑음.

○ 소윤 박승조, 주사 이의식·김우현·안봉호·강준영이 출근하다. 김용현이 숙직하다.

○ 농상공부에 보고를 발송함. 「음력 계묘癸卯 7월분 전세典稅 합계 236원 50전 및 벌금 15원을 성책成冊 1건과 함께 송부함」

○ 영국 공관의 조복을 접수함. 「귀 판윤이 금일 업무를 본 것을 칭사稱謝(치사)함」

○ 이탈리아 공관의 조복을 접수함. 「귀 판윤이 금일 업무를 본 것을 칭사함」

○ 과천군果川郡의 보고를 접수함. 「범인 우메하라 사안과 관련하여 수원대대水原大隊에 훈령을 내려 해당 병정들을 회판會辦을 위해 올려보냈으니, 함께 등대[20]할 것임」

19 접인(接印): 관리가 새로 임명을 받아 관인(官印)을 인계받고 업무를 개시함.

20 등대(等待): 윗사람이나 상급 관청의 명에 따라 특정인을 불러다 대기시키는 일.

○ 북서北署의 조회를 접수함. 「본서(북서) 외곽 교외에서 남성 시신 1구를 수습하여 매장한 비용을 지급할 것」

28일(수) | 맑음.

○ 소윤 박승조, 주사 이의식·김우현·안봉호·강준영이 출근하다. 김용현이 숙직하다.

○ 청 공관의 조복을 접수함. 「귀 판윤이 접인接印하여 업무를 본 데 대해 매우 기뻐함[欣悅]」

○ 육군법원의 조회를 접수함. 「일본인 히라타 가쿠타로와 친위대 2대隊 병정 김춘경의 조율[21] 사안과 관련하여, 서둘러 해당 영사관에 조회를 보낼 것」

○ 철도원鐵道院의 훈령을 접수함. 「남대문 밖 경부철도 정거장 구역 내 일본인과 관계되는 3호戶는 귀부(한성부)에서 편의대로 조처할 것」

29일(목) | 맑음.

○ 길 판윤, 소윤 박승조, 주사 이의식·김우현·안봉호·김용현이 출근하다. 강준영이 숙직하다.

○ 러시아 공관의 조회를 접수함. 「귀 판윤이 접인接印하여 업무를 보았으니, 본 영사도 기쁘게 교섭할 것임」

○ 프랑스 공관의 조회를 접수함. 「귀 판윤이 접인하여 업무를 보았으니, 교의交誼를 지속하는 것은 이치상 마땅함[實紉交誼理應]」

○ 프랑스 공관의 조회를 접수함. 「본 영사 플랑시Victor Collin de Plancy, 葛林德가 한국으로 돌아올 때까지 참찬관參贊官 자작子爵 풍도래憑道來가 잠정적으로 대리를 행할 것임」

○ 내장원內藏院의 훈령을 접수함. 「한양의 도성 밖[漢城外][22] 서서西署 전답田畓과 가옥 측량사무의 실시를 각 방곡坊曲에 분명히 게시해서 알리고, 해당 지역의 각 영사에

21 조율(照律): 법률에 따라 죄를 판결하는 일.

22 원문에 '漢城外'로 기재되어 있다. 서서(西署)는 한성 안에 있으므로 '漢城外'를 '한양의 도성 밖'으로 풀이하였다.

게 토지를 측량[量地]하고 전답을 조사[査畓]한다는 것을 조회를 보내 알릴[知照] 것」
○ 일본 공관의 공문을 접수함. 「우리나라 사람 구보 모리카즈[久保護一]가 진위대대鎭衛大隊 하사와 병졸에게 참살慘殺된 사건을 상세히 조사한 후 엄중하게 처형할 것」
○ 동서에 조회를 발송함. 「각 서내 인민들이 가옥을 새로 짓거나 개축할 때 도로를 침범하거나 도랑을 가로지르는 것을 철저히 적간할 것」
○ 서서에 조회를 발송함. 「각 서내 인민들이 가옥을 새로 짓거나 개축할 때 도로를 침범하거나 도랑을 가로지르는 것을 철저히 적간할 것」
○ 남서에 조회를 발송함. 「각 서내 인민들이 가옥을 새로 짓거나 개축할 때 도로를 침범하거나 도랑을 가로지르는 것을 철저히 적간할 것」
○ 북서에 조회를 발송함. 「각 서내 인민들이 가옥을 새로 짓거나 개축할 때 도로를 침범하거나 도랑을 가로지르는 것을 철저히 적간할 것」
○ 중서에 조회를 발송함. 「각 서내 인민들이 가옥을 새로 짓거나 개축할 때 도로를 침범하거나 도랑을 가로지르는 것을 철저히 적간할 것」
○ 일본 공관에 조회를 발송함. 「우리 백성 석장石匠 김성귀金聖貴가 경부철도 공역工役에 고용됐다가 아직 받지 못한 163원 64전을 속히 추교推交할 것」
○ 일본 공관에 조회를 발송함. 「귀 전신부 소관 전선 900여 칸의 절취 범인을 수사했지만, 해당 범인이 누구인지 실로 염탐하기 어려움」
○ 일본 공관에 조회를 발송함. 「귀 순사 스가타니[關谷]가 압송해 온 강작은돌·장학순에게 귀 순사가 멋대로 엄형嚴刑을 행한 것은 조약을 크게 위반한 것이니, 이치상 마땅히 엄중히 징계해야 함」

30일(금) | 맑음.

○ 길 판윤, 소윤 박승조, 주사 이의식·김우현·안봉호·김용현이 출근하다. 강준영이 숙직하다.
○ 미국 공관의 조회를 접수함. 「귀 판윤이 접인接引하여 업무를 본 것을 본 영사가 칭사함」

○ 일본 공관에 조회를 발송함. 「본부(한성부) 소관 구역 내[23] 소재 전답과 가옥에 대해 측량을 시행할 때, 귀 국민 등에게 신칙해서 방해하지 않게 할 것」

○ 영국 공관에 조회를 발송함. 「본부 소관 구역 내 소재 전답과 가옥에 대해 측량을 시행할 때, 귀 국민 등에게 신칙해서 방해하지 않게 할 것」

○ 청 공관에 조회를 발송함. 「본부 소관 구역 내 소재 전답과 가옥에 대해 측량을 시행할 때, 귀 국민 등에게 신칙해서 방해하지 않게 할 것」

○ 미국 공관에 조회를 발송함. 「본부 소관 구역 내 소재 전답과 가옥에 대해 측량을 시행할 때, 귀 국민 등에게 신칙해서 방해하지 않게 할 것」

○ 프랑스 공관에 조회를 발송함. 「본부 소관 구역 내 소재 전답과 가옥에 대해 측량을 시행할 때, 귀 국민 등에게 신칙해서 방해하지 않게 할 것」

○ 프랑스 공관에 조회를 발송함. 「귀 영사가 말미를 얻었으며 잠시 대리를 행한다는 공문을 접수함」[24]

○ 독일 공관에 조회를 발송함. 「본부 소관 구역 내 소재 전답과 가옥에 대해 측량을 시행할 때, 귀 국민 등에게 신칙해서 방해하지 않게 할 것」

○ 러시아 공관에 조회를 발송함. 「본부 소관 구역 내 소재 전답과 가옥에 대해 측량을 시행할 때, 귀 국민 등에게 신칙해서 방해하지 않게 할 것」

○ 벨기에 공관에 조회를 발송함. 「본부 소관 구역 내 소재 전답과 가옥에 대해 측량을 시행할 때, 귀 국민 등에게 신칙해서 방해하지 않게 할 것」

31일(토) | 맑음.

○ 길 판윤, 소윤 박승조, 주사 김우현·안봉호·김용현·강준영이 출근하다. 이의식이 숙직하다.

○ 일본 공관의 공문을 접수함. 「도성 밖에 있는 우리 국민의 가옥과 전답 등의 측량 건과 관련하여, 수기手記를 과시課示할 것」

23 원문은 '區域川'으로 되어 있으나 문맥상 '川'은 '內'의 오기인 것으로 보인다. 이하 동일 내용의 기사도 마찬가지이다.

24 원문은 '接應'으로 되어 있는데, 문맥상 오자가 있는 것으로 보인다.

○ 일본 공관의 공문을 접수함. 「인천에 거류하는 우리 국민 히라타 가쿠타로가 귀국 친위대親衛隊 병정 김춘경의 폭행에 대한 배상금액을 요구하는 건」

○ 농부農部의 지령을 접수함. 「오서五署 내 전포세典舖稅 236원 50전 및 벌금 15원을 성책 1건과 함께 액수에 맞게 수봉收捧하는 건」

○ 일본 공관에 공함을 발송함. 「오는 월요일 오후 3시 반에 귀 영사가 남대문 밖 경부철도 정거장에 광림光臨하여 세키 시게타로의 가옥을 정하는 건」

○ 육군법원에 조복을 발송함. 「일본인 히라타 가쿠타로의 피해 배상금액을 별지에 기록하여 알려드림」

○ 지계아문地契衙門에 통첩을 발송함. 「한양의 도성 밖에 있는 전답과 가옥의 측량 인원 및 측량기測量記를 시명하는 건」

광무 7년
(1903)

11월

1일(일) | 맑음.

○ 이의식이 숙직하다.

2일(월) | 맑음.

○ 길 판윤, 소윤 박승조, 주사 이의식·안봉호·김용현·강준영이 출근하다. 김우현이 숙직하다.

○ 판윤과 철도원鐵道院 총재가 일본 영사와 회동하여 남대문 밖 경부철도 정거장 부설구역 안에 있는 일본인 모리 가츠지[森勝次]의 가옥 3채의 시세時勢를 협상하여 가격을 정하다.

○ 영국 공관의 공함. 「공무로 인해 귀부(한성부)에 가서 회담하려고 하는데 어떤 날이 한가한지 알려주기 바람」

3일(화) | 맑음.

○ 길 판윤이 출근하다. 소윤 박승조가 병으로 출근하지 않다. 주사 이의식·안봉호·김용현·강준영이 출근하다. 김우현이 숙직하다.

4일(수) | 맑음.

○ 길 판윤, 소윤 박승조, 주사 이의식·김우현·김용현·강준영이 출근하다. 안봉호가 숙직하다.

5일(목) | 맑음. [계천기원절繼天紀元節][1]

○ 주사 안봉호가 숙직하다.

○ 러시아 공관의 공문을 접수함. 「김낙현金洛鉉의 가옥 매수와 관련하여, 차거인借去人(임차인) 이원엽李源燁을 엄히 훈계하여 내보낼 것」

6일(금) | 맑음.

○ 길 판윤, 소윤 박승조, 주사 이의식·김우현·안봉호가 출근하다. 강준영이 숙직하다.

○ 청 공관의 조회를 접수함. 「우리 상인 이조유李兆裕 사건과 관련하여, 속히 개성군開城郡에 이지移知하여 절실하게 조판照辦할 것」

○ 이탈리아 공관의 조회를 접수함. 「각 방곡坊曲 내 전답과 가옥의 측량과 관련하여, 모두 열실[2]하였음」

○ 일본 공관의 조회를 접수함. 「우리 국민 하타노 히코사부로[3] 안건과 관련하여, 반드시 속히 타결할 것」

○ 궁내부宮內府의 공문을 접수함. 「일본인 우라카미[浦上]가 기와[瓦子]를 철거한 것과 관련하여, 해당 공관에 조회를 보내 불일내 다시 덮게 할 것」

7일(토) | 맑음.

○ 소윤 박승조, 주사 이의식·김우현·안봉호가 출근하다. 강준영이 숙직하다.

---

1 계천기원절(繼天紀元節): 조선이 국호를 대한제국으로 고쳐 선포하고 고종이 황제로 즉위한 기념일.

2 열실(閱悉): 조사하고 확인함.

3 원문에 羽多彦三郎의 '三'자가 '五'자로 잘못 기재되어 있다.

○ 내부內部의 훈령을 접수함. 「오서五署 내 시신의 수습 및 매장 비용의 지출명령서 1건을 첨부하여 훈령함」

8일(일) | 맑음.

○ 주사 이의식이 숙직하다.

9일(월) | 반은 가랑비가 내리고 반은 맑음.

○ 길 판윤, 소윤 박승조, 주사 김우현·안봉호·강준영이 출근하다. 이의식이 숙직하다.

○ 벨기에 공관의 공문을 접수함. 「본 공관에서 매입한 가옥 3채의 가계를 신계新契로 교환해줄 것」

○ 원수부의 윤첩輪牒[4]을 접수함. 「본부(원수부) 칙임관의 성함姓啣을 기록하여 송부함[5]」

○ 일본 공관의 조회를 접수함. 「우리나라 사람 구보 모리카즈[久保護一]가 개성 진위대鎭衛隊 하사 김모金某와 이모李某에게 해를 당한 사건을 당장 해결할 것」

10일(화) | 맑음.

○ 길 판윤, 소윤 박승조, 주사 이의식·안봉호·강준영이 출근하다. 김우현이 숙직하다. 【외부外部의 윤첩. 이제 체약을 하였다고 하니, 이탈리아 황제의 탄신[誕朝] 등을 내일 관례대로 진하[修賀]할 것임】

○ 영국 공관의 공함을 접수함. 「본 영사는 금일 오후 3시 귀부(한성부)에 가서 면담할 것임」

○ 프랑스 공관의 조복을 접수함. 「도성 밖의 측량과 관련하여, 즉시 우리 국민들에게 신유申諭하는 건」

○ 프랑스 공관의 조회를 접수함. 「귀국인 한영수와 이재각의 상송相訟 안건과 관련하여, 우리나라 사람 어특蘊特과 교섭하였는데, 그 결과가 어떠했는지 속히 시명示明할 것」

---

4 윤첩: 회람하는 통첩(通牒).

5 원문은 '此趾錄交'라고 되어 있는데, '趾'는 오자인 것으로 보인다.

○ 영국 공관에 조복을 보냄. 「귀국인 희우喜佑가 구입한 가옥 5채에 대한 신계를 작성해 보내는 건」

11일(수) | 맑음.

○ 길 판윤, 소윤 박승조가 이탈리아 황제의 탄신[誕朝]를 진하하기 위해 나가다. 【외부의 윤첩이 있었다.】 주사 이의식·안봉호·강준영이 출근하다. 김우현이 숙직하다.

○ 청 공관의 공함을 접수함. 「개성 진위대鎭衛隊 하사 김금창金錦昌이 화인華人 방길평龐吉平·이조유·오윤지吳潤之 등을 칼로 베어 중상을 입힌 사건과 관련하여 모여 심리[會審]하는 건」

12일(목) | 맑음.

○ 소윤 박승조, 주사 이의식·김우현·강준영이 출근하다. 안봉호가 숙직하다.

○ 일본 공관의 조회를 접수함. 「우리나라 사람 시미즈 시게타로[清水繁太郎]가 귀국인 한백유韓白有에 대해 제기한 안건을 당장 엄중히 조사해서 대부貸付 원리금을 신속히 모두 상환할 것」

○ 러시아 공관에 조복을 발송함. 「귀국에 입적入籍한 한국인 김낙현이 매입한 가옥의 임차인[6] 이원엽을 엄칙해서 양도케 할 것」

13일(금) | 맑음.

○ 주사 김우현·이의식·강준영이 출근하다. 안봉호가 숙직하다.

○ 미국 공관의 조복을 접수함. 「전답·집터의 척량尺量과 관련하여, 본 영사는 다시 측량[開量]하는 것을 허가할 수 없음」

---

6 원문은 '掂引'으로 되어 있는데 뜻이 통하지 않는다. 11월 5일의 관련 기사에 근거하여 뜻을 유추하였다.

○ 남서南署의 조회를 접수함. 「본서(남서) 제중원[7]에서 남성 시신 1구를 수습하여 매장한 비용을 지급할 것」

14일(토) | 맑음.

○ 길 판윤, 소윤 박승조, 주사 이의식·김우현·안봉호가 출근하다. 강준영이 숙직하다.

○ 일본 공관의 공문을 접수함. 「임시전신부臨時電信部 소관 전주電柱의 절취 범인을 조사해서 엄중한 형벌에 처할 것」

○ 원수부 검사국檢査局에 보고서를 발송함. 「일본인 구보 모리카즈 및 청 상인 이조유 등의 살상殺傷 건을 모두 보고함」

15일(일) | 맑음.

○ 강준영이 숙직하다.

16일(일) | 반은 흐리고 반은 맑음.

○ 길 판윤, 소윤 박승조, 주사 김우현·안봉호·강준영이 출근하다. 이의식이 숙직하다.

○ 동서東署의 조회를 접수함. 「본서(동서) 이교二橋[8]에서 남성 시신 1구를 수습하여 매장한 비용을 지급할 것」

○ 일본 공관의 공문을 접수함. 「우리나라 사람 적지積池가 귀국의 백성 강작은돌·장학순을 체포해서 포박한 사건과 관련하여, 해당 절취 범인을 당관當館에 징수徵收하는 건」

○ 칭경예식원유회稱慶禮式苑遊會 사무소에 조회를 발송함. 「원유회 결취문結翠門과 식목의 청부금액을 한기준에게 독봉督捧해서 본부(한성부)에 보내게 하는 건」

---

7 제중원은 1885년 2월에 지금의 헌법재판소 자리(홍영식의 집)에 개설되었다가 1887년 초에 지금의 을지로입구와 을지로2가의 중간에 있는 하나금융그룹(옛 외환은행 본점 자리) 자리로 이전하였다.

8 이교: 종로구 종로5가 78번지와 효제동 331번지 근방으로 현재 보령약국 부근에 있던 다리. 동대문에서 종로 쪽으로 두 번째 있는 다리이므로 붙여진 이름이다.

○ 경무청에 조회를 발송함. 「일본인 전신국 소관 전선 950칸의 절취 범인을 조사하는 건」

○ 교동군喬桐郡에 훈령을 발송함. 「일본인 시미즈 소지로우[淸水宗次郎]를 구타한 교동군 북면北面 돌곶리乭串里 거주 한백유와 그 동洞의 증인이 될 만한 이들을 압송할 것」

17일(화) | 흐림.

○ 소윤 박승조, 주사 김우현·안봉호·강준영이 출근하다. 이의식이 숙직하다.

○ 청 공관의 조회를 접수함. 「청상인[華商] 진국갑陳國甲이 한국 도둑[韓盜]에게 상해를 입었으므로 의약비醫藥費를 배상할 것」

○ 일본 공관에 조회를 발송함. 「귀국 상인 하타노가 서서西署 용산방龍山坊 효창원의 해자垓字 안에 빙실氷室을 만들었으니 특별히 금칙禁飭할 것」

○ 청 공관에 복함을 발송함. 「청 상인 이조유·방길평 등이 도둑을 만나 상해를 입은 것과 관련하여, 내일 오후 2시 관원을 파견하여 검험檢驗할 예정임」

18일(수) | 맑음.

○ 주사 강준영이 출근하다. 안봉호가 숙직하다.

19일(수) | 맑음.

○ 소윤 박승조, 주사 이의식·김우현·강준영이 출근하다. 안봉호가 숙직하다.

○ 일본 공관의 조복을 접수함. 「우리나라 사람 하타노가 매입한 용산 홍용완洪龍完의 기지증서基地證書를 첨부해서 보냄」

○ 농상공부에 보고를 발송함. 「오서五署 내 각 전세典稅 음력 계묘(1903년) 8월분 236원 50전과 성책成冊 1건, 벌금 40원, 도합 276원 50전을 올려보냄」

20일(금) | 맑음.

○ 소윤 박승조, 주사 이의식·안봉호·강준영이 출근하다. 김우현이 숙직하다.

○ 원수부 검사국檢查局의 지령을 접수함. 「개성開城 진위대鎭衛隊 사졸士卒의 흉행兇行과 관련하여 해당 부대에 조사를 명했는데, 해당 병사는 이미 제대했으니 사안이 보통 재판에 해당함[9]」

○ 또 지령을 접수함. 「교섭에 있어선, 인명이 상했으므로 마땅히 해당 부대를 신문訊問하여 조사하여 밝혀야[查覈] 함」

○ 경무청의 조복을 접수함. 「일본 전신부電信部 소관 전선 950칸 절취 범인을 별도로 염탐해서 반드시 체포하는 건」

21일(토) | 비와 눈이 번갈아 흩뿌리다가 오후 늦게 갬.

○ 소윤 박승조, 주사 이의식·안봉호·강준영이 출근하다. 김우현이 숙직하다.

22일(일) | 맑음.

○ 강준영이 숙직하다.

23일(월) | 맑음.

○ 길 판윤, 주사 이의식·김우현·안봉호가 출근하다. 강준영이 숙직하다.

○ 러시아 공관의 조회를 접수함. 「러시아 지화紙貨 위조 사건과 관련하여, 수감된 한인 김사흥金仕興의 구초[10]에 따르면 일본인과 한인 3명이었다고 하니 속히 염탐해서 체포하고, 상세히 조사한 공안供案을 송부할 것」

24일(화) | 맑음.

○ 길 판윤, 소윤 박승조, 주사 김우현·안봉호·강준영이 출근하다. 이의식이 숙직하다.

---

9 원문은 '事係普通'인데, 12월 17일의 관련 기사에 따르면 '普通'은 '보통재판'을 뜻하는 것으로 보인다.

10 구초(口招): 신문할 때 죄인이 진술한 말을 기록한 조서.

○ 전기회사의 공함을 접수함. 「어제 오후 6시 40분 남대문 근처에서 한인 승객 1명이 만취해서 해당 전차에서 떨어져 이마와 입 부분을 크게 다쳤음. 그가 사는 집까지 부축해서 보냈음. 실상을 분명히 통보함」

○ 일본 공관의 공함을 접수함. 「우리나라 사람 모리타 즈카사[森田政]가 매수한 가옥의 가계를 속히 교환해줄 것」

○ 내부內部에 질품서를 발송함. 「영국인 희우喜祐가 서서西署 근동계[11]와 탄항계[12]의 윤홍보尹洪普와 박운서朴雲瑞의 가옥 2채를 매수했으니 신계新契로 교환해줄 것」

○ 경무청에 조회를 발송함. 「청 상인 진국갑 등이 도적의 칼에 상해를 입은 손해금과 그 적장贓章을 색환索還할 것」

○ 한성재판소에 조복을 발송함. 「일본 순사 스가타니 등이 강작은돌에게 난폭한 형벌[暴刑]을 가한 사건과 관련하여, 귀 조회의 내용과 상반되므로 다시 신문해서 조사하는 건」

○ 일본 공관에 조복 2건을 발송함. 「귀 전신부電信部 소관 전선 930칸의 절취 범인을 염탐해서 체포하도록 엄칙함」, 「귀국인이 매입한 가계 20매를 교환해주는 건」

○ 일본 공관에 조회를 발송함. 「귀국인 하타노가 우리 효창원 외부 해자 안에 빙실氷室을 만드는 공사를 속히 중단할 것」

25일(수) | 맑음.

○ 소윤 박승조, 주사 김우현·안봉호·강준영이 출근하다. 이의식이 숙직하다.

○ 농부農部의 지령을 접수함. 「전포세금典舖稅金 236원 50전 및 성책 1건, 벌금 40원, 합 276원 50전을 수봉收捧하는 건」

26일(목) | 맑음.

○ 길 판윤, 소윤 박승조, 주사 이의식·안봉호·강준영이 출근하다. 김우현이 숙직하다.

11 근동계(芹洞契): 서대문구 미근동·합동·의주로1가동·충정로2가동·충정로3가동에 있던 마을.

12 탄항계(灘項契): 용산구 산천동의 일부에 있던 마을.

○ 일본 공관의 조회를 접수함. 「일본인 다카하시 요스케의 원유회苑遊會에서 사용된 결취문結翠門과 수목樹木의 청부금액을 속히 상환할 것」

○ 또 조복을 접수함. 「일본인 하타노가 용산방 당현[13]에 빙실을 만든 땅이 관유지官有地이고, 효창원 해자 안이 분명히 매매가 금지된 지역이라면 어째서 미리 조회를 보내서 분명히 하지 않았는가? 단지 하타노가 손해를 보지 않게 한 뒤에 그 땅의 반환을 요구할 것」

○ 또 조회를 접수함. 「일본인 사토 료조[佐藤良藏]가 함성현咸聖賢의 보증으로 김덕재金德在의 가계家契를 전당 잡았는데, 김덕재가 잠시 그 가계를 물리고 전당을 옮겨 빚을 얻어서 원래 채무를 상환하고자 했음. 이때 또 함성현을 보증인으로 세웠는데, 워낙 간절히 청했으므로 해당 가계를 허급許給하였음. 그런데 김덕재는 끝내 나타나지 않고, 함성현도 책송責送하니 해당 부채를 귀부(한성부)에서 독책督責할 것」

○ 개성에 훈령을 발송함. 「개성 진위대 하사 김창준金昌俊이 흉행兇行으로 일본인과 청국인을 살상한 사건과 관련하여, 장차 모여 심리[會審]할 것이니 해당 범인을 불일 내로 압송할 것」

○ 한성재판소에 조회를 발송함. 「러시아 지폐 위조범 김사흥을 압송하는 건」

27일(금) | 맑음.

○ 소윤 박승조, 주사 이의식·안봉호가 출근하다. 김우현이 숙직하다.

28일(토) | 아침에 눈이 내리다가 오후 늦게 눈과 가랑비가 오락가락함. 저녁에 흐림.

○ 소윤 박승조, 주사 이의식·김우현이 출근하다. 안봉호가 숙직하다.

○ 한성재판소의 조회를 접수함. 「남서南署 훈도방薰陶防 강영선姜永善의 판권板券을 즉시 작성해 보내는 건」

13 당현(堂峴): 용산구 신계동 248-1번지 일대인 문배산 기슭에 있던 고개.

○ 일본 공관의 조회를 접수함. 「우리나라 사람 모리 가츠지 등이 25일에 매도한 가옥의 새 가권을 작성해 보낼 것. 가권은 35매임」

○ 일본 공관의 조회를 접수함. 「우리나라 사람 세키 기헤이[關喜平]가 귀국인 박시순朴始淳의 선영先塋에 있는 목재를 채굴한 사안과 관련하여, 합당하게 시유示諭하는 건」

○ 독일 공관의 조회를 접수함. 「도성 밖 가옥과 전지田地의 측량 시행과 관련하여, 본 공사도 경솔히 준시准施를 행할 수 없음」

○ 경무청의 조복을 접수함. 「청상인[華商] 진국갑 등이 도적에게 재산을 빼앗긴 사건과 관련하여, 엄중히 조사, 체포한 후 합당한 형률에 처하는 건」

29일(일) | 맑음.

○ 주사 안봉호가 숙직하다.

○ 남서南署의 조회를 접수함. 「본서(남서) 용동龍洞에서 남성 시신 1구를 수습하여 매장한 비용을 지급할 것」

30일(월) | 맑음.

○ 소윤 박승조, 주사 김우현·안봉호가 출근하다. 이의식이 숙직하다.

○ 서서西署의 조회를 접수함. 「본서(서서) 내 전립동戰笠洞[14]에서 남성 시신 1구를 수습하여 매장한 비용을 청구함」

○ 일본 공관의 공문을 접수함. 「우리나라 사람 하타노와 한국인 정영지鄭永志의 사업과 관련하여, 속히 변상을 행하는 건」

○ 일본 공관의 공문을 접수함. 「우리나라 사람 구보 모리카즈 안건과 관련하여, 속히 타결하는 건」

○ 한성재판소의 조복을 접수함. 「러시아 공관 위조지폐 범인 김사홍金仕興 등 안건과 관련하여 조사했지만 깊이 진상을 규명하기엔 부족함」

14 전립동: 종로구 내자동에 있던 마을

광무 7년 (1903)

12월

1일(화) | 흐림.

○ 소윤 박승조, 주사 김우현·안봉호가 출근하다. 이의식이 숙직하다.

2일(수) | 맑음.

○ 소윤 박승조, 주사 이의식·김우현·안봉호가 출근하다. 강준영이 숙직하다.

○ 일본 공관의 조회를 접수함. 「우리나라 사람 구스다 요시타츠[楠田義達] 외 3명이 매수한 가옥의 가계를 신계新契로 교환해줄 것」

○ 교동군喬桐郡의 보고를 접수함. 「일본인 시미즈 소지로[1]와 한국인 한백유 사건과 관련하여, 원하는 대로 시행하되 감히 제멋대로 처리[擅便]하지 않았음을 사실대로 명백히 보고하는 건」

○ 철도원鐵道院의 훈령을 접수함. 「서서西署 반석방盤石坊 거주민 등의 청원서 가운데 전토田土 결세結稅를 탁지부에 전보傳報하여 영구히 감면할 것」

○ 일본 공관의 공문을 접수함. 「일본인 폐원이柿原伊가 매입한 명례방明禮坊 호동[2] 소재 가옥의 문권文券을 교환해줄 것」

1 원문에 '淸水郎'이라고 잘못 기재되어 있다.

2 호동(扈洞): 호위청동(扈衛廳洞)의 약칭으로 중구 남산동1가·남산동2가에 걸쳐 있던 마을.

○ 일본 공관의 공문을 접수함. 「일본인 다카하시 소노[高崎園]를 대리하여 마쓰다 다츠오[松田辰尾]가 전집典執한 서병홍徐丙興의 전답田畓을 타인에게 전매典賣하는 것을 불허함」

○ 일본 공관의 공문을 접수함. 「일본인 사가라 오사무[佐良藏]가 김덕재金德在에게 준 대금代金 안건과 관련하여, 합당한 결정을 내린 후 자세히 알려줄 것」

3일(목) | 맑음.

○ 주사 이의식·김우현·안봉호가 출근하다. 강준영이 숙직하다.

4일(금) | 눈비가 내림.

○ 주사 이의식·안봉호가 출근하다. 김우현이 숙직하다.

○ 개성부開城府의 보고를 접수함. 「개성 진위대鎭衛隊 하사 김창준이 재물 때문에 흉포하게 일본인과 청국인을 살상한 사건과 관련하여, 해당 범인과 공초기供招記를 공문을 갖추어 올려보냄」

○ 일본 공관의 조회를 접수함. 「여행권旅行券 10매를 날인하여 송부할 것」

5일(토) | 맑음.

○ 소윤 박승조, 주사 이의식·안봉호·강준영이 출근하다. 김우현이 숙직하다.

○ 전기회사의 공함을 접수함. 「어제 아침 9시 24분 남대문 밖에서 한 맹인이 전차에 치여 얼굴 부분에 부상을 입음」

○ 중서中署의 조회를 접수함. 「본서(중서) 이궁二宮에서 남성 시신 1구를 수습하여 매장한 비용을 지급할 것」

6일(일) | 아침에 눈이 내리다가 늦게 갬.

○ 주사 안봉호가 숙직하다.

7일(월) | 맑음.

○ 소윤 박승조, 주사 이의식·김우현·강준영이 출근하다. 안봉호가 숙직하다.

○ 부평富平에 훈령을 발송함. 「일본인 다카하시 소노가 부평군 석천면石川面 서병흥에게 준 대부채금貸附債金 4,200원을 엄중히 붙잡아 상환하게 할 것」

○ 교동喬桐에 훈령을 발송함. 「교동군 석곶리石串里 한백유가 일본인 시미즈[3]에게 진 채관債款 1만 5,000냥을 즉각 독촉해서 보낼 것」

○ 한성재판소에 조회를 발송함. 「개성 거류 일본인과 청국인 구보 모리카즈와 이조유 등을 살상한 안건과 관련하여 모두 월교越交(이첩)하는 건」

○ 철도원鐵道院에 보고를 발송함. 「서서西署 반석방盤石坊 경부철도를 침범한 전토田土의 결세結稅를 모두 우선 탁지부에 조회를 보내[移照] 감면을 청하는 건」

○ 일본 공관에 공함을 발송함. 「노조지路照紙 10매를 날인하여 송부하는 건」

○ 청 공관에 조복을 발송함. 「청 상인 진국갑의 채소밭[菜園]을 약탈한 도적을 엄중히 신칙해서 체포하는 건」

8일(화) | 흐림.

○ 주사 이의식·김우현·안봉호가 출근하다. 강준영이 숙직하다.

9일(수) | 흐림.

○ 주사 이의식·김우현·안봉호가 출근하다. 강준영이 숙직하다.

○ 일본 공관의 공문을 접수함. 「귀국 걸인들이 야간에 노상에 누워있고, 귀국 인력거가 불을 밝히지 않고 질주하는 것을 금지할 것」

10일(목) | 흐림.

○ 주사 김우현·안봉호·강준영이 출근하다. 이의식이 숙직하다.

3 원문에 '淸水'가 '請水'로 잘못 기재되어 있다.

11일(금) | 흐림.

○ 주사 김우현·안봉호·강준영이 출근하다. 이의식이 숙직하다.

○ 미국 공관의 공문을 접수함. 「우리나라 사람 콜브란이 매입한 가옥의 가계를 신계新契로 교환해줄 것을 요청함」

○ 일본 공관의 공문을 접수함. 「우리나라 사람 하타노가 귀국인 서병헌·윤규영에게 대여한 금액을 당장 상환할 것」

○ 일본 공관의 공문을 접수함. 「우리나라 사람 가와모토 준사쿠[川本準作] 외 4명의 매입한 가옥의 가계를 신계新契로 교환해줄 것」

12일(토) | 맑음.

○ 소윤 박승조, 주사 이의식·안봉호가 출근하다. 김우현이 숙직하다.

13일(일) | 맑음.

○ 김우현이 숙직하다.

14일(월) | 아침과 오후 늦게까지 흐리다가 밤에 비가 내림.

○ 소윤 박승조, 주사 김우현·이의식·강준영이 출근하다. 안봉호가 숙직하다.

○ 영국 공관의 공함을 접수함. 「공무로 금일 오후 2시 30분에 귀서(한성부)를 방문하여 면담하고자 하니 여부를 알려줄 것」

○ 한성재판소의 조복을 접수함. 「개성부에서 압송해 올린 김창준 안건과 관련하여, 해당 두 공관에 조회를 보내 늦지 않게 와서 모여 심리[會審]하게 할 것」

○ 러시아 공관에 조회를 발송함. 「러시아 지폐 위조범을 적발하는 문제와 관련하여, 관계 서류 일체를 등서해서 송부함」

15일(화) | 아침에 가랑비가 내림. 오후 늦게 흐림.

○ 길 판윤, 소윤 박승조, 주사 김우현·이의식·강준영이 출근하다. 안봉호가 숙직하다.

○ 부평군富平郡의 보고를 접수함. 「서병헌을 즉시 추착推捉[4]하였는데, 그가 명령을 내리기 전에 이미 외국으로 떠났으므로 이제 끝내 분명히 보명報明할 수 없음」

○ 서서西署의 조회를 접수함. 「본서(서서) 내 송교松橋[5]에서 남성 시신 1구를 수습하여 매장한 비용을 지급할 것」

○ 일본 공관의 조회를 접수함. 「우리나라 사람 요시오카 즈네조[吉岡常藏] 및 마쓰조[松藏] 두 사람이 고양군高陽郡 등지에서 도적을 만나 재물과 물건을 잃었으니, 그 도적들을 급히 체포해서 엄형에 처할 것」

16일(수) | 맑음.

○ 소윤 박승조, 주사 이의식·김우현·안봉호가 출근하다. 강준영이 숙직하다.

○ 남서南署의 공문을 접수함. 「금년도[6]호적지가戶籍紙價 영조零條 가운데 40원을 우선 송부함」

17일(목) | 눈.

○ 주사 김우현·안봉호가 출근하다. 강준영이 숙직하다.

○ 내부內部의 지령을 접수함. 「영국인 희우喜佑의 가계家契 문제는 지령에 의거할 것」

○ 일본 공관의 공문을 접수함. 「우리나라 사람 야주로[彌十郎]의 집에 침입한 도적 강영선姜永善·방덕기方德基는 압송하여 남서南署 순검 박규양朴圭陽에게 넘겼음. 그 나머지 세 놈을 수사해서 체포할 것」

○ 일본 공관의 공문을 접수함. 「일본인 구보 모리카즈를 참살慘殺한 김창준은 군인이므로 보통재판에 회부해서는 안 됨」

---

4 추착: 범죄자를 수색해서 체포하는 일.

5 송교: 송기교(松杞橋)의 약칭으로, 신문로1가 23번지에 있던 다리.

6 원문에 '六年度'로 되어 있다. '今年度'의 오기인 것으로 보인다.

○ 농부農部에 보고를 발송함. 「음력 계묘癸卯 9월조 세금 234원과 벌금 20원 그리고 성책成冊 1건을 올려보냄」

○ 영국 공관에 조복을 발송함. 「귀국인 희우가 매입한 서서西署 등지의 가옥 4채의 가계를 신계로 교환하여 발급함」

○ 청 공관에 조복을 발송함. 「귀국인 이조유 등과 일본인 구보 모리카즈를 살상한 김창준과 관련하여, 이번 달 18일 오후 1시에 모여 심리[會審]하는 건」

○ 미국 공관에 조복을 발송함. 「귀국인 콜브란이 매입한 가옥 2채의 가계 가운데 하나는 작성해서 교부하고 다른 하나는 돌려보내는[繳交] 건」

18일(금) | 맑음.

○ 소윤 박승조, 주사 김우현·안봉호·강준영이 출근하다. 이의식이 숙직하다.

19일(토) | 맑음.

○ 소윤 박승조, 주사 김우현·안봉호·강준영이 출근하다. 이의식이 숙직하다.

○ 경무청의 조복을 접수함. 「이제 곧 순검을 선발해 보낼 것이니 엄중히 염탐해서 체포하게 할 것」

○ 경무청의 조복을 접수함. 「해당 각서各署에 엄칙해서 일체 금지시킬 것」

○ 일본 공관의 공문을 접수함. 「노조지 10매를 날인해서 송부함」

○ 청 공관의 공함을 접수함. 「한국인 김창준을 가능한 한 신속하게 처리하는 방안은 반드시 따라야 하니, 같은 날 본 영사와 상의해 처리할 것」

○ 경무청의 조회를 접수함. 「일본인 식미십랑植彌十郎의 주택을 침범한 도적들을 모두 특별히 염탐해서 체포하는 건」

20일(일) | 맑음.

○ 주사 김우현이 숙직하다.

21일(월) | 맑음.

○ 소윤 박승조, 주사 이의식·안봉호가 출근하다. 김우현이 숙직하다.

○ 전기회사의 공함을 접수함. 「동대문 밖 이교二橋에서 전차에 탑승한 최희성崔喜成이 다리가 걸려 넘어져 추락해 사망함」

○ 영국 공관의 공함을 접수함. 「영국인 희우의 가계 4매를 이제 받았음. 작성해 준 것에 감사함」

○ 한성재판소의 공함을 접수함. 「최영환崔英煥의 가계를 작성해 교부하는 건」

○ 일본 공관의 조회를 접수함. 「우리나라 사람 오시노 긴노스케[押野金之助] 및 당신 측의 도직[貴島直] 외 몇 명이 귀국인 김동만金東萬 등과 제일은행권을 위조한 기계가 여주驪州 천양天陽 등지에 있음」

○ 경무청의 조회를 접수함. 「서서西署 왜교倭橋 등지의 교량과 은구隱溝의 썩고 무너진 곳을 신속히 수축修築하는 건」

○ 한성재판소 검실檢室에 조회를 발송함. 「서서 반석방盤石坊 거주민 정영鄭永이 일본인에게 자탁藉託을 구걸한 것과 관련하여, 이치상 엄중히 징계하는 건」

○ 경무청에 조회를 발송함. 「일본은행권을 위조한 기계가 여주 천양에 은닉되어 있으니 별도로 순검을 파견해서 신속히 비밀리에 압수할 것」

22일(화) | 맑음.

○ 길 판윤, 소윤 박승조, 주사 이의식·김우현·강준영이 출근하다. 안봉호가 숙직하다.

○ 농상공부의 훈령을 접수함. 「권업박람회勸業博覽會와 관련한 지시를 각 방곡坊曲에 게시할 것」

○ 경무청의 조복을 접수함. 「강영선·방덕기 두 사람을 특별히 수사해서 체포하는 건」

○ 내부에 질품서를 발송함. 「일본인 나카지마 시바노스케[中島司馬之助][7] 외 20명 및 후지노 모리타로[藤野守太郎] 외 2명이 매입한 가옥의 가계 32매를 교환해주는 건」

7 원문에 '中島可馬之助'로 되어 있으나, '可'는 '司'의 오기인 것으로 보인다.

○ 시흥군始興郡에 훈령을 발송함. 「시흥군 구로리九老里 박시순朴始淳 소유의 기슭[麓]에서 일본인이 석재石材를 채취한 것과 관련하여, 인허 여부를 상세히 조사하여 보고할 것」

○ 부평군富平郡에 훈령을 발송함. 「일본인 다카하시 소노가 서병흥에 대해 제기한 안건은 교섭과 관계된 것이니, 그 전당 잡힌 전답은 전매典賣로 옮겨도 무방함」

○ 일본 공관에 조복을 발송함. 「귀국인 요시오코 즈네조 및 마츠조 등이 강도를 만나 화물을 약탈당한 사건은 즉시 순검을 파견하여 조사할 것임」

○ 일본 공관에 공함을 발송함. 「귀국의 지폐 위조 기계를 압수하는 건과 관련하여 따로 순검을 파견하고 해당 군에 훈령을 내릴 것임」

○ 일본 공관에 공함을 발송함. 「노조지 10매를 날인해서 송부함」

23일(수) | 오전 늦게 눈이 내리다가 오후 늦게 흐림.

○ 주사 이의식·김우현·강준영이 출근하다. 안봉호가 숙직하다.

○ 미국 공관의 조회를 접수함. 「미국인 '윔블드'[8]의 서양식 기와집[瓦屋] 1채 15칸 및 외사外舍 3칸 반 가옥의 가계를 신계新契로 교환해줄 것」

○ 내부에 조회를 발송함. 「서서 경구계[9]의 사거리 대로 좌우 양쪽의 은구隱溝와 횡강석橫杠石을 보수하는 건」

24일(목) | 맑음.

○ 소윤 박승조, 주사 이의식·김우현·안봉호가 출근하다. 강준영이 숙직하다.

8 원문에 한글로 '윔블드'라고 기재되어 있다.

9 경구계(京口契): 한성부 서부 성 밖의 반송방에 있던 계로서, 경기감영 창고의 앞에 있어서 경구계·경영고계(京營庫契)·경영구계(京營口契)라고도 불렸다. 의주로1가·충정로1가의 일부에 해당한다.

25일(금) | 맑음.

○ 판윤, 소윤, 주사들이 공무[公故]로 나가다. 강준영이 숙직하다.

○ 서서의 조회를 접수함. 「근동芹洞에서 남성 시신을 들어내 매장한 비용을 청구함」

26일(토) | 맑음.

○ 소윤 박승조, 주사 김우현·안봉호·강준영이 출근하다. 이의식이 숙직하다.

○ 러시아 공관의 공문을 접수함. 「김영학金永學의 러시아 지폐 위조 공안供案 1건을 첨부해서 송부함」

○ 한성재판소의 조복을 접수함. 「일본인 이시미츠 기사부로를 꾸짖고 구타한 장재수를 체포하여 압송함」

○ 일본 공관의 조회를 접수함. 「우리나라 사람 다카하시 요스케 외 3명이 매입한 가옥의 가계 5매를 교환해줄 것」

○ 일본 공관의 조회를 접수함. 「일본인 다카하시 요스케의 계약서 2통에 날인하여 송부하는 건」

27일(일) | 반은 흐리고 반은 맑음.

○ 주사 이의식이 숙직하다.

○ 여주군의 보고를 접수함. 「위조 기계를 천양리天陽里에서 찾아내서 숫자대로 올려 보냄」

28일(월) | 맑음.

○ 길 판윤, 소윤 박승조, 주사 이의식·안봉호·강준영이 출근하다. 김우현이 숙직하다.

○ 미국 공관에 조복을 발송함. 「미국 여인 '웜블드'가 서서 근동에서 매입한 초방草房 2칸과 건축한 양옥 18칸 반의 가계를 신계로 교환해주는 건」

○ 한성재판소 검실檢室에 조복을 발송함. 「러시아 지폐 위조사건과 관련하여 다시 신

문하여 진상을 조사하는 건」

○ 일본 공관에 조복을 발송함. 「용산방龍山坊 금호金湖의 김병준 처자가 일본인 야마네 구마지로의 거주지에서 몰래 전괴錢塊를 가져간 것이니, 그 아비에게 죄를 돌려서 처벌하기 어려움」

○ 또 조복을 발송함. 「일본인 가키하라[柿原] 및 모리타[森田] 그리고 미야모토[宮本]·가와모토[川本] 4명이 매입한 가계를 교환해주는 건」

○ 또 조복을 발송함. 「죽동[10]에 거류하는 일본인 우에야마[植山] 가옥에 침입한 도적 3명을 이제 엄중히 염탐해서 처리하는 건」

29일(화) | 맑음.

○ 주사 이의식·안봉호·강준영이 출근하다. 김우현이 숙직하다.

○ 서서의 조회를 접수함. 「서서 평동[11]에서 남성 걸인의 시신을 수습해서 매장한 비용을 지급할 것」

○ 영국 공관의 공함을 접수함. 「본 공관의 사역使役 김만보金萬甫가 속여서 몰래 알린 사건과 관련하여 법률에 따라 징치懲治한 후 방송放送하는 건」

○ 한성재판소의 조복을 접수함. 「남대문 밖 정거장 역부驛夫 김경순을 포박한 순검 이덕중 등을 속히 태형 40대로 처벌할 것」

30일(수) | 맑음.

○ 소윤 박승조, 주사 이의식·김우현·강준영이 출근하다. 안봉호가 숙직하다.

○ 서서의 조회를 접수함. 「본서(서서) 유천鍮川 길가에서 남성 시신 1구를 수습하여 매장한 비용을 청구함」

○ 농상공부의 지령을 접수함. 「전세典稅 경비 2원을 추가 지급하는 건」

---

10 죽동(竹洞): 중구 을지로2가·을지로3가·수표동·장교동·저동2가에 걸쳐 있던 마을.

11 평동(平洞): 거평동(居平洞)의 약칭으로, 종로구 교남동·평동·충정로1가에 걸쳐 있던 마을.

31일(목) | 흐림.

○ 소윤 박승조, 주사 이의식·김우현·강준영이 출근하다. 안봉호가 숙직하다.

○ 일본 공관에 조회를 발송함. 「일본인 세키 기헤가 시흥군 박시순의 선영先塋에서 석재石材를 채취할 당시 군수의 인허를 받았는지 여부에 관해 실로 분명한 증거가 없음」

○ 일본 공관에 조복을 발송함. 「남대문 밖 경인철도 정거장 사무실에 침입한 순검 이덕중 등을 모두 태형 40대로 처벌함」

○ 영국 공관에 공함을 발송함. 「영국 공관 사역使役 김만보를 징계한 후 방송放送할 것을 명함」

광무 8년
(1904)

1월

1일(금) | 맑음.

○ 휴일[休假]이다. 강준영이 숙직하다.

2일(토) | 맑고 추움.

○ 소윤 박승조, 주사 이의식·김우현·안봉호가 출근하다. 강준영이 숙직하다.

○ 진시(오전 7~9시), 명헌태후[1]가 별세[下世]하시다. 국장을 치르다.

3일(일) | 맑고 추움.

○ 주사 김우현이 출근하다. 이의식이 숙직하다.

○ 각 공관에 공함을 발송하다. 「명헌태후 폐하가 승하하셨음을 공개적으로 발표[聲明]함」

1 명헌태후(明憲太后, 1831~1904): 헌종 비 효정왕후(孝定王后)로 홍재룡(洪在龍)의 딸이다.

4일(월) | 맑고 추움.

○ 주사 김우현·안봉호가 출근하다. 이의식이 숙직하다.

○ 이탈리아·영국·프랑스·벨기에 공관의 복함을 접수함. 「명헌태후가 붕어崩御하심에 애도하는 마음을 가누기 어려움」

○ 남서南署의 공함을 접수함. 「용동龍洞에서 남성 시신 1구를 수습하여 매장한 비용을 청구함」

○ 죽산군竹山郡에 서기청書記廳의 사통私通을 발송함. 「강도를 만나 위협을 받고 억류되었던[劫留] 청인淸人 3명을 호송할 것」

5일(화) | 맑음.

○ 소윤 박승조, 주사 이의식·안봉호·강준영이 출근하다. 김우현이 숙직하다.

○ 대행태후大行太后의 내재궁[2]을 배진排進할 때 장생전長生殿의 사통私通에 따라 황토黃土를 펴고 청도[3]하는 등의 일을 전례대로 거행하다.【소윤과 주사들이 나가다】

○ 청·러시아 공관의 공함을 접수함. 「명헌태후가 붕어하심에 애도하는 마음을 가누기 어려움」

6일(수) | 맑음.

○ 주사 이의식·안봉호·강준영이 출근하다. 김우현이 숙직하다.

○ 동서東署의 조회를 접수함. 「효교[4]에서 남성 시신 1구를 수습하여 매장한 비용을 지급할 것」

---

2 내재궁(內梓宮): 왕이나 왕후를 장사지낼 때 쓰는 관. 참고로 관을 담는 곽(槨)을 외재궁(外梓宮)이라고 한다.

3 청도(淸道): 왕이 거둥할 때 도로를 정리하고 잡인의 통행을 막는 일.

4 효교(孝橋): 효경교(孝經橋)의 약칭으로, 중구 장사동, 주교동, 산림동 사이 청계천에 놓여져 있던 다리.

7일(목) | 맑음.

○ 주사 안봉호가 숙직하다.

8일(금) | 아침에 눈이 오고 점심에 개었다가 신시(오후 4시경)부터 저녁, 밤까지 싸락눈이 내림.

○ 소윤 박승조, 주사 이의식·김우현·강준영이 출근하다. 안봉호가 숙직하다.

○ 경무청의 통첩을 접수함. 「서양인[洋人] 세창양행[5]가옥의 고용인 정창식鄭昌植·구경춘具景春을 압송하여 징치懲治하는 건」

9일(토) | 아침에 비가 내리다가 오후에 갬.

○ 소윤 박승조, 주사 이의식·김우현·안봉호가 출근하다. 강준영이 숙직하다.

○ 동서東署의 조회를 접수함. 「효교 토막土幕에서 남성 시신 1구를 수습하여 매장하는 비용을 청구함」

○ 장례원掌禮院의 훈령을 접수함. 「국휼 때 사가私家의 장례는 비록 인산因山[6]전이라도 시행할 수 있으니 우제[7]와 상을 당한 사람[喪人]이 쓰는 방립方笠을 금하지 말라는 건」

10일(일) | 맑음.

○ 주사 강준영이 숙직하다.

○ 동서의 조회를 접수함. 「효교 토막 60여에서[8] 남성 시신 1구를 수습하여 매장하는 비용을 청구함」

---

5 세창양행(世昌洋行): 1884년에 독일 마이어 상사(Meyer 商社)의 제물포 지점으로 설립된 무역상사.

6 인산: 태상황(太上皇), 임금, 황태자, 황태손 및 그 비(妃)·빈(嬪)의 장례를 뜻함.

7 우제(虞祭): 장사를 지낸 뒤 혼령을 위로하기 위해 지내는 제사로, 초우제(初虞祭)·재우제(再虞祭)·삼우제(三虞祭)를 가리킴.

8 원문에 '土幕六十餘'라고 되어 있는데 정확한 의미는 알 수 없다.

11일(월) | 맑음.

○ 길 판윤, 소윤 박승조, 주사 김우현·안봉호·강준영이 출근하다. 이의식이 숙직하다.

○ 장례원의 훈령에 따라 각 방곡坊曲에 고시하다.

12일(화) | 아침에 흐리다가 늦게 갬.

○ 소윤 박승조, 주사 김우현·안봉호·강준영이 출근하다. 이의식이 숙직하다.

13일(수) | 흐림.

○ 주사 이의식·안봉호가 출근하다. 김우현이 숙직하다.

○ 내부內部 토목국土木局의 조회를 접수함. 「경구京口 사거리 은구隱溝의 보수비를 지출하여 보수하는 건」

14일(목) | 맑음.

○ 소윤 박승조, 주사 이의식·안봉호·강준영이 출근하다. 김우현이 숙직하다.

○ 프랑스 공관의 공함을 접수함. 「수감 중인 한영수가 보방保放되면, 며칠 내로 본 공관의 참찬관 구탁具鐸을 보내서 한영수와 함께 답권畓券을 갖고 면담할 것임」

○ 일본 공관의 조회를 접수함. 「개성부開城府 서부西部에 거류하는 일본 여인 '나카무라[中村] 고니[9]'가 그 부府에 거주하는 임만복任萬福에게 강도를 당해 부상을 입음」

○ 원수부元帥府 검국檢局의 지령 1건을 작환繳還함. 작년 11월 20일 개성 진위대 하사 김창준이 일본 및 영국인 등을 살상한 사건에 관한 지령 2건을 작환함.

15일(금) | 맑음.

○ 소윤 박승조, 주사 김우현·이의식·강준영이 출근하다. 안봉호가 숙직하다.

---

9 원문에 한글로 '고니'라고 기재되어 있다.

○ 남서南署의 조회를 접수함. 「본서(남서)에서 남성 시신 1구를 수습하여 매장한 비용을 청구하니 속히 처리할 것」

○ 서서西署의 조회를 접수함. 「본서(서서) 내 독립문에서 여성 시신 1구를 수습하여 매장한 비용을 지급할 것」

○ 프랑스 공관에 서함을 발송함. 「본부(한성부)에 수감 중인 한영수를 보방保放함」

16일(土) | 맑음.

○ 소윤 박승조, 주사 김우현·이의식·강준영이 출근하다. 안봉호가 숙직하다.

○ 개성부에 훈령 2건을 발송함. 「강도질을 하다가 일본 여인 '예쓰[10]'에게 상해를 입힌 범인 임복만[11]에게 엄히 칼을 씌우고[嚴枷] 서류와 함께 압송하여 올려 보낼 것」

17일(일) | 맑음.

○ 주사 강준영이 숙직하다.

18일(월) | 맑음.

○ 소윤 박승조, 주사 이의식·김우현·안봉호. (이하 결락)

10 원문에 한글로 '예쓰'라고 기재되어 있다.

11 1월 14일에는 '任萬福'으로 기재되어 있다.

장서각 소장본

광무9년 1월

광무10년 1월

광무 9년
(1905)

1월

8일(일) | 맑음.

○ 주사 이명환李明煥이 숙직하다.

9일(월) | 맑음.

○ 민 판윤,[1] 소윤 박승조, 주사 김우현·안봉호·강준영이 출근하다. 이명환이 숙직하다.

10일(화) | 맑음.

○ 민 판윤, 소윤 박승조, 주사 안봉호·강준영·이명환이 출근하다. 김우현이 숙직하다.

○ 한성재판소 조회를 접수함. 「일본인의 의복을 훔쳐 판 절도범 이인성李仁星과 관련하여, 일본 공관에 조회를 보내 즉시 압송해올 것」

○ 일본 공관의 공함을 접수함. 「주동[2] 60번지 후카호리 이치타로[深堀市太郎]의 토지 및 가옥의 분실 계권契券은 메이지[明治] 28년1895 12월에 발급되었음」

---

1 당시 한성판윤은 민경식(閔景植)이다.

2 주동(鑄洞): 중구 남학동·예장동·주자동·충무로2가·충무로3가·필동1가에 걸쳐 있던 마을.

○ 일본 공관의 서함을 접수함. 「대도大盜 서완식徐完植을 경무청 남서南署로 압송했으나 도주한 건과 관련하여 조회했는데, 아직 분명한 답변이 없으니 해당 서장署長을 합당하게 조처한 후 속히 회신할 것」

○ 일본 공관의 서함을 접수함. 「우리나라 사람 오무라 야스타[3]가 종루 부근 지역에 광고대廣告臺 건설을 청원하는 건」

■ 11일(수) | 맑음.

○ 민 판윤, 소윤 박승조, 주사 안봉호·강준영·이명환이 출근하다. 김우현이 숙직하다.

○ 일본 공관 서함을 접수함. 「우리 상인 후지이 도모키치[藤井友吉]가 최영근崔永根에 대해 제기한 재판 사건과 관련하여 아직 아무 회답이 없는데, 이는 중요한 문제이므로 속히 결정하여 답변할 것」

■ 12일(목) | 맑음.

○ 민 판윤, 소윤 박승조, 주사 김우현·강준영·이명환이 출근하다. 안봉호가 숙직하다.

○ 일본 공관에 조복照覆 1건을 발송함. 「절도범 서완식을 경무청에 조회를 보내 반드시 수색해서 체포하는 건」

○ 일본 공관에 조회 1건을 발송함. 「우리나라 사람 김응식[4]·이종성李鍾聲의 공안[5] 서류를 등사해 보내고, 이인성을 압송하는 건」

○ 일본 공관에 조회 1건을 발송함. 「우리나라 백성이 소유한 가계家契 분실 건과 관련하여, 미리 귀국민 등에게 신칙하여 사기당하지 않게 할 것」

---

3 오무라 야스타(大村保太, 1869~?): 1904년 11월 조선에 와서 경성광고사(京城廣告社)를 설립하고 신문·잡지 광고를 중개하였다. 이후 전당포, 토목 가옥을 경영했으며, 1909년에 경성민단(京城民團) 의원을 역임하였다.

4 김응식(金應植, 1879~1944): 일제강점기 독립운동가이다. 1919년 4월 3일 경기도 화성의 장안면(長安面)·우정면(雨汀面) 일대에서 전개된 독립만세 운동에 참여하였다. 일본인 순사 가와바타 도요타로[川端豊太郞]을 죽이고 주재소 방화 등 독립만세운동을 격렬하게 전개하다가 체포되었다.

5 공안(供案): 죄인을 신문한 내용을 적은 문서.

○ 내부內部에 보고 2건을 발송함. 「검거비檢擧費를 청구하는 건」, 「작년 7월부터 12월 말까지 오서[6] 내외의 시신 처리비[僵尸費] 지급을 청구하는 건」

○ 평리원平理院에 보고 1건을 발송함. 「일본인 후지이 도모키치가 최영근에 대해 제기한 안건의 조처를 즉시 알려줄[示明] 것」

○ 학부學部에 보고 1건을 발송함. 「사립 한성법학교漢城法學校의 인가를 요청하는 건」

○ 청 공관에 조회 1건을 발송함. 「우리 백성 등이 소유한 가계 분실 건을 귀 백성 등에게 미리 신칙하여 사기당하지 않게 할 것」

○ 영국 공관에 조회 1건을 발송함. 「우리 백성 등이 소유한 가계 분실 건을 미리 귀국인貴國人 등에게 신칙하여 사기당하지 않게 할 것」

○ 미국 공관에 조회 1건을 발송함. 위와 같음.

○ 프랑스 공관에 조회 1건을 발송함. 위와 같음.

○ 독일 공관에 조회 1건을 발송함. 위와 같음.

○ 이탈리아 공관에 조회 1건을 발송함. 위와 같음.

○ 벨기에 공관에 조회 1건을 발송함. 위와 같음.

○ 경무청에 조회 1건을 발송함. 「절도범 서완식을 반드시 기찰하여 체포한 후 즉시 알려줄 것」

13일(금) | 맑음.

○ 민 판윤, 소윤 박승조, 주사 김우현·강준영·이명환이 출근하다. 안봉호가 숙직하다.

○ 평리원에 보고 1건을 발송함. 「오서 내 백성 등이 소유한 가계는 반드시 한성부의 인허를 받은 후 전당 잡힐 수 있으며, 만약 한성부의 인허가 있으면 이후 송안[7]은 매달 이자를 계산함」

○ 일본 공관에 조회 제6호를 발송함. 「귀국인 마쓰다 고조[松田行藏], 마쓰야마 우키치[松山卯吉]와 윤자벽尹滋壁의 안건을 속히 타당하게 처리한 후 알려줄 것」

---

6 오서(五署): 한성부 영역에 설치한 다섯 경찰서로, 중서(中署)·동서(東署)·남서(南署)·서서(西署)·북서(北署)를 가리킨다. 1894년(고종 31)에 설치했다가 1910년(융희 4)에 폐지하였다.

7 송안(訟案): 송사(訟事) 또는 그 과정을 기록한 문서.

○ 경무청의 조복을 접수함.「절도범 서완식을 옥에서 놓쳤다가 다시 체포한 후 현재 신문 중임」

○ 농부農部의 지령指令 제1호를 접수함.「음력 갑진년1904 9월 초하루 각 전포典鋪 세금을 영수領受하는 건」

○ 북서北署의 조회 제1호를 접수함.「서근교천西覲橋川 바닥에 유기된 태아 1구의 수습 및 매장 비용을 청구함」

14일(토) | 맑음.

○ 민 판윤, 소윤 박승조, 주사 김우현·안봉호·이명환이 출근하다. 강준영이 숙직하다.

○ 중서中署의 조회 제2호를 접수함.「역교力橋 천변에 유기된 남자 신생아 1구의 수습 및 매장 비용을 청구함」

○ 경무청의 조회를 접수함.「종로 거리에 일본인이 점포를 개설하는 일을 해당 영사領事에게 조회를 보내 금지시키는 건」

○ 학부學部의 지령을 접수함.「사립 한성법학교를 장차 인허할 예정이므로 해당 교사는 학부에 와서 시험을 치를 것」

○ 내부內部에 보고를 발송함.「헐어서 무너진 종각鐘閣의 살창[箭窓], 타종목打鐘木 및 창호의 보수비용 20원 2전을 청구하는 건」

15일(일) | 맑음.

○ 주사 강준영이 숙직하다.

16일(월) | 맑음.

○ 민 판윤, 소윤 박승조, 주사 김우현·안봉호·강준영이 출근하다. 이명환이 숙직하다.

○ 학부에 보고 제2호를 발송함.「사립 한성법학교 교사들을 응시하게 하는 건」

○ 학부의 지령 제1호를 접수함.「사립 한성법학교에 관련하여, 장정章程에 의거하여 학부에 와서 응시하게 할 것」

○ 일본 공관의 공문 제2호를 접수함. 「일본인 미요시와 사부로[三好和三郎][8] 외 12명 가계 34통을 교환해서 송부할 것」

17일(화) | 흐림.

○ 민 판윤, 소윤 박승조, 주사 김우현·안봉호·강준영이 출근하다. 이명환이 숙직하다.

○ 강화江華에 훈령 제1호를 발송함. 「기독교 청년회원 미국인 질레트[9]와 우리나라 사람 이능식李能植의 송안訟案 결과가 나오기 전까지 이능식의 가대家垈(집터)와 세간을 관에서 우선 압류할 것」

○ 경무청 조회 제3호를 접수함. 「종로에 일본인 잡화상의 점포 개설이 날마다 증가하니 일본 공관에 조회를 보내 금지시킬 것」

18일(수) | 흐리고 또 비가 흩뿌림.

○ 이날은 흥경절[10] 휴일이다. 주사 김우현이 숙직하다.

○ 충주군忠州郡의 보고를 접수함. 「일본인 다카무라 진이치[高村甚一][11]가 충주군에 거주하는 정고백鄭高伯에게 절도를 당했는데 그 범인이 명령을 내리기 전에 도주함」

○ 청 공관의 조복을 접수함. 「우리 상인이 조선인에게 가계를 갖고 사기당하는 등의 사건은 우선 아뢸 데가 없으니 마땅히 미리 신칙할 것임. 우리 상인 진명옥陳鳴鈺·공경림孔慶林이 모두 한국인 홍음청洪陰青에게 화물貨物을 편취騙取당함」

---

8 미요시와 사부로(三好和三郎): 집안 대대로 상업을 경영하던 무역상으로 1899년 조선으로 건너와 정미업에 종사하다가 밀가루·설탕을 팔았다. 이후 토지·가옥 경영 및 광업과 무역에 종사하였다.

9 질레트(Phillip L. Gillette, 1872~1938): 대한제국기와 일제강점기에 활동한 선교사이자 황성 YMCA 창설자 겸 초대 총무를 역임하였다.

10 흥경절(興慶節): 고종이 1863년 왕위에 오른 것을 기념하는 날로 음력으로 12월 13일이다.

11 다카무라 진이치(高村甚一, 1878~?): 1895년 조선으로 건너와서 1898년 무렵부터 헌병대 통역으로 활동하다가 1900년에 사직하고 농업에 종사하였다. 1902년 충청북도 충주를 근거로 토지를 경영하였다.

19일(목) | 맑음.

○ 민 판윤이 유강원[12] 제관祭官으로 나가다. 소윤 박승조, 주사 안봉호·강준영·이명환이 출근하다. 김우현이 숙직하다.

○ 군부軍部의 훈령을 접수함. 「청인淸人 노수평路樹平이 우리 병졸 안윤명安允明과 황신영黃信永을 구타한 사건과 관련하여, 그 빼앗긴 군도軍刀와 모자를 엄중히 처리하여 돌려보내게 할[繳還] 것」

20일(금) | 맑음.

○ 민 판윤, 소윤 박승조, 주사 김우현·강준영·이명환이 출근하다. 안봉호가 숙직하다.

○ 일본 공관에 조복을 발송함. 「일본인 다카무라 진이치의 행장과 물화物貨를 강탈한 도적 정고백과 관련하여, 그 염탐을 배가倍加함」

○ 한성재판소에 조회를 발송함. 「이정직[13]의 가권家券(집문서)의 전집인典執人 윤영환尹永煥에게는 속히 합당한 형률을 시행하며, 해당 가권은 도로 찾아오게 하는[繳還][14] 건」

○ 평리원의 훈령을 접수함. 「가계를 전질典質(물건을 저당 잡힘)할 때에는 장적帳籍을 첨부하여 보증할 것」

○ 위와 같음. 「일본인 후지이가 최영근에 대해 제기한 답송畓訟과 관련하여, 후지이를 신문할 것」

○ 미국 공관의 조복을 접수함. 「가계 등의 분실에 관한 사항을 거류 미국인 등에게 포고하겠음」

---

12 유강원(裕康園): 순종의 비 순명효황후가 1904년 황태자비의 신분으로 승하하자 용마산 기슭에 안장하고 원호(園號)를 유강원이라 하였다. 1907년 순종이 즉위하면서 황후로 추존되었고, 유강원도 유릉(裕陵)으로 격상되었다. 1926년에 순종이 승하하자 홍릉(洪陵) 왼쪽에 유릉을 조성하고 순명효황후를 천장(遷葬)하여 합장하였다.

13 이정직(李貞稙, 1853~?): 1880년(고종 17) 한권(翰圈)에 들었으며, 1882년에는 한림소시(翰林召試)에 합격하였고, 사간원 정언을 지냈다. 1884년에는 관록(館錄)과 도당록(都堂錄)에 들었다. 이해에 겸문학을 지냈고, 이듬해에는 상례(相禮)를 지냈으며, 성균관 대사성과 대사간에 임명되었다. 1890년 이조참의를 지냈다.

14 작환: 문서나 물건 따위를 돌려보냄. 또는 보냈던 문서나 물건 따위를 도로 찾아옴.

○ 미국 공관의 조회를 접수함. 「미국인 버지Budge, 白琪가 가옥을 매수했으니 신계新契로 교환해서 발급할 것」

21일(토) | 아침에 맑음. 흐리다가 가랑비가 내림.

○ 소윤 박승조, 주사 김우현·강준영·이명환이 출근하다. 안봉호가 숙직하다.

○ 일본 공관의 공문을 접수함. 「일본 거류민 역소役所로 쓸 가옥을 매수했으니 가계를 신계로 교환해줄 것」

○ 일본 공관에 조회를 발송함. 「군용철도를 침범한 민간인 무덤을 파내거나 훼손하지 않게 할 것」

○ 청 공관에 조회를 발송함. 「우리 헌병이 청 상인 노수평의 집에서 구타당하고 군도와 모자를 빼앗긴 사건과 관련하여, 앞으로 그 군도와 모자 및 청 사람을 관순사[官巡查]가 엄려嚴厲하는 건」

22일(일) | 맑음.

○ 주사 강준영이 숙직하다.

○ 경무청의 조회를 접수함. 「일본인 잡화상이 종로에 점포를 여는 것이 날마다 점차 증가하여 10여 곳에 이르렀음. 백성의 호소가 몰려드니 즉시 타당하게 처리할 것」

23일(월) | 맑음.

○ 민 판윤, 소윤 박승조, 주사 김우현·안봉호·이명환이 출근하다. 강준영이 숙직하다.

○ 경무청의 조회를 접수함. 「아편 흡입은 통렬히 금지하지 않을 수 없으니, 청 공관에 조회를 보내 알릴 것」

○ 경무청의 조회를 접수함. 「군용품은 사적으로 매매하거나 전당 잡힐 수 없으니, 이를 엄금하도록 일본 공관에 조회를 보내 알릴 것」

○ 강화의 보고를 접수함. 「미국인 기독교 청년회원 길례태와 한국인 이능식의 전답 문제와 관련하여, 일일이 실지 답사해서 측량한 후 문서로 보고함」

○ 사립 보성학교普成學校의 공함空函을 접수함. 「본 판윤(한성부판윤)을 찬성원贊成員으로 추천함을 양찰할 것」

○ 내부의 지령을 접수함. 「종각의 살창과 타종목打鐘木의 보수비용과 관련하여 새해 본부(내부)에는 당초 그 예산이 없으니, 한성부의 청사廳舍 비용 내에서 우선 처리할 것」

24일(화) | 맑음.

○ 민 판윤, 소윤 박승조, 주사 안봉호·강준영·이명환이 출근하다. 김우현이 숙직하다.

○ 학부의 지령을 접수함. 「보성학교의 사립 인가를 그 학교에 통지하고, 그 교사들을 학부에 와서 응시하게 할 것」

○ 내부에 질품서質稟書[15]를 발송함. 「한성부 주사 이기하李起夏를 의원면직하고, 대신 6품 노재연盧載淵을 서임敍任하는 건」

○ 한성재판소에 조회를 발송함. 「청 상인 진명옥·공경림이 우리나라 사람 홍음성洪陰城[16]에게 묵은 빚의 상환을 요청하는 건과 관련하여, 속히 타당하게 처리한 후 회답하여 알려줄 것」

○ 사립 보성학교에 훈령을 발송함. 「교사들을 학부로 보내서 응시하게 할 것」

○ 일본 공관에 조회를 발송함. 「우리나라 순검과 병졸이 복장·군도·총포 등의 도구를 은밀히 외국인 전당포에 저당 잡히는 악습을 특별히 엄금하는 건」

25일(수) | 맑음. 바람이 조금 참.

○ 소윤 박승조, 주사 안봉호·강준영·이명환이 출근하다. 김우현이 숙직하다.

○ 탁지부의 훈령을 접수함. 「남대문 안 창동倉洞의 독일인 세창양행 가옥의 판계板契를 작성해 보낼 것」

○ 청 공관에 조회를 발송함. 「청 상인 등의 아편 판매를 특별히 신칙하여 금지하는 건」

15 질품서: 상관에게 문의하여 지시를 청하는 문서 양식.

16 이달 18일 기사에는 홍음청(洪陰靑)으로 기재되어 있다.

○ 내부에 질품서를 발송함.「일본인 미요시와 사부로 외 13명이 매수한 가옥의 가계 41매를 신계로 교환해주는 건」

26일(목) | 눈비가 번갈아 내림. 찬바람이 뼛속까지 스며듦.

○ 민 판윤, 소윤 박승조, 주사 김우현·안봉호·강준영이 출근하다. 이명환이 숙직하다.

○ 탁지부에 보고문 1통을 발송함.「세창양행이 매도賣渡한 해당 가옥의 원계原契를 추환推還하는 건」

27일(금) | 눈이 흩날려 온 세상을 뒤덮음. 찬바람이 맹렬하여 살갗과 뼈가 에는 듯하니 움직이기 어려움.

○ 소윤 박승조, 주사 김우현·안봉호·강준영이 출근하다. 이명환이 숙직하다.

28일(토) | 맑음. 바람이 차가움.

○ 민 판윤, 소윤 박승조, 주사 김우현·강준영·이명환이 출근하다. 안봉호가 숙직하다.

○ 내부에 보고문을 발송함.「작년도 한성부 예산 가운데 봉급의 여액餘額을 본부(한성부) 판임관判任官의 상여금으로 지급하는 건」

○ 일본 공관에 조회를 발송함.「종로 및 백목전,[17] 광통교 노변에 일본인이 점포를 개설하는 폐단을 특별히 신칙하여 금지할 것」

○ 일본 공관의 공문을 접수함.「시미즈 아사키치[淸水淺吉] 외 7명이 매수한 가옥의 가계를 신계로 교환해줄 것. 사이토 가요[齋藤嘉與]의 가권이 소실燒失되었음. 다케시게[竹繁]·다무라[田村] 두 집을 합부合付(하나로 합침)함」

○ 군부의 훈령을 접수함.「탈주병 윤준성尹俊成을 해당 부대로 압송할 것」

17 백목전(白木廛): 면포전(綿布廛). 무명을 팔던 가게.

○ 경무청의 조회를 접수함. 「일본 경서警署에서 우리나라의 파면된 별순검[18]등을 고용해 부리고 있으니, 조회를 보내 압송해 돌려보내게 할 것」

○ 평리원의 훈령을 접수함. 「일본인 후지이 도모키치가 최영근에게 제기한 답송畓訟과 관련하여, 즉시 일본 영사관에 조복照覆하여 조사받으러 오게 할 것」

29일(일) | 맑고 추움.

○ 주사 안봉호가 숙직하다.

○ 교동[19]의 보고를 접수함. 「일본인 시미즈 시게타로[清水繁太郎][20]에게서 한백유韓百有의 전권典券(전당잡힌 문서)을 돌려받아[21] 내려 보내는 건」

○ 남서南署의 조회를 접수함. 「본서(남서)의 관내 수철리[22]에서 남자아이 시신 1구를 수습하여 매장한 비용을 청구함」

30일[23] (월) | 맑고 추움.

○ 민 판윤, 소윤 박승조, 주사 김우현·안봉호·이명환이 출근하다. 강준영이 숙직하다.

○ 탁지부에 보고를 발송함. 「금액출급관金額出給官에 한성부 주사 김우현을 임명하는 건」

○ 탁지부에 보고를 발송함. 「1월조 봉급 및 각 항목의 경비·이비離費 출급[24]명령서를 본부(한성부) 주사 이명환이 작성해서 지급함」

---

18 별순검(別巡檢): 대한제국기 내부(內部)의 경무청 또는 경위원(警衛院)에 소속되어 비밀정탐을 담당한 순검(巡檢). 별순검은 황궁의 숙위 및 경찰업무를 담당한 일반 순검과 달리, 제복을 입지 않고 비밀 정탐업무에 종사하였다.

19 교동(喬桐): 인천 강화의 옛 지명. 1895년 지방행정제도를 23부로 개편할 때 군(郡)이 되어 인천부 관할이 되었다가 이듬해 13도(道) 제도를 실시하면서 경기도의 4등군 교동군(喬桐郡)이 되었다.

20 시미즈 시게타로(清水繁太郎, 1873~?): 1892년 조선 각지에서 행상 생활을 시작하였다. 1895년 전당포업을 시작했으며 대금업을 겸하였다. 1905년 용산에 기와제조소를 세웠고 1913년 1월 민단의원에 당선되었다.

21 환추(還推): 남에게 빌려 주었던 논밭이나 물건을 도로 찾아오거나 받아 냄.

22 수철리(水鐵里): 성동구 금호동의 조선 후기 때의 명칭.

23 원문에 '三十一日'이다. 날짜의 순서에 따라 바로잡아 번역하였다.

24 출급(出給): 물건, 비용 등을 내어줌.

○ 일본 공관에 조회를 발송함. 「경무청에서 파면된 별순교別巡校 중에 일본 경서警署에서 5인을 고용해 부리고 있는데 '별순검'이라는 명칭을 쓰는지의 여부를 회신할 것」

31일(화) | 춥고 맑음.

○ 민 판윤, 소윤 박승조, 주사 김우현·안봉호·이명환이 출근하다. 강준영이 숙직하다.

○ 경무청의 조회를 접수함. 「오서 내 신축 가옥의 조사 책자를 모아서 보낼 것」

○ 탁지부에 보고를 발송함. 「한성부 봉급 여액餘額을 한성부 판임관 이하에게 상여금으로 지급하는 건」

○ 일본 공관에 조회를 발송함. 「일본인 후지이 도모키치가 우리나라 사람 최영근에 대해 제기한 사건과 관련하여, 신문 및 처리 결과를 회신함」

○ 일본 공관에 조회를 발송함. 「우리 탈주병 윤준성을 즉시 체포해서 인도할 것」

○ 교동에 조회를 발송함. 「한백유가 일본인 시미즈 시게타로에게 전당 잡힌 전답의 문권文券을 찾아서 교부하는 건」

○ 일본 공관에 공함을 발송함. 「일본인 오무라 야스타[25]가 신청한 광고대는 일본군 광고대 뒤에 건설할 것」

25 원문에 '村大保'로 되어 있지만 이달 10일 기사에 근거하여 '오무라 야스타'로 바로잡았다.

광무 9년
(1905)

2월

1일(수) | 아침에 맑다가 저녁에 흐림.

○ 민 판윤, 소윤 박승조, 주사 김우현·안봉호·강준영이 출근하다. 이명환이 숙직하다.

2일(목) | 맑음.

○ 휴일이다. 주사 이명환이 숙직하다.

3일(금) | 맑음.

○ 이날은 세제[1] 휴일이다. 주사 김우현이 숙직하다.

4일(토) | 흐렸다가 맑았다가 함. 싸라기눈이 흩날리니 참으로 설날 날씨임.

○ 주사 김우현이 숙직하다.

1 세제(歲除): 섣달그믐. 한 해의 마지막 날.

○ 탁지부의 훈령을 접수함. 「각 부부원청[2]의 상금賞金 건은 지금 □□ 시행할 수 없음」

5일(일) | 아침에 맑았다가 오후에 눈이 내림. 저녁 바람이 차가움.

○ 휴일이다. 주사 안봉호가 숙직하다.

6일(월) | 맑고 추움.

○ 주사 안봉호가 숙직하다.

7일(화) | 아침에 맑았다가 저녁에 흐림.

○ 소윤 박승조, 주사 김우현·안봉호가 출근하다. 이명환이 숙직하다.

○ 청 공관의 조회를 접수함. 「청인淸人 진영지陳榮芝·왕연충王衍忠 등이 강도를 당해 한화韓貨 1,000원元을 빼겼으니 즉시 체포하여 조사할 것」

○ 장연長淵에 훈령 1건을 발송함. 「영국 소관 웨이하이웨이[威海衛][3]의 청인 강만리姜萬利가 소금 값을 편취당한 사건과 관련하여, 즉각 추심推尋(받아냄)해서 올려 보낼 것」

○ 경무청 경무과에 조회 1건을 발송함. 「청인 금생동金生東·진중림陳仲林을 찌른 도둑을 특별히 수사해서 추장[4]할 것」

○ 경무청 경무과의 조회 1건을 접수함. 「종로의 일본인 잡화점이 최근 점차 증가하여 우리 상민의 호소가 밀려드니 해당 영사관에 조회를 보내 금지하게 할 것」

---

2 부부원청(府部院廳): 한성부(漢城府), 내부(內部), 평리원(平理院), 경무청(警務廳) 같은 관청의 끝 글자를 합친 것으로 서울에 소재한 모든 관아를 통틀어 일컫는 용어.

3 웨이하이웨이(威海衛): 중국 산둥반도 북쪽 연안에 있는 항구 도시이다. 명나라 초에 왜구를 방어하기 위하여 이곳에 위소(衛所)를 설치했기 때문에 명칭을 '위해위'라고 했으며, 청나라 때 위소를 폐지한 후에도 이 명칭이 계속 쓰였다. 청나라 말기에 군항(軍港)으로 정비되어 북양 함대(北洋艦隊)의 기지가 되었고, 청일전쟁 뒤에 일본이 점령했다가 1922년 워싱턴 회의 결과 중국에 반환되었다.

4 추장(追贓): 장물을 적발하여 몰수함.

○ 일본 공관의 공문 1건을 접수함. 「우리나라 순검과 병정의 도검·총·복장류에 반드시 표준을 정한 뒤에야 전매[5]를 금지할 수 있음」

○ 일본 공관의 공문 1건을 접수함. 「일본인의 종로 점포 개설과 관련하여 노변路邊(길가)을 지정한 후 알려줄 것」

○ 일본 공관 공문 1건을 접수함. 「우리나라 사람 모진흥牟鎭興이 제기한 김태원金泰元의 창녀 취려取戾(돌려받음) 사건과 관련하여, 일본별순검日本別巡檢의 명칭을 쓴 자는 절대 없음」

○ 일본 공관의 공문 1건을 접수함. 「우리나라 기병 윤준성이 도망해 숨은[逃躱] 후 대한일보사[6]에 고용됐다고 운운한 건과 관련하여 저 윤준성이라는 이름을 가진 자는 본래 없었음」

○ 일본 공관의 공문 1건을 접수함. 「우리나라 사람 김건화金建化·김두현金斗鉉이 일본인을 대동해서 안성에 거주하는 김달현金達鉉의 집으로 가 소란을 부린 사건과 관련하여 그 일본인이라고 한 자는 남문 내 김두현의 집에서 동거하는 문용한文龍漢이 일본인을 거짓으로 칭한 것임」

8일(수) | 맑음. 한기가 한겨울의 갑절임.

○ 민 판윤, 소윤 박승조, 주사 김우현·안봉호·강준영이 출근하다. 이명환이 숙직하다.

○ 경무청의 조복 1건을 접수함. 「청 상인 금생동·진중림 등이 한화韓貨 1,000원을 강도에게 빼앗긴 건과 관련하여, 그 강도 등을 특별히 수사해서 체포하는 건」

○ 경무청의 조회 1건을 접수함. 「종로 백목전 앞 일본인의 광고대가 지나치게 커서 우리 상민을 방해하니 특별히 유의하여 타당하게 조처할 것」

---

5 전매(典賣): 본전(本錢)을 주고 도로 사들일 수 있다는 조건을 붙여서 파는 것. 또는 전당잡힌 물건을 매각하는 것.

6 대한일보사(大韓日報社): 대한일보는 1904년 3월 10일 인천에서 창간된 국한문 혼용의 신문으로, 아리후 주로[蟻生十郎]가 사장으로 있던 인천의 조선신보사에서 발행하였다. 같은 해 12월 10일부터 서울에서 발행하였으며, 일제의 침략에 저항한 『대한매일신보』에 맞서 일제를 지지한 친일 신문이었다.

9일(목) | 맑고 추움.

○ 민 판윤, 소윤 박승조, 주사 김우현·안봉호·이명환이 출근하다. 강준영이 숙직하다.

10일(금) | 맑고 추움.

○ 민 판윤, 소윤 박승조, 주사 김우현·안봉호·이명환이 출근하다. 강준영이 숙직하다.

○ 경무청에 조복을 발송함. 「우리 병졸들에게 지급된 군용물에는 표준이 없으므로 오직 해당 관리를 통해 주의시키고 금칙禁飭[7]할 것」

○ 경무청에 조복을 발송함. 「파면된 순검 김태윤金泰允 등을 엄중히 조사한 후 회답하여 알려줄 것」

○ 한성재판소에 조회를 발송함. 「안성군민 김달현이 편취당한 사건과 관련하여 타당한 판결을 내린 후 회답하여 알려줄 것」

○ 군부 보고를 발송함. 「기병대 병졸 윤준성과 관련하여, 애초에 대한일보사에 그런 인물이 없음」

○ 학부에 보고를 발송함. 「한성부 공립학교 부교원副教員 김진식金震植의 사망[身故]에 따른 후임자로 박무병朴武秉을 서임하는 건」

11일(토) | 맑음. 오후에 바람이 불고 밤 10시경에 지진이 남.

○ 음력 초팔일이다. 소윤 박승조, 주사 안봉호·강준영·이명환이 출근하다. 김우현이 숙직하다.

12일(일) | 맑음.

○ 주사 김우현이 숙직하다.

---

7 금칙: 법에 저촉되는 일을 하지 못하도록 단단히 주의를 내림.

○ 종정원宗正院의 조회를 접수함. 「오늘 12일 유시(오후 6시경) 의효전[8]의 100일 진향進香 때 선파인[9]으로 문신 3품 및 음관·무신 2품 이상의 현직 관리로 있는 자 및 일찍이 정직[10]을 지낸 이들은 미리 통지해서 반열에 참여[參班]하게 할 것」【오후 3시에 접수함】

13일(월) | 맑음.

○ 민 판윤, 소윤 박승조, 주사 김우현·강준영·이명환이 출근하다. 안봉호가 숙직하다.

○ 청 공관에 조복照覆을 발송함. 「청 상인 진영지·왕연충에게 서강창西江倉 내에서 강도질한 범인을 반드시 엄중히 수색해서 체포하는 건」

○ 청 공관에 서함을 발송함. 내용은 위와 같음.

○ 경무청 조회를 접수함. 「오모전[五隅廛][11] 앞에 일본 상인들이 각종 물품을 벌여놓고 장사하는 것과 관련하여, 이를 금지하고 철시하도록 조처하는 건」

14일(화) | 맑고 추움.

○ 민 판윤, 소윤 박승조, 주사 김우현·강준영·이명환이 출근하다. 안봉호가 숙직하다.

○ 일본 공관에 조회를 발송함. 「일본 상민 등이 모전 앞에 노점을 개설한 것을 모두 철수시킬 것」

○ 외부外部의 훈령을 접수함. 「본서(청 공관) 2등 참찬관參贊官 전명훈錢明訓이 총영사관總領事官을 겸직함」[12]

---

8 의효전(懿孝殿): 이달 초에 홍서한 황태자비(이후 순명효황후로 추존)의 재궁(梓宮)을 봉안하던 빈궁(殯宮) 명칭이다.

9 선파인(璿派人): 전주 이씨 가운데 조선 왕실에서 갈리어 나온 파에 속한 사람.

10 정직(正職): 잡직(雜職)이나 향직(鄕職)이 아닌 동서반(東西班)의 정식 관직.

11 모전은 과일을 파는 가게. 현재 종로구 서린동과 중구 무교동 사이 청계광장 옆에 '모전교'가 있는데, 부근에 모전이 있었던 데서 그 명칭이 유래함.

12 이와 관련하여, 《한성부래거안(漢城府來去案)》 1905년 2월 14일자에 "청 공사 증광전(曾廣銓)의 조회 내용에 대한 훈령"이라는 기사가 있다.

15일(수) | 맑고 추움.

○ 소윤 박승조, 주사 김우현·안봉호·이명환이 출근하다. 강준영이 숙직하다.

○ 청 공관의 조회를 접수함. 「본 영사 진본인陳本仁을 대신하여 2등 참찬관 전명훈이 오늘부로 접인[13]하고 사무를 봄」

○ 경무청의 조회를 접수함. 「서호西湖에 일본인이 빙고氷庫를 짓는 일을 엄금할 것」

16일(목) | 맑고 추움.

○ 소윤 박승조, 주사 김우현·안봉호·이명환이 출근하다. 강준영이 숙직하다.

○ 경무청 조회를 접수함. 「돈의문[新門] 밖의 둥그재[14] 등지에 일본인이 폭약을 매설해서 돌을 떠내고[浮石] 있는데, 일본 공관에 조회하여 금지하게 할 것」

○ 경무청 조회를 접수함. 「내산內山 일패一牌 청룡정靑龍亭 사장射場(활쏘기 장) 터에 일본인 야마무라 오키타[山村興田]가 표목票木을 세움」

○ 청 공관에 조복을 발송함. 「청 총영사가 접인하고 사무를 보기 시작한 것을 잘 알았음」

17일(금) | 맑음.

○ 민 판윤이 평리원 재판장裁判長에 임명되고, 대신 의정부 총무장總務長 박의병朴義秉이 서임되다.[15] 당일로 한성부에 출사하여 업무를 보다. 주사 김우현·안봉호·강준영이 출근하다. 이명환이 숙직하다.

○ 각 공관에 조회를 발송함. 「본 판윤이 오늘부터 접인하고 사무를 봄」

○ 내부內部에 조회를 발송함. 「본 판윤이 접인하고 사무를 봄」

---

13 접인(接印): 새로 임명된 관원이 관인(官印)을 인계받고 업무를 개시함.

14 둥그재[圓峴]: 서대문구 충정로2가 경기대학교 근처의 고개. 안산(鞍山)의 형세가 부드러워서 이러한 이름이 붙었음.

15 《승정원일기》에 따르면, 1905년(고종 42) 1월 12일(양력 2월 15일) 한성부 판윤 민경식이 평리원 재판장에, 1월 13일에 종2품 박의병이 한성부 판윤에 임명되었다.

18일(토) | 맑고 따뜻함.

○ 오늘은 음력 정월 대보름[元月望日] 휴일이다. 주사 이명환이 숙직하다.

○ 청 공관의 조회를 접수함. 「귀 판윤의 접인을 기쁜 마음으로 축하함」

○ 미국 공관의 조회를 접수함. 「귀 판윤의 접인을 기쁜 마음으로 축하함」

○ 경무청의 조회를 접수함. 「오서 내외 계契의 가옥 건축과 토지 매매는 반드시 폐청敝廳(경무청)과 협의하여 공동으로 공인公認하는 건」

○ 종정원宗正院의 통첩通牒을 접수함. 「《선원보략璿源譜略》의 초고[初草]를 오늘 미시(오후 2시경)에 진상할 것이니, 광화문에서 대안문大安門 앞까지 황토黃土를 깔 것」

19일(일) | 낮에 맑다가 밤에 눈이 내림.

○ 주사 김우현이 숙직하다.

○ 경무청 경무과警務課의 조회를 접수함. 「남서南署 삼패三牌 비파정琵琶亭 아래 일본인이 폭약을 터뜨려서 우물을 파고 있음」

○ 또 조회를 접수함. 「남서 삼패 앞, 어영남창御營南倉 뒤 기슭에서 일본인 가노 다츠사부로[狩野辰三郎]가 석재를 채굴하고 있음」

20일(월) | 새벽 2시 월식이 있음.【보름이다】 낮에 맑음.

○ 박 판윤, 소윤 박승조, 주사 안봉호·강준영·이명환이 출근하다. 김우현이 숙직하다.

○ 벨기에·영국·일본·이탈리아 공관의 조복을 접수함. 「귀 판윤이 접인하고 사무를 본 것을 기쁜 마음으로 축하함」

○ 일본병참사령부에 서함을 발송함. 「동서東署 미아리彌阿里에 세운 일본의 군용 전선주電線柱 위의 사병[16] 1개를 식송植松 주둔병 오영준吳永俊이 날짐승을 사냥하다가 잘못 맞춰서 깨뜨림」

16 사병(砂缾): 정확한 의미는 미상이나 사기로 만든 단지를 뜻하는 것으로 보인다.

21일(화) | 맑다가 흐리다가 함.

○ 박 판윤, 소윤 박승조, 주사 김우현·강준영·이명환이 출근하다. 안봉호가 숙직하다.

○ 프랑스 공관의 조복을 접수함. 「귀 판윤이 접인하고 사무를 본 것을 기쁜 마음으로 잘 알았음」

○ 양주군楊州郡의 보고를 접수함. 「유강원裕康園 해자垓子 내 전답田畓 척량尺量을 내일 나갈 예정임」

○ 홍릉령洪陵令의 보고를 접수함. 「용두리龍頭里·제기리祭基里의 분동[17]에 관한 완문[18]을 출급하는 건」

○ 프랑스 공관의 조회를 접수함. 「우리[19] 성당지기[直] 한국인 전홍규田弘圭가 도주한 후, 분실물과 관련하여 그 처자를 조사해서 징수하는 건」

○ 종정원의 통첩을 접수함. 「음력 정월 20일[20] 신시(오후 4시경) 《선원보략》을 진상할 때 황토를 깔 것」

○ 일본 공관에 조회를 발송함. 「일본인 가노 다츠사부로가 남서南署 어영남창御營南倉 뒤 숲 기슭에서 석재를 채취하는 일을 금지할 것」

○ 또 조회를 발송함. 「일본인 야마무라 다츠우마[山村辰馬]·오쿠다 산노스케[奧田鏟之助] 두 사람이 남서 일패 청룡정 사장 터에 세운 표목을 철거할 것」

○ 경무청에 조복을 발송함. 「가옥 건축과 토지 매매 시 백성이 한성부에 신고하지 않아도 백성에게 책임을 지우기도 어려우니, 지계地契를 실시하기 전에는 갑자기 바로잡는[矯捄][21] 것은 어려움」

○ 홍릉령에게 지령을 발송함. 「제기리와 용두리의 분합分合은 갑자기 논의하기 어려움」

○ 각 방곡坊曲(마을) 고시 제1호를 발송함. 「도로를 청결히 할 것」

○ 일본 공관의 공함을 접수함. 「내일 오전에 광고대를 옮겨 설치할 장소를 관원을 보내 조사해서 정하는 건」

---

17 분동(分洞): 한 동네를 둘로 나누는 것

18 완문(完文): 부동산에 대한 증명·허가·인가·명령 등과 관련하여 해당 관청이 발급한 증명서.

19 원문에 '俄'로 되어 있는데, '我'의 오기로 보인다.

20 음력 정월 20일은 양력으로 2월 23일에 해당한다.

21 교구: 폐단을 바로잡음.

○ 일본 공관에 조복을 발송함. 「종로에 일본인 오무라 야스타가 설치한 광고대와 관련하여, 각각 적당한 관원을 파견하여 내일 오전 10시에 만나 광교廣橋 및 남대문 밖 연지蓮池 주변에서 각각 1개소를 정하는 건」

22일(수) | 맑음. 바람이 차가움.

○ 소윤 박승조, 주사 김우현·강준영·이명환이 출근하다. 안봉호가 숙직하다.

23일(목) | 아침에 볕이 났다가 오후에 눈이 많이 내려 땅 위에 가득 쌓임.

○ 박 판윤, 소윤 박승조, 주사 김우현·안봉호·이명환이 출근하다. 강준영이 숙직하다.

○ 일본 공관의 공문을 접수함. 「일본인 고노 히데타로[河野秀太郞] 외 10명이 가옥을 매입하였으니 신계新契로 교환해줄 것」

○ 농상부農商部의 지령을 접수함. 「음력 갑진년(1904) 10월조 전세典稅 145원 50전 및 성책成冊 1건을 정해진 수대로 할 것」

○ 독일 공관의 조회를 접수함. 「귀 판윤이 접인하고 사무를 보는 것을 기쁜 마음으로 축하함」

○ 일본 공관의 공문을 접수함. 「우리 백성 김정익金正翊·이홍래李弘來가 제일은행 5원권을 위조한 사건과 관련하여 엄중히 수색, 조사하고 해당 위조권은 본관에 회수한 후 속히 알려줄 것」

○ 일본 공관의 공문을 접수함. 「일본인의 광고대를 광통교 및 남대문 밖 2곳에 옮겨 설치하는 것과 관련하여 별지의 약도를 송부하며, 귀국과 우리 사이에 통상을 하는 건」

○ 학부에 보고를 발송함. 「사립 보성학교 교사 김성진金聲鎭이 장정에 따라 학부에 가서 응시하는 건」

24일(금) | 추움.

○ 박 판윤, 소윤 박승조, 주사 김우현·안봉호·이명환이 출근하다. 강준영이 숙직하다.

○ 일본 공관의 공문을 접수함. 「청파이계靑坡二契 거주 신봉래申鳳來·박만수朴萬壽가 이번 달 17일 용산 군기청軍器廳 건축공장建築工匠으로 절취竊取하다가 현장에서 발각됨」

○ 일본 공관의 공문을 접수함. 「우리 상민 무라타 겐지로[村田源次郞]의 집에 저장한 달걀을 수원에 거주하는 송진모宋鎭模가 절취함」

○ 한성재판소에 조회를 발송함. 「제일은행권第一銀行券을 위조한 김정익·이홍래를 엄중히 조사해서 법률에 따라 처분할 것. 공모범共謀犯 박준영朴俊永은 도망해 숨었으니[逃躱] 그 박가 범인을 특별히 수사해서 체포한 후 그 위조권 3만 원을 회수하여 통지할 것」

○ 한성재판소에 조회를 발송함. 「용산 군기청 건축공建築工으로 체포된 일개 절취 현행범 박만수가 그 밖에 다른 물건을 훔친 것이 아마도 없지 않을 것임. 심판 결과를 자세히 알려줄 것」

○ 일본 공관에 조회를 발송함. 「종로 광고대의 넓이는 진고개[泥峴] 미쓰이물산회사[三井物産會社] 옆에 있는 광고대와 동일하게 하되 향후 관官에서 쓸 경우 철거할 것」

25일(토) | 아침에 맑고 따뜻하다가 저녁에 추워짐.

○ 박 판윤, 소윤 박승조, 주사 김우현·안봉호·강준영이 출근하다. 이명환이 숙직하다.

○ 일본 공관에 조회를 발송함. 「귀국인 하시베 도요쿠라[橋邊豊藏]가 우리나라 사람 손흥준孫興俊의 가옥과 기지基地 외에 관유지官有地를 침점侵占하여 석재를 채취하니 특별히 신칙해서 금지시킬 것」

○ 미국 공관에 조회를 발송함. 「귀국 여인 맥렐런McLellen, 麥吉連이 요청한 지계 발급은 실로 허가하기 어려움」

○ 한성재판소에 조회를 발송함. 「일본인 무라타 겐지로의 집에 월장越墻해서 달걀 800개를 훔친 수원 거주민 송진모에게 합당한 처분을 내린 후 자세히 알릴 것」

○ 경무청에 조회를 발송함. 「한성 성당의 가구 물품을 성당지기 전홍규가 훔쳐서 달아남」

○ 남서의 조회를 접수함. 「본서(남서)의 관내 남산동南山洞 등지에서 여인의 시신 1구를 수습하여 매장한 비용을 청구함」

○ 미국 공관의 조회를 접수함. 「미국 여인 맥렐런이 매입한 돈의문[新門] 밖 반송방盤松坊 소재 채전菜田의 지계를 발급할 것」

○ 서서西署의 조회를 접수함. 「본서(서서)의 악박굴[22] 병막[23]의 급수군汲水軍 이성인李聖仁의 시신을 수습하여 매장한 비용을 청구함」

○ 탁지부의 조회를 접수함. 「귀부(한성부) 잡급[24]의 지급처리 구별안區別案은 별지의 양식에 따를 것」

○ 경무청 조회를 접수함. 「백성들의 신축 가옥 및 기지는 폐청敝廳(경무청)과 협의한 후 시행할 것」

○ 언더우드의 공함을 접수함. 「본인이 소유한 한강 정자亭子의 창호窓戶를, 영어학도 김병후金秉厚가 일본인 경성학당 훈도訓導 오카와 이와이치[大川岩市]와 함께 부쉈으니 엄히 징계해서 뒷날의 폐해를 막을 것」

26일(일) | 아침에 맑다가 저녁에 흐림. 가랑비가 내림.

○ 주사 이명환이 숙직하다.

27일(월) | 맑음.

○ 박 판윤, 주사 안봉호·강준영·이명환이 출근하다. 김우현이 숙직하다.

○ 서서의 조회를 접수함. 「관내 이문동里門洞 토막土幕에서 남자 시신 1구를 수습하여 매장한 비용을 지급할 것」

○ 홍릉의 보고를 접수함. 「동서 제기리祭基里·용두리龍頭里의 분동分洞 건」

---

22 악박굴(岳撲谷): 서대문구 현저동 서북쪽에 있던 골짜기. 이곳에 있던 악바위 밑에서 흘러나온 약수가 맛이 달고 차서 위장병에 특효가 있었다고 함.

23 병막(病幕): 전염병 환자들을 격리 수용하는 막사.

24 잡급(雜給): 정해진 급료 외에 추가로 받는 돈.

○ 일본 공관의 공문을 접수함. 「전염병 및 우역牛疫(소 전염병)이 발생했으니 속히 예방법을 마련할 것」

○ 한성재판소의 조회를 접수함. 「이병목李秉穆과 우체주사郵遞主事 임우순任佑淳의 고소 안건과 관련하여 일본 우편사무원 김동규金東圭를 이곳에 보낼 것」

○ 경무청의 조회를 접수함. 「청룡정 사장 터에 야마무라 다츠우마[山村辰馬]·오쿠다 산노스케가 표목을 세운 것과 관련하여 잘 조처해서 철거시킬 것」

○ 탁지부의 조회를 접수함. 「출급명령서를 정당한 채권자에게 발급할 것」

○ 서서의 조회를 접수함. 「남아 시신 1구를 수습해서 매장한 비용을 해당 소임[25]에게 지급할 것」

○ 탁지부에 조복을 발송함. 「탁지부의 별지 양식에 따라 한성부 소관 원역표員役表를 기록하여 보냄」

○ 내부에 질품서를 발송함. 「일본인 시미즈 아사키치[淸水淺吉] 외 7명이 사들인 가계의 교환을 요청하는 건」【13매】

28일(화) | 맑음.

○ 박 판윤, 소윤 박승조, 주사 안봉호·강준영·이명환이 출근하다. 김우현이 숙직하다.

○ 학부의 지령을 접수함. 「보성학교普成學校 교사 김성진과 한성사범학교 졸업생은 장정에 따라 시험을 면제함」

○ 일본 공관의 공문을 접수함. 「일본인 시로 오타[城大太]가 한국인 진잠군鎭岑郡 거주 조종구趙鍾九에게 준 채금債金과 관련해서, 해당 군수에게 훈령하여 속히 만나 송금하게 할 것」

○ 일본 공관에 조회를 발송함. 「우리나라 사람 이병목李秉穆이 우체주사 임우순을 고소한 안건과 관련하여, 일본 우편국 사무원 김동규를 신문하여 처리하는 건」

○ 일본 공관에 조회를 발송함. 「남서 청룡정 사장 터에 일본인 야마무라 다츠우마·오쿠다 산노스케가 세운 표목을 즉시 철거할 것」

25 소임(所任): 동임(洞任) 같은 마을 등의 하급 임원.

○ 일본 공관에 조복을 발송함. 「전염병 및 우역牛疫의 예방법을 해당 지방관에게 훈칙訓飭하는 건」

○ 경무청과警務廳課에 조복을 발송함. 「관유물 매매와 공공도로[公路] 건축 등의 사안을 협의해서 시행하는 건」

○ 고양·시흥·과천·광주廣州·양주·파주·포천에 훈령을 발송함. 「각 지방 내 전염병 및 우역 발생 시 즉시 치보馳報할 것」

○ 뚝섬[纛島]에 훈시함. 「전염병 및 우역 발생 시 즉시 치보할 것」

광무 9년
(1905)

3월

1일(수) | 맑고 추움.

○ 박 판윤, 소윤 박승조, 주사 김우현·강준영·이명환이 출근하다. 안봉호가 숙직하다.

○ 제실제도정리국[1]의 훈령을 접수함. 「본국本局이 궁내부에 권설權設되어 인장印章을 주조했으므로 그 모양 1본을 별지에 첨부해서 보냄」

○ 진잠군鎭岑郡에 훈령을 발송함. 「일본인 시로 오타가 본군本郡 용두리에 거주하는 조종구 형제에게 준 채관債款(빚)을 청산할 것」

○ 외부外部의 훈령을 접수함. 「미국인의 지계地契를 발급할 것」

2일(목) | 이른 아침 맑다가 늦저녁에 흐림.

○ 박 판윤, 소윤 박승조, 주사 김우현·강준영·이명환이 출근하다. 안봉호가 숙직하다.

○ 중서中署 조회를 접수함. 「본서(중서) 관내 철교에서 남성 시신 1구를 수습하여 매장한 비용을 청구함」

1 제실제도정리국(帝室制度整理局): 1904년(광무 8) 10월 5일 황실제도의 정리를 위해 궁내부 산하에 설치한 기관으로, 총재(摠裁)·의정관(議定官)·비서·기사(記事) 등을 두었다. 1906년 1월 궁내부 관제 개정으로 그 산하에 제도국(制度局)이 설치되어 사무를 이관하고 폐지되었다. 원문에 '制'(제)가 '製'(제)로 잘못 기재되어 있다.

○ 외부에 보고를 발송함. 「미국인 맥렐런이 지계 발급을 청한 안건과 관련하여, 애초에 외국인에게 그러한 사례가 없음」[2]

3일(금) | 추움.

○ 소윤 박승조, 주사 김우현·안봉호·이명환이 출근하다. 강준영이 숙직하다.

○ 일본 공관의 공문을 접수함. 「일본인 마에카와 이노스케[前川伊之助] 외 3명이 매입한 가옥의 가계를 신계新契로 교환해서 송부할 것」

○ 프랑스 공관의 조회를 접수함. 「프랑스인 트레물레[3]가 매입한 가옥의 가계를 신계로 교환해서 송부할 것」

○ 경무청警務廳의 조회를 접수함. 「청룡정青龍亭 사장射場 터에 일본인이 표목을 세운 건으로 이미 여러 차례 조회했는데, 어째서 회시回示가 없는가? 즉시 금지시킬 것」

○ 경무청의 조회를 접수함. 「성당지기 전홍규가 극약을 먹고 자살한 것이 분명하므로 그 처 이씨 여인을 우선 경무청에 가두었음[拘囚]」

4일(토) | 매우 추움.

○ 소윤 박승조, 주사 김우현·안봉호·이명환이 출근하다. 강준영이 숙직하다.

○ 일본 공관의 공문을 접수함. 「우체주사 임우순의 고소 사건과 관련하여 김동규를 보냄」

○ 내부內部에 보고를 발송함. 「미국인 맥렐런이 지계 발급을 청한 안건은 애초에 외국인에게 그런 사례가 없음」

---

2 이와 관련하여, 《한성부래거안》 "미국 여인의 가옥 매득 건에 대한 미국 공관의 항의에 대한 처리를 명한 훈령"(1905.3.1.), "미국 여인의 가옥 매득 건에 대한 보고서"(1905.3.2.)의 기사가 참고된다.

3 트레물레(Trémoulet, 攄來物理): 프랑스의 광산기술자. 개항 이후 광업의 근대식 기술교육을 실현하기 위해 1900년 9월 4일 〈광무학교관제(鑛務學校官制)〉가 반포되었다. 광무학교는 처음에 농상공부 광산국에 소속되어 광산국장 현상건(玄尙健)이 교장직을 겸임하였으며, 트레물레를 감독으로, 쿠빌리에(M. Cuvillier, 貴賓禮)를 교관으로 초빙하였다.

5일(일) | 맑음. 광풍이 갑자기 일어 먼지가 하늘에 가득함. 한기가 몰려드는 것이 한겨울의 몇 배임.

○ 주사 이명환이 숙직하다.

6일(월) | 맑음. 찬 바람이 붊.

○ 소윤 박승조, 주사 김우현·안봉호가 출근하다. 이명환이 숙직하다.

○ 프랑스 공관에 조복을 발송함. 「성당지기 전홍규의 처 이씨 여인의 공사[4]에서 하나도 드러난 바가 없다고 함」

○ 서서西署의 조회를 접수함. 「본서(서서) 관내 미동[5] 토막土幕에서 걸인 남성의 시신 1구를 수습하여 매장한 비용을 청구함」

7일(화) | 맑음.

○ 소윤 박승조, 주사 안봉호·이명환이 출근하다. 김우현이 숙직하다.

○ 청 공사 증광전曾廣銓이 판윤과 소윤을 방문했는데, 판윤이 병으로 출근하지 않았으므로 소윤하고만 반향半餉 정도 대화하고 돌아가다.

8일(수) | 아침부터 어둡다가 눈이 흩날림. 종일 음산하고 쌀쌀함.

○ 소윤 박승조, 주사 안봉호·이명환이 출근하다. 김우현이 숙직하다.

○ 경무청의 조회를 접수함. 「남서南署 내산內山 앞, 어영남창御營南倉 뒤 기슭에서 일본인 사이토 오사무[齋藤攻]가 석재를 채취한다고 하는데, 한성부의 인허 여부를 알려 줄 것」

○ 경무청 조회를 접수함. 「각 동洞의 가쾌[6] 가운데 무뢰배와 파락호들을 일체 도태시키고, 근본 있고 착실한 이들이 매매를 담임하게 할 것」

---

4 공사(供辭): 죄인의 진술

5 미동(尾洞): 중구 의주로1가·의주로2가와 서대문구 미근동·충정로2가에 걸쳐 있던 마을.

6 가쾌(家儈): 집의 흥정을 붙이는 것을 직업으로 삼는 사람.

9일(목)[7] | 맑음.

○ 저물녘에 박 판윤이 출근하다. 소윤 박승조, 주사 김우현·안봉호·이명환이 출근하다. 노재연盧載淵이 숙직하다.

○ 경무청에 조복을 발송함. 「남서 내산에서 일본인 사이토 오사무가 석재를 채취한 것과 관련하여 답조答照를 발송함」

10일(금) | 맑음.

○ 박 판윤, 소윤 박승조, 주사 김우현·안봉호·강준영·이명환이 출근하다. 노재연이 숙직하다.

○ 일본 주차군 사령부의 평양군수 이승재李承載 승인장承認狀이 도착함.

11일(토) | 맑고 따뜻함.

○ 박 판윤, 소윤 박승조, 주사 김우현·안봉호·강준영·이명환이 출근하다. 노재연이 숙직하다.

○ 중서 총순總巡 김성연金聖淵이 평리원 앞에서 동사凍死한 12세 아이의 시신을 매장한 비용을 청구함.

12일(일) | 아침에 맑다가 정오에 바람이 붊.

○ 박 판윤과 박 소윤, 주사 4명은 휴일이다. 노재연이 숙직하다.

7 원문에 '金曜'로 되어 있으나, 목요일의 착오이므로 바로잡았다. 참고로 10일에는 요일이 기재되어 있지 않다.

13일(월) | 어둡고 스산함. 바람이 많이 붊.

○ 박 판윤, 박 소윤, 주사 4명은 천추성절[8]로 휴일이다. 노재연이 숙직하다.

14일(화) | 맑음.

○ 박 판윤, 소윤 박승조, 주사 안봉호·강준영·이명환이 출근하다. 노재연이 숙직하다.

○ 서서 경무관警務官 최영조崔永祚의 조회를 접수함. 「서호강西湖江 중류에 떠 있는 시신을 매장한 비용을 지급할 것」

○ 동서東署 경무관 노흥빈盧興彬의 조회를 접수함. 「동대문 밖 대종암大鍾巖에서 50여 세의 남자 시신을 매장한 비용을 지급할 것」

○ 군부의 훈령을 접수함. 「서소문 밖 합동蛤洞 거주 청 상인 노수평이 헌병을 구타하고 군도와 모자를 빼앗은 건」

15일(수) | 맑음.

○ 판윤과 소윤이 출근하지 않다. 주사 안봉호·강준영·이명환이 출근하다. 노재연이 숙직하다.

○ 일본인 스가누마 곤노스케[菅沼源之助]가 수의사로서 수술을 시험하고자 그 대한일보사 사장 아리후 주로[蟻生十郞]의 사찰私札로 거류지 내에서 소를 도살하여 그 무병無病을 징험하기를 요청하므로 인허함.

16일(목) | 맑음. 바람이 많이 붊.

○ 박 판윤, 소윤 박승조, 주사 김우현·안봉호·강준영·이명환이 출근하다. 노재연이 숙직하다.

---

8 천추성절(千秋聖節): 황태자의 생일. 1905년 3월 13일은 음력 2월 8일로, 당시 황태자였던 순종의 음력 생일이었다.

○ 경무청의 조복을 접수함. 「남서 개정동[9] 구전舊田에서 일본인 야마구치[山口]가 건물을 짓고 터를 닦는 것을 금지하였는데, 일본인들이 김경선金敬先의 초가草家 14칸間을 이매[10]한 땅이라고 말해서 금지하지 못함」

17일(금) | 맑음.

○ 박 판윤, 소윤 박승조, 주사 김우현·강준영·이명환·노재연이 출근하다. 안봉호가 숙직하다.

○ 중서의 조회를 접수함. 「본서(중서) 철교鐵橋 등지에서 아이 시신 1구를 수습하여 매장한 비용을 청구함」

○ 통신원通信院 훈령을 접수함. 「가옥 5채를 집행할 것」

18일(토) | 맑음.

○ 박 판윤, 소윤 박승조, 주사 김우현·강준영·이명환·노재연이 출근하다. 안봉호가 숙직하다.

○ 내부內部에 훈령을 발송함. 「외국 가계家契를 환급하는 일은 질품質稟에 의거하여 시행할 것」

○ 학부에 보고를 발송함. 「서서 사온동[11]에 김효익金孝益이 서함으로 청한 사립 양정의숙養正義塾을 인허하는 일」

○ 군부에 보고를 발송함. 「청 상인 노수평이 헌병의 군도와 모자를 빼앗은 사건과 관련하여 청 영사서領事署에 다시 조회한 후 재차 보고하는 건」

○ 통신원에 보고를 발송함. 「통신원 참서관參書官 안명호安明鎬가 횡령한 공화公貨(공금)의 쇄납刷納 안건은 사법司法의 소관임」

○ 경무청에 조회를 발송함. 「일본인과 한패가 되어 전 군수郡守 정하현鄭夏鉉을 마구 때린 김일규金一圭를 순사를 파견하여 체포하는 건」

---

9 개정동(盖井洞): 성동구 하왕십리동·금호동에 걸쳐 있던 마을.

10 이매(移買): 자신이 가진 전답을 팔고 다른 전답을 사는 것.

11 사온동(司醞洞): 종로구 도렴동·적선동·세종로동에 걸쳐 있던 마을.

■ **19일(일) | 아침에 맑고 저녁에 산 아지랑이가 일어남. 날씨가 조금 따뜻해짐.**

○ 판윤, 소윤, 주사 4명은 휴일이다. 강준영이 숙직하다.

○ 경무청의 조회를 접수함. 「남서 회현방會賢坊 회동會洞의 기와집·초가집[瓦草家] 근 100칸을 일본인 와사부로[和三郞][12]가 훼철하므로 그 인허 여부를 문의함」

■ **20일(월) | 아침에 아지랑이가 피고 저녁에 바람이 붊. 날씨가 깨끗하고 서늘함.**

○ 박 판윤, 소윤 박승조, 주사 김우현·안봉호·이명환·노재연이 출근하다. 강준영이 숙직하다.

○ 미국 공관에 조회를 발송함. 「미국인 버지白琪가 매입한 남서 회동 가옥의 신계新契를 교환해서 발급하는 건」

○ 일본 공관에 조회를 발송함. 「일본인이 매입한 가옥의 신계 49매를 교환해서 발급하는 건」

■ **21일(화) | 맑고 따뜻함.**

○ 박 판윤, 소윤 박승조, 주사 김우현·안봉호·강준영·노재연이 출근하다. 이명환이 숙직하다.

○ 경무청 조회를 접수함. 「전前 학관學官 김일규를 압송해서 넘긴 건」

○ 한성재판소 조회를 접수함. 「보령에 거주하는 이길호李吉鎬와 이정래李廷來의 송안訟案과 관련하여, 신문·조사하니 그 공술에 일본인 가와모토 준사쿠[川本准作]가 간섭한 바가 있다고 함」[13]

---

12 미요시와 사부로[三好和三郞]로 추정된다.

13 《구한말 민사 판결문》에 따르면, 1905년 6월 26일 "피고(이정래)는 원고(이길호) 청구에 따라 이봉호(李鳳鎬) 쪽에 속아서 전당 잡힌 원고의 위조 논문서 및 강제로 잡아둔 작년 추수곡 38석을 모두 즉시 내주어야 함."이라는 판결이 내렸다.

○ 한성재판소에 조복을 발송함. 「이길호가 이정래에 대해 제기한 소송과 관련하여, 간섭한 일본인 가와모토 준사쿠의 답변 및 사실을 보고하는 건」

22일(수) | 맑음.

○ 박 판윤, 소윤 박승조, 주사 김우현·안봉호·강준영·노재연이 출근하다. 이명환이 숙직하다.

○ 경무청에 조복을 발송함. 「일본인 미요시와 사부로[三好和三郎][14]가 회동會洞에서 가옥을 훼철한 일과 관련하여, 애초에 한성부는 인허한 일이 없음」

○ 중서中署의 조회를 접수함. 「본서(중서) 관내 염교鹽橋에서 걸인의 시신 1구를 수습하여 매장한 비용을 청구함」

○ 경무청의 조회를 접수함. 「일본인 미요시와 사부로가 가옥을 훼철하는 일을 금지하도록 일본 공관에 조회하여 타당하게 처리할 것」

○ 경무청의 조회를 접수함. 「평동[15]에 거류하는 미국인 '엘네트'[16]가 평동에 표목을 세운 후 길을 막고 집을 짓는 일을 금지시킬 것」

23일(목) | 아침에 맑고 저녁에 흐림.

○ 박 판윤, 소윤 박승조, 주사 김우현·안봉호·강준영·이명환이 출근하다. 노재연이 숙직하다.

○ 내부에 질품서를 발송함. 「일본인 고노 히데타로 외 11명의 가옥 증서를 첨부함」

○ 내부에 질품서를 발송함. 「프랑스인 트레물레의 가권家券 증서證書를 첨부함」

○ 학부 지령을 접수함. 「서서 사온동 김효익의 사립 의숙을 인허할 것」

---

14 원문에 '三好和郎'으로 잘못 기재되어 있다.

15 평동(平洞): 종로구 교남동·평동·충정로1가에 걸쳐 있던 마을.

16 당시 콜브란-보스트윅 회사의 사장 엘리엇(A. E. Elliot)을 가리키는 것으로 추정되나 단언하기 어렵다. 원문에 한글로 '엘네트'라고 되어 있고, 27일에는 '엘네터', 28일에는 '엘네'로 되어 있다.

24일(금) | 날씨가 온화함.

○ 박 판윤, 소윤 박승조, 주사 김우현·안봉호·강준영·이명환이 출근하다. 노재연이 숙직하다.

○ 평리원 민사실民事室의 공함을 접수함. 「일본인 후지이 도모키치가 최영근에게 제기한 송안訟案을 환송함」【한성재판소의 조회를 접수함. 「일본인 후이지 도모키치의 법관을 모욕하는 패습悖習과 관련하여, 공문을 보내 징판徵辦할 것】

25일(토) | 아침에 흐리고 저녁에 바람이 붊. 대체로 가뭄의 조짐이 있음.

○ 박 판윤, 소윤 박승조, 주사 강준영·이명환·노재연이 출근하다. 김우현이 숙직하다.

26일(일) | 종일 바람이 불고 또 흐림. 단지 봄 상갑上甲[17]에 비가 오지 않는 것이 다행일 뿐이다.

○ 주사 김우현이 숙직하다.

27일(월) | 따뜻함.

○ 박 판윤, 소윤 박승조, 주사 김우현·이명환·노재연이 출근하다. 강준영이 숙직하다.

○ 서서의 조회를 접수함. 「제중원濟衆院에서 남자 시신 1구를 수습하여 매장한 비용을 청구함」

○ 한성재판소의 조회를 접수함. 「5원元 은행권의 위조범 이홍래·김정익·박종화朴宗和의 공안供案을 고빙考憑하건대 이치상 방면하는 것이 타당하다는 뜻을 말씀드림」

○ 미국 공관에 조회를 발송함. 「귀국인 '엘네터'가 돈의문[新門] 밖에 가옥을 건축하는 것은 공공도로에 방해가 되니 즉시 금지할 것」

---

17 상갑: 한 계절에서 처음 돌아오는 갑자일(甲子日).

28일(화) | 맑고 따뜻함.

○ 박 판윤, 박 소윤, 주사 김우현·이명환·안봉호·노재연이 출근하다. 강준영이 숙직하다.

○ 청 공관의 조회를 접수함. 「청상인[華商] 금생동金生東이 지난 12월 26일 창등지방倉等地方[18]에서 1,000원을 빼앗겼는데 당일 그 도둑을 체포해서 취조·처벌[究治]하고 (빼앗긴 1,000원을) 찾아서 되돌려줄[覓給] 것」

○ 경무청 조회를 접수함. 「미국인 '엘네'의 가옥 건축과 관련하여, 해당 영사관과 교섭해서 금지시킬 것」

○ 경무청 남서의 조회를 접수함. 「호적지戶籍紙 320장을 다시 보내고, 통표지統表紙[19] 150장을 청구함」

○ 궁내부 훈령을 접수함. 「의효전懿孝殿 행각行閣 (밖의) 궁장宮墻이 독일인 불잉마야佛仍瑪耶의 가옥과 인접했는데, 그 주인이 담을 새로 지으면서 경계를 침범했음. 금지해도 듣지 않으니 독일 공관에 조회하여 금지시킬 것」

29일(수) | 맑음.

○ 박 판윤, 소윤 박승조, 주사 김우현·강준영·노재연이 출근하다. 이명환이 숙직하다.

○ 학부에 보고 1건을 발송함. 「서서 사온동 김효익의 사설 의숙義塾 교사를 보내서 응시하게 함」

○ 일본 공관에 조회 1건을 발송함. 「일본인 후이지 도모키치의 법관을 모욕하는 패습을 법률에 따라 엄중히 처분할 것」

○ 일본 공관에 조회 1건을 발송함. 「우리나라 사람 김정익·이홍래의 위조지폐 사용건과 관련하여, 이들을 모두 방면하였다는 결과를 통보함」

○ 청 공관에 회신 1건을 발송함. 「청 상인 금동생호金東生號[20]의 강도 범인을 더욱 신칙하여 체포하는 건」

---

18 원문에 '倉等地方'이라고 되어 있다. '倉洞'(창동) 등의 오기일 것으로 생각되나 상고할 수 없다.

19 통표(統表): 호구(戶口) 조사 문서. 통(統)별로 소속 가구의 호주 성명과 가족 수, 가택 칸수 등이 기재되었음.

20 3월 28일에는 이름이 금생동(金生東)으로 되어 있다. 또한 '金東生號' 뒤에 '夥倉盖'라는 구절이 있는데 의미가 불명확하여 번역에서 제외했다.

○ 독일 공관에 조회 1건을 발송함. 「독일인 불잉마야가 황궁 터를 침범해서 점유했으니 금지시키고 복원할 것」

○ 내부의 지령 1건을 접수함. 「일본인 및 프랑스인 등이 매수한 가옥의 가계家契를 전례에 따라 작성해 지급할 것」

30일(목) | 단비가 내림. 아침부터 저녁까지 조금 뜸하다가 밤이 된 후 또 쏟아져서 밭두둑을 흠뻑 적시니 사람들이 모두 기뻐했다.

○ 박 판윤, 소윤 박승조, 주사 김우현·안봉호·강준영·노재연이 출근하다. 이명환이 숙직하다.

31일(금) | 조금 흐림. 평상시에 비가 오지 않음.

○ 박 판윤, 소윤 박승조, 주사 김우현·안봉호·강준영·이명환이 출근하다. 노재연이 숙직하다.

○ 일본인 고노 히데타로 외 11명 가옥의 신계 19매를 작성해서 송부함.

○ 프랑스인 트레물레가 매수한 가옥의 신계 1매를 작성해서 송부함.

광무 9년
(1905)

4월

1일(토) | 골바람[谷風]이 살랑살랑 붊. 음산한 비가 내리다가 잦아들다가 함.

○ 박 판윤, 박 소윤, 주사 4명이 출근하다. 노재연이 숙직하다.

○ 미국 공관의 조복을 접수함. 「'엘네터'와 관련하여, 평동平洞의 옛 소로小路를 폐쇄하고 다시 신로新路를 내면 아마도 공공도로에 편리할 것임」

2일(일) | 풍후[1]가 괴상하고 빗소리가 음랭陰冷함.

○ 주사 노재연이 이어서 숙직하다.

○ 경무청 조회를 접수함. 「오서五署 내 가쾌家儈 중에 파락호가 많으니, 이들을 솎아내기 위해 성책成冊을 만들어 송부하는 건」

3일(월) | 아침에 비가 내리다 오후에 갬. 어둡고 서늘함.

○ 박 판윤, 소윤 박승조, 주사 4명이 출근하다. 노재연이 숙직하다.

1 풍후(風候): 바람이 부는 모양.

○ 통신원通信院의 통첩을 접수함. 「안명호의 흠포欠逋(횡령)와 관련하여 그 동생의 가계家契를 집류執留(압류)하여 송부할 것」

○ 미국 공관의 조회를 접수함. 「미국인 질레트가 돈의문[新門] 밖 팔각정八角亭에서 가옥 1채를 매입했으니 가계를 교환해줄 것」

○ 내부內部의 훈령을 접수함. 「미국인 콜브란Henry Collbran, 高佛安의 인수회사引水會社(수도회사) 기사技師와 한성부 관원이 경계를 정하여 표목標木을 세울 것」

○ 미국 공관의 조회를 접수함. 「북서北署 사재감司宰監 권유섭權柔燮이 가계家契 2장으로 미국인 콜브란에게 전당을 잡혔는데, 상환 기한이 지났으므로 콜브란 명의로 가계를 작성해 지급할 것」

4일(화) | 맑음.

○ 소윤 박승조와 주사 김우현·노재연이 북단北壇의 제관祭官으로 나가다. 안봉호·강준영은 병으로 출근하지 않다. 이명환이 숙직하다.

5일(수) | 맑음.

○ 박 판윤, 소윤 박승조, 주사 김우현이 출근하다. 이명환이 숙직하다.

○ 농부農部에 보고를 발송함. 「음력 갑진(1904년) 11월과 12월의 전포세典鋪稅 금 272원 및 성책成冊 2건을 송부함」

6일(목) | 이날은 한식寒食으로 휴일임. 그런데 날씨가 흐렸다 개었다 하니 바로 반은 봄바람이 불고 반은 흐리기 때문임.

○ 주사 김우현이 숙직하다.

○ 예식원禮式院의 훈령을 접수함. 「음력 3월 19일 함흥·영흥 두 본궁[2]의 의대[3]와

---

2 함경도 영흥에는 태조 이성계의 어진을 봉안하는 준원전(濬源殿)이 있고, 함흥에는 태조의 4대 조상의 위패를 봉안하는 경흥전(慶興殿)이 있었는데, 각각 영흥본궁·함흥본궁으로도 불렸다.

3 의대(衣襨): 임금·왕세자·왕비·왕세자빈의 옷.

향촉香燭을 배진陪進(모시고 나감)하기 위해 동대문 밖에 도착할 것」

7일(금) | 맑지만 바람이 붊. 날씨가 매우 좋지 않아 먼지가 마치 안개처럼 일어났으니 상사가절[4]의 흠이다.

○ 박 판윤, 소윤 박승조, 주사 이명환·노재연이 출근하다. 김우현이 숙직하다.

○ 내부內部에 질품서를 발송함. 「미국인 질레트가 매입한 서서西署 반송방盤松坊 팔각정 가옥 1채의 신계新契를 교환해 줄 것을 청한 건」

8일(토) | 맑음.

○ 박 판윤, 주사 김우현·이명환·노재연이 출근하다. 강준영이 숙직하다.

○ 전곶일계箭串一契[5] 수통기계장水桶器械場 터의 경계 획정과 적간[6]을 위해 오후 1시에 소윤과 서기 1명, 사령 2명이 나가다.

○ 내부內部에 보고를 발송함. 「오서 내 구역의 공유지와 사유지의 구분을 위해 기수技手 5명이 타량打量(측량)한 건」

○ 서서西署의 조회를 접수함. 「본서(서서) 관내 제중원濟衆院에서 치료하던 박흥준朴興俊의 시신을 수습하여 매장한 비용을 청구함」

○ 궁내부의 훈령을 접수함. 「관유지官有地에서 유민莠民(악한 백성) 무리가 간혹 띠풀[茅]을 뒤집어 밭을 만들고, 제방을 부수고 집을 짓고 있음. 매도賣渡한 외국인들이 손실을 보지 않도록 관원을 보내서 경계를 정할 것」

---

4 상사가절(上祀佳節): '삼짇날 같은 좋은 명절'이라는 뜻.

5 전곶계(箭串契): 지금의 광진구 군자동·화양동, 동대문구 장안동, 성동구 송정동의 각 일부에 해당되는 조선시대의 마을.

6 적간(摘奸): 죄상을 조사하여 적발함.

9일(일) | 하늘이 맑고 기운이 청량함. 작은 티끌도 날리지 않으니 바로 이것이 늦봄의 광경이다.

○ 주사 강준영이 숙직하다.

10일(월) | 날씨가 맑고 따스함.

○ 박 판윤, 소윤 박승조, 주사 김우현·강준영·이명환이 출근하다. 노재연이 숙직하다.

○ 장연군長淵郡의 보고를 접수함. 「장연군 남창포南倉浦 주인 김문기金文基와 청 상인 강만리姜萬利의 소금값 횡징[7]사건과 관련하여 영국 공관에 조회를 보내는 건」

○ 학부學部의 지령을 접수함. 「양정의숙 교사는 시험 보는 것을 면제한 후에 정성을 다해 부지런히 교육할 것을 전유轉諭할 것」

○ 통신원의 통첩을 접수함. 「중서中署 안준호安晙鎬의 가계家契는 공화公貨이므로 속히 송부하는 건」

11일(화) | 아침에 비가 오다가 잠깐 개었으나 옅은 구름은 걷히지 않음. 오후가 되자 맑게 갬.

○ 박 판윤, 소윤 박승조, 주사 김우현·강준영·이명환이 출근하다. 노재연이 숙직하다.

○ 철원군에 훈령을 발송함. 「철원군 어운동於云洞 상길리上吉里에 거주하는 이기성李基成이 일본인에게 구타당한 사건과 관련하여, 같은 군에 거주하는 안교태安敎泰를 압송하여 올려보낼 것」

○ 일본 공관의 공문 제2호를 접수함. 「일본인 이노우에 요시후미[8] 외 17명이 매수한 가옥의 가계를 신계 17매로 교환해줄 것」

7 횡징(橫徵): 억지로 빚이나 구실을 만들어 값을 더 받는 일.

8 이노우에 요시후미[井上宜文]: 1899년 한성전기회사의 전차 차량 납품을 계기로 처음 한국에 건너온 후, 1902년 궁내부 산하에 설치된 평식원(平式院)의 기사로 고용되어 1906년까지 〈도량형법〉의 공포, 도량형기의 통일·제작·검정을 관리했다. 러일전쟁을 전후해서는 군기창을 건설하고, 일본군에 종군하여 임시 막사를 짓기도 하였다(김명수, 〈대한제국기 일본인 기술자 이노우에 요시후미 연구〉, 《대구사학》 131, 2018).

12일(수) | 맑음.

○ 박 판윤, 소윤 박승조, 주사 강준영·이명환·노재연이 출근하다. 김우현이 숙직하다.

○ 농부의 훈령을 접수함. 「오서 내 각 전포典鋪의 세금을 영수할 것」

○ 탁지부의 훈령을 접수함. 「화폐조례貨幣條例를 반포할 것」

○ 오서의 조회를 접수함. 「제중원에서 치료하던 병자의 시신을 수습하여 매장한 비용을 지급할 것」

13일(목) | 맑음.

○ 박 판윤, 소윤 박승조, 주사 강준영·이명환·노재연이 출근하다. 김우현이 숙직하다.

○ 일본 공관의 조회를 접수함. 「일본인 사카이 간페[酒井漢平] 외 일본인이 매수한 가계家契 29매를 교환해줄 것」

14일(금) | 맑음.

○ 박 판윤, 소윤 박승조, 주사 김우현·노재연·이명환이 출근하다. 강준영이 숙직하다.

○ 예식원의 훈령을 접수함. 「철도를 침범해 들어간 효창원孝昌園 위토전답位土田畓[9]과 관련하여, 적간摘奸하여 보고할 것」

○ 용산 철도감부[10]의 공함을 접수함. 「용산 군용철도 건설과 관련하여, 공덕리 부근지역은 협의해서 경계를 나눌 것」

○ 청 공관의 조복을 접수함. 「헌병이 군도와 모자 등을 뺏긴 사건과 관련하여 추심推尋(찾아서 가져옴)했지만 보낼 것이 없음」

○ 일본 공관의 공문 제22호를 접수함. 「일본인 도요타 타로[豊田太郎]의 구권舊券 5매를 교환해줄 것」

---

9 위토전답: 제사 비용을 마련하기 위해 둔 토지.

10 철도감부(鐵道監部): 전국의 전화, 우체 사업을 일본 정부에 의존하고 서북철도(西北鐵道) 부설 사업도 모두 일본 철도감부에 의존하였다. 이때 외부대신 이하영(李夏榮)이 하야시 곤스케[林權助]와 협약을 조인하였다(《매천야록》 제4권 광무 9년 을사).

○ 일본 공관에 조회를 발송함. 「공덕리 백성 이사풍李巳豊 등의 가옥 21호와 관련하여, 일본 철도감부와 상의해서 정한 시가時價에 대해 억울함을 호소하는 일이 없게 하는 건」

15일(토) | 맑음.

○ 박 판윤, 소윤 박승조, 주사 김우현·노재연·이명환이 출근하다. 강준영이 숙직하다.
○ 미국 공관의 조회 제634호를 접수함. 「미국인 맥렐런과 거자동車子洞 거주민 나타가즈이타[菜田一板]의 쟁계爭界에 관한 건」
○ 일본 공관에 조회를 발송함. 「우리나라 전前 군수 이명식李命植의 선산에서 석재를 채취한 일본인 센부 하마요시[鮮部濱吉]와 다나카 쓰에키치[田中末吉]를 즉시 철수시키고 이미 채취한 석재의 값을 추징하여 지급[推給]할 것」
○ 일본 공관에 조회를 발송함. 「일본인 사카이 마사히라[酒井政平] 외 2명의 가계家契 9매와 모리 야스키치[森安吉] 등이 분할한 가계를 전례에 따라 발급하는 건」

16일(일) | 맑음.

○ 휴일이다. 주사 이명환이 숙직하다.

17일(월) | 어둡고 추움.

○ 소윤 박승조, 주사 강준영·노재연이 출근하다. 이명환이 숙직하다.
○ 중서의 조회를 접수함. 「철교 토막土幕의 걸인 시신 1구를 수습하여 매장한 비용을 청구함」

18일(화) | **아침 구름이 찬란함. 하늘이 비를 내릴 듯했지만 내리지 않다. 평소 음산하니 이는 가뭄의 징조이다. 농사짓는 자와 목마른 자가 끓는 물로 뛰어드는 심정을 하늘이 굽어 살피시리라!**

○ 주사 노재연이 숙직하다.

○ 청 공관의 조복을 접수함. 「남대문 큰길 앞 순사청 옛터의 급여給與와 관련하여, 우리 상인 서성춘瑞盛春이 그 방편으로 도로를 넓히고자 비용을 마련해서 구매하는 건」

○ 서서 경무관의 조회를 접수함. 「악박동岳朴洞에서 구걸하는 아이 시신 1구를 수습하여 매장한 비용을 지급할 것」

19일(수) | **단비가 부슬부슬 끊이지 않고 내려서 만물이 빛을 내니 참으로 태평한 수상[11]이다.**

○ 주사 노재연이 숙직하다.

○ 농상공부의 훈령을 접수함. 「서북철도를 기공할 때 공덕리 전축구塡築區가 노선에 포함되었으니, 해당 동洞의 4년치 세액稅額을 줄여줄 것」

○ 일본 공관의 공문을 접수함. 「일본인 와다 쓰네이치[和田常市]가 매수한 가옥의 구권舊券 3매를 전례에 따라 교환해줄 것」

○ 경무청 조회를 접수함. 「최익명崔翊明의 가계家契를 안봉호安鳳鎬가 일본인에게 3만 6,000냥에 전당을 잡혔음. 전액 몰수[乾沒]하는 건」

20일(목) | **가랑비가 내리다가 저녁 늦게 갬.**

○ 박 판윤, 소윤 박승조, 주사 이명환·노재연이 출근하다. 김우현이 숙직하다.

○ 미국 공관의 조회를 접수함. 「미국인 영길리사英吉利士가 전집典執한 야조현[12] 104통 7호의 가계를 도난당해 분실함」

---

11 수상(繡像): 수를 놓아 만든 그림.

12 야조현(夜照峴): 종로구 당주동과 신문로1가에 걸쳐 있던 고개.

○ 서서의 조회를 접수함. 「제중원에서 치료하던 고양高陽의 최원서崔元瑞가 병사했으므로 수습해서 매장한 비용을 지급할 것」

○ 군부에 보고를 발송함. 「헌병 안윤명·황신영 등이 청 상인 노수호路樹乎 등에게 구타를 당할 때 잃어버린 군도와 모자를 신문해도 (그 행방을) 알 수가 없음」

○ 통신원에 보고를 발송함. 「안준호安晙鎬 가계家契를 붙여서 보고하지만 안성호安晟鎬 가계는 형세상 갑자기 바치게 해서 보내기 어려움」

21일(금) | 맑다가 비가 온 후 상쾌한 기운이 자못 선경仙境이로다.

○ 소윤 박승조, 주사 강준영·이명환·노재연이 출근하다. 김우현이 숙직하다.

○ 영국 공관의 조회를 접수함. 「영국 영관領官 미락彌樂이 사들인 것이 약현藥峴 안산案山에 있는데, 영관에게 계권契券을 지급하기를 요청하는 건」

○ 일본 공관의 조회를 접수함. 「일본인 모리 큐베이[森久兵衛] 외 2명이 매입한 가계 4매를 신계로 바꾸어 지급할 것」

○ 각국 공관에 조회를 발송함. 「한성 오서 내 백성들의 가옥 관계官契 가운데 도둑맞았거나[盜失] 분실했거나 유실되었거나 불에 타는[被燒] 등의 경우 마음을 다해 살필 것」

○ 한성재판소에 공함을 발송함. 「가계의 도난·전집典執 사건과 관계된 사람 배□□, 김달현, 김윤기를 압송해 보냄」

22일(토) | 새벽에 춥고 우박이 많이 내리며 꽃 천지에 무우舞雩에서 바람을 쏘이니[花天風雩] 또한 □당當이 아니겠는가. 그대로 곧 녹을 것이다.

○ 박 판윤, 소윤 박승조, 주사 김우현·이명환·노재연이 출근하다. 강준영이 숙직하다.

○ 통신원의 훈령을 접수함. 「안성호의 가계는 곧바로 붙여서 보고하고, 매도賣渡하여 공화公貨에 충당할 것」

○ 내부內部에 보고를 발송함. 「본부(한성부) 주부 안봉호의 후임으로 9품의 김유장金裕章을 서임하는 건」

23일(일) | 바람이 불고 맑음.

○ 주부 강준영이 숙직하다.

○ 중서의 조회를 접수함. 「남자 시신 1구의 수습 및 매장 비용을 지급할 것」

○ 남서의 조회를 접수함. 「호표戶表 100장, 통표統表 10장을 추가로 보낼 것」

○ 판윤이 서기 1인, 사령使令 5인과 함께 함흥咸興 향축香祝의 배진陪進을 위해 동대문 밖으로 나가다.

24일(월) | 가랑비가 부슬부슬 내림. 개었다 흐렸다 함. 먼 산은 초목이 우거지고, 말랐던 샘은 세차게 흐르니 태공(하늘)의 덕이 정말로 여기에 있도다.

○ 주사 노재연이 숙직하다.

○ 박 판윤, 소윤 박승조, 주사 김우현·강준영·이명환이 출근하다.

25일(화) | 맑음.

○ 박 판윤, 소윤 박승조, 주사 김우현·강준영·이명환이 출근하다. 노재연이 숙직하다.

○ 일본 공관에 조회를 발송함. 「일본인 서방미소西坊尾昭가 한 동洞의 식수를 끊어버리고 철망으로 도랑에 들어가는 터를 둘러쳤으니 속히 금지시킬 것」

○ 예식원禮式院에 보고를 발송함. 「효창원 위토전답位土田畓과 관련하여, 적간摘奸한 후 성책成冊하여 보고하는 건」

○ 한성재판소 검실檢室에 조회를 발송함. 「가계家契의 무소誣訴와 관련하여, 일본인에게 중출전집重出典執한 김윤재金允哉를 압송하고, 그 중출가계重出家契를 반드시 추교推交하는 건」

○ 내부內部 토목과土木課에 조회를 발송함. 「본부 아문 앞 경교[13]의 횡강석横杠石 1개가 끊어지고 함몰되었으므로 속히 보수하는 건」

---

13 경교(京橋): 종로구 평동 164번지 서울적십자병원 앞에 있던 다리.

○ 중서 조회를 접수함. 「본서(중서) 관내 철교鐵橋 토막土幕에서 걸인 시신 1구를 수습하고 매장한 비용을 지급할 것」

○ 일본 공관의 조회를 접수함. 「이현泥峴 쌍림동雙林洞 도로를 확장하던 중 한국인의 가옥을 침범해 들어갔으므로 지불 금액을 적당한 시가時價로 하도록 주의해서 조처하는 건」

26일(수) | 맑고 따뜻함.

○ 박 판윤, 소윤 박승조, 주사 김우현·강준영이 출근하다. 이명환이 숙직하다.

○ 미국 공관에 조회를 발송함. 「미국인 맥렐런이 강제로 점유한 김성현金聖鉉의 전지田地를 반환하게 할 것」

○ 내부內部 지령 2건을 접수함. 「미국인 질레트, 일본인 오카다 긴노스케[岡田金之助][14] 외 1명이 매수한 가계家契를 전례에 따라 작성해 교부할 것」

○ 일본 공관의 조복을 접수함. 「일본인 후지이 오토키치[藤井乙吉]가 한국인 이시영李時榮에 대해 제기한 안건과 관련하여, 다시 심사審査하는 장소에 일본 영사관원도 회동해서 심판하는 건」

○ 일본 공관의 조복을 접수함. 「공덕리 흥례동興禮洞 주민 이사풍李巳豊이 고소하면서 말한 가옥을 이전했을 때 집값이 60원 이상 100원 이하라고 한 것과 관련하여, 본래 그런 일이 없음」

○ 일본 공관의 조회를 접수함. 「일본인 구와바라 노부오[桑原信雄]가 한국인 이성초李聖初·조희식趙義植에 대해 제기한 안건과 관련하여, 구와바라를 엄중히 조처할 것이니 이성초와 조희식 등에게도 속히 합당한 형률을 시행할 것」

27일(목) | 맑음.

○ 박 판윤, 소윤 박승조, 주사 김우현·강준영이 출근하다. 이명환이 숙직하다.

14 원문에 '岡田金之'로 되어 있으나, 4월 27일 기사에 의거해서 바로잡았다.

○ 일본 공관에 조회를 발송함. 「공덕리 군용철도가 큰길을 침범해서 가로막은 것과 관련하여, 해당 감부監部에 조회하여 예전처럼 통행하게 할 것」

○ 일본 공관의 공함 1건을 접수함. 「일본인 오카다 긴노스케 외 1명이 사들인 가계家契를 신계新契로 바꾸어 발급할 것」

○ 미국 공관에 조복을 발송함. 「미국인 질레트가 매수한 가옥의 신계新契를 발급함」

○ 일본 공관의 조회를 접수함. 「한국인 강호선姜浩善이 일본인 히라오카 다케오[平岡健夫]를 사칭해서 도박으로 딴 이종직李宗稙과 조극립趙克立의 재화와 수표手票를 보내는 건」

○ 각 방곡坊曲에 고시함. 「《황성신문》에 한성부의 각 인민들이 가옥을 거래한 후에는 100분의 1의 돈을 거두어들인다는 기사가 실렸다. 들리는 소문이 해괴하니 훗날에 있을 폐단을 바로잡지 않을 수 없다. 만약 이러한 일이 한성부에 보고되면 징계할 것이다.」[15]

28일(금) | 화창함.

○ 박 판윤, 주사 강준영·이명환이 출근하다. 김우현이 숙직하다.

○ 청 공관의 조회를 접수함. 「한성 경무청 순검 이경호李景湖와 김치수金致修가 이동泥洞[16] 청 상인 왕덕창王德昌과 다투다가 칼을 꺼내 청 상인을 찔렀음」

○ 내부內部의 지령을 접수함. 「한성 내 외국인 가계家契와 관련하여, 최근 사례에 의거하여 한성부와 내부 간에 신중히 조사해서 발급할 것」

○ 일본 공관에 조복을 발송함. 「우리나라 유민莠民 강호선姜浩善이 이종직李宗稙·강문신姜文信에게서 강탈한 전표증서錢票證書와 금액영증金額領證을 송부함」

15 《황성신문》 1905년 4월 24일, "백일수금(百一收金): 한성부에서 각 가쾌(家儈)에게 가옥을 홍정하고 환계(換契)할 때에 가옥 금액중 100분의 1일을 해부(한성부)에 수납한 후에 신계를 출급(出給)한다더라."

16 이동: 종로구 운니동에 있던 마을.

29일(토) | 화창함.

○ 주사 김우현이 숙직하다.

○ 미국 공관의 조회를 접수함. 「미국인 선교사 거락巨洛이 사용한 사초[17] 취용빙표取用憑票 1장을 발급할 것」

○ 경무청 조회를 접수함. 「경무청 순검 유태근柳泰根·김치수가 청 상인 왕덕창과 다투다가 구타당하고 군도와 모자를 빼앗김」

○ 서서의 조회를 접수함. 「본서(서서) 관내 둥그재[18] 앞 기슭에서 남성 시신 1구를 수습하여 매장한 비용을 지급할 것」

30일(일) | 비가 내림.

○ 강준영이 숙직하다.

17 사초(莎草): 무덤에 떼를 입히고 보수하는 일. 또는 바닷가 모래땅에서 자라는 풀이나 잔디.

18 둥그재(圓峴): 서대문구 충정로2가 경기대학교 근처의 고개.

광무 9년
(1905)

5월

1일(월) | 바람 불고 흐림.

○ 소윤 박승조, 주사 김우현·이명환·노재연이 출근하다. 강준영이 숙직하다.

○ 일본 공관의 서함을 접수함. 「가계비家契費 한화 27원을 송부함」

○ 내부內部에 보고를 발송함. 「미국인 콜브란Henry Collbran, 高佛安과 보스트윅H. R. Bostwick, 寶時旭이 수관기창水管器廠 터를 답사한 일을 보고함」

○ 외부外部에 보고를 발송함. 위와 같음.

2일(화) | 맑지만 바람이 크게 붊.

○ 소윤 박승조, 주사 김우현·강준영이 출근하다. 이명환이 숙직하다.

○ 내부內部의 훈령을 접수함. 「한성 오서五署 내 관유지官有地와 민유지民有地를 답사한 후 외국인에게 매도한 경우 엄중히 징계해서 폐단을 막을 것. 기수技手의 고용을 탁지부에 요청할 것」

○ 프랑스 공관의 조복을 접수함. 「프랑스인 마르텔[1]이 매입한 가옥의 가계家契를 교환해서 보낼 것」

1 마르텔(Emil Martel, 馬太乙): 1895년 10월에 설치된 프랑스어학교[法語學校]의 외국인 교관.

○ 청 공관에 조복을 발송함. 「순검 이경호·김치수가 청 상인 왕덕창에게 야료惹鬧를 부린 안건과 관련하여, 경무청의 조회 내용과 완전히 상반됨」

○ 경무청 경과警課에 조복을 발송함. 「순검 유태근·김치수가 청상 왕덕창에게 구타당한 안건을 다시 특별히 조사할 것」

3일(수) | 맑음.

○ 소윤 박승조, 주사 김우현·강준영이 출근하다. 이명환이 숙직하다.

○ 경무청에 통첩 1건을 발송함. 「남서南署 석정동[2]의 더러운 지역을 급히 청소하는 건」

○ 경무청의 조회 1건을 접수함. 「순검 유태근 등이 청상 왕덕창에게 구타당한 안건을 다시 조사하고 반문[3]하였는데, 지난 공술과 같았음. 해당 순검 등이 구타당한 것은 강약强弱의 차이에서 비롯됨」

○ 평리원의 조회를 접수함. 「귀부(한성부)에 갇혀 있는 김인전金仁典·전경중田敬重은 귀부 소관이 아니므로 본원(평리원)으로 압송하는 건」

4일(목) | 맑음.

○ 소윤 박승조, 주사 강준영·이명환이 출근하다. 김우현이 숙직하다.

○ 내부의 훈령을 접수함. 「남대문 철로 주변 도로에 뼈가 드러난 유해를 곧바로 수습해서 매장하고, 시행 상황을 치보馳報할 것」

○ 일본 공관의 조복을 접수함. 「금산金山 추풍령秋風嶺 이명직李命稙의 선산[先壟]에서 석재를 채취한 사건과 관련하여, 철도원 기사 이범철李範喆에게서 매도賣渡한 것이 확실함」

2 석정동(石井洞): 중구 을지로1가·소공동·태평로2가에 걸쳐 있던 마을.

3 반문(盤問): 특정 사건, 또는 내력을 자세하게 반복하여 캐어묻고 조사함.

○ 또 조회를 접수함. 「일본인 히로타니 마사하루[廣谷正春]가 이번 달 16일 주동[4] 등지에서 회중시계를 꺼냈을 때 한국 병사가 이를 빼앗아 갔으므로 특별히 조사하여 돌려줄 것」

○ 또 서함을 접수함. 「한국인 이석기李碩基가 일본인 야마다 에자부로[山田榮三郞]에게 대용貸用(돈을 빌려 씀)한 여부는 다시 사실을 조사할 것」

○ 내부內部의 훈령을 접수함. 「정릉貞陵 해자垓子 내 기장처杞葬處에 나무를 심을 것」

○ 한성재판소의 조회를 접수함. 「일본인 후지이 오토키치[藤井乙吉]가 이시영에게 제시한 소송안건의 갱심更審 일자를 이번 달 8일 오후 2시로 정함」

○ 통신원通信院에 보고를 발송함. 「안성호安晟鎬의 포흠逋欠을 일족一族에게서 징수하는 일[徵族之逋][5]이 완료되었음. 최종식崔宗植이 이미 매입한 가옥은 매우 억울함[抑冤]」

○ 학부學部에 보고를 발송함. 「사립 찬성학교贊成學校를 인허함」

○ 평리원에 조복을 발송함. 「김인전·전경중은 공초를 받고[納供] 석방함[放送]」

○ 경무청에 조회를 발송함. 「서서西署 반석방盤石坊 약현藥峴의 안산案山을 그 동에 거주하는 김·임 두 사람이 서로 자기 소유라고 하였는데, 상세히 그 지역을 조사한 결과 관유지가 확실하니 두 사람을 소환하여 엄중히 신문하고 자세히 알려주었음[示明]」

■ 5일(금) | 아침에 흐렸다가 포시(오후 3~5시)부터 비가 내리다. 밤이 되자 천둥벼락까지 치니 삼농[6]에 흡족할 듯하다.

○ 주사 이명환이 출근하다. 김우현이 숙직하다.

○ 미국 공관의 조복을 접수함. 「한성 내 가계家契 중에 불타거나 분실된 것은 뒤쪽에 기록[後錄]하였으니 열람할 것」

○ 또 조복을 접수함. 「미국 여인 맥렐런이 김성현의 채전菜田을 잘못 점유했는지의 여부는, 다시 확실한 증거가 나오면 저절로 해결될 것임」

---

4 주동(鑄洞): 주자동(鑄字洞)의 약칭으로, 중구 남학동·예장동·주자동·충무로2가·충무로3가· 필동1가에 걸쳐 있던 마을.

5 징족(徵族): 국가가 백성에게서 세금 따위를 받지 못했을 때 그 친척에게서 대신 징수하는 일.

6 삼농(三農): 봄에 논밭을 갈고, 여름에 김매고, 가을에 추수하는 세 가지 농사.

○ 한성재판소의 조회를 접수함. 「적성군積城郡 권병규權秉圭·용규容圭의 고소 안건과 관련하여, 관계 일본인 후쿠시마[福島] 외 1명이 강제로 빼앗은 수표手票를 찾아서 줄 것」

6일(토) | 비.

○ 박 판윤, 소윤 박승조, 주사 김우현이 출근하다. 강준영이 숙직하다.

○ 경무청의 조회를 접수함. 「동서東署 거주민이 어의동[7]에서 김정식金正植의 집을 매입했는데 계권契券을 매수자에게 주지 않았다고 하므로, 그 두 사람을 압송하는 건」

○ 일본 공관에 조회를 발송함. 「적성에 거주하는 권병규·권용규에게서 일본인 후쿠시마·요시다[吉田]가 강제로 뺏은 수표手票를 돌려보낼[繳交] 것」

○ 일본 공관에 조회를 발송함. 「이시영 안건의 갱심更審은 5월로 기일을 정하는 건」

○ 청 공관에 조회를 발송함. 「유태근·김치수가 청 상인 왕덕창과 소동을 일으킨 건」

○ 청 공관에 조회를 발송함. 「귀상貴商 총회원總會園 부근 지역이 더러우므로 해당 관리관에게 청소하게 할 것」

○ 헌병사령부에 조회를 발송함. 「일본인 히로타니 마사하루[8]가 도둑맞은 시계를 특별히 탐문하고 해당 병졸을 초치해서 보내는 건」

7일(일) | 반은 흐리고 반은 맑음.

○ 주사 강준영이 숙직하다.

○ 경무청의 조회를 접수함. 「약현의 안산을 영국인에게 매매한 우리 백성 임진환林鎭煥·김육기金宍基를 재판소로 압송하는 건」

7 어의동(於義洞): 종로구 효제동에 있던 마을.

8 원문에 '廣辰正春'로 되어 있으나, 5월 4일 기사로 볼 때 '廣谷正春'의 오기이다.

8일(월) | 맑고 따뜻함.

○ 박 판윤, 소윤 박승조, 주사 김우현·강준영·김유장金裕章이 출근하다. 이명환이 숙직하다.

○ 일본 병참사령부의 서함을 접수함. 「오는 20일경 우리 황족 전하가 한성에 오셔서 유람하실 때, 남대문 밖 정거장부터 진고개[9]길까지 정비할 것」

○ 일본 공관의 조회를 접수함. 「일본인 시바타 고타로[柴田虎太郎]가 영친왕부英親王府 가령家令이 김해군金海郡을 개간한 데 따른 손해액의 배상을 청구하는 것」

○ 내부內部에 질품서 1건을 발송함. 「외국인들이 매입한 가계家契를 본부(한성부)에 위임해서 편의하게 발급하는 건」

○ 내부에 보고를 발송함. 「일본 황족이 한성에 올 때 남대문 밖 정거장부터 진고개길까지 정비하는 건」

○ 한성재판소에 통첩을 발송함. 「피고 김정식을 경무청에서 압송해 왔으므로 해당 안건을 이첩함」

9일(화) | 종일 흐리고 습함. 구름만 빽빽하고 비는 내리지 않으니 화왕절후[10]의 시작이다.

○ 박 판윤, 소윤 박승조, 주사 김우현·강준영·노재연·김유장이 출근하다. 이명환이 숙직하다.

○ 서서西署의 조회를 접수함. 「본서(서서) 관내 이문동里門洞 토막土幕에서 남성 걸인 시신 1구를 수습하여 매장한 비용을 청구함」

○ 북서北署의 조회를 접수함. 「본서(북서) 관내 백석동[11]에서 여성 걸인 시신 1구를 수습하여 매장한 비용을 청구함」

○ 각 방곡坊曲에 고시함. 「오는 7월 1일부터 지금까지 사용한 구 백동전白銅錢 2원을 새 화폐[新貨] 1환圜으로 환수還收하거나 교환함」

---

9 진고개(泥峴): 중구 충무로2가 중국대사관 뒤편에서 세종호텔 뒷길에 이르는 고개.

10 화왕절후(火旺節候): 화기(火氣)가 왕성한 절기로 여름을 가리킴.

11 백석동(白石洞): 종로구 부암동에 있던 마을.

10일(수) | 맑음.

○ 박 판윤, 소윤 박승조, 주사 김우현·강준영·노재연·이명환이 출근하다. 김유장이 숙직하다.

○ 평리원에 조회를 발송함. 「이명식의 선산에서 일본인이 석재를 채취한 건과 관련하여, 철도원鐵道院 기사 이범철을 신문하여 처리할 것」

○ 일본 공관에 조회를 발송함. 「이완세李完世의 전지田地 한 구역에 박영수朴永秀가 은밀히 가옥을 지었는데, 이를 일본인 이와타니 데츠지로[岩谷徹二郞]에게 전당을 잡힌 건」

11일(목) | 맑음.

○ 박 판윤, 소윤 박승조, 주사 김우현·강준영·노재연·이명환이 출근하다. 김유장이 숙직하다.

○ 서서의 조회를 접수함. 「본서(서서) 관내 모화현[12]에서 시신 1구를 수습하여 매장한 비용을 청구함」

○ 경무청에 통첩을 발송함. 「미국 영사가 금표시계金票時計를 분실했으니 수색해서 찾을 것」

12일(금) | 맑음.

○ 박 판윤, 소윤 박승조, 주사 김우현·강준영·노재연·이명환이 출근하다. 김유장이 숙직하다.

○ 일본 공관의 공함을 접수함. 「우리나라 사람 하시베 도요쿠라[橋邊豊藏] 소유 가권家券 3매와 가옥 매매증서를 모두 분실하였으니 혹시 발견되면 즉시 통보해줄 것」

○ 영국 공관의 조회를 접수함. 「본국인 희우喜祐가 매입한 가권을 교환해 줄 것」

○ 경무청의 조회를 접수함. 「〈도로청결법〉을 현재 시행하고 있으니 청국 공관과 교섭하여 해당 상민商民들로 하여금 모두 청소하게 할 것」

12 모화현(慕華峴): 서대문구 현저동에서 홍제동으로 넘어가는 고개.

○ 「영국 영사가 분실한 금표시계를 찾아서 본 주인에게 돌려줄 것」

○ 미국 공관에 조회를 발송함. 「맥렐런이 잘못 점유한 김성현의 전지에 대해 정창식鄭昌植이 입증한 서류를 덧붙여 보내니 이치에 맞게 처리할 것」

○ 일본 공관에 서함을 발송함. 「일본인 구로다 시토시[黑田志壽]와 시흥 백성 조기주趙基周에게 수표手票를 찾아서 교부할[繳交] 것」

13일(土) | 맑고 따뜻함.

○ 박 판윤이 대청大廳의 전화電話를 받고 대궐에 나가다. 소윤 박승조가 출근하다. 주사 김우현이 정릉 해자 식목植木의 간심看審을 위해 나가다. 강준영·이명환·노재연이 출근하다. 김유장이 숙직하다.

○ 경무청 조회를 접수함. 「청인淸人 사세창謝世昌이 김도여金度汝에게 가옥을 매입했는데 이제 또 다른 곳에 전매轉賣하였다고 하니, 청 공관과 교섭해서 이치에 맞게 처리할 것」

○ 평리원 훈령을 접수함. 「부평 주민 신인숙申仁叔 사건과 관련하여, 부평 오류동梧柳洞에 거주하는 일본인 고미네 겐사쿠[小峯源作]와 남대문 밖에 거주하는 만다[萬田]를 일본 공관에 조회하여 질변質卞에 응하게 할 것」

○ 청 공관에 조회를 발송함. 「김면옥金冕玉과 청인 사세창의 가옥 전집典執을 작교繳交할 것」

14일(일) | 새벽부터 비가 내려 밭을 두 번 갈기[二犂]에 충분함. 오후 2시경부터 갬.

○ 주사 김유장이 숙직하다.

15일(월) | 맑음.

○ 박 판윤, 소윤 박승조, 주사 김우현·강준영·이명환·노재연이 출근하다. 김유장이 숙직하다.

○ 청 공관에 조회를 발송함. 「곧 〈청결법淸潔法〉이 시행될 것이니, 청 상인 등의 거류지에 특별히 명하여 청소할 것」

○ 일본 공관에 조회를 발송함. 「평리원에서 심판할 부평 주민 신인숙의 송안訟案과 관련하여, 질변質卞할 일본인 만다와 고미네[小峯]를 보낼 것」

○ 영국 공관에 조복을 발송함. 「영국인 미락彌樂이 지계地契를 받고자 하는 문제와 관련하여, 현재 시행되지 않으니 실로 허가하기 어려움. 해당 지권地券은 분명히 위조된 것임」

○ 서서의 조회를 접수함. 「본서(서서) 관내 남대문 밖 성저[13]에서 남성 걸인 시신 1구를 수습하여 매장한 비용을 청구함」

○ 경무청의 조회를 접수함. 「청인淸人 임회흥林會興이 차부[14] 박성삼朴聖三을 구타했으니 청 공관과 교섭하여 엄중히 징계해서 폐단을 막을 것」

16일(화) | 맑음.

○ 박 판윤, 소윤 박승조, 주사 김우현·강준영·이명환·노재연이 출근하다. 김유장이 숙직하다.

○ 진잠군鎭岑郡의 보고를 접수함. 「일본인 시로 로쿠타[城六太]에게 채금債金한 본군本郡(진잠군) 주민 조종구趙鍾九·용구鏞九의 가옥·전토田土·산림을 공매公賣하여 상환하라는 훈령을 받았으므로 질사質査함」

○ 학부의 지령을 접수함. 「찬성학교의 사립私立을 인허했으니 해당 교사가 학부에 와서 응시하게 할 것」

○ 외부外部의 지령을 접수함. 「양도量圖(측량 도면) 1장, 답사 결과 1건을 해당 공관에 송부할 것」

17일(수) | 흐림. 가랑비가 내리다.

○ 박 판윤, 소윤 박승조, 주사 김우현·강준영·이명환·노재연이 출근하다. 김유장이 숙

13 성저(城底): 조선시대에 서울 도성 밖의 근처 지역을 부르는 명칭.

14 차부(車夫): 마차·우차·달구지 같은 것을 부리는 사람.

직하다.

○ 각 공관에 조회를 발송함. 「서서西署 반석방盤石坊 석교계[15] 남순원南順元의 가계家契가 유실되었음을 성명聲明함」

○ 한성재판소에 통첩을 발송함. 「중서中署 이동泥洞 김학순金學順의 가계를 추급推給하는 건」

○ 내부內部에 질품서를 발송함. 「일본인 이노우에 요시후미 외 26명의 가계 46매 및 영국인 희우喜祐, 프랑스인 마르텔의 가계 각 1매를 바꾸어 지급하는 건」

○ 정릉貞陵 부근 동洞에 돌려가며 훈령을 내림[輪訓]. 「정릉 해자 내에 나무를 심을 것」

○ 미국 공관의 조회를 접수함. 「미국인 유위劉慰가 예전에 매입한 반석방 가옥 1채의 신계新契를 발급할 것」

○ 경무청의 조회를 접수함. 「창동倉洞 안석효安錫孝의 집 울타리[家籬] 안에 일본인 오자키[尾崎]가 길을 닦는다고 하면서 거리낌 없이 땅을 판다고 하니, 일본 공관과 교섭하여 속히 금지시킬 것」

18일(목) | 맑음.

○ 박 판윤, 소윤 박승조, 주사 김우현·강준영·이명환·김유장이 출근하다. 노재연이 숙직하다.

○ 경무청의 조회를 접수함. 「일진회장一進會長의 공첩公牒에, '독립관獨立館의 터를 회원과 함께 조사해서 경계를 정할 것'이라고 함」

19일(금) | 조금 흐리고 비는 내리지 않음.

○ 박 판윤, 소윤 박승조, 주사 4명이 출근하다. 노재연이 숙직하다.

○ 청 공관의 조회를 접수함. 「청상인[華商] 윤보론尹寶論의 회계장부[算帳], 지폐 193원, 의복, 버선襪子 등의 물건을 이동犁洞 등지에 거주하는 한국인 양운성楊雲成, 병졸 김홍근金紅根이 강탈해 감」

15 석교계(石橋契): 용산구 동자동과 서계동, 중구 의주로1가 일대에 걸쳐 있던 마을.

20일(토) | 포시(오후 3~5시)에 비가 오다가 늦게 갬.

○ 주사 김우현이 숙직하다.

21일(일) | 맑음.

○ 주사 김우현이 숙직하다.【이날 판윤이 일본대사 박博(이토 히로부미)과 영친왕을 남대문 밖 정거장에서 영접하다.】

○ 서서의 조회를 접수함.「본서(서서) 석교石橋 노변路邊에서 남성 걸인 시신 1구를 수습하여 매장한 비용을 지급할 것」

22일(월) | 주간에 혹은 맑다가 혹은 흐림. 밤이 되자 먹구름이 빽빽하고 바람이 나무를 조금 흔들림.

○ 박 판윤, 소윤 박승조, 주사 김우현·강준영·노재연·김유장이 출근하다. 이명환이 숙직하다.

○ 외부外部의 훈령을 접수함.「미국인 콜브란·보스트윅의 수관기기水管器機 응용지應用地를 요구한 대로 매매를 허락할 것」

○ 서서의 조회를 접수함.「제중원에서 병을 치료하던 연안延安 사람 유덕성劉德成의 시신을 수습하여 매장한 비용을 지급할 것」

○ 일본 공관의 서함을 접수함.「남대문 밖 연지蓮池 주변 광고대와 교번소交番所 중간의 공터에 맥주 진열소의 설치를 허가해줄 것」

○ 군부에 보고를 발송함.「청 상인의 지폐와 화물을 강탈한 병정 김홍근[16]을 엄중히 처리하고 그 빼앗은 지폐와 화물을 추환推還하는 건」

○ 경무청 경찰과警察課에 조회를 발송함.「청 상인의 지폐와 화물을 강탈한 범인 양운성을 엄중히 처리하고 그 빼앗은 지폐와 화물을 조사해 돌려주는[推還] 건」

○ 사립 찬성학교에 훈령을 발송함.「교사 조규영曺圭永을 학부에 보내 응시하게 할 것」

16 원문에 '金仁根'으로 되어 있으나, 4월 19일 등의 기사로 볼 때 '金紅根'의 오기인 것으로 보인다.

○ 경무청에 조회를 발송함. 「남대문 밖 연지蓮池 주변에 맥주 진열소의 개설을 특별히 허가하는 건」

○ 일본 공관에 서함을 발송함. 「남대문 밖 연지 공터에 경부철도 개통 혹은 당일 맥주 진열소의 개설을 특별히 허가하는 건」

23일(화) | 맑음.

○ 소윤 박승조, 주사 김우현·강준영·노재연·김유장이 출근하다. 이명환이 숙직하다.

○ 일본 공관에 조회를 발송함. 「평리원에 갇힌[拘囚] 죄인 김영우金永佑가 파성관巴城館에 거류하는 일본인 사사부치 시치조[笹淵七生]를 강탈한 건」

○ 일본 공관에 서함을 발송함. 「유진찬兪鎭贊이 일본인 다카키[高木]에 대해 제기한 채무소송과 관련하여, 다카키와 고지마[小島]를 부기簿記를 지참하고 재판소로 오게 하여 결정하는 건」

○ 평리원의 조회를 접수함. 「김영우는 공전公錢(공금)을 수쇄[17]한 일로 평리원에 갇혀 있음. 일본인 사사부치 시치조가 강탈당했다고 스스로 보고했으니 일본 공관에 조회를 보내 알릴 것」[18]

24일(수) | 맑음.

○ 소윤 박승조, 주사 김우현·이명환·노재연·김유장이 출근하다. 강준영이 숙직하다.

○ 일본 공관의 공문을 접수함. 「통신원通信院 회계과會計課 한화韓貨 5,295원을 속히 지불하는 건」

○ 일본 공관의 공문을 접수함. 「철도 정거장에 양회통洋灰桶과 시멘트[洋灰]를 매수한 죄[買收罪]를 방지할 것」

○ 일본 공관의 공문을 접수함. 「후치카미 다메지로[淵上爲次郞]가 경상남도 고성固城에 거주하는 이진상李鎭相에 대해 제기한 채용債用(빌려서 씀) 건과 관련하여 훈령을

17 수쇄(收刷): 세금이나 밀린 빚을 거둬들임.

18 이 기사 다음에 "同 來照 日人笹淵七生携帶 金永佑還囚本院事"라는 기사가 있는데, 생략이 심해 정확한 의미를 파악하기 어려워 해석에서 제외하였다. '還囚'는 일단 석방한 죄인을 다시 가둔다는 뜻이다.

발송할 것」[19]

○ 경무청의 조회를 접수함. 「도적 현행범 김홍근金弘根과 양운성楊雲成을 반드시 체포할 것」

○ 한성재판소에 조회를 발송함. 「광주廣州 부곡富谷 정거장의 소류[20]·양회洋灰와 관련하여 그곳에 구속되어 있는 김교흥金教興을 즉시 방면하는 건」

25일(목) | 맑음.

○ 주사 김우현·이명환·노재연·김유장이 출근하다. 강준영이 숙직하다.

○ 판윤과 소윤이 경부철도 개통예식開通禮式에 가다.

○ 경무청의 조회를 접수함. 「남서 순검 남정달南廷達이 일본인 사에키 겐자부로[佐伯源三郎]와 신원 미상의 일본인 2명을 구타한 사건을 일본 공관에 조회를 보내 알리고 징벌할 것」

26일(금) | 아침에 비가 내리다가 간혹 그침. 바람과 볕이 좋지 않으니 원유회園遊會의 일대 흠이 되는 일이었다.

○ 판윤과 소윤은 (원유회에) 가지 않고 주사 5명이 함께 가다. 노재연이 그대로 숙직하다.

○ 미국 공관의 조회를 접수함. 「서서 반석방盤石坊 남대문 밖 배윤조裵允祚의 가옥 1채를 미국인 담손覃孫이 매수했으므로 신계新契로 교환해줄 것」

○ 평리원의 조회를 접수함. 「일본인 만다는 기일에 맞춰 대기했지만, 고미네는 오지 않았음. 이 때문에 아직 심리審理를 하지 못했으니, 재촉하는 조회를 보내서 대령시킬 것」

---

19 《구한말 민사 판결문》에 따르면, 1905년 4월 20일 "피고(이진상)는 원고(후치카미 다메지로) 청구에 따라 증서를 써주고 차용한 엽전 합계 4만 냥과 손해금 엽전 9천 냥 그리고 17일 동안 두 사람의 비용조 엽전 680냥, 도합 4만 9,680냥 중 지폐 900원과 당전(當錢) 2만 6,500냥을 먼저 갚은 것으로 공제하고 나머지 액수를 즉시 변상해야 함."이라는 판결이 내렸다.

20 소류(掃溜): 의미가 분명하지 않다. 단, 일본어로 하키다메[掃き溜め]는 쓰레기 터를 말한다.

27일(토) | 비가 내리다 어두워짐. 바람이 가볍고 달이 차니 농사철의 괴후[21]가 아닌가?

○ 주사 노재연이 숙직하다.

○ 군부의 지령을 접수함. 「청 상인 윤보론이 한국 병사 김홍근에게 지폐를 강탈당한 사건과 관련하여, 해당 병졸의 대호[22]가 모호하니 다시 보고할 것」

○ 일본 공관의 공문을 접수함. 「일본인 오자키[尾崎]가 안석효安錫孝에 대해 제기한 지위地圍 내 굴토掘土 손해금 배상에 관한 건」

○ 일본 공관의 공문을 접수함. 「일본인 니시무라 도모노스케[西村留之助] 외 17명의 구권舊券 36매를 신계新契 27매로 교환해줄 것」

○ 한성재판소의 통첩을 접수함. 「김학순의 가계와 관련하여, 가쾌家儈 김순지金順志가 분실한 이유를 심판해보니 의심할 만한 것이 없음. 보증인을 세우고 가계를 지급할 것」

28일(일) | 아침에 흐리다가 저녁에 맑음.

○ 주사 김유장이 숙직하다.

29일(월) | 맑음.

○ 박 판윤, 소윤 박승조, 주사 김우현·강준영·이명환·노재연이 출근하다. 김유장이 숙직하다.

○ 청 공관에 조복을 발송함. 「청 상인 윤보론이 강탈당한 사건과 관련하여, 한국 병사 김홍근의 대호隊號가 불분명하므로 다시 상세히 조사 중임」

○ 일본 공관의 공함을 접수함. 「철도감부鐵道監部에 보내는 별지 '분묘墳墓 이전료 지불조서'에 전례에 따라 조인調印할 것」

○ 일본 공관의 공함. 「창동倉洞 김교각金敎珏이 김교흥에게 한화 2만 냥 수표手票를 강취强取 당한 사건과 관련하여, '임시 군용철도 감부監部'의 명의를 사칭했음」

---

21 괴후(怪候): 고르지 못한 기후.

22 대호(隊號): 부대 명칭 또는 번호.

○ 경무청의 조회를 접수함. 「일본 공관 문 앞의 도로를 보수하는 데 최대철崔大喆의 가옥이 장애가 되니 일본 공관과 교섭해서 좋은 쪽으로 처리할 것」

30일(화) | 맑음.

○ 박 판윤, 소윤 박승조, 주사 강준영·이명환·노재연·김유장이 출근하다. 김우현이 숙직하다.

○ 영국 공관의 조회를 접수함. 「영국인 민라閔羅가 서서 반석방 지하계[23]의 초가 7칸을 매수하였으니 신계新契로 교환해줄 것」

○ 한성재판소에 조복을 발송함. 「일본인 다카키 도모노스케[高木友之助]가 유진찬兪鎭贊에 대해 제기한 대금 상환 안건을 속히 처리할 것」

○ 또 조회를 발송함. 「서서 창동倉洞에 거주하는 김교각이 부평군 거주 김교흥의 한화韓貨 2만 냥 수표를 강취한 사건을 엄중히 조처할 것」

○ 또 조회를 발송함. 「청 상인 윤보론이 화물을 강탈당한 안건과 관련하여, 관계인 양경선梁景善과 김홍근金弘根을 기일에 맞게 입회시켜서 청심[24]하는 건」

31일(수) | 맑음.

○ 박 판윤, 소윤 박승조, 주사 강준영·이명환·노재연·김유장이 출근하다. 김우현이 숙직하다.

○ 한성 내 지단地段 측량기수測量技手로 시험을 통해 4명을 채용함. 【일본인 기수技手 쓰쓰미[堤][25]가 참석함】

○ 남서의 조회를 접수함. 「본서 관내 무교[26] 아래 남천南川에서 강보에 싸여 버려진 남아의 시신을 수습하여 매장한 비용을 청구함」

---

23 지하계(池下契): 중구 충정로1가, 서대문구 충정로2가·현저동·냉천동·영천동·옥천동·천연동, 종로구 교남동·교북동·무악동·송월동·평동·행촌동·홍파동의 각 일부에 해당하는 마을.

24 청심(聽審): 재판의 심리를 방청하는 일.

25 5월 13일 기사로 볼 때, 쓰쓰미 게조[堤慶藏]로 보인다.

26 무교(武橋): 중구 태평로1가 30번지 동남쪽과 무교동 32번지 부근으로 청계천 지류인 창동천(倉洞川) 하류에 있던 다리.

○ 경우편국장京郵便局長 일본인 다나카 지로[田中次郎]의 조회를 접수함. 「오서 내 방坊·계契·동洞·리里의 명칭을 조사해서 자세히 알려줄[示明] 것」

○ 미국 공관의 조회를 접수함. 「미국인 그래험 리Graham Lee, 李吉咸가 동서 어의동於義洞 냉동冷洞의 초가 6칸을 전집典執했는데, 집주인 정중선鄭仲善이 보유한 가계 1장이 분실되었으므로 다시 신계로 바꾸어 송부할 것」

광무 9년
(1905)

6월

1일(목) | 맑음.

○ 박 판윤, 소윤 박승조, 주사 김우현·이명환·노재연·김유장이 출근하다. 강준영이 숙직하다.

○ 내부內部의 지령을 접수함. 「일본인 이노우에 요시후미, 영국인 희우喜祐, 프랑스인 마르텔의 가계를 전례에 따라 발급할 것」

○ 평리원의 조회를 접수함. 「부평 신인숙 안건과 관련하여, 일본인 고미네 겐사쿠가 해당 사건과 관계가 있으니 이를 일본 공관에 조회를 보내 알리고, 그 질변서質卞書를 수령하는 건」

2일(금) | 아침에 흐리다가 저녁에 비가 옴.

○ 박 판윤이 산릉山陵의 제관祭官으로 나가다. 소윤 박승조, 주사 김우현·이명환·노재연·김유장이 출근하다. 강준영이 숙직하다.

○ 한성재판소의 조회를 접수함. 「포병布屛[1]에 거주하는 고영진高泳鎭·이군실李君實·장봉익張鳳翼 안건과 관련하여, 공술이 서로 같지 않으니 청 상인 덕화성德和成을

1 포병계(布屛契): 종로2가와 3가에 걸쳐 있던 마을로, 현 탑골공원 동쪽 낙원동 입구에 삼베전이 있던 데서 유래함.

청 공관에 조회하여 압송하여 질변質卞하는 건」

○ 경무청의 조회를 접수함. 「안동安洞에 거주하는 조횡성趙橫城의 대변인[代言人] 이복성李福成이 은진恩津의 농장 매입에 관해 일본인 가와모토[川本]에게 시비를 제기하니, 일본 공관에 조회한 후 가와모토를 잡아와서 모여 심리[會審]하는 건」

○ 평리원의 조회를 접수함. 「중서中署 경행방慶幸坊 세동細洞 2통 9호의 가주家主의 성명과 인허 여부를 자세히 알려줄[示明] 것」

○ 경리원經理院에 통첩을 발송함. 「한미전기회사韓美電氣會社 수개水箇 건축지를 침범한 귀원(경리원) 소관 전답의 조처 결과를 자세히 알려줄 것」

3일(土) | 맑음.

○ 박 판윤, 소윤 박승조, 주사 김우현·강준영·노재연·김유장이 모두 축하회에 가다. 이명환이 숙직하다.

4일(일) | 맑음.

○ 휴일이다. 주사 이명환이 숙직하다.

5일(월) | 맑음.

○ 박 판윤, 소윤 박승조, 주사 김우현·강주연·이명환·김유장이 출근하다. 노재연이 숙직하다. 【통신원에 조회를 발송함. 「안성호가 분할 매매한 가계家契를 해당 매주買主 최종식에게 환급還給하는 건」】

6일(화) | 아침에 맑고 저녁에 산바람이 붊.

○ 박 판윤이 출근하다. 소윤 박승조가 효창원 제관으로 나가다. 강준영이 근행[2]을 하다. 주사 김우현·이명환·김유장이 출근하다. 노재연이 숙직하다.

○ 서서西署의 조회를 접수함. 「제중원에서 치료받던 평산平山 거주 신만봉申萬奉의 시신을 수습하여 매장한 비용을 지급할 것」

○ 한성재판소의 조회를 접수함. 「남서南署 용동龍洞에서 살해된 강씨 여인의 정범正犯 청인淸人 장홍해張紅海를 청 공관에 조회해서 압송할 것」

○ 한성재판소의 조회를 접수함. 「북서北署 남궁렬南宮烈이 가쾌家儈에 대해 제기한 소송과 관련하여, 청인淸人 손경산孫慶山을 속히 질판質辦하는 건」

○ 평리원의 통첩을 접수함. 「중서中署 세동細洞의 전前 군수 이인우李麟宇의 집을 집행하는 건」

7일(수) | 맑음.

○ 오늘은 구력으로 천중가절天中佳節(단오)이라서 휴일이다. 주사 김유장이 숙직하다.

○ 남서南署의 조회를 접수함. 「본서(남서) 관내 팽목곡彭木谷 남성 1인이 스스로 목을 매 죽었으므로 이를 수습하고 매장한 비용을 청구함」

○ 북서北署의 조회를 접수함. 「본서(북서) 관내 안팎 계契의 금년도 호적戶籍·통표通票·호구 조사의 성책成冊 1건과 각 사찰 승려의 성책 1건, 호적지戶籍紙 값 70원을 모두 송부하는 건」

8일(목) | 아침에 흐리고 가랑비가 오다가 저녁에 갬.

○ 박 판윤, 소윤 박승조, 주사 김우현·이명환·노재연이 출근하다. 김유장이 숙직하다.

○ 청 공관에 조회를 발송함. 「우리나라 사람 남궁렬이 청인淸人 손경산에 대해 제기한 전전轉典한 심 소사沈召史의 가계 환퇴還退 건과 관련하여, 다음 주 월요일 오후 2시에 이곳에 오게 하여 질변質卞하는 건」

---

2 근행(勤行): 부처 앞에서 독경하거나 예배하는 일.

○ 일본 공관의 공함을 접수함. 「인제군麟蹄郡에 거주하는 이회영李晦榮이 사람을 보내 행패를 부리고 전토田土를 불법적으로 강점한 것에 대해 일본인 가와모토 준사쿠가 문제를 제기했으니 속히 엄중하게 징판할 것」

○ 내부內部에 보고를 발송함. 「남대문 밖 정거장 근처 파묘처破墓處의 고골[3]을 수습해서 매장한 비용 금 47원 20전 및 장차 파서 옮길[掘移] 백성들의 무덤[民塚] 3,000여 소에 관해 보고하는 건」

○ 남서의 조회를 접수함. 「본서(남서) 관내 금위남창禁衛南倉 동쪽에서 비파정琵琶亭 아래 약수정藥水井 근처까지 일본인 마츠카와 나카지로[松川長二郎]가 목책木柵을 세움. 비파정에서 일강一岡 동쪽을 넘어 평지平地까지 하야시다 가메오[林田龜男]가 터를 닦음. 청룡정靑龍亭 등지에 가메야[龜屋]가 터를 닦음」

○ 경무청의 조회를 접수함. 「앞의 남서 조회와 관련하여, 일본인들이 목책을 세우고 터를 닦은 건」

9일(금) | 맑음.

○ 주사 이명환·노재연·김유장이 출근하다. 김우현이 숙직하다.

○ 남서의 조회를 접수함. 「본서(남서) 소관 내외 계契의 적지가籍紙價 60원을 지급할 것」

○ 평리원의 훈령을 접수함. 「중서中署 경행방慶幸坊 제2통 9호 전前 군수 이인우의 집을 이미 평리원에서 집행하였는데, 갑자기 일본인 고구레 쇼타[木暮松太]가 명패를 써 붙였음. 일본 영사에게 조회를 보내 즉시 제거하게 할 것」

○ 주경駐京 일본우편국의 조회를 접수함. 「오서五署 내 각 방坊·동洞의 명칭을 속히 조사해서 보내줄 것」

3 고골(枯骨): 썩어서 뼈가 드러난 시체.

10일(토) | 맑음.

○ 박 판윤, 소윤 박승조, 주사 강준영·이명환·노재연·김유장이 출근하다. 김우현이 숙직하다.

○ 탁지부의 훈령을 접수함. 「《신화폐조례新貨幣條例》의 실시를 국문國文으로 등부謄付해서 고지할 것」

○ 한성재판소의 조회를 접수함. 「남서의 강씨 여인이 치사致死한 사안과 관련하여 정범正犯 장홍해張紅海를 청 영사와 함께 회검會檢할 것」

○ 독일 공관의 조회를 접수함. 「독일 여인 손탁[4]양이 김인수金仁洙의 집을 전집典執했는데, 주접인住接人 원흥섭元興燮이 다른 곳으로 이접移接했다가 다시 그 집으로 건너왔음」

○ 청 공관에 조회를 발송함. 「장봉익·안교명安敎明 상송相訟 안건과 관련하여, 질심質審을 위해 청 상인 덕화성德和成에게 다시 명하여 이곳으로 보낼 것」

○ 일본 공관에 조회를 발송함. 「청룡정 근처 지역에서 일본인 가메야[龜屋]의 건축 공사를 철거할 것」

○ 궁내부에 보고를 발송함. 「남서 금위남창禁衛南倉 비파정琵琶亭 근처 지역에서 일본인 하야시다 가메오[林田龜男]가 귀부(궁내부)의 지위[5]를 받았다는 구실을 내세우면서 현재 건축 공사를 시작하였음」

---

4 손탁(孫澤): 안토니에테 손탁(Antoniette Sontag, 1838~1922)이다. 그녀는 프랑스 알자스 태생으로, 보불전쟁의 결과 이 지역이 독일의 영토로 편입되면서 독일 국적을 갖게 되었다. 그녀의 여동생 마리 파울리네(MariePauline)는 조선 주재 대리공사 겸 총영사 카를 베베르(Carl Waeber)의 남동생 알렉산더 이바노비치 마악(Alexader Iwanowitsch von Maak)과 결혼하였고, 이 인연으로 1885년 베베르가 한성에 부임할 때 함께 입국하였다. 특히 1885년 아관파천 당시 고종을 극진히 모셔서 그 환심을 샀고, 고종이 환궁한 뒤에는 왕궁의 의전과 외국인 접대를 담당했다. 손탁의 후임으로 1905년부터 1906년까지 궁중의 외교전례를 담당한 엠마 크뢰벨(Emma Kroebel)에 따르면, 고종은 정신적으로 손탁에게 크게 의지하였고 이 때문에 손탁은 '무관의 황후'로 불렸을 정도였다. 또한 손탁은 서울 시내에 몇 채나 되는 고급주택을 소유하는 등 '돈을 버는 수완'도 뛰어났다고 한다. 손탁은 고종으로부터 하사받은 정동 27번지의 대지에 2층 양옥을 짓고 '손택 호텔'이라는 간판을 내걸고 경영했다. 조선 최초의 서양식 호텔이었다. 청일전쟁이 발발한 1894년부터 이 호텔에서 유력한 내외인사 등이 모여 친목단체를 구성했는데, 이를 '정동 구락부(Chongdong Club)'라고 하였다. 주요 멤버로는 민영환, 이완용, 서재필, 윤치호, 민상호, 이학균, 이봉래, 이상재 등의 조선인과 미국공사 실(Sill), 프랑스 공사 플랑시(Collin de Plancy), 미국인 다이(Dye) 장군, 외교고문 르장드르(Legendre), 목사 언더우드(Underwood)와 아펜젤러(Apenseller) 등이 있었다. 손탁은 1909년에 서울을 떠나 1922년 프랑스 칸느에서 사망했다. 손탁의 생애에 관해서는 엠마 크뢰벨 지음, 김영자 옮김, 《나는 어떻게 조선 황실에 오게 되었나》, 민속원, 2015 참조.

5 지위(知委): 통지나 고시 등의 형식으로 명령을 내리는 일.

○ 한성재판소에 조회를 발송함. 「조기택趙基澤이 김옥순金玉淳에 대해 제기한 송사와 관련하여, 사실을 시명示明하는 건」[6]

11일(일) | 맑음.

○ 주사 강준영이 숙직하다.

○ 청 공관의 조회를 접수함. 「우리 백성 남궁렬이 청 상인 손경산에게 가계家契를 전당 잡혔는데, 그 상환 기한이 이미 오래전에 지났으므로 가옥을 방매放賣(물건을 내놓고 파는 일)하는 건」

12일(월) | 흐림.

○ 박 판윤, 소윤 박승조가 제관으로 나가다. 주사 김우현·이명환·노재연·김유장이 출근하다. 강준영이 숙직하다.

○ 일본 공관의 조회를 접수함.[7] 「사촌리沙村里 철교 부근의 매매가격을 조사해서 회시回示할 것」

○ 경무청의 조회를 접수함. 「각처의 외국인이 표목票木을 세우고 경계를 차지한 것을 철저하게 적간摘奸하는 건」

13일(화) | 맑음. 종일 찌는 듯하다가 밤이 되자 서늘해짐.

○ 박 판윤, 소윤 박승조, 주사 김우현·강준영·노재연·김유장이 출근하다. 이명환이 숙직하다.

○ 일본인 쓰쓰미 게조[堤慶藏]가 시험으로 뽑을[試取] 측량견습생測量見習生 응시자가 총 17명이다. 선발과 낙제 인원수는 알 수 없다.

6 《구한말 민사 판결문》에 따르면 1905년 4월 11일 "피고(서옥순)는 원고(조기택) 청구에 따라 일본인 가와모토[川本]가 위조한 장기(掌記)와 강제로 받아간 도조(賭租) 적치표(積置票)를 찾아주어야 함"이라는 판결이 내렸다.

7 원문에 '日館來'라고 되어 있다. 내용을 보면 일본 공관에서 한성부에 보내는 조회이므로 '일본 공관의 조회를 접수함'으로 풀이하였다.

14일(수) | 맑음.

○ 박 판윤, 소윤 박승조, 주사 김우현·강준영·노재연·김유장이 출근하다. 이명환이 숙직하다.

○ 미국 공관의 조회를 접수함. 「미국인 영길리사英吉利士가 매수한 가옥 1채, 채전菜田 2단段의 신계新契를 지급할 것」

○ 경무청의 조회를 접수함. 「청룡정 동편에서 화수정花樹亭까지 일본인이 세운 표목이 25개, 내남산內南山 상대上坮에서 청룡정 뒤 기슭 화수정 동쪽 서영사관書領事館까지 세운 공유표목公有標木이 120개임」

○ 일본 공관의 공문을 접수함. 「일본인 나가시마 이와지로[8]·오타니 고에[大谷光瑩]·마츠미 요시히[松見善日] 등이 가옥을 매수했으니 신계新契를 발급할 것」

○ 청 공관에 조회를 발송함. 「청인淸人 장홍해張紅海가 남서 용동의 강씨 여인을 살해한 안건과 관련하여, 피고를 청 순포巡捕 유우춘柳遇春에게 압부[9]함. 그 장씨 범인을 즉시 인도할 것」

○ 시흥始興에 훈령을 발송함. 「용산 철도 정거장을 침범한 인민의 분묘墳墓를 시흥군 경내로 이장하는 건」

15일(목) | 맑음.

○ 박 판윤, 소윤 박승조, 주사 김우현·강준영·이명환·김유장이 출근하다. 노재연이 숙직하다.

○ 동서東署 서장署長의 조회를 접수함. 「호적지戶籍紙 7,950장의 가격 125원을 수령함」

○ 경무청의 조회를 접수함. 「와서瓦署 당현堂峴 앞 작은 언덕의 백성의 분묘를 굴토掘土하여 이장함. 비파정 남·북쪽의 궁내부 정계定界에 일본인들이 표목을 세움」

8 나가시마 이와지로(長島岩次郎): 1891년 5월 서울에 설치된 일본어 학교[日語學校]의 교관이다.

9 압부(押付): 죄인을 압송해 넘겨줌.

16일(금) | 맑음.

○ 박 판윤, 소윤 박승조, 주사 김우현·강준영·이명환이 출근하다. 노재연이 숙직하다.

○ 내부內部의 지령을 접수함. 「미국인 담손覃孫의 가계家契를 바꾸어줄 것」

17일(토) | 맑음.

○ 박 판윤이 출근하다. 소윤 박승조, 주사 김우현이 군용철도 정거장 터인 문배산文背山에 있는 백성들의 무덤의 이장처를 간심看審하기 위해 시흥始興에 나가다. 강준영·이명환·노재연이 출근하다. 김유장이 숙직하다.

○ 한성재판소에 조회를 발송함. 「중서中署 세동細洞 김인수金仁洙 가옥과 관련하여, 독일 노파老婆 손탁 양의 채권을 집행하는 건」

○ 서서西署의 조회를 접수함. 「제중원에서 치료하던 김준완金俊完이 자살하여 매장한 비용을 지급할 것」

18일(일) | 흐림.

○ 주사 김유장이 입직함.

○ 청 공관의 공함을 접수함. 「용동龍洞 강씨 여인의 회검會檢과 관련하여 내일 ○시에 늦지 않게 신지[10]로 갈 것임」

○ 시흥의 보고를 접수함. 「한성부 훈령을 받고 군용철도 정거장을 침범한 민총民塚의 이장처를 조사하기 위해 영등포 정거장에서 대후[11]하다가 오후 4시에 관청에 복귀함」

○ 정부의 전화電話에, 「어제 효혜전[12]의 주다례晝茶禮에 공고公故(공적인 일)로 불참한 칙임관勅任官을 수록修錄하여 올리라는 뜻으로 대내大內의 처분을 받았음. 한성부 또한 마땅히 기록해서 보낼 것」이라고 하다. 이에 따라 한성부 박 판윤이 남산南山의 표목을 제거하는 문제로 일본 영사관에 가서 담판하느라 진참進參하지 못했다는 내용으로 기록해서 올리다.

---

10 신지(信地): 규정된 일정한 위치 또는 구역.

11 대후(待候): 상관의 명을 기다림.

12 효혜전(孝惠殿): 1904년에 홍서한 헌종 계비 효정왕후(孝定王后)의 혼전(魂殿).

19일(월) | 맑음.

○ 박 판윤이 출근하다. 소윤 박승조는 남산 경성공원京城公園에 표목을 설치할 지역을 적간摘奸하기 위해 나가다.[13] 주사 강준영·이명환·노재연·김유장이 출근하다. 김우현이 숙직하다.

○ 일본 병참사령부의 공함을 접수함. 「육군 보병대위 다카하시 히로시[高橋弘]가 후비대장後備隊長에 전보轉補되어 부임함」

○ 서서의 조회를 접수함. 「본서(서서) 관내 이문동 토막에서 남성 걸인 시신 1구를 수습하여 매장한 비용을 청구함」

○ 내부內部에 질품서를 발송함. 「일본 군용철도 정거장을 침범한 수상리水上里·증하리甑下里 부근 가옥과 전답을 발매發賣하지 않는 건」

20일(화) | 맑음.

○ 박 판윤, 소윤 박승조, 주사 강준영·이명환·노재연·김유장이 출근하다. 김우현이 숙직하다.

○ 중학교中學校의 서함을 접수함. 「측량기술 학도를 지휘하여 응시[應赴]하게 할 것」

○ 미국 공관의 조회를 접수함. 「김성현이 미국인 맥렐런이 전지田地를 잘못 점유했다고 제기한 안건은 이미 해결되었다고 함. 맥렐런이 이미 그 터에 양옥 1채를 지었으니 관계官契를 교환해줄 것을 요청함」

○ 일본 공관의 조회를 접수함. 「일본 상인 요시다 신[吉田新]이 우리나라 사람 김용실金容實에게 준 채무액 6만 9,850냥을 속히 상환할 것」

○ 한성재판소의 조회를 접수함. 「용동龍洞에서 구타당해 사망한 강씨 여인을 회검會檢할 것」

○ 미국 공관에 조복 2건을 발송함. 「미국인 그래험 리가 분실한 우리나라 사람 정중선鄭仲善의 가계 및 영길리사英吉利士가 분실한 우리나라 사람 문경홍文慶仜의 가계를 발급하는 건」

---

13 7월 15일 기사에 남산 경성공원에 표목을 설치한다는 내용이 있다.

○ 경무청에 조회를 발송함. 「남서 회동會洞의 김성관金聖寬, 장동[14]의 이용실, 소공동小公洞의 김관호金寬浩를 모두 이곳으로 압송해 오는 건」

21일(수) | 맑음.

○ 박 판윤, 소윤 박승조, 주사 김우현·이명환·노재연·김유장이 출근하다. 강준영이 숙직하다.

○ 한성재판소의 조회를 접수함. 「용동에서 구타당해 사망한 강씨 여인을 회검會檢할 때 소윤을 시켜 함께 모여 심리[會審]하게 하는 건」

○ 개성군開城郡에 훈령을 발송함. 「일본인 요시다 신이 개성군에 거주하는 김용실에 대해 제기한 채무 6만 9,805냥을 모두 상환할 것」

○ 미국 공관에 조회를 발송함. 「미국인 콜브란·보스트윅에게 전당 잡힌 권유섭의 가계를 속히 보채報債(빚을 상환함)할 것」

22일(목) | 맑음.

○ 박 판윤, 소윤 박승조, 주사 김우현·이명환·노재연·김유장이 출근하다. 강준영이 숙직하다.

○ 청 공관의 조회를 접수함. 「청상인[華商] 윤보론이 강도를 당한 사건과 관련하여, 양운성楊雲成[15]이 양경선梁景善으로 변하고, 김홍근의 대호對號가 불명확하다고 하는 것은, 실로 이웃 국가 간의 화목한 도리를 저버리는 것임」

○ 일본 공관의 조회를 접수함. 「일본인 소야필마小野弼磨 대리 히라키 다메지로[白木爲次郞]가 우리나라 백성 이재규李載規에 대해 제기한 채권과 관련하여, 가평군加平郡 소재 전답과 가옥을 집행할 것이니 해당 군에 훈령을 보낼 것」

○ 일본 공관의 조회를 접수함. 「일본 철도감부鐵道監部 고미네 겐사쿠가 우리 백성 부평 거주민 신인숙에 대해 제기한 공소 사건과 관련하여 회시回示하는 건」

14 장동(長洞): 중구 남대문로3가·충무로1가·회현동1가에 걸쳐 있던 마을.

15 원문에 '楊成雲'으로 잘못 기재되어 있다.

○ 청 공관의 조회를 접수함. 「용동 거주 강씨 여인의 옥안獄案과 관련하여, 의안宜案을 상세히 살펴보니 부상자가 1명도 없음이 이미 명백해졌음. 해당 청 상인이 분실한 화물을 추징[懲推]해서 보낼 것」

23일(금) | **아침에 흐리다가 오후 늦게 비가 흩뿌림. 밤에 비가 반려半犁 정도 옴. 참으로 농가의 단비지만, 충분치 않은 것이 아쉽다.**

○ 박 판윤, 소윤 박승조, 주사 김우현·강준영·노재연·김유장이 출근하다. 이명환이 숙직하다.

○ 평리원에 조복을 발송함. 「부평군 신인숙 안건과 관련하여 대질한 일본인 고미네 겐사쿠의 답변서를 첨부해 보내는 건」

○ 청 공관에 조회를 발송함. 「강씨 여인 피살 사건의 정범正犯 장홍해를 법률에 따라 처리하는 건」

24일(토) | **비가 내린 후 산의 모습이 더욱 새롭다.**

○ 박 판윤, 소윤 박승조, 주사 김우현·강준영·노재연·김유장이 출근하다. 이명환이 숙직하다.

○ 한성재판소에 조복을 발송함. 「강씨 여인 피살 사건의 전후 설유說諭를 송부하는 건」

○ 한성재판소에 조회를 발송함. 「중서 세동細洞의 원홍섭 가옥을 즉시 집행하는 건」[16]

○ 외부外部의 훈령을 접수함. 「독일 공사관의 조회에 따르면, 원홍섭의 채장[17]을 불일간 청산한다고 하니 즉시 시명示明할 것」[18]

16 《한성부래거안》 1905년 6월 24일조에 "원홍섭 가옥에 대한 채권자가 한국을 떠날 기한이 멀지 않았으므로 급히 처리할 것"이라는 기사가 있다.

17 채장(債帳): 채무를 기록한 장부.

18 《한성부래거안》 1905년 6월 29일조에 "독일 여인과 원홍섭 간의 분쟁은 한성재판소에 문서를 보내어 심리 기간을 확정한 후 독일 영사에게 알릴 것"라는 기사가 있다.

○ 한성재판소의 조회를 접수함. 「청인淸人 덕화성德和成·손경산孫慶山 2인을 해당 영사관에 조회를 보내 체포해 오는 건」

○ 궁내부의 훈령을 접수함. 「저궁儲宮 행각行閣 17칸을 몰래 매매한 곡절[委折]을 상세히 조사한 후 살고 있는 자[居接人] 등을 내보낼[出送] 것」

○ 청 공관의 조복을 접수함. 「강씨 여인의 피살 사건과 관련하여, 장홍해는 조금도 범죄에 간여[干犯]하지 않았음이 명백함. 장홍해가 분실한 화물과 1,000여 원을 속히 보낼 것」

25일(일) | 맑음.

○ 휴일이다. 주사 노재연이 숙직하다.

26일(월) | 아침에 비가 부슬부슬 내리다가 오후에 흐림. 부예薄翳가 곧 가뭄의 조짐이 아닌가?

○ 박 판윤, 소윤 박승조, 주사 4명이 출근하다. 노재연이 숙직하다.

○ 경무청의 조회를 접수함. 「화수정花樹亭 뒤 기슭에서 앵봉鶯峰까지 일본인 오카베[岡部] 자작이 표목 24개를 세우고, 또 일본인 야마타카 신지[山高信爾]가 표목 15개를 세웠으니 신속히 단속할 것」

○ 남서南署의 조회를 접수함. 「관내 내외부內外部 호적과 사찰의 장적[籍冊] 총 3책을 송부함」

○ 내부內部의 지령을 접수함. 「남산 반부半部(절반)에서 일본 공관의 표목標木을 뽑고, 한성부의 표목을 타당하게 세울 것」

27일(화) | 비.

○ 박 판윤, 소윤 박승조, 주사 김우현·강준영·이명환·노재연이 출근하다. 김유장이 숙직하다.

○ 전기회사의 공함을 접수함. 「탁지부의 청구에 의거해서 전차電車를 황토현黃土峴 궤

도軌度로부터 경복궁 앞길까지 부설하는 것을 인허하는 건」[19]

○ 사범학교의 복함復函을 접수함. 「측량학도測量學徒를 시험으로 뽑을 때 우리 학교는 졸업생이 없으므로 보낼 수 없음」

○ 사범학교의 공함을 접수함. 「우리 학교 학도 윤정로尹定老·정범시鄭範時 2명이 측량 학도로 선발되었으므로 그 성명을 (사범학교 학도 명단에서) 지우는 건」

○ 평리원의 조회를 접수함. 「신인숙 사안과 관련하여 일본인 만다와 고노 다미키치[河野民吉]를 보낼 것」

○ 청 공관의 조회를 접수함. 「남궁렬이 손경산을 고소한 사건과 관련하여, 초사初辭(최초 진술)와 차이가 없으니 주사 1명을 보내 청심聽審할 것」

○ 병참사령부의 공함을 접수함. 「병참사령부 부관 육군 보병소위 니자키 데타로[新崎貞太郎]가 26일 부임함」

○ 내부·탁지부·외부에 보고 각 1건을 발송함. 「전차를 황토현부터 경복궁 앞길까지 부설하는 건」

○ 한성재판소에 조회를 발송함. 「용동 강씨 여인의 옥안獄案과 관련하여, 청 공관에서 회신한 말이 귀소(한성재판소)의 문적文籍과 크게 다르니 공함으로 시명示明할 것」

○ 청 공관에 조회를 발송함. 「우리나라 사람 이군실·장봉익이 청인淸人 성成(德和成)에 대해 제기한 안건과 관련하여, 아직 회시回示하지 않았으므로 공함으로 시명할 것」

○ 내부內部에 보고를 발송함. 「동서東署의 상민 등이 상민 터[基地]를 확장하여 상업을 일으킨 건」

○ 전기회사의 회신을 접수함. 「황토현부터 경복궁 앞길까지 전차 부설 공사를 우선 중단하고 새 포령佈令을 기다리는 건」

28일(수) | 아침에 흐리다 해 질 무렵 맑음.

○ 박 판윤, 소윤 박승조, 주사 김우현·강준영·이명환·노재연이 출근하다. 김유장이 숙직하다.

19 《한성부래거안》 1905년 6월 27일조에 "한미전기회사에서 황토현에서 경복궁 앞길까지 전차를 부설하기로 함"라는 기사가 있다.

○ 한성재판소에 조회를 발송함. 「남궁렬의 고소 안건과 관련하여, 질심위원質審委員을 청 공관에 파견해서 청심聽審할 것」

○ 한성재판소의 조회를 접수함. 「영국인 서이徐邇가 평양에서 매입한 가옥과 재산[房產] 5곳의 신계新契를 발급하는 건」

○ 한성재판소의 조복을 접수함. 「용동 강씨 여인의 옥안獄案과 관련하여, 시장[20]간증서류干證書類는 아마도 미리 교부하지 않은 것으로 보임」

29일(목) | 맑음.

○ 박 판윤, 소윤 박승조, 주사 강준영·이명환·노재연·김유장이 출근하다. 김우현이 숙직하다.

○ 일본 군용철도 감부監部의 조회를 접수함. 「공덕리에 연장 설치한 궤도가 붕괴한 곳을 복구하는 공사를 급히 착수해야 하므로 지금부터 1주일 동안 매일 역부 300명을 모집해서 보낼 것」

○ 한성재판소의 조회를 접수함. 「세동細洞 김인수 안건과 관련하여, 질대質對할 청 상인 광승호廣昇號를 조회를 보내 오게 하는 건」

○ 경무청의 조회를 접수함. 「북서北署 세교細橋 길가의 가옥 및 분묘에 현재 일본군용철도 감부가 표목을 세웠으므로 곧 철거하는 건」

○ 외부外部의 훈령을 접수함. 「독일 여인 손탁 양이 전집典執한 김인수 가옥의 전前 주인 원홍섭의 소원訴冤이 손탁의 공소控訴와 크게 다르니, 조회를 보내 모여 심리[會審]할 것」

○ 탁지부의 지령을 접수함. 「한미전기회사에서 경복궁 앞길까지 전차를 연장 설치하니, 금고金庫 소관 물품의 수송을 금고역金庫役을 시켜 요청하게 할 것」

○ 한성재판소에 조회를 발송함. 「독일 여인 손탁 양이 원홍섭에 대해 소공訴控한 가옥 안건과 관련하여, 기일을 정해 모여 심리[會審]하는 건」

○ 일본 공관에 서함을 발송함. 「부평 주민 신인숙이 소송한 안건과 관련해 심문한 일본인 만다와 고노 다미키치 두 사람을 30일 오후 두 시에 평리원에 보내 대질할 것」

20 시장(屍帳): 시신을 검안한 증명서.

○ 청 공관에 조회를 발송함. 「독일 여인 손탁 양이 원홍섭에 대해 소송한 안건과 관련해 심문하던 차에 청상 광승호를 보내 질대할 것」

○ 한성재판소에 조회를 발송함. 「독일 여인 손탁 양이 원홍섭에 대해 회심하는 건과 관련하여 기일 안에 바로잡아 알릴 것」

30일(금) | 아침에 비가 내리다가 해질 무렵에 갬.

○ 소윤 박승조, 주사 이명환·노재연·김유장이 출근하다. 김우현이 숙직하다.

○ 청 공관의 조회를 접수함. 「독일 여인 손탁 양이 청 상인 광승호의 부탁으로 원홍섭이 김인수에게 전당 잡힌 가옥을 빌려 쓴[租借] 건」

○ 또 공함을 접수함. 「청 상인 상흥祥興【바로 장홍해張紅海이다】의 양복점에서 물건을 도난당했으니 신속하게 처리하고 배상할 것」

광무 9년
(1905)
7월

■ **1일(토) | 맑음.**

○ 박 판윤, 소윤 박승조, 주사 김우현·이명환·노재연·김유장이 출근하다. 강준영이 숙직하다.

○ 일본 공관의 조회를 접수함. 「일본인 오무라 야스타[大村保太]가 유진찬에 대해 제기한 대금貸金 청구와 관련하여, 한성재판소의 판결에 불복해 평리원에 공소控訴하는 건」

○ 일본 공관의 조회를 접수함. 「야마구치 다베[山口太兵衛] 외 6명이 매수한 가옥의 가계家契를 신계新契로 교환해줄 것」

○ 중서中署의 조회를 접수함. 「본서(중서) 내 돈화문敦化門 앞에서 남성 시신 1구를 꺼내 매장한 비용을 지급할 것」

○ 개성에 훈령을 발송함. 「일본인 요시다 신[吉田新]이 개성군 오천烏川에 거주하는 김용실金容實에 대해 제기한 채관債款을 모두 상환할 것」

○ 청 공관에 조회를 발송함. 「용동 강씨 여인의 옥사 삼검[1] 회동의 교섭 건」

○ 한성재판소에 조회를 발송함. 「손탁 양이 전집典執한 원홍섭의 가옥과 관련하여, 청인淸人 광승호廣昇號[2]의 세를 준 비용[出租金]은 재판할 필요가 없음」

1 삼검(三檢): 살인사건이 발생했을 때 세 번에 걸쳐 검시(檢屍)하는 일.

2 원문에 '廣昇'이라고만 되어 있다.

2일(일) | 맑음.

○ 주사 강준영이 숙직하다.

3일(월) | 아침에 흐림. 정오 즈음이 되자 폭우가 잠시 쏟아지다가 구름이 사라지고 비가 갬. 밤이 되자 매우 어두워짐.

○ 박 판윤, 소윤 박승조, 주사 김우현·강준영·노재연·김유장이 출근하다. 이명환이 숙직하다.

○ 미국 공관의 조회를 접수함. 「미국인 존스George Heber Jones, 趙元時가 매입한 동서東署 숭신방崇信坊 가옥 1채와 3일 갈이 밭[田三日耕]에 대한 신계新契를 발급할 것」

○ 내부內部의 지령을 접수함. 「수색리水色里·증하리甑下里 부근의 철도 정거장 터의 침범이 남점濫占에 이르지 않도록 좋게 조처할 것」

○ 평리원에 조회를 발송함. 「일본인 오무라 야스타가 유진찬에 대해 제기한 채관債款 사건을 이칙移飭하는 건」

○ 경무청의 조회를 접수함. 「평동平洞 큰길에 청인淸人 양광성楊光聖이 큰 기둥과 큰 돌을 제멋대로 적치積置해서 인민이 통행하기 어려우니, 해당 영사관에 별도로 교섭해서 속히 다른 곳으로 옮기게 할 것」

○ 청 공관의 조회를 접수함. 「용동龍洞 검시檢屍와 관련하여, 의생醫生 애유사길愛惟斯吉이 인연이 되어 내일 밤 다시 회검會檢할 것임. 진장進贓 한 가지 건과 관련해서는 현격懸隔이 지나치게 오래되어 다시 집사緝查하기 어려움」

4일(화) | 맑았다가 흐리다가 함. 밤이 되어 비가 흩뿌림.

○ 박 판윤, 소윤 박승조, 주사 김우현·강준영·노재완·김유장이 출근하다. 이명환이 숙직하다.

○ 한성재판소의 조복을 접수함. 「독일 여인 손탁 양이 원흥섭에 대해 제기한 송안訟案과 관련하여, 오는 수요일 회심會審할 것이니 해당인을 등대等待시킬 것」

○ 내부의 지령을 접수함. 「이현泥峴[3] 시전市廛을 양제洋製로 부첨附簷해서 가옥을 짓는 건과 관련하여, 보고한 대로 허시許施할 것」

○ 또 지령을 접수함. 「황토현부터 경복궁 앞까지 전차 부설과 관련하여, 보고한 대로 허시할 것」

○ 내부에 질품서를 발송함. 「일본인 니시무라 도모노스케 외 20명, 미국인 민라閔羅·영길리사英吉利士·맥렐런이 매입한 가옥의 가계를 신계로 교환해주는 건」

○ 또 보고를 발송함. 「일본 병참사령부에서 청구한 남대문 내 신작로를 상시詳示하는 건」

○ 한성재판소에 조회를 발송함. 「손탁 양이 원홍섭에 대해 제기한 송안訟案과 관련하여, 독일 영사가 회심會審에서 피고 원홍섭 등을 미리 칙유하여 등대等待시킬 것을 말함」

○ 또 조회를 발송함. 「용동 강씨 여인 시신의 회검會檢과 관련하여, 현격懸隔이 지나치게 오래되어 집사緝査하기 어려움」

○ 또 조회를 발송함. 「청인 윤보론尹宝論이 의복과 전화錢貨 등을 강탈당한 사건과 관련하여, 한국인 양운성, 병정 김홍근을 회질會質하는 건」

○ 또 조회를 발송함. 「일본 영사가 각청各廳 소송지訴訟紙의 인찰印札에 애로가 많으니 별도로 편의한 방법을 허락할 것을 청함」

○ 평리원에 조회를 발송함. 위와 같음.

○ 독일 공관에 조회를 발송함. 「손탁 양이 전집典執한 원홍섭 가옥과 관련하여, 회심 기일을 오는 수요일 오후 3시로 함」

5일(수) | 비가 내렸다가 맑았다가 함. 무더위가 마치 찌는 듯하니 장마[積霖]의 조짐이 아니겠는가?

○ 박 판윤, 소윤 박승조, 주사 김우현·강준영·이명환·김유장이 출근하다. 노재연이 숙직하다.

3 이현(梨峴): 종로구 인의동 112번지 동쪽에 있던 고개. 이 일대에 조선 후기 서울의 3대 시장 중 하나인 이현시장이 개설됨.

○ 미국 공관의 조회를 접수함. 「엘네트가 울타리[圍籬]를 친 대평동大平洞 땅이 공공도로를 절단한 일과 관련하여, 그에게 추궁[追問]하였는데 이미 좋은 길을 만들어서 동민洞民 또한 만족한다고 함」

○ 내부의 지령을 접수함. 「일본·영국·미국 세 나라 사람들이 매입한 가옥에 적확한 명증明證이 있으니, 신계를 발급할 것」

○ 일본 공관에 조회를 발송함. 「일본인 구로다 시토시[黑田志壽]가 시흥군의 조기주趙基周의 처 및 사위의 불법행위에 대해 제기한 사건과 관련하여, 늑봉[4]한 수표手票와 수형手形(어음)을 즉시 보낼 것」

○ 내부에 질품서를 발송함. 「미국인 존스가 매입한 동서東署 김창록金昌祿 가옥의 신계新契를 발급하는 건」

○ 전기회사에 공함을 발송함. 「경복궁 앞길 전차 궤도와 관련하여, 방금 특별히 허가한다는 내부의 지령을 받았음」

6일(목) | 가랑비가 부슬부슬 내려 구름이 걷히지 않으니, 가뭄 끝을 알리는 기쁜 조짐이 아니겠는가?

○ 박 판윤, 소윤 박승조, 주사 4명이 출근하다. 노재연이 숙직하다.

○ 내부에 조회를 발송함. 「남서南署 장동長洞의 벨기에 영사관 건축 부지와 일본 영사관 사이에 다리가 1개 있는데, 매우 좁아서 작은 수레도 통과하기 어려우므로 다시 수축修築하는 건」

○ 프랑스 공관에 조회를 발송함. 「저경궁儲慶宮 행랑 공터를 매매하여 덴마크인 뮐렌스테트[5]에게 넘어갔으나, 우리의 엄중한 공궁公宮이므로 해당 방옥房屋의 값을 납부하는 건」

4 늑봉(勒捧): 돈이나 물건을 강제로 바치게 함.

5 뮐렌스테트(H. J. Mühlensteth, 彌倫斯): 덴마크 대북부 전신회사의 덴마크인 기술자로 중국 전선을 가설하기 위해 청에 왔다가 서로 전선 가설을 위해 기술감독관 자격으로 조선에 입국했다. 이후 1885년 대동강·청천강·대정강 및 석교강 공사를 마무리하기 위해 다시 입국하였고, 화전국에 고용되어 남로전선의 가설에 참여했다. 1896년 전무학당(電務學堂)의 교사로 고빙되었다(유병로, 〈대한제국시대 전기통신의 도입에 관한 연구〉, 충남대 석사학위논문, 1992. 37~38쪽). 원문에 '프랑스인'으로 잘못 기재되어 있다.

○ 탁지부의 훈령을 접수함. 「신화폐의 실시 및 구화폐의 환수 및 교환을 다시 방곡坊曲에 게시할 것」

○ 일본 공관의 조회를 접수함. 「구로다 시토시가 제기한 조기주의 처와 사위 이원일李元日이 수표를 강제로 탈취한 사건과 관련하여, 해당 사건의 서류를 보존하고 이들의 출두를 기다리는 건」

○ 한성재판소의 조회를 접수함. 「손탁 양이 제기한 원흥섭 가옥의 전집 안건과 관련하여, 독일 영사와 함께 회심하지 않는 것으로 이미 담판함」

7일(금) | 비.

○ 박 판윤, 소윤 박승조, 주사 김우현·강준영·이명환·노재연이 출근하다. 김유장이 숙직하다.

○ 프랑스 공관의 조회를 접수함. 「가계家契를 정리하는 건과 관련하여, 아민俄民의 경우 전한展限(기한을 넉넉히 물림) 내 처리를 요청하였으니 또한 시행하기 어려움」

○ 청 공관의 공함을 접수함. 「청상인[華商] 운 씨雲氏의 안건과 관련하여 최광호崔光浩·박윤근朴允根을 구속해서 재판소에 압송했다고 하니, 즉시 교섭하여 의혹을 해소할 것」

○ 일본 병참사령부의 공문을 접수함. 「도로 보수 문제를 조사하는 건」

○ 한성재판소에 조회를 발송함. 「원동[6]황 소사召史의 집에서 가계를 중출重出하여 한성부에 추교推交했으니, 법률에 따라 죄를 심리해 처리[勘處]할 것」

○ 영국 공관에 조회를 발송함. 「영국인 민라가 장교석張教錫을 통해 매매한 지하계池下契 가옥의 가계를 바꾸어 발급하는 건」

○ 미국 공관에 조회를 발송함. 「미국인 영길리사와 맥렐런 가계 3장을 교환해서 교부함」

○ 외부外部에 보고를 발송함. 「손탁 양이 제기한 원흥섭 가옥 사건과 관련하여, 한성재판소의 심문[質審]이 명확함」[7]

6 원동(苑洞): 종로구 원서동(苑西洞)의 1936년 이전의 명칭.

7 《한성부래거안》 1905년 7월 7일조에 "독일 여인과 원흥섭 사이에 분쟁이 된 가옥은 김인수의 가계(家契)가 명확하며, 독일인에게 부속시킬 필요가 없음"이라는 기사가 보인다.

8일(토) | 흐리다가 개다가 함.

○ 박 판윤, 소윤 박승조, 주사 김우현·강준영·이명환·노재연이 출근하다. 김유장이 숙직하다.

○ 외부의 훈령을 접수함. 「원홍섭 가옥 매도 시 증인을 선 자들을 소환해서 질변質卞할 것」[8]

○ 한성재판소의 조회를 접수함. 「남서南署 남정동藍井洞[9]에 거주하는 윤석균尹錫均이 일본인 미야자키 모리요시[宮崎守吉]의[10] 처에 대해 제기한 소송 안건과 관련하여, 그 일본 여인이 남의 가옥을 뺏으려 한 것은 몹시 경악스러우니 다시 일본 공관에 교섭하여 엄금하게 할 것」

○ 내부의 지령을 접수함. 「미국인 존스가 매입한 가옥에 대해, 전례에 따라 신계를 발급할 것」

○ 한성재판소에 첩문牒文을 발송함. 「서서西署 경구京口의 진광석陳光錫 가옥을 훼철하려고 하는데 주관할 사람이 없으므로 진 씨를 즉시 석방[放送]할 것」

○ 농부農部에 보고를 발송함. 「음력 을사년(1905) 1월부터 3월까지 3개월분 398원 및 성책成冊 3건을 올려보냄」

○ 남서의 판서判書 곡전谷田을 일본인에게 매도한 이희복李熙馥 등 5인을 남서에서 체포하여 본부(한성부)로 압송했으므로 엄중하게 구수拘囚하다.

9일(일) | 비.

○ 주사 김우현이 숙직하다.

○ 중서의 조회를 접수함. 「적지가籍紙價의 잔금[零條] 8원 40전을 마저 보낼 것」

8 《한성부래거안》 1905년 7월 8일조에 "독일 여인의 가계(家契) 쟁의에 대해 각 당사자의 증거를 조사하여 보고할 것"이라는 기사가 있다.

9 남정동: 중구 봉래동1가·남대문로5가에 걸쳐 있던 마을.

10 원문에 '宮奇守吉'로 되어 있으나, '奇'는 '崎'의 오기로 보인다.

10일(월) | 아침 내내 큰비가 내림. 하천과 도랑이 범람함.

○ 박 판윤, 소윤 박승조, 주사 강준영·이명환·노재연·김유장이 출근하다. 김우현이 숙직하다.

○ 서서西署의 조회를 접수함. 「연지동蓮池洞 토막土幕에서 남성 시신 1구를 수습하고 매장한 비용을 지급할 것」

11일(화) | 비가 내리다 흐리다 함.

○ 박 판윤, 소윤 박승조, 주사 김우현·이명환·노재연·김유장이 출근하다. 강준영이 숙직하다.

○ 프랑스 공관의 조회를 접수함. 「우리나라에서 보호하는 덴마크인 묄렌스테트가 매입한 가옥 2채에 대해 신계를 발급할 것」

○ 평양 감리서監理署에 조회를 발송함. 「귀서(평양 감리서) 관내 융덕부隆德部 소재 가옥의 신계를 영국인 서통徐通의 명의로 재발급해서 송부함」

○ 외부에 보고를 발송함. 「손탁 양이 원흥섭 가옥에 대해 제기한 안건과 관련하여, 다시 확실히 조사할 바 없음」[11]

○ 일본 공관에 조회를 발송함. 「니시무라 도모노스케 외 20명이 매수한 가계를 새로 교부함」

○ 미국 공관에 조복을 발송함. 「미국인 존스가 매수한 동문외계[12] 가옥의 가계를 교환해줄 것」

12일(수) | 맑고 따뜻함.

○ 박 판윤, 소윤 박승조, 주사 김우현·이명환·노재연·김유장이 출근하다. 강준영이 숙직하다.

---

11 《한성부래거안》 1905년 7월 11일조에 "독일 여인과 원흥섭의 가계(家契) 쟁의 건에 대해 소유권이 김인수에게 있는지의 여부 이외에는 더 조사할 것이 없음"이라는 기사가 있다.

12 동문외계(東門外契): 종로구 숭인동·창신동 각 일부와 동대문구 신설동·안암동·종암동·돈암동·동소문동·동선동·삼선동 각 일부에 해당하는 조선 말기의 마을.

○ 프랑스 공관에 조회를 발송함. 「프랑스인 플레장Plaisant, 富來祥이 서서 서문 밖 평동 새공로塞公路에서 다른 사람의 전지田地를 침범하여 점유한 사건과 관련하여, 금지하고 바로잡을 것」

○ 사대문四大門에 방榜을 붙임.[13] 「오서五署 내 인민 가옥의 가계를 교환할 때, 사고 판 사람[買賣主]과와 보증인[保人]이 함께 와야 바꾸어 발급함. 그렇지 않을 경우 답인장踏印章을 가져와야 발급함」

13일(목) | 대체로 흐리고 조금 맑음. 간간이 가랑비가 내림.

○ 박 판윤, 소윤 박승조, 주사 김우현·강준영·노재연·김유장이 출근하다. 이명환이 숙직하다.

○ 미국 공관의 조회를 접수함. 「미국인 헐버트[14]가 매수한 연지계蓮池契 가옥 3채의 가계를 신계로 교환해줄 것」

○ 미국 공관의 조회를 접수함. 「미국인 모리스[牟利時]가 매입한 남서 장흥동[15] 일본인 니시무라 고로자에몬[西村五良左衛門] 가옥의 가계를 신계로 교환해줄 것」

○ 통신원通信院의 조복을 접수함. 「공조후동工曹後洞 박태호朴台鎬가 일본인 마에야마 미노스케[前山美之助]에 대해 제기한 한화韓貨 5,295원 교환 사건은 이미 오래전에 결안[16]이 내렸거늘 금일 거듭 제기하는 것은 매우 의아함」

○ 궁내부의 통첩을 접수함. 「본부(궁내부) 대신의 인장을 새로 주조할 예정이므로 인본印本을 날인하여 교부함」

○ 내부에 보고 1건을 발송함. 「이현의 상점[商廛] 양옥洋屋의 터 반半 칸이 도로를 침범하였는데 이를 인허하는 건」

○ 경무청에 조회를 발송함. 「회동檜洞 김성국金聖國, 장동長洞 이용실李用實을 별순別巡에게 엄명하여 급히 체포해서 압송할 것」

13 원문에 '附傍'으로 되어 있으나, '附榜'의 오기로 보인다.

14 헐버트(Homer Bezaleel Hulbert, 訖法, 1863~1949): 미국 감리교 선교사로 1886년 조선에 왔다. 육영공원 교사로 근무하며 영어를 가르쳤으며 한국의 항일운동을 적극 지원하였다.

15 장흥동(長興洞): 중구 회현동에 있던 마을.

16 결안(決案): 조선시대 민사소송의 판결문.

14일(금) | 아침에 흐리고 점심에 개었다가 저녁에 다시 흐림.

○ 박 판윤, 소윤 박승조, 주사 김우현·강준영·노재연·김유장이 출근하다. 이명환이 숙직하다.

○ 내부에 질품서를 발송함. 「홍충현洪忠鉉의 청원에 따라 <광장회사규칙廣長會社規則>[17]을 첨부해 보내는 건」

○ 탁지부에 보고를 발송함. 「현임 판윤과 소윤의 의복과 장식[服章費]로 지화紙貨 760원을 지급하는 건」

○ 농부農部에 질품서를 발송함. 「홍충현의 청원에 따라 <광장회사규칙>을 첨부하는 건」

○ 남서의 조회를 접수함. 「남패원南筏院에서 남성 시신 1구를 수습하여 매장한 비용을 지급할 것」

15일(토) | 맑음.

○ 박 판윤, 소윤 박승조, 주사 김우현이 서기 3명을 거느리고 남산에 가서 경관 및 일본인과 만나 경성공원의 정계표定界標를 세우다. 강준영·이명환·노재연이 출근하다. 김유장이 숙직하다.

16일(일) | 흐리다가 맑다가 함.

○ 휴일이다. 주사 김유장이 숙직하다.

17일(월) | 맑음.

○ 박 판윤, 소윤 박승조가 출근하다. 주사 김우현이 공무로 출타하다. 강준영·이명환·김유장이 출근하다. 노재연이 숙직하다.

---

17 원문에 '長廣會社'로 잘못 기재되어 있다.

○ 일본 공관에 조회를 발송함. 「통신원通信院 전前 참서관參書官 안명호安明鎬[18]와 일본인 마에야마[前山]의 지화 교환 건은 통신원의 소관이 아님」

○ 궁내부의 훈령을 접수함. 「남서 묵정동墨井洞·남창南倉·약수산藥水山 아래 국내局內, 비파정·쌍림동 내 본부(궁내부)의 과원果園과 관리·보존하는 경성공원 지역에서 표목을 즉시 뽑아낼 것」[19]

○ 주식회사株式會社의 공함을 접수함. 「남대문 밖 유지溜池[20]의 매축埋築[21]을 청원하는 건」

18일(화) | 맑음.

○ 박 판윤, 소윤 박승조, 주사 김우현·강준영·이명환·김유장이 출근하다. 노재연이 숙직하다.

○ 농부의 지령을 접수함. 「오서 내 각 전포세典鋪稅 1·2·3월분 총 398원과 성책成冊 3권이 도착[22]하였음」

○ 탁지부의 훈령을 접수함. 「'화폐교환 소관 제규칙 설명서貨幣交換所管諸規則說明書'를 훈첩訓牒에 첨부하니 도착하는 대로 방곡에 고시할 것」

○ 내부의 지령을 접수함. 「이현의 시전을 서양식으로 짓는 건과 관련하여, 측량한 후 상황을 보고할 것」

19일(수) | 맑음.

○ 박 판윤, 소윤 박승조, 주사 강준영·이명환·노재연·김유장이 출근하다. 김우현이 숙직하다.

---

18 7월 13일 조에 언급된 '朴台鎬'와 동일 인물로 생각되나, 어느 쪽이 정확한지는 상고하기 어렵다.

19 《한성부래거안》 1905년 9월 29일조에 "일본 영사관에서 경성에 공원을 조성하고자 표목을 미리 꽂은 건에 대해 외부에서 교섭하여 처리할 것"이라는 기사가 보인다.

20 유지: 저수지 또는 용수지(用水池).

21 매축: 바닷가나 못, 강 등을 메워서 뭍으로 만드는 일.

22 원문은 '示到'인데, 정확한 의미는 미상이다. 다만, 이달 8일에 한성부에서 농부에 전포세 398원과 성책 3권을 보낸 것을 고려하면 '도착했다.' '수령했다.' 정도로 추정된다.

○ 남서의 조회를 접수함. 「남패원 남쪽에서 남성 시신 1구를 수습하여 매장한 비용을 지급할 것」

○ 개성開城의 보고를 접수함. 「일본인 요시다 신이 김용실에 대해 제기한 송안과 관련하여, 과연 이것은 날조된 것임」

○ 일본 공관의 조회를 접수함. 「충남 남포군민藍浦郡民 김치오金致五와 김용순의 상송相訟 건과 관련하여, 관계된 일본인 2명을 엄중히 조사하여 자세히 알려줄 것」

○ 각서各署에 조회를 발송함. 「금년도 호적을 반으로 나누어 송부하는 건」

○ 독일 공관에 조회를 발송함. 「남서 저경궁 내행각內行閣 한 곳을 독일인 고샬키A. Gorschalki, 高率箕가 몰래 사들였으니[潛買] 속히 신칙해서 반환하게 할 것」

○ 내부에 보고를 발송함. 「문관文冠의 복장服章과 예복비禮服費를 지불함」

○ 또 보고를 발송함. 「전 판윤 민경식의 예복비를 모두 지불함」

20일(목) | 맑음.

○ 박 판윤, 소윤 박승조, 주사 강준영·이명환·노재연·김유장이 출근하다. 김우현이 숙직하다.

○ 농부의 지령을 접수함. 「광장회사의 시장 설치[設市] 청원請願을 허락할 것」

○ 내부의 지령을 접수함. 위와 같음.

○ 청 공관의 공함을 접수함. 「청상총회淸商總會 문 앞의 오예장汚穢場(쓰레기장)을 해당 총회에 수레와 말을 세워두는 장소로 부여하는 건」

○ 일본 공관에 조복을 발송함. 「일본인 요시다 신이 김용실에 대해 제기한 공소控訴는 일체 근거가 없음」

○ 궁내부에 보고를 발송함. 「저경궁 행각의 잠매가액潛賣價額과 설명도說明圖를 대략 보고함」

○ 미국 공관에 조회를 발송함. 「미국인 모리스가 매입한 가계를 교환해주는 건」

21일(금) | 맑고 무더움.

○ 소윤 박승조, 주사 김우현·이명환·노재연·김유장이 출근하다. 강준영이 숙직하다.

22일(토) | 맑고 무더움.

○ 박 판윤, 소윤 박승조, 주사 김우현·이명환·노재연·김유장이 출근하다. 강준영이 숙직하다.

○ 청 공관에 공함을 발송함. 「화상총회華商摠會 앞 오예장을 공함에 의거하여 준허准許하되 추후에 우리나라에서 필요할 때는 즉시 추환推還(물건 등을 찾아옴)함」

○ 평리원에 보고를 발송함. 「감옥서監獄署에 구금된 김치오 소유 조포租包(벼를 담은 섬) 물품을 탈취한 김순용金順容[23] 및 공모한 일본인들을 상세히 조사하여 회시回示함」

23일(일) | 새벽부터 큰비가 내림. 하천에 물이 흘러넘쳐 오물이 모두 씻겨 내렸으니 바로 위생에 큰 도움이 되다.

○ 휴일이다. 주사 이명환이 숙직하다.

24일(월) | 맑음.

○ 박 판윤, 소윤 박승조, 주사 김우현·강준영·노재연·김유장이 출근하다. 이명환이 숙직하다.

○ 북서의 조회를 접수함. 「양철평梁鐵坪[24] 모래밭에서 단발한 임중근林中勤이 목을 매어 죽어서 해당 시신을 수습하였으니 매장한 비용을 지급할 것」

○ 한성재판소의 조회를 접수함. 「박인창朴仁昌 가옥을 전집한 일본인 삿사 마사유키[佐佐正之]에게 가계를 불일내 추교하고, 해당 가권家券을 훔쳐서 전당 잡힌 안봉호安鳳鎬에게 추상推償하는 건」

○ 또 조회를 접수함. 「순흥군順興郡 홍사국洪思國에게 무리한 행패를 부린 일본인 히로츠 가사부로[弘津華三郞]와 관련하여, 일본 공관에 조회하여 악습을 엄히 징계할 것」

○ 일본 공관에 조회를 발송함. 「옥천군沃川郡에 거주하는 곽재순郭在舜·석도순石道旬 등에게 경부철도를 건설할 때 수용되는 토지와 모맥牟麥(밀과 보리)을 모두 추급推給하는 건」

---

23 7월 19일 기사에는 '金容順'으로 되어 있다.

24 원문에 '梁銕平'으로 되어 있다. 양철평은 은평구 불광동에 있던 마을인 양철리에 있던 들이다.

25일(화) | 새벽부터 큰비와 벼락이 쳐서 산이 흔들리고 나무가 쓰러짐. 아침이 되자 쾌청해짐.

○ 박 판윤, 소윤 박승조, 주사 4명이 출근하다. 노재연이 숙직하다.

○ 일본 공관의 공문을 접수함. 「옥천군민 곽재순·석도순이 제기한 철도 건설 시 손해를 입는 전답 및 모맥牟麥 값과 관련하여, 그에 상당하는 대금代金을 받아 가게 할 것」

○ 내부의 훈령을 접수함. 「궁내부에서 일진회의 공함公函에 따라 승려[緇徒]도 자유롭게 궁궐에 들어갈 수 있음을 고시함」

26일(수) | 아침에 맑다가 한낮이 되어 소나기가 내림.[25]

○ 박 판윤과 박 소윤이 모두 출근하지 않다. 주사 김우현·강준영·이명환·김유장이 출근하다. 노재연이 숙직하다.

○ 탁지부의 훈령을 접수함. 「국세 및 기타 수입액 고지서를 발행하니, 관리를 택정하여 납금納金을 영수할 것」

○ 육군법원陸軍法院의 조회를 접수함. 「시위삼대侍衛三隊 병사 강영순姜永順 안건과 관련하여, 심사한 결과 일본 헌병분대의 취공取供(공술을 받아냄)과 서로 다르니 회심하지 않을 수 없음」

27일(목) | 아침에 흐리다 저녁에 갬.

○ 박 판윤, 소윤 박승조, 주사 김우현·강준영·이명환·노재연이 출근하다. 김유장이 숙직하다.

○ 한성재판소의 조회를 접수함. 「손탁 양이 원흥섭의 가옥에 대해 제기한 사건과 관련하여, 원가元哥(원흥섭)가 이미 갇혔으니 독일 공관에 다시 교섭하여 손 노파孫婆를 보내서 대질케 하는 건」

○ 일본 공관의 공문을 접수함. 「일본인 우다 다메지로[宇田爲次郎] 외 11명이 매수한 가옥과 관련하여, 전례에 따라 가계를 교환해줄 것」

25 원문에 '驟方至'로 되어 있는데, '驟'는 '驟雨', 즉 소나기를 뜻하는 것으로 보인다.

○ 일본 공관에 조회를 발송함. 「시위삼대 병사 강영순 안건과 관련하여, 와다[和田]를 대동하고 육군법원에 출두하여 청심聽審하는 건」

○ 내부에 질품서를 발송함. 「일본인 다니가와 요이치 외 12명 및 덴마크인, 미국인의 매수 가계를 모두 교환해주는 건」

○ 또 질품서를 발송함. 「모화관慕華館부터 현저[26]에 이르는 관유지官有地에 백성의 가옥 건축을 허가하는 건」

28일(금) | 맑음.

○ 박 판윤이 출근하다. 소윤 박승조와 주사 강준영은 유고有故로 출근하지 않다. 김우현·이명환·노재연이 출근하다. 김유장이 숙직하다.

○ 일본 공관에 조회를 발송함. 「군용철도 정거장이 우리 백성의 분묘墳墓를 침범한 사실을 본부(한성부)에 통지하지도 않고 급히 이장한 사안에 대해 해당 감부監部에 통지할 것」

○ 일본 공관의 공문을 접수함. 「일본인 와다와 강영순의 질변質卞과 관련하여, 해당 인원이 내일 29일 오후에 육군법원에 출두하는 건」

29일(토) | 맑음.

○ 박 판윤, 소윤 박승조, 주사 이명환·노재연·김유장이 출근하다. 김우현이 숙직하다.

○ 평양의 조복을 접수함. 「영국인 서이徐邇의 매입 가계는 외부에 질품質稟한 뒤에야 지급할 수 있음. 1리·2리 소재 가옥은 아마도 1권의 첩련[27]인 듯함」

○ 독일 공관의 조복을 접수함. 「독일 고샬키가 매입한 저경궁 내행각과 관련하여, 그와 직접 상의할 것」

---

26 현저(峴底): 모화관에서 홍제동으로 넘어가는 데 있던 고개인 모화현(慕華峴)이 있는 은평구 현저동을 가리키는 듯함.

27 첩련(帖連): 관계되는 문서를 뒤에 첨부함.

○ 한성재판소에 조회를 발송함. 「중서 모곡동[28] 홍 참봉參奉의 집에 기우[29]한 김쾌보金快甫·김문주金文周가 이제 곧 주경駐京 일본우편국 지소에 고용될 예정이니, 이들의 과거 또는 현재의 범죄 사실 유무를 조사해서 자세히 알릴 것」

○ 또 조복을 발송함. 「서서 태평동太平洞 박인창 가계와 관련하여, 한통속이 되어 작간作奸한 김주현金周鉉·안봉호安鳳鎬를 징환徵還할 것」

○ 일본 공관에 조회를 발송함. 「우리나라 사람 홍사국의 재산을 침탈한 일본인 히로츠 가사부로를 엄중히 징판懲辦하고 해당 장물을 추환推還할 것」

○ 궁내부에 보고를 발송함. 「남산에 세운 표계票界는, 후일 정당한 관용官用에 장애가 되지 않음」

○ 독일 공관에 조회를 발송함. 「독일 여인 손탁 양이 우리나라 사람 원흥섭에 대해 제기한 가옥 상송[30] 안과 관련하여, 오는 화요일 오후 2시에 질심質審하는 건」

30일(일) | 비가 종일 그치지 않음.

○ 주사 김우현이 숙직하다.

31일(월) | 아침에 맑고 저녁에 흐림.

○ 박 판윤, 소윤 박승조, 주사 김우현·이명환·노재연·김유장이 출근하다. 강준영이 숙직하다.

○ 내부의 훈령을 접수함. 「일본군사령부가 획정劃定하여 표목票木을 세운 용산 등지의 가옥·전답·관유지·민유지·분묘를 상세히 보고할 것」

○ 일본군 경리부의 공함을 접수함. 「용산 부근 군용지와 관련해 협의할 것이 있음」

28 모곡동(帽谷洞): 종로구 관수동·종로3가동·장사동에 걸쳐 있던 마을.

29 기우(寄寓): 호적에도 올리지 않고 잠시 더부살이하는 일.

30 상송(相訟): 서로 소송하는 것. 민사 소송이 진행되는 도중 피고가 원고를 상대로 새로 제기하는 소송.

○ 독일 공관의 조회를 접수함. 「손탁 양이 원흥섭 가옥에 대해 제기한 송안과 관련하여, 한성재판소의 담판은 장차 무효가 될 것이므로 손탁 양에게 일본인에게 위임하도록 권고함」

○ 각 공관에 조회를 발송함. 「한성부 오서 내 인구와 가옥을 현재 호적에 편입[編籍] 중이므로 외국 공관과 영사관의 사환使喚과 가옥의 수를 별단別單에 기록해 보낼 것」

○ 영국 공관에 조회를 발송함. 「영국인 서통徐通의 평양 방옥房屋 5개소와 관련하여, 다시 조사해서 시명示明할 것」

광무 9년
(1905)

8월

1일(화) | 아침에 화창하다가 저녁에 비가 옴.

○ 박 판윤, 소윤 박승조, 주사 김우현·이명환·노재연·김유장이 출근하다. 강준영이 숙직하다.

○ 한성재판소에 조회를 발송함. 「손탁 양이 원흥섭 가옥에 대해 제기한 상송相訟 사건과 관련하여, 이를 일본인에게 위임하는 건」

○ 일본 공관에 공함을 발송함. 「아다치 다키지로[足立瀧二郎][1]가 김상우金相禹를 통해 매입한 가옥의 증서를 송부할 것」

○ 일본 공관의 공함을 접수함. 「일본인 아다치 다키지로가 매수한 동현銅峴 가옥 21칸의 매도증서를 송부함」

○ 남서南署의 조회를 접수함. 「수표교水標橋 천변川邊에서 유기된 신생아의 시신을 수습하여 매장한 비용을 지급할 것」

1 원문에 '足立隴二郎'로 되어 있으나, '隴'은 '瀧'의 오기이다.

2일(수) | **잠깐 맑다가 오래 흐림. 혹은 가랑비가 끊이지 않다가 큰비가 쏟아지니 지루하다는 탄식이 절로 나온다. 밤이 되자 천둥소리가 크게 울리고 번개가 계속 이어져 잠시도 눈을 붙이기 어렵다.**

○ 박 판윤과 소윤 박승조는 일본 군용지를 적간摘奸하러 나가다. 주사 김우현·강준영·노재연·김유장이 출근하다. 이명환이 숙직하다.

○ 내부內部에 보고를 발송함. 「올해 1월부터 7월 말까지 오서五署 내 시신의 수습과 매장 비용으로 69원을 지급했는데, 현재 물가가 앙등하고 있으므로 지금부터 5원씩으로 개정하는 건」

3일(목) | **아침에 흐리다가 저녁에 비가 내림. 밤이 되자 갬.**

○ 박 판윤, 소윤 박승조, 주사 김우현·강준영·노재연·김유장이 출근하다. 이명환이 숙직하다.

○ 북서北署의 조회를 접수함. 「호위대扈衛隊 앞 다리 아래서 유기된 신생 여아 시신 1구를 수습하여 매장한 비용을 지급할 것」

○ 청 공관의 공함을 접수함. 「청서淸署에 있는 우리나라 사람[本國人]의 당차[2] 별단別單을 송부하는 건」

○ 영국 공관의 조회를 접수함. 「영국인 민라閔羅가 서서西署 반송방盤松坊 초가 7칸과 전지田地 조금을 사기당해 매수한 건」

○ 내부에 보고를 발송함. 「남산 반부半部(절반)에 표목을 세우는 데 필요한 각종 잡비 484원 70전을 지급하는 건」

4일(금) | **장마가 처음 개어 볕이 나기 시작함. 날씨가 푹푹 찌다.**

○ 박 판윤, 소윤 박승조, 주사 4명이 출근하다. 노재연이 숙직하다.

2 당차(當差): 본래 신분에 따라 노역을 시키는 일종의 형벌을 의미하나, 여기서는 청 공관에서 잡역 등에 종사하는 한국인의 뜻으로 보임.

○ 일본 공관의 조회를 접수함. 「설전오십이說田五十二[3]가 조종록趙鍾祿에게 제기한 가옥 환퇴[4] 소송의 공정한 판결[公決]을 요구하는 건」

○ 경무청에 조회를 발송함. 「남산 반부半部 쌍림동雙林洞 관유지를 순산巡山[5]순검巡檢 최기현崔基鉉이 훔쳐서 판[盜賣] 가액을 본부(한성부)에 돌려보내는 건」

■ **5일(토) | 맑다가 흐리다가 함. 저녁부터 밤까지 계속 비가 내림.**

○ 박 판윤, 소윤 박승조, 주사 김우현·강준영·이명환·김유장이 출근하다. 노재연이 숙직하다.

○ 영국 공관의 조회를 접수함. 「본 공관에서 고용하거나 기거하는 한인 남녀의 총수를 송부함」

○ 일본 공관의 공문을 접수함. 「도미타 쇼타로[富田初太郞]가 매수한 구권舊券 4매를 바꿔줄 것」

○ 한성재판소에 조회를 발송함. 「일본인 설전오십이說田五十二가 조종록에게 제기한 가옥 퇴출 건을 공정하게 판결하는 건」

○ 옥천군에 훈령을 발송함. 「곽재순·석도순의 경부철도 건설 시 취토取土한 전답과 모맥牟麥의 피해 건과 관련하여, 그 금액을 기록해 보낼 것」

■ **6일(일) | 맑음.**

○ 휴일이다. 주사 김유장이 숙직하다.

○ 서빙고西氷庫 부근 주민 수백 명이 일본 군용지軍用地에서 수용한 해당 동洞 부근의 소유 가옥·분묘·전토의 훼철毁撤 및 굴이[6]와 관련하여, 한성부에 와서 호소한 후 그대로 판윤과 소윤의 집으로 향하다.

---

3 '說田'이라는 성(姓)은 오기인 것으로 보이나 상고하기 어렵다. 7월 5일의 기사도 마찬가지이다.

4 환퇴(還退): 토지, 가옥 등을 도로 무름.

5 순산: 산림을 순시함.

6 굴이(掘移): 분묘를 파내어 이장함.

7일(월) | 맑음.

○ 박 판윤이 출근하다. 소윤 박승조가 내부에 면직을 신청하다. 주사 김우현·강준영·이명환·노재연이 출근하다. 김유장이 숙직하다.

○ 탁지부의 훈령을 접수함. 「금고金庫가 위치한 지역을 중외中外에 게시하여 8월 15일 이후 납부된 공납公納(세금)을 소관 금고로 수납輸納하게 할 것」

○ 탁지부의 훈령을 접수함. 「탁지부령 제4호 및 제5호의 부속 서식 25편片을 교부하니 비준하고 시행할 것」

○ 탁지부의 훈령을 접수함. 「탁지부령 제5호 서식과 관련하여, 우리나라의 예전 인쇄지를 쓸 경우, 다음 양식으로 기재할 것」

○ 탁지부의 훈령을 접수함. 「탁지부령 제5호와 관련하여, 세입·세출 처리 순서를 실무자가 더욱 주의하여 잘못 시행하는 일이 없게 할 것」

○ 벨기에 공관의 조복을 접수함. 「본국인 및 고용 한인의 편적編籍을 다음과 같이 송부함」

○ 평리원平理院 훈령을 접수함. 「이세진李世鎭이 소구[7]한 안건과 관련하여, 신성규申聖奎 답토畓土를 전당 잡힌 금액과 일본인들이 수용한 것을 일본 공관에 조회하여 일일이 조사한 후 즉시 회신할 것」

○ 평양 감리서의 조회를 접수함. 「영국인 서이徐邇가 매입한 방옥[8] 5개소와 관련하여, 권계券契를 의본依本하여 다시 교부하는 건」

○ 전기회사의 공함을 접수함. 「본사本社가 매입한 용산 가옥 9채를, 기계창機械廠의 신축을 위해 철거하는 건」

○ 미국 공관의 조회를 접수함. 「한미전기회사가 매입한 용산 가대家垈(집터와 전답) 5채의 신계新契를 발급할 것」

○ 일본군사령부의 공문을 접수함. 「용산 부근 군용지에 수용되는 해당 인민에게 고시할 것」

○ 한성재판소의 조회를 접수함. 「박인창朴仁昌의 가계家契 송안訟案과 관련하여, 일본인 삿사[佐佐]의 채관債款을 추심하여 안봉호安鳳鎬 등에게 주고, 가계는 그 주인에게 돌려주는 것이 타당함. 일본인이 박인창의 가옥을 점탈한 것을 일본 공관에 조

7 소구(訴求): 소송으로 청구권을 행사하는 일.

8 원문은 '房産'으로 되어 있으나, 7월 31일 기사에 의거해서 '房屋'으로 바로 잡았다.

회하여 금칙禁飭시킬 것」

○ 서빙고 부근 백성들이 또 와서 호소했으므로 효유해서 돌려보내다.

8일(화) | 맑음.

○ 박 판윤, 주사 4명이 출근하다. 김우현이 숙직하다.

○ 내부의 훈령을 접수함. 「서서西署 독립관獨立館 터는 정부에서 일진회에 인허하였으니, 한성부에서 관원을 파견해서 일진회원과 회동하여 답사하고, 옛터대로 획정할 것」

○ 또 지령을 접수함. 「일본인 마에무라 요이치[前村與一] 외 12명 및 덴마크인 뮐렌스테트, 미국인 헐버트가 매입한 가계를 전례대로 교환해줄 것」

○ 한성재판소의 조회를 접수함. 「우리나라 사람 이군실이 청 상인 덕화성에 대해 제기한 소구訴求 안건과 관련하여, 다시 교섭하여 이곳으로 보내 질변質卞하도록 요청하는 건」

○ 이태원 둔지동[9] 백성들이 (자신들의 가옥·분묘·전토를) 일본 군용지로 양도할 수 없다고 다시 와서 호소하다.

9일(수) | 맑음.

○ 주사 4명이 출근하다. 김우현이 숙직하다.

○ 탁지부의 훈령을 접수함. 「신주화폐新鑄貨幣 양식을 인민에게 게시할 것」

○ 일본 공관의 공문을 접수함. 「피아 거류민 간에 방역위생방防疫衛生方을 현재 조직했으니, 귀 국민도 예방에 주의할 것」

○ 일본주차군 경리부의 공함을 접수함. 「평양·의주 두 곳의 군용지 경계 표시와 관련하여, 본부(경리부)에서 인원을 파견할 예정이니 귀국의 내부 직원도 파송派送할 것」

○ 대청大廳의 전화電話를 받음. 「귀부(한성부) 판윤은 오후 2시에 궁내부에 와서 대기할 것」

9 둔지동(屯芝洞): 용산구 서빙고동에 있던 마을로 '두지메'·'두지미'라고도 불림.

○ 연강沿江 백성들이 또 내부에 와서 호소하다가 일본 헌병의 공격을 받아 3명이 다치고 그대로 흩어졌다고 한다.

10일(목) | 맑고 무더움.

○ 박 판윤, 주사 4명이 출근하다. 강준영이 숙직하다.

○ 내부의 훈령을 접수함. 「일본군[日兵] 군용지 차여借與(대여) 건과 관련하여, 백성이 소란을 부린다고 하니 매우 안타까움. 훈령의 뜻을 해당 지방에 게시하여 안심하고 생업을 영위하게 할 것」

○ 일본 헌병대의 조회를 접수함. 「서빙고 등 5개 동洞 주민들을 내일 오전 10시 당대當隊(일본 헌병대)에 출두하도록 조처할 것」

○ 내부에 보고를 발송함. 「일본 군용지를 조사한 후, 가옥·전토·분묘에 상당하는 가액을 이전하는 건」

○ 내부에 보고를 발송함. 「본부(한성부) 소윤의 청원에 따라 김우현이 대리함」

11일(금) | 흐리고 비바람이 몰아침.

○ 박 판윤, 주사 4명이 출근하다. 강준영이 숙직하다.

○ 청서의 공함을 접수함. 「청상인[華商] 영성합永盛合의 화물가격과 관련하여, 광교廣橋의 한상韓商 김영관金榮寬에게 4,900자오[10]를 매매했는데, 후에 그가 달아나 숨어버렸으므로 화물을 반취搬取하여 미수금[債額]을 저당하는 건」

○ 내부의 훈령을 접수함. 「일본 군용지 거주민의 가옥·분묘·토지에 상당한 가금價金의 출급出給을 위해 판윤이 지방국장地方局長과 함께 현지 조사할 것」

○ 일본 공관에 조회를 발송함. 「박인창 가계의 전집인典執人 삿사 마사유키와 관련하여, 해당 가계를 본부(한성부)에 추교推交하는 건」

---

10 자오[吊]: 과거 중국의 화폐 단위. 본래는 1,000전(錢)을 1자오라고 하였으나, 시대가 지나면서 지방에 따라 그 기준이 각기 달라졌다. 《북경록(北京錄)》(1826)에 "북경의 경우 5냥(兩)으로 1자오를 삼는데, 통주(通州) 이후부터는 1냥 6전(錢)으로 1자오를 삼는다(京師則以五兩爲一吊 自通州以後 以一兩六戔爲一吊)."라는 구절이 있다.

○ 또 조회를 발송함. 「신인숙 안건과 관련하여, 관계된 거간居間 일본인 등의 채액債額이 얼마인가? 부족액[缺額]을 속히 시명示明할 것」

○ 영국 공관에 조회를 발송함. 「영국인 서통徐通이 평양에서 매입한 방옥 다섯 곳의 가권家券 5장을 바꾸어줄 것」

○ 청 공관에 조회를 발송함. 「장봉익이 덕화성에게 제기한 안건과 관련하여, 후에 덕화성을 이곳에 보내서 질변質卞하게 할 것」

○ 일본 헌병대에 공함을 발송함. 「5개 동洞을 모두 이미 감고勘考하였으니 재고할 필요는 없으며, 해당 주민들을 병이 낫는 대로 보내는 건」

12일(토) | 맑음.

○ 박 판윤, 주사 김우현·강준영·노재연·김유장이 출근하다. 이명환이 숙직하다.

○ 이날 내부의 훈령을 받고 판윤이 지방국장地方局長 및 담당 주사主事 2명과 함께 남교南郊의 일본 군용지가 각 동을 침범한 곳으로 나가서 주민들에게 생업에 편안히 종사할 것을 효유曉諭하다. 그리고 현재 도로를 정비하는 데 가옥·전토·분묘를 침범한 것들을 급히 성책成冊하여 보고하되 좋게 조처하라는 명에 따라 고시 1통씩을 반급頒給한 후 밤이 되어 귀가하다.

○ 본부(한성부) 주사 김유장이 말미를 청하여 고향집으로 돌아가다[還第].

○ 청 공관의 공함을 접수함. 「우리 백성 안교명·장봉익과 이군실의 상송相訟 사건과 관련하여, 다시 심의한 후 속히 회신할 것」

○ 미국 공관의 조회를 접수함. 「한성 오서 내 본 공관에 거주하는 남녀와 가옥을 소상히 기록하여 송부함」

○ 벨기에 공관의 조회를 접수함. 「장동長洞에 신축하는 벨기에 공관 앞 소교小橋를 속히 보수하여 자재를 편히 운송하게 할 것」

○ 프랑스 공관의 조복을 접수함. 「저경궁儲慶宮 외랑外廊의 덴마크인 뮐렌스테트의 방옥 건과 관련하여, 그는 본래 매주買主가 아니며 급채給債(돈을 빚으로 꾸어줌)를 청인淸人 목장木匠 '우잉파트'에게서 전집한 것임」

○ 미국 공관의 조회를 접수함. 「미국인 버지가 남서 갈월리葛月里 가옥 1채를 매입했으니 신계로 교환해줄 것」

○ 일본 공관의 조회를 접수함. 「일본인 소축수小築收 외 3명이 매수한 가옥에 대한 가계 3매를 신계로 환급해 줄 것」

○ 프랑스 공관의 조회를 접수함. 「프랑스인 트레물레가 연화봉蓮花峯에서 가옥과 대지를 매수하고 이미 귀부(한성부)의 파심派審을 거쳤으니, 신속하게 신계를 교환해 줄 것」

○ 경리원의 조복을 접수함. 「뚝섬[纛島] 한미전기수관기계창韓美電氣水管機械廠의 건축대지 가격을 금액대로 추입推入하여 해당 공사를 원활하게 시행하는 건」

13일(일) | 맑음.

○ 휴일이다. 주사 이명환이 숙직하다.

14일(월) | 맑음.

○ 박 판윤, 주사 김우현·강준영·이명환이 출근하다. 노재연이 숙직하다.

○ 독일 공관의 조회를 접수함. 「본 공관에 고용되어 거주하는 한인 남녀의 가구家口 총수를 기록하여 송부함」

○ 청국 공관에 조회를 발송함. 「청인 '우잉파트'가 매수한 저경궁 내행각內行閣의 전집 건을 타당하게 처리하는 건」

○ 미국 공관에 조회를 발송함. 「콜브란·보스트윅이 전당을 잡은 권유섭 가계를 교환해서 발급함」

○ 미국 공관에 조회를 발송함. 「헐버트가 매수한 반석방 가옥 1채의 신계를 발급함」

15일(화) | 맑음.

○ 박 판윤, 주사 김우현·강준영·이명환이 출근하다. 노재연이 숙직하다.

○ 청 공관의 공함을 접수함. 「궁 밖 공터[隙地]를 우리 상인이 매입한 건과 관련하여, 내일이나 모레 사이 회동하여 상의할 것」

○ 일본 공관에 조복을 발송함. 「일본인 다니가와 요이치 외 15명이 매수한 가계 18매를 교환하여 발급함」

○ 프랑스 공관에 조복을 발송함. 「덴마크인 뮐렌스테트가 매입한 회동會洞 가옥 2채의 가계를 교환하여 발급함」

○ 청 공관에 서함을 발송함. 「저경궁 외랑을 매입한 청인 '우잉파트'에게 명을 내려 양퇴讓退하게 할 것」

○ 한성재판소에 조회를 발송함. 「청 상인 영성합永盛合의 화물 잔금[零條] 4,900자오吊를 김영관金榮寬에게 배상하도록 독려하는 건」

○ 또 조회를 발송함. 「미국인 민라閔羅가 사기를 당해 매입한 대지 가격을 본래 지주에게 추환推還하는 건」

○ 또 조복을 발송함. 「청 상인 덕화성德和成의 위표僞票 사안과 관련하여 질심質審하는 건」

16일(수) | 맑음.

○ 이날은 바로 우리 태조 고황제(이성계)의 개국기원절이다. 매년 이날을 기념하기 위해 휴가를 하사받는다.[11] 주사 김우현이 숙직하다.

17일(목) | 맑음.

○ 박 판윤, 주사 강준영·이명환·노재연이 출근하다. 김우현이 숙직하다.

○ 일본 공관의 조회를 접수함. 「신인숙·이세진 양자 간 재판사건과 관련하여, 해당 평리원平理院에서 우리나라 사람의 채권債權 여부를 심판하고, 다시 당관(일본 공관)에 나와서 소송해야 함」【16일 조條】[12]

○ 일진회의 공함을 접수함. 「독립관의 터와 관련하여, 내일 오전 10시에 회동하고 답사하여 경계를 정하는 건」

11 본문은 '賜暇'이지만, 실제로는 공휴일로 지정되었다는 뜻이다.

12 17일에 기재되어 있지만 16일에 접수한 조회라는 의미이다.

○ 학부에 보고를 발송함. 「사립 광성의숙廣成義塾을 인준함」

○ 평리원에 보고를 발송함. 「이세진이 신인숙의 답권畓券을 전당 잡을 때의 판결서 및 약정증서를 등서하여 덧붙임」

○ 내부에 질품서를 발송함. 「미국인 콜브란·보스트윅이 권유섭을 통해 매입한 가옥 2채 및 일본인 우다 다메지로 외 17명이 매수한 가계 32매를 바꿔주는 건」

18일(금) | 흐림.

○ 박 판윤, 주사 김우현·이명환·노재연이 출근하다. 강준영이 숙직하다.

○ 일본 사령부의 공함을 접수함. 「용산·평양·의주 세 곳의 군용지와 관련하여, 배상가賠償價 금 20만 원元을 추봉推捧하는 건」

○ 프랑스 공관의 조회를 접수함. 「태동太洞 구영운具永雲·이화서李化瑞의 소송에서 칭한 바 프랑스인 플레장 소유의 기지통로基地通路와 관련하여, 해당 백성들에게 전유轉諭하는 건」

○ 일본 공관의 공문을 접수함. 「일본인 와타나베 신지로[渡邊眞次郞] 등 4명이 매입한 가계 8매를 송부하니 신계로 교환해줄 것」

19일(토) | 비바람이 그치고, 저녁에 시내로 흘러 들어가 물이 크게 붊.

○ 주사 김우현·노재연이 출근하다. 강준영이 숙직하다.

○ 프랑스 공관의 조회를 접수함. 「연화봉蓮花峯 기지基地 문권文券 9장을 송부하니 해당 신계 1장을 송부할 것」

20일(일) | 맑음. 서늘한 바람이 쓸쓸하고, 날씨가 비로소 차가워졌으니 한가을의 날씨다.

○ 주사 이명환이 숙직하다.

21일(월) | 정오경에 바람이 크게 불고 소나기가 쏟아져서 개천이 크게 넘쳤는데, 잠시 뒤 구름이 걷히고 비가 개어 날씨가 청명해짐. 밤이 되자 조금 흐려짐.

○ 주사 김우현·강준영·노재연이 출근하다. 이명환이 숙직하다.

○ 평리원의 훈령을 접수함. 「신인숙의 송안은 모순되는 곳이 많으니, 다시 일본 공관에 조회하여 회보回報가 온 뒤에 다시 시명하여 타안妥案[13]을 원활하게 할 것」

22일(화) | 아침에 맑고 저녁에 바람이 부니, 바로 서늘한 기운이 교허에 들어온 것[新涼入郊]이다.[14]

○ 박 판윤, 주사 김우현·강준영·이명환이 출근하다. 노재연이 숙직하다.

○ 미국 공관의 조회를 접수함. 「미국인 콜브란·보스트윅이 매입한 서서西署 가옥 3채의 가계를 신계로 교환해줄 것」

○ 외부外部의 훈령을 접수함. 「청 공사 증광전曾廣銓의 조회에, '한성·부산·마산·인천·증남포甑南浦(진남포의 옛 이름) 각 항港의 정영사正領事와 사안이 생겼을 때 타판妥辦할 것'이라고 함」

○ 일본 공관의 공문을 접수함. 「일본인 삿사 마사유키가 전당을 잡은 박인창의 가계와 관련하여, 채관債款 표지를 등서하여 송부하는 건」

○ 일본 공관의 조복을 접수함. 「우다 다메지로 외 17명의 가계 31매를 교환해서 발급하는 건」

○ 미국 공관의 조회를 접수함. 「미국인 '엘네터'의 돈의문[新門] 밖 대평동大坪洞 터와 관련하여, 프랑스 영사와 기일을 정해 회동하여 조사하는 건」

○ 내부에 보고서를 발송함. 「일본 공관의 조회에, '무더운 계절을 맞이하여 거류지 주민 간에 악질惡疾이 유행하니, 예방과 위생 방법을 훈시할 것'이라고 함」

---

13 타안: 법정에서 타결함.

14 한유(韓愈)의 시 〈부독서성남(符讀書城南)〉에서 "시절은 가을이라 장맛비가 개고, 서늘한 기운이 교허에 들어오니, 등불을 점차 친할 수 있게 되었고, 서책을 펴서 읽을 만하게 되었다(時秋積雨霽 新涼入郊墟 燈火稍可親 簡編可卷舒)."라고 한 구절에서 인용하였다.

23일(수) | 맑음.

○ 박 판윤, 주사 김우현·강준영·이명환이 출근하다. 노재연이 숙직하다.

○ 내부에 보고서를 발송함. 「오서五署 내 인민들의 금년 호구편적戶口編籍 161권 및 사찰·승도僧徒 성책成冊을 올려보내는 건」

○ 한성재판소의 조회를 접수함. 「청 상인 영성합永盛合[15]이 김영관에 대해 제기한 추전推錢 건 및 한국인 이군실이 청상 덕화성에 대해 제기한 수표手票[16] 건과 관련하여, 해당 공관에 다시 교섭해서 그들을 이곳으로 보내 질변하게 할 것」

○ 내부의 지령을 접수함. 「수매비收埋費 명령서를 곧 작성하여 교부하고 가액加額을 지급할 예정이니, 우선 계산하지 말고 기다렸다가 타당하게 상의할 것」

24일(목) | 맑음.

○ 박 판윤, 주사 강준영·이명환·노재연이 출근하다. 김우현이 숙직하다.

○ 일본 공관의 조회를 접수함. 「내일 25일 귀 황제 폐하의 만수성절萬壽聖節(탄신일)을 맞이하여 일본 거류민 일동이 깃발을 게양하고 등을 밝혀서 경축하는 뜻을 표시할 것임」

○ 또 조회를 접수함. 「일본인 가와모토 준사쿠 외 3명이 매수한 가계 6매를 교환해 줄 것」

○ 일본 공관에 조복을 발송함.[17] 「대황제 폐하의 만수성절을 맞이하여 귀 거류민이 깃발을 게양하고 등을 밝혀서 함께 경축하는 뜻을 표하는 것에 대해 감사함」

○ 한성재판소에 조복을 발송함. 「안봉호·김주현이 박인창의 가계를 훔쳐서 일본인 삿사 마사유키에게 전당 잡힌 사건과 관련하여, 처리하고 청상[18] 하는 건」

---

15 원문에 '永盛'이라고만 되어 있음.

16 원문은 '卞票'라고 되어 있으나, '手票'의 오기로 보인다.

17 이 기사 난외(欄外)에 '繳還'이라고 적혀 있는 것으로 봐서 실제로 발송되지는 않은 것으로 보인다.

18 청상(淸償): 채무 등을 완전히 상환하는 일.

25일(금) | 선선한 바람이 보드랍게 붊. 흐리다가 비가 내림.

○ 이날은 우리 대황제 폐하의 만수성절로서, 관례적으로 휴일을 허락한다. 주사 김우현이 숙직하다.

○ 서서의 조회를 접수함. 「본서(서서) 관내 덕명동德明洞 등지에서 남자 시신 1구를 수습하여 매장한 비용을 청구함」

26일(토) | 맑음.

○ 박 판윤, 주사 김우현·이명환·노재연이 출근하다. 강준영이 숙직하다.

○ 일본 공관의 공문을 접수함. 「일본인 오무라 야스타[大村保太]가 한국민 유진찬에 대해 제기한 대금貸金 한화 7,600원 건과 관련하여, 신속하게 회시回示할 것」[19]

○ 일본 공관의 공문을 접수함. 「오강운수회사五江運輸會社의 창설은 완전한 불법이므로 징세를 엄중히 하는 처분을 내린 후 회시할 것」

○ 일본 군용감부軍用監部의 공함을 접수함. 「경원철도京元鐵道의 제일역청부인第一役請負人과 관련하여, 각촌各村 백성들을 출역出役하게 할 것을 요망하는 건」

○ 한성재판소의 조회를 접수함. 「유흥표劉興表가 강용운康龍雲에 대해 제기한 채무 소송과 관련하여, 강 씨의 가옥을 집행한 지 넉 달이 지나 일본인 마쓰오[松尾]가 이제 문패門牌를 붙였다고 하니, 일본 공관에 조회하여 이곳으로 보내 질변하게 할 것」

○ 중서의 조회를 접수함. 「장교長橋 곡포주曲浦主 김태윤金泰潤·최만복崔萬福이 탕건宕巾으로 전당을 잡았는데 출급出給할 때 망가진 탕건을 주었으니, 해당 전주典主에게 6개월간 전당포 영업[典執]을 정지시키는 건」

○ 학부學部의 지령을 접수함. 「교동校洞 사설학교 교사 이승춘李承春은 규칙에 따라 시험을 면제하여 반드시 종시終始의 효과가 있게 할 것」

19 《구한말 민사 판결문》에 따르면, 1905년 6월 16일 피고 유진찬에게 원고 오무라 야스타의 청구에 따라 발문서 및 집문서를 전당 잡히고 얻어쓴 빚 중 지폐 4,000원을 변상하고, 7월 6일 피고 오무라 야스타에 대해 원고 유진찬의 청구에 따를 만한 이유가 없으며, 원고는 피고에게 일화(日貨) 7,600원을 상환하고 집문서를 돌려받아야 한다는 판결이 내렸다.

○ 경무청의 조회를 접수함. 「서문西門 밖 팔각정 북쪽으로부터 수동輸洞 남쪽 백성들의 진전[20] 그리고 서북철도西北鐵道 신작로新作路 주변까지 미국인 '모루슈가'의 목책木柵이 둘러쳐 있으니, 미국 공관에 조회하여 금지할 것」

○ 경무청의 조회를 접수함. 「14일 남서南署 산순검山巡檢의 보고에, '상창동上倉洞 민전民田 한 곳에 일본인 미요시[三好]가 자신이 매입했다고 하면서 표목을 세우고 경계를 구획했다.'라고 하니, 일본 공관에 조회를 보내 금지하게 할 것」

○ 학부에 보고를 발송함. 「온수의숙감溫粹義塾監 김교헌金敎憲이 인재를 교육하니, 그 규칙 1건을 첨부하여 보고함」

○ 한성재판소에 조회를 발송함. 「청 상인 영성합이 김영관에 대해 제기한 채관과 관련하여, 속히 독촉하여 배상하게 하는 건」

○ 또 조회를 발송함. 「원동苑洞 황 소사가 주중렬朱重烈에게 가계를 중출重出한 사건과 관련하여, 반드시 추작推繳하여 타당하게 처리할 것」[21]

○ 일본 공관에 조회를 발송함. 「부평 신인숙의 답송畓訟과 관련하여, 범인들을 신속히 엄중하게 처분하는 건」

27일(일) | 날씨가 청화淸和함.

○ 강준영이 숙직하다.

○ 진주관찰부晉州觀察府에서 전보가 도착함. 「마동麻洞 김일규金一圭와 정하현鄭夏鉉의 상송과 관련하여, 보방[22]한 이유를 회시回示하는 건」

28일(월) | 아침에 맑고 저녁에 비가 내림.

○ 박 판윤, 주사 김우현·강준영·이명환이 출근하다. 노재연이 숙직하다.

---

20 진전(陳田): 경작하지 않고 황무지로 묵혀둔 땅.

21 《구한말 민사 판결문》에 따르면, 1905년 5월 25일 피고 주중렬은 원고 황 소사의 청구에 따라 전당 잡힌 집문서를 찾아주어야 한다는 판결이 내렸다.

22 보방(保放): 보증금을 받거나 보증인을 세우게 한 후 죄인을 방면하는 것.

○ 청 공관의 공함을 접수함. 「청 상인 동향원同香園·두영량杜永良이 민형식閔炯植에 대해 제기한 해당 반점飯店의 반장흠조[23]와 관련하여, 두상杜商(두영량)을 구타하고 쫓아낸 무례無禮의 죄를 엄하게 다스릴 것」

○ 청 공관의 복함復函을 접수함. 「청 상인 덕화성이 이번 달 29일 3시 전에 한성재판소에 출두하는 것을 승인했으니, 질변을 기다렸다가 증명証明하는 건」

29일(화) | 새벽부터 큰비가 쏟아지다가 오후 늦게 조금 갬.

○ 박 판윤, 주사 김우현·강준영·이명환이 출근하다. 노재연이 숙직하다.

○ 법부法部의 훈령을 접수함. 「동대문 밖 안감동安甘洞 등의 관유지官有地 한 구역에 도우장屠牛場을 설치할 것이니 본부(한성부)에서 인원을 파견하여 경계를 정한 후 보고할 것」

○ 일본 공관의 공문을 접수함. 「후지타 쇼자부로[藤田庄三郎] 외 2명의 가계 4매 및 마키노 분자부로[牧野文三郎]의 가권을 새로 만들어 송부할 것」

○ 일본 공관의 복함復函을 접수함. 「서서 태평동太平洞 박인창 가계의 전집인典執人 일본인 삿사 마사유키의 채관을 기한이 지나 전부 상환하는 건」

○ 서서의 조회를 접수함. 「광무 9년도 호적지戶籍紙 값을 완납하는 건」

○ 궁내부에 보고서를 발송함. 「대황제 폐하의 만수성절에 일본 거류민 일동이 경축하여 우의를 돈독히 한 데 감사함」

○ 일본 공관의 조복을 접수함. 「일본 거류민 등이 대황제 폐하의 만수성절을 맞이하여 일동 경축한 것을 통지함」

○ 일본 공관의 조회를 접수함. 「미요시와 사부로가 창동倉洞 소재 기와집 14칸을 유정엽劉貞燁을 통해 매입한 것과 관련하여, 전답 한 구역을 횡점攙占하는 것을 금지하는 건」

○ 사립 광성의숙에 훈령을 내림. 「인재 교육에 실효를 거두도록 힘쓸 것」

23 반장흠조(飯帳欠條): 반장(飯帳)은 식비·식대의 뜻이고 흠조(欠條)는 본래 차용증의 의미이다. 식비 외상서를 가리키는 것으로 보인다.

○ 군용철도 건축반장建築班長의 공함을 접수함. 「경원철도京元鐵道의 역부役夫 모집과 관련하여, 연강沿江 촌민의 정상情狀이 서설棲屑[24]하여 부역시킬 도리가 없음」

30일(수) | 맑음.

○ 박 판윤, 주사 김우현·강준영·노재연이 출근하다. 이명환이 숙직하다.

○ 탁지부의 윤첩輪牒(회람하는 첩문)을 접수함. 「지금부터 재부財簿의 문자는 '환圜'자를 쓰고 '원元'자는 쓰지 말 것」

○ 서서의 조회를 접수함. 「광무 9년 호적지 값을 교부하는 건」

○ 메가타[目賀田]의 복함復函을 접수함. 「남교南郊에서 일본 군용지가 인민의 가옥을 침범한 것과 관련하여, 성책에서 누락된 것은 결코 준신准信할 수 없음. 그러므로 해당 성책을 돌려보내는[繳送] 건」

○ 메가타에게 공함을 발송함. 「군용지가 백성의 가옥·전답·분묘를 침범한 것을 책자로 만들어 송부하니, 해당 가액을 지급하는 건」

31일(목) | 맑음.

○ 박 판윤, 주사 김우현·강준영·노재연이 출근하다. 이명환이 숙직하다.

○ 청 공관의 조회를 접수함. 「청 상인 강일문위생사江日文衛生社와 김형제상회金兄弟商會의 방장房墻 수축 공사비를 추가 지급하는 건」

○ 청 공관의 조회를 접수함. 「청 상인 주복령周福齡이 한경기韓經記·박희남朴熙楠에 대해 제기한 채관을 상환할 것」

○ 한성재판소의 조회를 접수함. 「청 상인 덕화성이 우리 백성 이군실에 대해 제기한 채관과 관련하여, 장기掌記(물품 목록)와 세음기細音記(수량 목록)가 영사관에 있으니 해당 공관에 교섭해서 추교推交하는 건」

○ 메가타의 공함을 접수함. 「남대문 밖 일본 군용지가 백성의 가옥·전답·분묘를 침범한 것을 조사한 책자를 신속히 제작해서 보낼 것」

---

24 서설: 일정한 거처 없이 떠도는 모양.

○ 궁내부에 보고를 발송함. 「연강운수회사원沿江運輸會社員 등이 역부 등에게 한화韓貨 3전씩을 강제 징수한 것과 관련하여, 그 회사의 창설 주지主旨를 시명하는 건」

○ 궁내부에 보고를 발송함. 「탁지부의 훈령을 받았는데, '동대문 밖 안감동安甘洞 사포서司圃署 소관 관유지에 관官에서 도우장屠牛場을 설치하였는데, 그 땅은 현재 귀부(한성부)의 관할임'이라고 하였음」

○ 한성재판소에 조회를 발송함. 「박인창의 명의로 된 가계의 전집인 삿사 마사유키 안건과 관련하여, 이번 달 말일까지 취조하는 건」

○ 메가타에게 공함을 발송함. 「남교 군용지의 수용이 급하니 우리 백성들의 가옥 및 분묘·전답의 가액價額은 신속하게 지급하는 것을 위주로 함. 만약 다시 조사하면 시일을 지체할 우려가 있음」

광무 9년
(1905)

9월

1일(금) | 낮에 맑고 덥다가 밤에 흐리고 번개가 침.

○ 박 판윤, 주사 강준영·이명환·노재연이 출근하다. 김우현이 숙직하다.

○ 남서南署의 조회를 접수함. 「금년 적지가籍紙價 중 42전, 10전을 우선 보낼 것」

○ 일본군사령부의 공함을 접수함. 「용산 군용지를 침범한 민가와 분묘의 조사 증건證件(증거서류) 및 도형圖形(그림, 지도)을 송부하는 건」

○ 내부內部의 지령을 접수함. 「미국인 콜브란·보스트윅이 권유섭을 통해 매입한 가계 2건 및 일본인 우다 다메지로 외 17명이 매수한 가계 32매를 교환해줄 것」

○ 미국 공관의 조회를 접수함. 「본 공관의 사환使喚으로 일하는 귀국인 등의 성명을 기록하여 송부함」

○ 일본 공관에 조회를 발송함. 「이현泥峴·치동治洞 노변의 인민 가옥과 관련하여, 합당한 시가時價를 계산해서 지급한 후 훼철하는 건」

2일(토) | 종일 비가 내리고 큰 바람이 붊.

○ 박 판윤, 주사 강준영·이명환이 출근하다. 김우현이 숙직하다.

○ 탁지고문 보좌원, 제일은행원, 남서 배치 경부 및 순사, 서서西署 배치 경무보좌원 등의 일동이 입회한 가운데 일본 군용도로 및 군용 경원철도 노선이 침범한 갈월

리·이태원·서빙고 3개 동 민가의 호주 76인을 불러오다[招致]. 각각 그 집값으로 기와집[瓦屋]은 한 칸間당 17환圜, 초옥草屋은 한 칸당 10환씩 수령하다.

○ 일본 공관의 공문을 접수함. 「일본인 신 다츠마[進辰馬] 외 2명이 매수한 가계를 교환해줄 것」

○ 미국 공관의 조회를 접수함. 「콜브란·보스트윅이 전집典執한 권유섭 가옥 2채와 관련하여, 비록 명의를 바꾸어 가계를 고쳤더라도 금년 양력 10월 이후 해당 채무의 원리금 상환을 요청한다면 해당 채권자는 본디 불응할 이유가 없음」

○ 일본주차군 경리부經理部에 복함復函을 발송함. 「남대문 밖 일본 군용도로가 아직 확정되지 않았으므로 어제 오전 1008호 공문을 작환繳還하는 건」

3일(일) | 비바람이 크게 일어남. 이처럼 인가의 담장이 무너지고, 초목이 뽑히고 부러진 것은 근년에 없던 일이다. 여러 곡식 또한 아마도 피해를 입었을 것이다.

○ 주사 강준영이 숙직하다.

4일(월) | 장맛비가 처음 갬.

○ 박 판윤, 주사 김우현·이명환·노재연이 출근하다. 강준영이 숙직하다.

○ 일본 사령부의 조회를 접수함. 「남서 둔지방屯芝坊·서빙고 군용지를 적간摘奸하고 성책成冊하여 송부함」

○ 경무청에 조회를 발송함. 「서서 양생방養生坊 전포주典舖主 이창하李彰夏가 도적을 만났을 당시 소지한 물화物貨의 명세明細를 회시回示하는 건」

5일(화) | 맑음.

○ 박 판윤, 주사 김우현·강준영·노재연이 출근하다. 이명환이 숙직하다.

○ 서서의 조회를 접수함. 「미동[1] 길가에서 남성 시신 1구를 수습하여 매장한 비용을 지불할 것」

○ 프랑스 공관의 조회를 접수함. 「덴마크인 묄렌스테트가 매입한 가옥 1채의 가계를 신계新契로 교환해줄 것」

○ 일본 공관의 조회를 접수함. 「일본인 삿사 마사유키가 전집典執한 박인창 가권家券과 관련하여, 자유롭게 점유하는 건」

○ 내부에 보고를 발송함. 「일진회에서 독립관 터의 획정에 관한 청원과 관련하여, 원래 정해진 경계[定界]가 없으므로 일진회의 청원에 따라 도형 1본을 정하여 첨부함」

○ 또 질품서를 발송함. 「법부 협판 이준영李準榮의 청원에 따라 원현圓峴에 김화봉金華峯이 가옥을 짓고 나무를 키우는 건」

○ 한성재판소에 조회를 발송함. 「일본 영사의 조회에 따르면, '박인창의 가계를 전집한 삿사 마사유키 사안과 관련하여, 지난달 말일까지 타결하기로 약속했으므로 여러 차례 독촉했는데, 아직 회시가 없으니 그 책임은 귀 정부에 있음'이라고 함」

○ 프랑스 공관에 조복을 발송함. 「덴마크인 묄렌스테트가 매입한 가옥 1채의 가계를 신계로 교환해 지급하는 건」

6일(수) | 맑음.

○ 박 판윤, 주사 김우현·강준영·노재연이 출근하다. 이명환이 숙직하다.

○ 일본 군용철도감부의 공함을 접수함. 「철도 공사가 시급하니 연강沿江 각 동洞의 역부役夫를 500명 한도로 모집해서 보낼 것」

○ 궁내부의 훈령을 접수함. 「동대문 밖 안감동安甘洞 앞 사포서司圃署에 도우장屠牛場을 설치한 건과 관련하여, 그 땅은 현재 황실 어공御供이어서 허락할 수 없으니 이를 탁지부에 상세히 보고할 것」

○ 평리원의 훈령을 접수함. 「북서北署 황 소사 가계의 중출重出과 관련하여, 질변質卞할 것이 있으니 담당 주사主事와 고원雇員을 보낼 것」

1 미동(尾洞): 중구 의주로1가·의주로2가와 서대문구 미근동·충정로2가에 걸쳐 있던 마을.

○ 한성재판소에 조복을 발송함. 「청 상인 덕화성의 진장賑帳 1책을 송부하니 상세히 조사하고 즉시 돌려보낼 것」

○ 내부에 질품서를 발송함. 「일본인 모리 야스키치 외 7명의 가계 11매, 미국인 콜브란·보스트윅이 매입한 가옥과 용산방龍山坊의 가계 11매, 프랑스인 트레물레 가계 1매를 교환하여 교부하는 건」

○ 일본 공관에 조회를 발송함. 「유흥표의 강용운에 대한 채권 및 일본인 마쓰오가 붙인 문패에 관한 질변 건」

○ 일본 헌병 분대의 복함을 접수함. 「조경준趙慶濬의 계권契券은 진품이며, 그 동생이 전집한 계권은 위조된 것임」

7일(목) | 아침에 아지랑이가 연기나 안개 같이 피었다가 한낮에 가까워지자 갬.

○ 박 판윤, 주사 김우현·강준영·이명환이 출근하다. 노재연이 숙직하다.

○ 주차군 경리부의 공함公函을 접수함. 「이태원·서빙고 도로 선상線上의 적간摘奸을 통지하는 건」

○ 궁내부의 훈령을 접수함. 「오강운수회사五江運輸會社가 창설된 것과 관련하여 악폐를 금지하는 건」

○ 서서의 조회를 접수함. 「제중원濟衆院에서 치료하던 조덕기趙德基가 자살하여 매장한 비용을 지불할 것」

○ 경무청의 조회를 접수함. 「남서 앵봉鸎峯 등지에서 일본인 오다가키[小田柿]가 예전에 표목을 세웠는데, 공원 내 비바람으로 전복된 소나무 14그루를 작벌斫伐하고 있으니 이를 교섭하여 금지시킬 것」

○ 경무청의 조회를 접수함. 「이창하 곡포[2]가 도적을 당해 강탈당한 물품은 전규典規에 의거하여 시행할 것」

○ 탁지부에 보고서를 발송함. 「동서東署 안감동安甘洞 사포서의 신설 도우장과 관련하여, 이는 관유官有 채전菜田이므로 허락할 수 없음」

---

2 곡포(曲鋪): 정확한 뜻은 미상이다.

○ 영국 공관의 조회를 접수함. 「영국인 민라閔羅가 매입한 1개 소단小段 전지田地는 다른 사람이 속여서 판 것이니, 한성재판소에 조회를 보내 타결을 독촉할 것」

8일(금) | 바람이 불다가 흐렸다가 함. 오후 늦게 갑자기 소나기가 쏟아짐.

○ 박 판윤, 주사 김우현·강준영·이명환이 출근하다. 노재연이 숙직하다.

○ 일본 공관의 공문을 접수함. 「일본인 모리 가츠지[森勝次] 외 6명이 매입한 가옥의 구계舊契 6매를 교환해 보낼 것」

○ 한성재판소의 조회를 접수함. 「영국인 민라의 전지를 다른 사람이 속여서 판 것과 관련하여, 처리가 어떻게 되었는지 속히 시명示明할 것」

9일(토) | 아침에 맑다가 오후와 저녁에 비가 옴.

○ 주사 강준영·이명환·노재연이 출근하다. 김우현이 숙직하다.

○ 일본 공관의 공문을 접수함. 「유흥표의 강용운에 대한 채전債錢과 관련하여, 일본인 마쓰오의 재판을 집행하는 건」

○ 내부의 첩문을 접수함. 「광무 10년도 예산서 및 본부(한성부) 소관 소용경비 결산서를 수정, 작성하여 송부할 것」

10일(일) | 비.

○ 김우현이 숙직하다.

11일(월) | 맑음.

○ 박 판윤, 주사 김우현·강준영·이명환·노재연이 출근하다. 김유장이 숙직하다.

○ 한성재판소의 조회를 접수함. 「영국인 민라의 전지를 몰래 팔아넘긴 임준수林駿洙가 도피하여 보이지 않음. 맡겨둔[任置] 400냥을 납부하도록 독촉[督納]할 것」

○ 일본 공관의 공함을 접수함. 「한국인 이준李儁 외 2명이 우리 육군에 기부한 휼금恤金 영수증을 송부하니 본처本處로 전달해 줄 것」

○ 탁지부의 훈령을 접수함. 「동대문 밖 안감동 도우장이 비록 관유 채전일지라도 다른 곳으로 옮기는 것이 불가능하지 않을 것임. 이 뜻을 잘 이해해서 시행할 것」

○ 재정고문실財政顧問室의 신첩申牒[3]을 접수함. 「재정고문이 본부本部의 감사사監査司와 정리사整理司 설치와 관련한 일체 행정을 관장함」

○ 경무청의 조회를 접수함. 「순검 이하종李夏鍾 등이 아편연鴉片煙을 몰래 피우는 우리나라 사람을 염탐하여 붙잡았는데[詗捉], 청인淸人 손孫 씨가 갑자기 튀어나와 난타亂打하여 모두 중상을 입었으니, 해당 공관에 교섭하여 징판懲辦할 것」

○ 용선철도 건축반의 공함을 접수함. 「경원철도京元鐵道의 사역인부使役人夫와 관련하여, 연로沿路에 훈칙하여 여러 촌에서 출역出役하게 할 것」

○ 일본 공관의 조복을 접수함. 「일본인 와타나베 신지로 외 4명, 가와모토 외 3명의 매수한 가계를 교환해줄 것」

○ 미국 공관의 조복을 접수함. 「미국인 콜브란이 매입한 가계 3매를 교환해줄 것」

○ 한성재판소의 조복을 접수함. 「동대문 밖 유흥표가 강용운에 대해 제기한 채송債訟 안건과 관련하여, 일본 영사관의 조복에 '마쓰오를 일단 조사함'이라고 하였음」

○ 평리원에 보고를 발송함. 「주중렬의 가계 첩출疊出 안건과 관련하여, 현임 담당 주사와 고원을 훈령에 따라 파송하여 질변을 기다리게 할 것」

12일(화) | 맑음. 신시(오후 4시경) 이후 흐리다가 한밤중에 비가 내림.

○ 박 판윤, 주사 김우현·강준영·이명환·노재연이 출근하다. 김유장이 숙직하다.

○ 프랑스 공관의 조회를 접수함. 「덴마크인 묄렌스테트가 매입한 서서 창동倉洞 가옥 1채의 가계를 교환해줄 것」

○ 내부의 지령을 접수함. 「금화산金華山의 가옥 건축은 보고한 대로 시행을 허락할 것」

3 신첩: 관청에서 문서로 통고하는 것. 또는 그 문서.

○ 일본군사령부의 공함을 접수함. 「용산 군용지역 내 청파靑坡·도동桃洞, 갈월리葛月里 가옥을 별지에 첨부함」

○ 미국 공관에 조복을 발송함. 「미국인 버지[白琪]가 매입한 갈어리葛於里 초가집[草屋] 1채가 일본 군용지의 표선票線 안에 포함되었으므로 해당 가계家契를 작교繳交할 것」

○ 일본 공관에 조복을 발송함. 「궁내부 훈령에 따르면 오강운수회사五江運輸會社의 명목은 처음부터 인허가 없었으니, 폐금廢禁과 무관함」

○ 또 조회를 발송함. 「남산 공원의 표목票木을 세운 지역 내에서 일본인 오다가키가 소나무를 작벌斫伐하는 것을 특별히 명하여 금지할 것」

○ 한성재판소에 조회를 발송함. 「영국인 민라가 우리나라 사람 임준수에 대해 제기한 안건을 신속하게 처결할 것」

○ 프랑스 공관에 조복을 발송함. 「프랑스인 트레물레가 매입한 서서西署 가옥 1채의 가계를 신계로 교환하여 교부함」

○ 궁내부에 보고를 발송함. 「동대문 밖 안감동 도우장屠牛場과 관련하여 탁지부의 복훈復訓에, '전례前例대로 시행할 것'이라고 함」

○ 일본 군용철도 건축반 복함復函을 발송함. 「철도 사역인부使役人夫와 관련하여, 이미 도로 주변의 마을들에 훈칙訓飭하여 출역出役하게 하였음」

13일(수) | 비바람이 크게 몰아쳐 불과 몇 시간 만에 홍수로 범람함. 한성 안팎에 가옥과 인명 피해가 간혹 있을 듯하다. 30년 동안 처음 있는 수재水災라고 한다.

○ 이날은 추석 명절 휴일이다. 그래서 주사 강준영만 숙직하다.

14일(목) | 종일 비가 내리다. 먹구름이 하늘에 가득하다.

○ 박 판윤, 주사 4명이 출근하다. 강준영이 숙직하다.

15일(금) | 흐림.

○ 박 판윤과 주사 김우현이 남교南嶠 군용지 조사를 위해 나가다. 강준영·노재연·김유장이 출근하다. 이명환이 숙직하다.

○ 청 공관에 공함을 발송함. 「우리 백성 김면옥이 청인 사세창의 가옥에 대해 제기한 송안訟案과 관련하여, 기일을 상의한 후 시명示明할 것」

16일(토) | 맑음.

○ 박 판윤과 주사 김우현은 군용지 조사가 아직 완료되지 않았으므로 와서瓦署 등지에 나가다. 강준영·노재연·김유장이 출근하다. 이명환이 숙직하다.

○ 내부의 지령을 접수함. 「일본인 모리 야스키치 외 7명의 가계家契 11매, 미국인 콜브란·보스트윅 가옥 11채와 프랑스인 트레물레 가옥 1채의 신계新契를 전례에 따라 작성해 발급할 것」

○ 또 전화를 받음. 「미국 대통령의 딸[令孃]이 입경入京할 때 한국과 미국의 국기를 번갈아 세울 것」[4]

17일(일) | 맑음.

○ 주사 노재연이 숙직하다.

○ 경무警務 서서의 첩문을 접수함. 「약현藥峴의 동임洞任 이진홍李鎭弘이 분통糞桶(거름통) 값을 분급分給하지 않았으므로 소임所任을 교체하는 건」

○ 오후 7시 20분에 판윤에게 온 서첩書牒에, '군용지를 개설할 때 침범한 도동桃洞·갈어리葛於里·이태원·서빙고일·이계一二契·둔지미芚芝尾[5]·와서瓦署 등지의 가옥·분묘 값을 내일 오전 9시에 지급할 것이니, 해당 동洞의 소임所任과 백성들에게 칙유하여 본부(한성부)에 와서 대기하게 할 것'이라고 하다.

4 당시 미국 대통령 시오도어 루즈벨트의 딸 앨리스 루즈벨트(Alice Lee Roosevelt, 阿利須)를 가리킨다. 앨리스 루즈벨트의 방한에 관해서는 9월 19일조 기사 및 각주 참조.

5 둔지미: 용산구 서빙고동의 둔지산(屯智山)을 가리킴. 둔지미(屯芝味)·둔지미(屯之美)·둔지미(屯地尾) 등 다양하게 표기되었음.

○ 또 '주사 등 관료들은 내일 오전 9시 출근[仕進] 시간을 어기지 말 것'이라고 하다.

18일(월) | 맑고 청량하니 바로 깊은 가을 날씨다.

○ 박 판윤, 주사 김우현·강준영·이명환·김유장이 출근하다. 노재연이 숙직하다.

○ 프랑스 공관의 조회를 접수함. 「프랑스인 트레물레의 소구訴求에, '연화봉蓮花峯 도로를 즉시 정비할 것이므로 도로를 침범한 가옥을 철거하게 할 것'이라고 함」

○ 일본 공관의 조회를 접수함. 「일본인 다카토리 도라지로[鷹取虎次郎] 외 4명 가옥 10채의 가계를 교환해줄 것」

○ 탁지부 고문관의 조회를 접수함. 「일본 군용지 내 가옥·전답·분묘의 실제 수를 정밀하게 조사하고, 그 결과를 작성해서 본부(탁지부)에 송부할 것」

19일(화) | 맑음.

○ 박 판윤, 주사 김우현·강준영·이명환·노재연이 출근하다. 김유장이 숙직하다. 【이날 오후 5시 미국 대통령의 딸이 입경하다】[6]

6 1905년 시어도어 루즈벨트는 '아시아 순방 외교사절단'이라는 명목하에 육군장관 윌리엄 태프트를 단장으로 하는 사절단을 파견했다. 루즈벨트 대통령의 딸인 앨리스 루즈벨트를 비롯하여 그 약혼자인 롱워스(Nicholas Longworth) 하원의원, 뉴랜드(Francis G. Newlans) 상원의원, 길레트(Frederick H. Guillete) 하원의원, 코빈(Corbin) 장군, 트레인(Train) 제독 등 정계와 군대의 유력인사들이 포함된 85명의 대규모 사절단이었다. 이들은 7월 25일 도쿄에 도착하였는데, 그 이틀 뒤인 27일에 이른바 태프트-가쓰라 비밀각서가 교환되었다.
앨리스 양 일행은 이후 약 2개월에 걸쳐 필리핀·싱가포르·홍콩·상하이·베이징 등을 순방한 후 9월 초순 다시 도쿄로 돌아왔다. 그리고는 9월 18일 도쿄를 출발, 9월 19일에 인천 제물포에 입항했다. 그리고 경인철도를 타고 6시 30분경 서대문 밖 정거장에 도착했다. 그리고 9월 20일과 21일에는 각각 고종이 덕수궁에서 주최한 궁중 오찬과 모건 미국공사가 연 원유회(園遊會, Garden Party)에 참석했다. 이어서 22일에는 청량리 홍릉 참배 및 창덕궁 만찬회 참석, 23일 상동교회(尙洞教會)에서 미국 감리교회와 북장로교회가 주최한 환영 리셉션 참석, 24일 북한산성 관광, 25일 남한산성 관광, 26일 성북동 소재 민영환 별장 방문 및 휴식, 27일 고종 주최 송별연 참석 등의 일정을 소화한 후, 28일 수옥헌(漱玉軒)에서 고종에게 고별하고 29일 남대문 정거장에서 특별열차 편으로 부산으로 떠났다.
앨리스 일행에 대한 고종과 한국민들의 대우는 극진한 것이었다. 러일전쟁에서 승전한 일본이 조선 보호국화 정책을 노골적으로 전개하는 상황에서 앨리스 일행의 한국 방문을 독립 회복의 마지막 기회로 간주하고, 이를 계기로 미국 정부에 1882년 조미수호통상조약 제1조에 명시된 거중조정을 구하고자 한 것이다. 하지만 이와 같은 절박한 노력에도 불구하고, 9월 27일 제2차 영일동맹이 체결되고 11월 17일 제2차 한일협약(을사늑약)이 체결되어 대한제국은 일본의 피보호국으로 전락하고 말았다.

○ 청 공관의 서함을 접수함. 「박희남이 청 상인 주복령에게 진 일화日貨 4,000원元의 부채와 관련하여, 그 전당 잡힌 가옥을 팔아서[放賣] 보상하는 건」

22일(금)[7] | 맑음.

○ 박 판윤, 주사 강준영·이명환·노재연이 출근하다. 김우현이 숙직하다.
○ 포천군의 보고를 접수함. 「충청남도 보령군에 거주하는 채장묵蔡長默의 선산에 투장偸葬한 경성 이현梨峴의 김미경金美卿을 체포하여 본군(포천군)으로 호송함」
○ 독일 공관의 조회를 접수함. 「독일 여인 손탁 양이 전집典執한 김인수 가옥과 관련하여, 손탁 양이 귀국할 때 독일인 고샬키에게 전매轉賣하였으니 그 집에 거주하는 원홍섭으로 하여금 즉시 양도하게 할 것」
○ 내부에 질품서를 발송함. 「일본인 후지타 쇼자부로 외 8명 및 덴마크인 뮐렌스테트가 매입한 가계를 교환해줄 것」
○ 사대문에 게시함. 「미국 내빈이 유람할 때 지나는 도로는 모두 정비할 것」
○ 남대문 밖 일본 군용지점 안에 가옥 및 분묘의 신축은 일체 엄금함.[8]

23일(토) | 맑음.

○ 박 판윤, 주사 4명이 출근하다. 강준영이 숙직하다.
○ 평리원의 훈령을 접수함. 「부평 신인숙 안건과 관련하여, 다시 일본 공관에 조회를 독촉할 것」
○ 경성 제일은행의 공함을 접수함. 「금년도 출급명령서 인감을 송시送示하는 건」
○ 청 공관의 공함을 접수함. 「청 상인 사세창이 김면옥 가옥 값에 대해 일화 3,000원을 인정했으니, 김 씨에게 조속히 결안決案하게 할 것」
○ 경성 제일은행에 공함을 발송함. 「본부(한성부) 출급 명령관의 인감을 날인하여 송부하는 건」

---

7 원문에 20일과 21일 기사가 누락되어 있다.

8 전후 문맥상 이 기사도 사대문에 게시한 내용을 옮긴 것으로 보인다.

24일(일) | 맑음.

○ 주사 강준영이 숙직하다.

○ 주경駐京 일본사령부의 공함을 접수함. 「용산 군용철도에 수용된 가옥을 조사한 성책成冊이 도착함」

○ 또 공함을 접수함. 「철도 사용지 내 청인 가옥 3채를 성책해서 송부하는 건」

25일(월) | 맑음.

○ 박 판윤, 주사 김우현·강준영·노재연·김유장이 출근하다. 이명환이 숙직하다.

○ 내부의 지령을 접수함. 「일본인 후지타 쇼자부로 외 8명, 덴마크인 묄렌스테트가 매수한 가옥의 가계를 전례에 따라 신계로 교환해줄 것」

○ 경성상업회의소의 청원 1건을 접수함. 「이미 농부農部의 인가가 났으니 특별히 허시許施할 것」

○ 위와 같음. 「현재 전정錢政(화폐 유통상황)이 크게 옹체壅滯(막혀서 통하지 않음)되었으니, 상민商民 등이 발행한 어음을 3개월 연기해줄 것」

○ 일본 공관에 조회를 발송함. 「신인숙 답송畓訟의 피고 이세진의 소구訴求와 관련하여, 일본인 후쿠다 마타베[福田又兵衛]와 증인들을 엄중히 조사한 후 회시할 것」

○ 평리원에 보고를 발송함. 「주중렬의 첩출疊出 가계家契와 관련하여, 작소繳銷[9]하기 전에는 신계로 교환해줄 수 없음」

○ 한성재판소에 조회를 발송함. 「독일 여인 손탁 양에게 전당잡힌 가계家契를 그 나라 사람 고샬키에게 이매移賣[10]한 안건을 조속히 타결할 것」

○ 포천에 훈령을 발송함. 「의령군 거주 채장묵의 산송안山訟案에 의거하여, 경성에 거주하는 피고 김미경을 압송할 것」

9 작소: 흔적을 없앰.

10 이매: 자기의 집이나 논밭을 다른 사람에게 파는 일.

26일(화) | 폭우가 끊이지 않아 사람이 지루하다는 탄식을 하게 하니, 참으로 괴후乖候이다.

○ 박 판윤, 주사 김우현·강준영·노재연·김유장이 출근하다. 이명환이 숙직하다.

○ 내부에 보고를 발송함. 「군용지가 침범한 연강沿江 각 동洞의 백성들이 살 곳을 잃고 방황하니, 별도로 각 아문에 공문을 보내 각자 전접奠接[11]하게 할 것」

○ 프랑스 공관에 조복을 발송함. 「덴마크인 묄렌스테트가 매입한 가옥의 가계를 교환해서 교부함」

○ 일본 공관에 공함을 발송함. 「일본 우편국장 다나카 지로가 새로 매입한 가옥의 가계를 교환해서 교부함」

○ 궁내부의 훈령을 접수함. 「동대문 밖 안감동 도우장은 공물供物을 바치는 채전菜田이니, (도우장을) 반드시 다른 곳으로 이설移設할 것」

○ 일본 공관의 공문을 접수함. 「일본인 아리우 주로[蟻生十郎] 외 3명의 매수한 가옥의 가계를 교환해줄 것」

○ 평리원의 훈령을 접수함. 「원동苑洞 황 소사 가계 송안訟案과 관련하여, 담당 주사 및 고원雇員을 압송하여 심판하게 할 것」

27일(수) | 아침에 맑다가 해 질 무렵에 바람이 붊.

○ 박 판윤, 주사 4명이 출근하다. 노재연이 숙직하다.

○ 내부에 보고를 발송함. 「남대문 밖 군용지 수용 건과 관련하여, 주지서主旨書 사본을 첨부하여 보고함」

○ 평리원에 보고를 발송함. 「황 소사가 주상렬에게 가계를 첩출疊出한 사건과 관련하여, 담당 주사 및 고원雇員을 질판質辦한 뒤 다시 훈시하는 건」

○ 한성재판소의 조회를 접수함. 「김석조金錫祚가 이광호李光鎬에게 한화韓貨 1,600원 어음을 수취한 사건과 관련하여, 그 범인 송규수宋奎洙·박규명朴奎明을 체포하여 인도하는 건」[12]

---

11 전접: 자리 잡고 살만한 곳을 정함.

12 《구한말 민사 판결문》에 따르면, 1905년 9월 14일 피고 송규수에 대해 원고 이광호의 청구에 따라 어음금 4만 냥을 변상하라는 판결이 내렸다.

○ 양근군楊根郡에 훈령을 보냄. 「일본인 도기제조원陶器製造員 야마구치 아키라[山口精]가 해당 업장을 관람하는데 신속하게 준시遵施(그대로 따라 시행함)할 것」

○ 일본 공관에 공함을 발송함. 「도자기제조陶磁器製造 야마구치 아키라의 관람지 양근군 훈령을 모두 만들어서 송부함」

○ 사령부의 공함을 접수함. 「용산 땅에 가옥·분묘의 신설을 금지하는 건」

○ 의정부에 보고를 발송함. 「상업회의원商業會議員의 청원을 첨부하여 보고함」

○ 일본 공관의 조복을 접수함. 「일본인 후지타 쇼자부로 외 7명이 매수 가계를 교환해줄 것」

○ 경무청의 조회를 접수함. 「태평동太平洞 포주舖主 이창하가 강도당한 화물의 실제 수를 다시 상세히 시명示明할 것」

○ 일본 공관의 공함을 접수함. 「일본인 야마구치 아키라가 양근·광주廣州 도기제조업장陶器製造業場을 관람하는 것과 관련하여, 즉시 해당 군에 훈령을 내릴 것」

○ 구락부총대俱樂部總代의 청원서를 접수함. 「궁내부 소속 훈도방薰陶防 죽동계[13] 3통 9호의 차용 허가를 증명하는 건」

28일(목) | 맑음.

○ 박 판윤, 주사 4명이 출근하다. 노재연이 숙직하다.

○ 서서西署의 공문을 접수함. 「화산華山 사장射場 아래 남성 1구의 시신을 수습하여 매장한 비용을 지불할 것」

○ 경리원經理院의 훈령을 접수함. 「삼적[14] 고수천高守天·장돌숭張乭崇을 체포하여 엄중히 구수拘囚할 것. 일본인이 옥을 부수고 달아남」

13 죽동계(竹洞契): 대한제국 때 현 중구 수표동·을지로2가·을지로3가·저동2가의 각 일부에 해당하던 마을.

14 삼적(蔘賊): 밭에 있는 인삼을 훔치는 도둑.

29일(금) | 맑다가 흐리다가 함. 찬 바람이 때때로 불고 소나기가 갑자기 흩뿌림.

○ 박 판윤, 주사 김우현·강준영·이명환·노재연이 출근하다. 김유장이 숙직하다.

○ 장례원掌禮院의 훈령을 접수함. 「함흥咸興·영흥永興의 의대衣襨·향촉香燭[15]을 9월 12일[16] 묘시(오전 5시~7시)에 봉진奉進할 예정이므로 귀 판윤이 배종할 것」

○ 내부에 보고를 발송함. 「묵동墨洞 노인정老人亭 기슭 너머에 일본 체신성遞信省의 인허 여부와 관련하여, 정부에 조회한 후 상세히 훈시를 내려줄 것」

○ 내부에 질품서를 발송함. 「일본인 다카토리 도라지로 외 4명의 매수 가계를 교환해 줄 것」

○ 농부農部에 보고를 발송함. 「상업회의소에서 채권자가 상환 기한의 3개월 연장을 청원함」

○ 외부外部에 보고를 발송함. 「묵동 노인정 기슭 너머 일본 체신성의 인허 여부와 관련하여, 상세한 훈시를 내려주는 건」

30일(토) | 맑음.

○ 박 판윤, 주사 김우현·강준영·이명환·노재연이 출근하다. 김유장이 숙직하다.

○ 평리원의 훈령을 접수함. 「황 소사 가계는 본원(평리원)에 만들어 보내고 원고에게 출급한 담당 주사에게 상당한 징계를 내릴 것」

○ 일본 공관에 조복을 발송함. 「일본인 다카토리 도라지로 외 5명의 매수 가계를 교환해주는 건」

15 원문에 '燭'이 누락되어 있다.

16 음력 9월 12일은 양력으로 10월 20일에 해당한다.

광무 9년
(1905)

10월

1일(일) | 흐리고 비

○ 주사 김우현이 숙직하다.

2일(월) | 맑음.

○ 박 판윤, 주사 강준영·이명환·노재연·김유장이 출근하다. 김우현이 숙직하다.

○ 북서北署의 조회를 접수함. 「맹현[1] 취운정翠雲亭 앞에서 유기된 아이 시신 1구를 수습하여 매장한 비용을 지불할 것」

○ 포천抱川의 보고를 접수함. 「보령군 거주 채장묵의 선산에 투장偸葬한 김미경을 효유曉諭하여 이장하게 함」

○ 서서西署의 조회를 접수함. 「모화관慕華館 악백동岳白洞의 걸인 시신 1구를 수습하여 매장한 비용을 지불할 것」

○ 탁지고문의 첩문牒文을 접수함. 「남대문 밖 일본 군용지를 침범한 전답을 조사, 성책成冊하여 송부할 것」

1 맹현(孟峴): 종로구 가회동에 있던 마을.

○ 벨기에 공관의 공함을 접수함. 「벨기에 영사 여식의 결혼식이 오는 토요일 종현鍾峴 천주당天主堂에서 열릴 예정이니 지나는 길에 왕림해 주시길 바람」
○ 개교보생회開敎保生會의 공함을 접수함. 「본회本會의 취지서 1통을 앙포仰佈하는 건」
○ 외부外部의 지령을 접수함. 「남산 노인정 기슭 너머 일본 체신성遞信省의 토지 사용과 관련하여, 과연 그 공사가 공함으로 요청하여 인준認准을 명언明言했으니 해당 사안을 신중하게 처리할 것」
○ 궁내부에 보고를 발송함. 「남대문 밖 일본 군용지를 침범한 가옥의 철거와 관련하여, 백성들이 이전할 지역을 인허하는 건」

3일(화) | 맑음.

○ 박 판윤, 주사 김우현·이명환·노재연·김유장이 출근하다. 강준영이 숙직하다.
○ 한성재판소의 조복을 접수함. 「김석조가 일본인 핫토리 료타로[服部良太郞]에게 준 채금債金을 통보하지 않은 안건과 관련하여, 박규명은 아직 체포하지 못하고 이광호·송규수는 대질[對經]하여 질판質判하는 건」
○ 내부內部의 훈령을 접수함. 「건원릉健元陵·수릉綏陵의 귀석龜石과 전석磚石의 운반이 시급하니, 영풍정映風亭 도로를 그 주변 백성들에게 각별히 신칙해서 신속하게 정비하게 할 것」
○ 한성재판소의 조회를 접수함. 「이진상李鎭相이 일본인 후치카미[淵上]에 대해 제기한 채송債訟 안건과 관련하여, 일본 영사관에 교섭하여 후치카미를 이곳으로 보내서 질변質卞하는 건」
○ 청 공관에 공함을 발송함. 「김면옥 가옥 대금의 잔금[零條] 3,700여 원을 보내는 건」
○ 벨기에 공관에 공함을 발송함. 「벨기에 영사 여식의 결혼식에 늦지 않게 가서 축하하겠음」

4일(수) | 맑음.

○ 박 판윤, 주사 김우현·이명환·노재연·김유장이 출근하다. 강준영이 숙직하다.
○ 의정부의 통첩을 접수함. 「관보官報 값은 금고金庫에 직접 납입하고, 납입고지서는

곧 발행할 예정이니 미납액을 사전에 포명佈明(통지)할 것」

○ 한성재판소에 조회를 발송함. 「이군실이 청 상인 덕화성[2]에 대해 제기한 위표僞票 사건과 관련하여, 속히 질변質卞하는 건」

○ 위와 같음. 「독일 손탁 양이 전집典執한 원홍섭 가옥과 관련하여, 그 처리 결과를 속히 시명示明하는 건」

○ 위와 같음. 「일본인 삿사 마사유키가 박인창 가계家契와 관련해 제기한 안건을 속히 처리하는 건」

○ 위와 같음. 「영국인 민라閔羅가 전지田地 사기를 당한 안건과 관련하여, 속히 심판審辦을 시행하는 건」

○ 궁내부에 보고를 발송함. 「안감동 사포서司圃署 전지田地의 도우장屠牛場은 다른 곳으로 이전하기 어려움」

○ 일본 공관에 조회를 발송함. 「김석조가 발행한 한화韓貨 1,600원 수형手形 안건과 관련하여, 장차 평리원에 보고하여 밝힐[報明] 것」

5일(목) | 맑음.

○ 박 판윤, 주사 김우현·강준영·노재연·김유장이 출근하다. 이명환이 숙직하다.

○ 경무청의 조회를 접수함. 「남산 비파정 동쪽 시단詩壇 등지에 세운 일본 체신성의 표목票木 안건과 관련하여, 교섭하여 타당하게 처리할 것」

○ 일본 주차군 경리부의 공함을 접수함. 「군용도로를 침범한 가옥·분묘를 매우 빨리 이전할 것」

○ 남서南署의 조회를 접수함. 「본서(남서) 관내 금년도 호적 지가紙價 46원 60전을 송부하는 건」

○ 경무청의 조복을 접수함. 「서서西署에서 체포한 적당敵黨 2명을 신문하였는데, 태평동 전포주典舖主 이창하가 도둑맞은 화물과는 애초에 맞지 않음」

○ 일본 공관에 조회를 발송함. 「우리나라 사람 이명식의 선산에서 석재를 채취한 일본인 와니베[鰐部]·하마요시[濱吉]에게 별도로 명하여 작업을 중단시킬 것」

2 원문에 '德利成'으로 되어 있으나, 전후 기사를 볼 때 '利'는 '和'의 오자가 명백하므로 바로 잡았다.

○ 또 조회를 발송함. 「일본인 후치카미 다메지로가 이진상에 대해 제기한 채송債訟 안건과 관련하여, 한성재판소로 보내 질판質辦할 것」

○ 재정고문실에 조회를 발송함. 「신구新舊 화폐의 교환방법을 즉시 인민들에게 게시하는 건」

○ 각 방곡坊曲에 게시함. 「구 백동화 1,000원 이하는 이번 달 1일부터 교환함」

6일(금) | 맑음.

○ 박 판윤이 한강 일본 군용철도 조사를 위해 나가다. 주사 김우현·강준영·김유장이 출근하다. 노재연은 판윤과 함께 가다. 이명환이 숙직하다.

○ 경리원經理院의 훈령을 접수함. 「청인淸人 등이 홍삼을 몰래 만드는[潛造] 폐단과 관련하여, 해당 영사관에 별도로 교섭하여 훗날의 폐해를 영원히 근절할 것」

○ 농부農部의 지령을 접수함. 「상업회의소에서 요청한 채권 상환의 연기와 관련하여, 이는 마땅히 상업계의 공의公議에 따라 결정해야 하며 정부가 간섭할 일이 아님」

○ 한성재판소의 조회를 접수함. 「청 상인 덕화성의 위표僞票 안건, 영국인 민라의 전지田地 매입 사기 안건, 독일 여인 손탁 양 안건과 관련하여 모두 해당 영사관에 다시 교섭할 것」

○ 경성 상업회의소의 보고를 접수함. 「본 회의원會議員 50명을 선정한 건」

7일(토) | 맑음.

○ 박 판윤, 주사 김우현·강준영·이명환이 출근하다. 노재연이 와서瓦署의 일본 군용철도 조사를 위해 나가다. 김유장이 숙직하다.

○ 청 공관의 공함을 접수함. 「청 상인 덕생태德生泰가 도둑을 당해 재화를 분실한 사건과 관련하여, 수표교 원역員役에게 다시 명하여 엄밀히 조사하고 범인을 체포할 것」

○ 학부의 지령을 접수함. 「온수의숙감溫粹義塾監 이교헌이 요청한 학교의 인허와 관련하여, 해당 교사를 장정章程에 따라 보내어 응시하게 할 것」

○ 궁내부의 훈령을 접수함. 「현호玄湖의 빙고氷庫는 고봉상高鳳相이 보관하는 것인데, 일본인 소가 츠토무[曾我勉]가 사적으로 매입했다고 하면서 고문庫門을 봉쇄했다고

하니, 해당 영사관과 별도로 교섭해서 타당하게 처리할 것」

○ 일본 공관의 공문을 접수함. 「한강 부근 미국인 언더우드 소유의 토지 외 실지 조사 도면과 증명서를 송부하는 건」

○ 내부內部의 훈령을 접수함. 「군용철도를 침범하여 철거된 가옥의 백성들이 이사할 곳과 관련하여 궁내부에 조회하여, 후암도동厚岩桃洞을 한성부에서 답사한 후 인허할 것」

○ 청 공관에 공함을 발송함. 「청인淸人 두 씨杜氏의 치료비 2원을 송부하며, 그가 거리낌 없이 대관 저택의 내정內庭에서 소란을 부린 악습을 징판懲辦할 것」

○ 청 공관에 조회를 발송함. 「청 상인 등이 홍삼을 몰래 만들고[潛造] 밀매하는 등의 폐단과 관련하여, 엄중히 명하여 조약을 준수하게 할 것」

○ 내부內部에 보고를 발송함. 「영풍정映風亭에서 중랑천까지 도로와 교량이 붕괴된 상황을 상세히 보고하는 건」

○ 위와 같음. 「혜정교惠政橋에서 탁지부 뒤편 다리까지 도로와 석축石築이 훼손된 것을 수리하는 건」

○ 일본 공관에 조회를 발송함. 「한강 부근 미국인 언더우드 소유의 토지를 해당 영사 및 본 판윤이 실지 조사한 후 해당 도본圖本과 증명서를 작교繳交(돌려보냄)하는 건」

○ 경무청에 조회를 발송함. 「청 상인 덕생태가 도둑을 맞아 재화를 분실한 건과 관련하여, 각별히 명하여 엄중하게 조사해서 범인과 장물을 모두 찾아낸 것」

8일(일) | 가끔 맑고 가끔 흐림. 소나기가 갑자기 내리고 찬 바람이 때때로 붊.

○ 주사 김유장이 숙직하다.

○ 일본 주차군 경리부의 공함을 접수함. 「용산 군용지 내 가옥과 지상물건地上物件을 오는 10월 10일과 20일 양일 내 이전하는 건」

9일(월) | 맑음.

○ 박 판윤, 주사 4명이 출근하다. 노재연이 숙직하다.

○ 청 공관의 복함復函을 접수함. 「홍삼의 금령禁令과 관련하여, 각 상민에게 전유傳諭해서 모두 조약을 준수하게 했으니 사적으로 매수買售할 수 없을 것임」

○ 일본 제일은행의 공함公函을 접수함. 「출급명령서出給命令書의 예전 각 항의 용기用記를 다음과 같이 열록列錄해서 통첩함」

○ 내부內部에 질품서를 발송함. 「일본인 아리후 주로 외 2명과 프랑스인 마을당馬乙唐의 가계家契를 교환해주는 건」

○ 내부內部에 질품서를 발송함. 「비서승秘書丞 이윤종李胤鍾의 청원과 관련하여, 동서東署 취석정翠石亭의 빈터는 관유지이므로 인허 여부를 여쭙는 건」

○ 일본 공관에 조회를 발송함. 「현호玄湖 빙고氷庫는 바로 어공御供을 진상하는 창고이니, 속아서 매매하는 폐단을 엄금할 것」

10일(화) | 맑음.

○ 박 판윤이 의대衣襨와 향축香祝을 지영祗迎하기 위해 동대문 밖으로 오후 3시에 나가다. 주사 4명이 출근하다. 노재연이 숙직하다.

○ 독일 공관의 조회를 접수함. 「손탁 양이 곧 김인수 가옥을 고샬키에게 매도할 예정이니, 그가 바로 가주家主임」

○ 일본 공관의 조회를 접수함. 「마쓰오가 전집典執한 현기玄琪의 홍천洪川·면천沔川 소재 밭 16석石 8두락斗落의 값 20만 냥을 두 군郡에 훈령을 내려서 봉송[3]할 것」

○ 남서 청룡정靑龍亭 산기슭 서편에 일본인 오쿠다[奧田]·야마무라[山村] 두 사람이 매입한 장동長洞 거주 홍치명洪致明의 땅에서 터를 닦기 시작함.

○ 독일 공관에 조회를 보냄. 「손탁 양이 전집한 원흥섭 가옥을 고샬키에게 매도했다면, 그에게 별도로 명하여 한성재판소로 오게 해서 질변質卞을 받게 할 것」

○ 평리원 보고서.[4] 「원동苑洞 황 소사의 첩출疊出 가계家契와 관련하여, 체포·조사한 후 신속하게 처리하는 건」

---

3 봉송(捧送): 세금이나 물건 등을 받아서 보내는 일.

4 내용을 보면 평리원에서 한성부에 관련 사건을 빨리 처리하라는 훈령으로 보인다. 그렇지만 앞쪽에 '보고서'라는 단어가 있어 문서 수발 관계가 분명치 않아 원문 그대로 '평리원 보고서'라고 풀이하였다.

11일(수) | 맑음.

○ 박 판윤, 주사 강준영·이명환·노재연·김유장이 출근하다. 김우현이 숙직하다.

○ 「와서瓦署 둔지미芚芝味의 일본 군용철도 및 철도선을 침범한 가옥의 이전료와 관련하여, 탁지부에서 파견한 고문 보좌원顧問補佐員 및 일본 제일은행원이 입회한 가운데 지불하는 건」[5]

○ 청 공관의 공함을 접수함. 「와서瓦署 일본 군용지를 침범한 청 상인 연와창煉瓦廠의 가옥 4채는 아직 조사에 들어가지 않음」

○ 일본군사령부의 공문을 접수함. 「용산 군용지를 침범한 청 상인의 토지는 아직 조사에 들어가지 않았으므로 가문價文(값)을 지불하는 건」

○ 중학교中學校의 회함回函을 접수함. 「측량기술인 시취試取와 관련하여, 각 신문에 광고하면 자연히 기일에 맞추어 응시할 것임」

○ 평리원의 훈령을 접수함. 「부평군 신인숙과 이세진의 답송畓訟 안건과 관련하여, 즉시 일본 공관에 독촉 조회를 다시 보내서 반드시 신문하여 처리할 것」

○ 청 공관에 공함을 발송함. 「와서瓦署 일본 군용지를 침범한 청 상인 가옥 가운데 아직 조사에 들어가지 않은 것은 또한 별도로 조사하고 그 이전료를 지불할 것임. 그 지가地價는 결국 타당하게 조처될 것임」

12일(목) | 맑음.

○ 박 판윤이 영흥과 함흥 두 본궁本宮의 의대衣襨·향촉香燭을 배진陪進하다. 소윤 이탁李倬【10일에 서임敍任되어 금일부터 업무를 보기 시작하다】, 주사 강준영·이명환·노재연·김유장이 출근하다. 김우현이 숙직하다.

○ 궁내부의 훈령을 접수함. 「갈월리葛月里·도동桃洞 등 일본 군용지를 침범한 민가의 이전지移轉地 임차 허가 건과 관련하여, 허시許施할 수 없음」

○ 또 훈령을 접수함. 「안감동의 도우장屠牛場은 세금으로 임차를 허가할 수 없으니 별도로 합당한 토지를 빌려 대신할 것」

---

5 이 기사는 문서 형식 및 발신처·수신처에 관한 기록이 없다.

○ 또 훈령을 접수함. 「저경궁儲慶宮 내행각內行閣을 외국인에게 전매轉賣한 원가原價를 사실대로 조사해서 신속히 보고할 것」

○ 청 공관의 공함을 접수함. 「일본 군용지가 침범한 산업産業에 대해 10원圓 7전의 이전비를 지급하는 건과 관련하여, 그와 같이 처리할 수 없음」

○ 내부內部의 지령을 접수함. 「일본인 다카토리 도라지로 외 4명의 매수 가계家契를 교환해줄 것」

13일(금) | 맑음.

○ 소윤 이억,[6] 주사 김우현·이명환·노재연·김유장이 출근하다. 강준영이 숙직하다.

○ 일본주차군 경리부의 공함을 접수함. 「용산 군용지 내 철도노선 면적을 대략 기록하여 송부함」

○ 위와 같음. 「용산 군용지 내 갈월리 가옥 및 분묘를 10월 30일까지 이전하는 건」

○ 일본 공관의 공함을 접수함. 「현호玄湖 장빙고藏氷庫의 매수 절차를 합당하게 이행한[7] 후 회시回示할 것」

14일(토) | 아침에 맑다가 저녁에 비가 내림.

○ 박 판윤, 소윤 이억, 주사 김우현·이명환·노재연·김유장이 출근하다. 강준영이 숙직하다.

○ 경무청의 조회를 접수함. 「남서 청룡정 산기슭에 일본인 야마무라·오쿠다 2명이 3년 전에 홍치명에게 매입했다고 주장하면서 곧 가옥 350칸을 지으려고 함」

○ 서서의 조회를 접수함. 「서서 산마루[圓峙]와 관련하여, 법부 협판 이준영李準榮이 이미 귀부(한성부)의 인허를 얻었다고 하니 그 속사정을 즉시 회시回示할 것」

6 《승정원일기》 고종 42년(1905) 10월 9일(양력)에 정3품 이탁(李倬)을 한성부 소윤에 임명하고, 10월 14일에 그 이름을 다시 '억(億)'으로 고쳤다는 기사가 나온다. '이억'은 곧 '이탁'이다.

7 원문에 '履何'라고 되어 있으나, 문맥상 '何'는 '行'의 오기로 보인다.

○ 한성재판소의 조회를 접수함. 「박인창이 서서 양생방養生坊 2통 7호의 기와집[瓦家] 14칸의 입지立志를 안봉호가 분실했다고 하니, 다시 그에게 출급出給하는 건」
○ 내부內部의 지령을 접수함. 「일본인 아리후 주로 외 2명, 프랑스인 마을당馬乙唐이 매수한 가옥의 가계를 전례에 따라 교환해줄 것」
○ 프랑스 공관에 조회를 발송함. 「프랑스인 마을당이 매입한 서서 반석방盤石坊 가옥 1채의 가계를 신계新契로 교환하여 발급함」
○ 군부軍部에 보고를 발송함. 「미국인 언더우드가 서함으로 남대문 내외 성첩城堞의 무너진 곳을 서둘러 수보修報[8]할 것을 요청한 건」
○ 온수의숙에 훈령을 발송함. 「학교를 설립해서 학문을 일으키는 것은 매우 가상하니, 해당 교사를 장정에 따라 응시하게 할 것」
○ 독일 공관에 조회를 발송함. 「정의택鄭宜澤 가옥이 고샬키 가옥과 격장隔墻[9]하니 해당 기지基地가 침범하지 않게 하는 건」
○ 한성재판소에 조회를 발송함. 「손탁 양이 원흥섭 가옥에 대해 제기한 안건을 신속히 처리할 것」
○ 일본 공관에 조회를 발송함. 「신인숙·이상진李相鎭[10]의 답송畓訟 안건과 관련하여, 해당 현縣의 범용犯用한 일본인 등의 잔액을 개시開示하고 타당하게 처리하는 건」
○ 일본 공관에 조회를 발송함. 「일본인 야마무라·오쿠다 두 사람이 청룡정에 터를 닦고 가옥을 짓는 것을 금지할 것」
○ 일본 공관에 조회를 발송함. 「일본인 아리후 주로 외 3명의 가계를 교환해줄 것」
○ 면천沔川에 훈령을 발송함. 「일본인 마쓰오 모토노스케[松尾元之助]가 우리나라 사람 현기玄琪에 대해 제기한 답송畓訟 안건과 관련하여, 별도로 해당 동洞에 명하여 상경相梗함이 없게 할 것」
○ 홍천洪川에 훈령을 발송함. 위와 같음.
○ 내부內部에 보고를 발송함. 「본부(한성부) 소윤 이탁의 예장비禮章費를 지급함」
○ 탁지부에 보고를 발송함. 위와 같음.

---

8 본래 수보(修報)는 수정하여 보고한다는 뜻이나, 문맥상 '修補' 또는 '修治'의 오기인 것으로 보인다. 예컨대 10월 17일 기사에는 '修治'로 되어 있다. 일단 원문에 따라 옮겼다.

9 격장: 서로 담을 두고 이웃함.

10 다른 기사 등으로 미뤄볼 때, '李世鎭'의 오기로 보인다. 일단 원문에 따라 옮겼다.

15일(일) | 맑음.

○ 이날은 계천기원경절繼天紀元慶節[11]로 휴일이다. 주사 이명환이 숙직하다.

16일(월) | 맑음.

○ 박 판윤, 소윤 이억, 주사 김우현·강준영·김유장이 출근하다. 이명환이 숙직하다.

○ 궁내부에 보고를 발송함. 「군용도로 및 철도선을 침범하여 철거된 가옥 인민들의 이주와 관련하여, 원묘園墓·위전位田 및 역둔토驛屯土에 건축을 인허하는 건」

○ 내부內部에 보고를 발송함. 위와 같음.

○ 한성재판소에 조회를 발송함. 「영국인 민라閔羅의 토지 사기매입 소송과 관련하여, 신속히 심판을 진행하여 매듭지을 것」

17일(화) | 맑음.

○ 박 판윤, 소윤 이억, 주사 김우현·강준영·이명환이 출근하다. 김유장이 숙직하다.

○ 한성재판소에 조회를 발송함. 「성균관계成均館契 소재 이도균李道均 가옥의 관계官契 중출重出 안건을 신속히 처리할 것」

○ 내부內部에 보고를 발송함. 「미국인 언더우드가 서함으로 남대문 밖 성첩이 무너진 곳을 서둘러 보수[修治]할 것을 청함」

○ 평리원에 보고를 발송함. 「일본인 오무라 야스타가 우리나라 사람 유진찬에 대해 제기한 대금貸金 청구 안건과 관련하여, 신속히 처리한 후 훈시訓示하는 건」

○ 일본 공관에 조회를 발송함. 「장동長洞 호도정胡桃井, 주동鑄洞 천정泉井에 일본인들이 목책木柵을 둘러치고 방해하니, 속히 금지하고 철거시킬 것」

○ 한미전기회사의 공함을 접수함. 「홍릉 밖 해자에 수도水道를 삽립揷立하고 표기票旗를 부설敷設하는 것과 관련하여, 다시 상의해서 변통하지 않을 수 없음」

○ 한미전기회사의 공함을 접수함. 「서대문 밖 성첩을 속히 수축해서 가역[12]을 원활하게 준공竣工하게 하는 건」

---

11 1897년 고종이 국호를 대한제국으로 고치고 황제에 즉위한 날로, 음력 9월 17일에 해당한다.

12 가역(家役): 집을 짓거나 고치는 일.

18일(수) | 맑음. 포시(오후 3~5시)부터 밤까지 흐림.

○ 박 판윤, 소윤 이억, 주사 김우현·강준영·이명환이 출근하다. 김유장이 숙직하다.

○ 독일 공관의 조회를 접수함. 「우리나라 사람 정의택이 독일인 고솔시高率始에 대해 제기한 터를 침범하여 담장을 지은 안건과 관련하여, 원고·피고[兩隻]가 개인적으로 타협해서 번거롭게 송사를 제기하는 데 이르지 않기를 희망함」

○ 군용지를 침범한 6개 동의 토지가土地價 지급을 위해 탁지 보좌원補佐員 후지카와[藤川]와 남서 경부警部 마쓰다[增田]가 입회했으나, 해당 동민들이 평당 7전은 억울하여 받아들일 수 없다고 하다. 누차 타일렀으나 끝내 듣지 않고 해산하다.

○ 한강 군용지를 침범한 미국인 언더우드 가옥 문제를 해결하기 위해 판윤이 주사 이명환과 함께 4시에 한강으로 나가다.

19일(목) | 흐림. 신시(오후 3~5시) 이후 찬 바람이 때때로 불고 먹구름이 하늘을 뒤덮음.

○ 박 판윤, 소윤 이억, 주사 김우현·강준영·이명환이 군용지를 침범한 가옥과 분묘를 조사하기 위해 이태원에 나가다. 김유장이 숙직하다.

○ 옥천의 보고를 접수함. 「경부철도 건축 시 취토取土하는 과정에서 침범당한 전답과 손해 입은 곡물을 성책成冊하여 올려보냄」

○ 전기회사의 공함을 접수함. 「홍릉 밖 해자에 심어진 수도표水道票는 실제 정해진 용지用地가 아니며, 이후 만약 완전히 결정된 곳이 생기면 확실히 의논하여 인허를 얻을 것임」

○ 서서의 조회를 접수함. 「제중원에서 치료하던 유성삼兪聖三이 사망하였으므로 꺼내서 매장한 비용을 지급할 것」

○ 일본 공관의 공문을 접수함. 「일본인 하야시다 데이치[林田貞一] 외 4명의 가계를 교환해줄 것」

○ 한성재판소의 조회를 접수함. 「조운경趙云景·조진배趙鎭倍가 도동[13] 서흥순徐興淳의 딸을 청인淸人 광승호廣昇號에게 약매[14]하였으니, 청 공관에 교섭해서 그 원가原價를

13 도동(刀洞): 도자동(刀子洞)의 약칭으로 중구 무교동·태평로1가에 걸쳐 있던 마을.

14 약매(略賣): 속여서 팔아넘김.

받아서 (서홍순에게) 내어줄 것」

○ 경무청의 조회를 접수함. 「용동龍洞 이재형李在亨 집에 체류하는 고흥택高興澤의 음식값을 청인清人 난유주欒維柱가 이재형에게 받아내려다가 마구 때려 상해를 입혔으므로 해당 공관에 교섭할 것」

○ 경무청의 조회를 접수함. 「공덕리 군용철도 빈터에 철도감부 통역[通辯] 조동민趙東敏이 인허도 없이 빙고氷庫 40칸을 짓고 있으니 금지할 것」

○ 경무청의 전화. 「남산 뒤편 기슭에 있는 소나무를 일본인이 철도에 쓸 것이라고 하면서 거리낌 없이 베어내기에 해당 서署 순검巡檢이 금지하려고 했지만 할 수 없었음. 속히 일본 공관에 교섭해서 금지할 것」

20일(금) | 흐리고 비. 찬 바람이 붊.

○ 박 판윤, 소윤 이억, 주사 김우현·이명환이 출근하다. 김유장이 숙직하다.

○ 측량강습생을 시취試取하다.

○ 주차군사령부의 공함을 접수함. 「별지 도면 내 지역에 군용 말먹이[秣] 집적소集積所가 필요하니, 5일 내로 화전[畑]의 작물을 치울 것」

○ 내부內部의 훈령을 접수함. 「관官·민民, 공公·사私를 막론하고 상하의[衣袴]를 모두 짙은 색[深色]으로 착용하라는 내용을 고시할 것」

○ 평리원의 훈령을 접수함. 「일본인 오무라 야스타가 유진찬에 대해 제기한 안건과 관련하여, 이미 질변質卞을 마쳤지만 그 사이에 법부法部로부터 다시 조사하라는 훈령이 있었으니, 우선 송안을 보류할 것」

○ 경무청에 조복을 발송함. 「전기회사에서 세운 표목票木은 완전히 정해진 것이 아님」

21일(토) | 골바람이 살랑살랑 붊. 가끔 흐리고 가끔 비가 내림.

○ 박 판윤, 소윤 이억, 주사 이명환·김유장이 출근하다. 김우현이 숙직하다.

○ 측량강습생을 시취하다.

○ 중앙금고中央金庫의 공함을 접수함. 「출급명령서에 찍을 인장印章을 미리 날인해서 알려줄 것」

○ 일본 군용철도 건축반建築班의 공함을 접수함. 「수색리水色里 정거장의 공사역부工事役夫와 관련하여, 해당 청부인의 요청대로 특별히 시행할 것」

○ 한성재판소의 조회를 접수함. 「고성固城 거주 이완수李完洙가 일본인 후치카미 다메지로에게 제기한 송안訟案과 관련하여, 다시 일본 영사관에 조회해서 즉시 이곳으로 보내 질변質卞하게 하는 건」

○ 내부內部의 훈령을 접수함. 「미국인 언더우드와 어리여보魚利女報의 말에 성첩이 무너진 곳의 토석土石을 옮겨두었다고 하므로, 경무청에 알릴 것」

○ 또 훈령을 접수함. 「귀부(한성부)가 보고한 시신의 수습과 매장 비용 69원元과 관련하여, 신화新貨 34환圜 50전錢 명령서로 만들어 송부할 것」

○ 경무청의 조회를 접수함. 「일본 육군 기병騎兵 군조[15] 사이토 다다시[齋藤貞]가 한강에 와서 대호大戶 방옥房屋을 2, 3칸씩 조사할 예정이므로, 오늘 21일 해당 가호家戶를 모두 즉시 비워주는 건」

○ 또 조회를 접수함. 「일본인 핫토리 구라타로[服部藏太郞]가 용산 군용지 교량의 수축修築에 필요하다고 하면서 남산 외산外山의 어린 소나무 110그루와 바람에 쓰러진 나무 10그루를 베어 감」

○ 청 공관에 조회를 발송함. 「용동龍洞 이재형 집에 기류寄留하는 고흥택의 음식값을 그 담보인擔保人 이지형李之兄에게 요구하다가 구타를 당해 중상을 입은 건」

○ 내부內部에 보고를 발송함. 「본부(한성부)의 칙임관·주임관의 복장비服章費 개보開報(보고) 가운데 '원元'자를 '환圜'자로 고치고 즉시 지불하는 건」

○ 또 보고를 발송함. 「일반 관민의 복색服色 변경 기한을 고시함」

○ 강화부江華府에 훈령을 발송함. 「미국 기독교 청년회원 질레트의 송사와 관련된 전답田畓에서 수확하고, 이를 새로 매입한 신양선申養善이 그 소유권을 가질 수 있게 할 것」

22일(일) | 맑음.

○ 주사 김우현이 숙직하다.

15 군조(軍曹): 하사관 계급의 하나.

○ 서서의 조회를 접수함. 「염동廉洞 협률사協律社 문전에서 남자 걸인 시신 1구를 수습하여 매장한 비용을 지급할 것」

23일(월) | 맑음.

○ 박 판윤, 주사 김우현·이명환·노재연·김유장이 출근하다. 강준영이 숙직하다.
○ 용산 건축반의 공함을 접수함. 「철도선 내 가옥 이전비 보증서를 송부하는 건」
○ 궁내부의 지령을 접수함. 「군용지 내 철거 가옥의 이전 지역과 관련하여 공토公土를 양찰하여 획급劃給할 것이니, 조사해서 상세히 보고할 것」
○ 내부內部의 훈령을 접수함. 「복색服色은 청青·흑黑·감紺·자색紫色으로 1월 1일부터 시행함」
○ 서서에 조복을 발송함. 「귀서貴署(서서) 소관 원교圓嶠 한 구역은 과연 이미 법부 협판 이준영에게 인허하였음」

24일(화) | 맑음.

○ 박 판윤, 소윤 이탁, 주사 김우현·이명환·노재연·김유장이 출근하다. 강준영이 숙직하다.
○ 일본 공관의 조회를 접수함. 「용산 도로의 가교架橋가 물난리를 당해 무너졌으니 급히 보수할 것」
○ 일본 공관에 조회를 발송함. 「옥천군 경부철도 취토取土 중에 침범한 곽재순郭在舜·석도순石道旬의 전답을 조사한 성책成冊을 송부하는 건」
○ 일본 공관에 조복을 발송함. 「이진상이 일본인 후치카미 다메지로에 대해 제기한 채송債訟 안건과 관련하여, 후치카미를 한성재판소로 보낼 것」
○ 일본 경리부에 공함을 발송함. 「청파4계青坡四契에 군용 꼴을 쌓아놓고 사용할 것」
○ 경무청의 조회를 접수함. 「소공동小公洞 및 대관정大觀亭과 이궁二宮 일가도로一街道路의 교통 편의를 위해 해당 영사관에 조회를 보내 도로를 정비할 것」
○ 일본 공관에 조회를 발송함. 「일본인 핫토리 구라타로가 남서 외산外山의 바람에 쓰러진 나무를 베어가는 것을 단속할 것」

○ 독일 공관에 조회를 발송함. 「독일인 고샬키가 원흥섭에 대해 제기한 안건과 관련하여, 질변質卞 일자를 오는 27일로 연기함」[16]

○ 내부內部에 보고를 발송함. 「용산부터 만리창萬里倉 가교架橋까지 불어난 물[潦水]로 인해 붕괴된 곳의 보수를 긴급히 명하는 건」

25일(수) | 맑음.

○ 박 판윤이 의효전懿孝殿의 공무로 진참進參하다. 소윤 이억, 주사 김우현·강준영·노재연·김유장이 출근하다. 이명환이 숙직하다.

○ 궁내부에 보고를 발송함. 「일본 군용지가 침범한 민가를 철거한 후, 이전 지역을 인허하는 건」

26일(목) | 맑음.

○ 이날은 음력 9월 28일 순명비純明妃[17] 역복일易服日이다.[18] 조야朝野가 화복[19]으로 갈아입다. 박 판윤, 소윤 이억, 주사 김우현·강준영·노재연·김유장이 출근하다. 이명환이 숙직하다.

○ 일본 공관의 조회를 접수함. 「〈자전거 승행[20]규칙〉 1건을 첨부함」

○ 내부內部에 질품서를 발송함. 「일본인 하야시다 데주로[林田貞十郎] 외 4명의 가계家契를 교환해주는 건」

○ 학부學部에 보고를 발송함. 「본부(한성부) 공립 소학교 부교원副教員 박무병朴武秉을 대체하여 김정회金貞會를 서임함」

---

16 《구한말 민사 판결문》에 따르면, 1905년 10월 28일 피고 원흥섭에 대해 원고 고샬키의 청구에 따라 그가 현재 거주하는 가옥을 즉시 내주어야 한다는 판결을 내렸다.

17 원문에 '淳明妃'로 잘못 기재되어 있다.

18 역복이란 거상을 마치고 상복을 갈아입는 일을 말한다. 원문에 '易服綦日'로 적혀 있는데 '綦'자의 의미가 통하지 않는다.

19 화복(華服): 물감을 들인 옷감으로 지은 옷.

20 승행(乘行): 탑승과 통행의 뜻으로 보임.

○ 한성재판소에 조회를 발송함. 「이도균李道均의 가계가 중출重出됨. 홍학종洪學鍾의 가계를 본부(한성부)에 추작推繳함」

○ 또 조회를 발송함. 「영국인 민라閔羅의 전지田地 소송과 관련하여, 심판 결과를 통지할 것」

○ 일본군 경리부에 공함을 발송함. 「서빙고 박춘근朴春根의 철거 가옥과 관련하여, 특별히 그 백성의 이전을 허락하는 건」

○ 일본 공관에 조회를 발송함. 「일본인 하야시다 데주로 외 4명의 매수 가옥의 가계를 신계新契로 교환해주는 건」

27일(금) | 맑음.

○ 박 판윤이 출근하지 않다. 소윤 이억, 주사 김우현·김유장이 북단北壇 여제厲祭의 제관으로 나가다. 강준영·이명환이 출근하다. 노재연이 숙직하다.

○ 주식회사은행점株式會社銀行店의 공함을 접수함. 「출급명령서에 해당 임관任官의 사인私印을 날인해서 송부하는 건」

○ 경무청 조회. 「서서 평동坪洞에 독일 공관의 경계에 표목을 세웠는데, 다시 성저대로城底大路를 뚫고 표목을 추가로 세우는 것을 금지하는 건」

○ 육군법원의 조회를 접수함. 「정위正尉 심상윤沈相潤, 참위參尉 이긍환李兢煥, 참령參領 백학진白鶴鎭의 가옥을 집행하는 건」

28일(토) | 이른 새벽부터 산안개가 마치 안개와 연기처럼 피어오르다가 일출 후 말끔히 갬.

○ 박 판윤, 소윤 이억, 주사 4명이 출근하다. 노재연이 숙직하다.

○ 프랑스 공관의 조회를 접수함. 「고제의高濟宜가 가계家契를 대창양행大昌洋行에 전집典執하였는데, 달아나 보고하지 않았으므로 해당 가옥을 집류執留하는 건」

○ 농부農部의 훈령을 접수함. 「새로 만든 도량형기度量衡器의 실시 기일이 오는 11월 1일이니 즉시 게시할 것」

○ 남서의 조회를 접수함. 「호적지가戶籍紙價의 영조零條 26원 13전을 송부할 것」

○ 내부內部의 훈령을 접수함. 「노인정老人亭 기슭 건너편의 인허 건을 의정부에 조회하였는데 애초에 그런 일이 없다고 함. 다시 교섭하여 상세히 탐지한 후 보고할 것」

○ 또 훈령을 접수함. 「금일 일본 군용지를 침범한 민가를 이전할 역토驛土 및 공토公土와 관련하여 궁내부에 조회하여, 회조回照(조복)를 기다렸다가 훈령을 내릴 것임」

○ 경무청 경무과의 조복을 접수함. 「서서 평동 성저대로가 범굴犯掘한 곳을 다시 조사하니, 그 옛터[舊地]의 표선票線 안쪽이었음」

○ 고양군에 훈령을 발송함. 「북서 사기동沙器洞의 결結 15부負 6속束을 군郡에서 독납督納(납부를 독촉함)한 이유를 상세히 조사해서 보고할 것」

○ 프랑스 공관에 조복을 발송함. 「귀상貴商 대창양행이 전집典執한 동서東署 고제의高濟宜의 가계가 확실함」

29일(일) | 아침에 맑다가 오후에 비가 내림. 저녁에는 음즐[21]하다.

○ 주사 노재연이 숙직하다.

○ 내부內部에 보고서를 발송함. 「일본 군용지를 침범하여 철거된 가옥 백성의 이전료移轉料의 수정성책修正成冊을 올려보냄」

30일(월) | 새벽에 비가 내리다가 잠깐 맑아짐. 바람 기운이 차가우니 바로 겨울에 들어서는 날씨이다.

○ 박 판윤, 소윤 이억, 주사 4명이 출근하다. 노재연이 숙직하다.

○ 궁내부의 훈령을 접수함. 「중서 장통방長通坊 대립동大笠洞 상민商民 백설용白卨鏞이 내장사內藏司에 공납公納할 것을 사사로이 써버린[欠逋] 것과 관련하여, 해당 가옥을 집행할 것」

21 음즐(陰騭): 본래 하늘이 묵묵히 음덕(蔭德)으로 보살펴준다는 뜻이다. 오자가 있는 듯하다.

○ 한성재판소 조회. 「일본인 '가무라상'[22]의 고용인 절취竊取 사건과 관련하여, 해당 가전家錢 일자와 해고 일자를 상세히 탐지해서 시명示明할 것」[23]

■ 31일(화) | 맑음.

○ 박 판윤, 소윤 이억, 주사 이명환·노재연·김유장이 출근하다. 김우현이 숙직하다.

○ 육군법원에 조복을 발송함. 「정위 심상윤, 부위 이긍환, 참령 백학진 등 가옥의 집행과 관련하여, 현록懸錄해서 문서철에 보존하는 건」

○ 일본 제일은행의 복함復函을 접수함. 「명령서에 관인官印을 날인하는 건」

22 원문에 '가무라樣'으로 되어 있으나 분명한 의미는 알기 어렵다. 일본어로 '樣'는 '사마(さま)'로 읽으며 상대를 높이는 경칭을 뜻한다.

23 11월 6일 5번째 기사 참조.

광무 9년
(1905)
11월

1일(수) | 맑음.

○ 소윤 이억, 주사 강준영·이명환·노재연·김유장이 출근하다. 김우현이 숙직하다.

○ 면천군의 보고를 접수함. 「일본인 마쓰오가 심상진沈相震에 대해 제기한 채송債訟 안건과 관련하여, 해당 전답의 곡식을 압류[執留]함」

2일(목) | 맑음.

○ 박 판윤, 소윤 이억, 주사 김우현·이명환·노재연·김유장이 출근하다. 강준영이 숙직하다.

○ 상업회의소의 보고를 접수함. 「보신사普信社 사원 김한金韓이 장동長洞 박희남에 대해 채전債錢을 추심하는 안건과 관련하여, 청인淸人 주수린周壽隣[1]의 이치 내에서 행위이므로 상업상 교환하는 건」[2]

○ 일본 공관에 조회를 발송함. 「일본 황제 천장경절天長慶節 및 개선군 환영회에 관아와 상점에서 일본과 한국 국기를 교차 게양하는 건」

○ 경무청에 조회를 발송함. 「〈자전거 승용규칙乘用規則〉을 시행하는 건」

---

1 다른 관련 기사로 미뤄볼 때, '周福齡'의 오기일 것으로 생각된다.

2 《구한말 민사 판결문》에 따르면, 1905년 12월 14일 원고 김한의 청구에 따라 피고 박희남에게 채무금 당오평(當五坪) 5만 냥을 변상하라는 판결을 내렸다.

3일(금) | 찬 바람이 붊.

○ 소윤 이억, 주사 김우현·이명환·노재연·김유장이 출근하다. 강준영이 숙직하다.

○ 궁내부의 훈령을 접수함. 「중서中署 장통방長通坊 33통 4호 백설용의 가옥과 관련하여, 이제 공화公貨로 집행할 것이니 가계를 교환해주지 말 것」

4일(토) | 맑음.

○ 박 판윤, 소윤 이억, 주사 김우현·강준영·노재연·김유장이 출근하다. 이명환이 숙직하다.

○ 학부의 훈령을 접수함. 「관립 농상공학교 부속 농민시험장을 뚝섬[纛島] 인근 지역에 창설할 것이니, 포목을 세우고 경계를 획정한 후 해당 지역에 게시할 것」

○ 일본 공관의 공문을 접수함. 「일황日皇 천장절天長節에 한일 국기를 교차 게양하고 또 북진군北進軍의 개선을 축하해준 것과 관련하여, 그 돈독한 우의에 감사함」

○【측량교관 쓰쓰미 게조[堤慶藏]】의 공함을 접수함. 「제2기 측량강습생 합격자를 신문에 게재하는 건」

○ 경성상업회의소의 보고를 접수함. 「재정적 어려움으로 폐시閉市하고 도주한 상호商戶의 성명을 조사해서 보고함」

○ 궁내부에 보고를 발송함. 「장통방長通坊 대립동大笠洞 백설용의 가옥은 청인清人의 순흥義順興에게 이미 전집典執을 인허함」

○ 내부內部에 보고를 발송함. 「본부(한성부) 주사 김우현이 승등[3]함」

○ 위와 같음. 「본부 주사 강준영이 승등함」

5일(일) |

○ 휴일이다. 이명환이 숙직하다.

---

3 승등(陞等): 관등(官等)이 오름.

6일(월) | 날씨가 참. 저녁에 바람이 붊.

○ 박 판윤, 소윤 이억, 주사 김우현·이명환·김유장이 출근하다. 노재연이 숙직하다.

○ 남서의 조회를 접수함. 「광희문光熙門 밖 성저城底에서 걸인의 시신을 수습하여 매장한 비용을 지급할 것」

○ 중서의 조회를 접수함. 「전동典洞의 걸인 시신 1구를 수습하여 매장한 비용을 지급할 것」

○ 평리원의 훈령을 접수함. 「심상진이 이상천李相天·정인욱鄭寅旭에 대해 제기한 답송畓訟 안건과 관련하여, 추수곡秋收穀을 압류[執留]한 이유를 보고할 것」

○ 일본 공관에 공함을 발송함. 「주동鑄洞 거류 일본인 가무라カムラ 집에 고용된 우리나라 사람 표흥선表興善이 동화銅貨를 훔친 일자와 해고된 일자를 별도로 조사해서 통지할 것」

7일(화) | 맑고 추움.

○ 박 판윤, 소윤 이억, 주사 4명이 출근하다. 노재연이 숙직하다.

○ 농상공부의 훈령을 접수함. 「전포세금典鋪稅金의 건납[4] 및 불납不納과 관련하여, 담당 관리에게 엄중히 명하여 조사하고 불일내로 완납하게 할 것」

○ 고양군의 보고를 접수함. 「북서北署 사기동沙器洞 김흥석金興錫 명의의 결結 15부負 6속束이 본군(고양군)의 실총實摠임은 다시 의심할 필요가 없음. 한성부와 고양군이 정해진 날짜[期日]에 함께 척량尺量하여 바로잡는 건」

○ 궁내부의 훈령을 접수함. 「백설용의 집이 이미 청인淸人에게 전당 잡혔으니, 해당 가옥을 집행한 이후의 전당 빚은 가옥을 방매放賣해서 충당할 것」

○ 의정부에 보고서를 발송함. 「상업회의소의 보고에 따르면 상업계의 사정이 몹시 급하다고 하므로 서둘러 대책을 마련하는 건」

○ 내부內部에 보고서를 발송함. 「돈의문[新門] 밖 평동坪洞 독일 공관에 길을 낼 때 도성 아래[城底]을 따라 정비하는 건」

4 건납(愆納): 조세를 기한 내 납부하지 못함.

8일(수) | 가끔 맑고 가끔 흐리다가 갑자기 비가 흩뿌리다.

○ 박 판윤, 소윤 이억, 주사 김우현·강준영·이명환·노재연이 출근하다. 김유장이 숙직하다.

○ 일본 공관의 공문을 접수함. 「일본인 사에구사 다이사부로[三枝代三郞] 외 4명, 곤도 사고로[近藤佐五郞]·요토 지로[世登次郞]의 신권新劵 13매를 교환해줄 것」

○ 경무청의 조회를 접수함. 「'자전거 승용乘用 주의'의 방을 본부(한성부)에서 붙인 것과 관련하여, 월조지탄越俎之歎[5]이 없지 않음」

○ 상업회의소의 보고를 접수함. 「상업 재정이 곤란한 정황情況을 낱낱이 열거하여 정부에 앙청仰請하는 건」

○ 일본 공관에 조회를 발송함. 「일본인 오무라 야스타가 우리나라 사람 유진찬에 대해 제기한 소송 안건과 관련하여, 유진찬이 평리원 판결에 불복하여 해당 채무액을 독추督推하지 못함」

○ 한성재판소에 조회를 발송함. 「입동笠洞 백설용의 가옥과 관련하여, 궁내부 공화公貨를 모두 납부한 후 청 상인 의순흥의 채무를 계상할 것」

○ 탁지부에 보고를 발송함. 「상민商民의 폐시철업閉市撤業과 관련하여, 도피한 이들의 상호商號·성명姓名을 첨부하여 보고함」

9일(목) | 맑음.

○ 박 판윤, 소윤 이억, 주사 김우현·강준영·이명환·노재연이 출근하다. 김유장이 숙직하다.

○ 대청大廳의 전화電話를 받음. 「이토伊藤 대사가 들어올 때 각 관아와 상점에 한일 국기를 교차 게양하라고 널리 명할 것」

○ 내부內部의 지령을 접수함. 「일본인 하야시다 데주로 외 4명의 가계家契를 교환해줄 것」

○ 위와 같음. 「용산 만리창 도로 교량과 관련하여, 경무청에 훈령을 보내 불일내로 보수할 것」

○ 서서의 조회를 접수함. 「제중원에서 치료받던 평양 오윤도吳允道가 사망하여 이를 수습하고 매장한 비용을 지급할 것」

---

5 월조(越俎): 직권을 벗어나 남의 일에 간섭함.

10일(금) | 맑음.

○ 박 판윤이 산릉망제山陵望祭를 위해 나가다. 소윤 이억, 주사 강준영·이명환·노재연·김유장이 출근하다. 김우현이 숙직하다.

○ 한성재판소의 조복을 접수함. 「입동笠洞 백설용의 집을 집행해서 공화公貨를 충당하라는 뜻으로 전에 궁내부에 조회를 보내, 그 백 씨 범인[白犯]을 문초하니 애초에 공전公錢을 임치任置한 일이 없다고 하므로 민사 소송으로 결정해야 함」

11일(토) | 맑음.

○ 박 판윤, 소윤 이억, 주사 강준영·이명환·노재연·김유장이 출근하다. 김우현이 숙직하다.

○ 내부內部의 훈령을 접수함. 「일진회 선언서가 횡설수설하는 것은 바로 훈령을 오해했기 때문이니, 즉시 이 고시의 내용이 시작되는 때를 각 마을에 게시하여 한 사람이라도 알지 못하는 폐단이 없게 할 것」

○ 일본 공관에 공함을 발송함. 「일본 곤도 사고로 외 12명이 상호 매매한 가옥의 가계를 교환하는 건」

○ 궁내부에 보고를 발송함. 「입동笠洞 백설용 가옥의 집행 건과 관련하여, 사송채관私訟債款으로 판결하는 건」

○ 강화江華에 훈령을 발송함. 「이능식 전답의 수확물을 모두 추환推還할 것」

○ 경무청의 조회를 접수함. 「영국 공관에 고용된 한창식韓昌植과 손근명孫近明이 무리하게 행패를 부린 악습을 엄중히 징계하는 건」

12일(일) | 흐림.

○ 주사 강준영이 숙직하다.

○ 일본 군용철도 건축반의 공문을 접수함. 「용산 욱교旭橋 부근 취토지取土地에 있는 분묘와 관련하여, 청원자 내전녹작內田錄雄과 협의해서 처리하는 건」

13일(월) | 비.

○ 박 판윤, 소윤 이억, 주사 김우현·이명환·노재연·김유장이 출근하다. 강준영이 숙직하다.

○ 일본 주차군 경리부에 공함을 발송함. 「갈월리 등지에 침범한 인가와 관련하여, 해당 백성들을 불일내로 철거시키는 건」

○ 내부內部에 보고를 발송함. 「본부(한성부) 건축비 및 가옥 대금 출급명령서를 즉시 작성해 송부하는 건」

14일(화) | 맑음.

○ 박 판윤, 소윤 이억이 병으로 한성부에 출근하지 않다. 주사 김우현·강준영·노재연·김유장이 출근하다. 이명환이 숙직하다.

15일(수) | 맑음.

○ 박 판윤, 소윤 이억, 주사 김우현·강준영·노재연·김유장이 출근하다. 이명환이 숙직하다.

○ 한성재판소의 조회를 접수함. 「영국인 민라閔羅에게 전지田地를 속여서 판매한 임경진林景鎭이 곧 굶어 죽을 지경이니 해당 공관에 다시 교섭할 것」

○ 청 공관의 조회를 접수함. 「부산 정영사正領事 오기조吳其藻가 한성 총영사직을 겸임하여 금일부터 업무를 보기 시작함」

○ 의정부에 보고를 발송함. 「본부(한성부)의 관제가 다른 지방과 크게 다르므로 즉시 별표別表로 반포함」

○ 탁지부에 보고를 발송함. 위와 같음.

○ 내부內部에 보고를 발송함. 위와 같음.

○ 내부에 질품서를 발송함. 「일본인 사에구사 다이사부로 외 4명이 새로 매입한 가옥의 가계 6통을 교환해주는 건」

○ 영국 공관에 조회를 발송함. 「영국인 민라閔羅에게 전지田地를 속여서 판매한 임경진이 곧 굶어 죽을 지경이니 속히 인정을 베풀어 보방[6]할 것」

---

6 보방(保放): 보증인을 세우거나 보증금을 받고 죄수를 방면함.

○ 또 조회를 발송함. 「영국 공관 기수旗手 한창식韓昌植과 영국인 프램턴Frampton, R, 佛岩敦 집에 고용된 공명운孔明云이 무리하게 경리警吏를 구타했으니 속히 엄중하게 징계할 것」

16일(목) | 새벽에 서리가 생기고 아침에 안개가 꼈다가 일포(오후 3~5시)에 점차 사라짐. 날씨가 조금 따뜻하니 참으로 소춘절小春節이다.

○ 박 판윤, 소윤 이억, 주사 4명이 출근하다. 노재연이 숙직하다.

○ 탁지부 보고서. 「한성 오서五署 내 관유지와 사유지의 구별을 조사하기 위해 기수技手 5명을 고용함」

17일(금) | 아침에 맑고 오후에 흐림. 저녁에 산바람이 붊.

○ 박 판윤, 소윤 이억, 주사 김우현·강준영·이명환·김유장이 출근하다. 노재연이 숙직하다.

○ 탁지부의 훈령을 접수함. 「상업계 상황이 곤란[窘困]하다는 보고를 들으니 매우 안타까움. 실패 원인·신용·재산을 조사해서 보고할 것」

○ 일본 공관의 조복을 접수함. 「일본인 사에구사 다이사부로 외 4명의 가계家契를 교환해줄 것」

18일(토) | 흐림.

○ 판윤, 소윤, 주사가 모두 출근하지 않다.[7] 김유장이 숙직하다.

○ 일본 공관의 공문을 접수함. 「일본인 바바 고이치로[馬場小一郎] 외 4명의 가계家契를 교환해줄 것」

○ 오전 1시경, 이토 히로부미·하세가와[長谷川]가 정부 대신들과 어전에서 회의를 열고 신약新約 4건을 성립시켰다. 참정대신 한규설韓圭卨은 반대해서 유배되었다. 외

7 그 전날인 11월 17일 제2차 한일협약, 이른바 을사조약이 체결되었기 때문으로 보인다.

부대신 박제순朴齊純, 내부대신 이지용李址鎔, 농부대신 권중현權重顯, 탁지부대신 민영기閔泳綺, 학부대신 이완용李完用, 법부대신 이하영李夏榮, 군부대신 이근택李根澤, 궁내부대신 이재극李載克[8]이 일체一體로 조인했다. 통곡하고 통곡할 뿐이다. 신약新約 4건은 다음과 같다.

> 하나, 황성 내에 총감總監 1인을 둘 것.
> 하나, 각 항구에 총감總監 1인을 둘 것.
> 하나, 외교는 일본 도쿄로 옮길[移寘] 것.
> 하나, 외교에 관해 일본의 승인을 얻지 못하면 제삼국과 체약締約할 수 없음.[9]

이상 4개 조는 실제 보호의 증인證認(확인)이다. 500년 종사宗社가 오늘에 이르러 이 지경이 되었는가! 통곡하고 통곡할 뿐이다.

■ 19일(일) | 간혹 맑고 간혹 흐림.

○ 휴일이다. 주사 김유장이 숙직하다.

---

8 원문에 '宮大李載克'으로 강조점이 찍혀있다. 실제로 제2차 한일협약에 조인한 것은 이른바 '을사5적'으로 알려진 박제순·이지용·권중현·이완용·이근택이며, 이재극·이하영·민영기는 처음에 반대하다가 조약이 강제 체결된 후 찬성으로 돌아섰다.

9 실제 제2차 한일협약 조약문과는 다소 차이가 있다. 조약 원문은 다음과 같다.
제1조 일본국 정부는 동경(東京)에 있는 외무성(外務省)을 통하여 금후 한국의 외국과의 관계 및 사무를 감리 지휘(監理指揮)할 수 있고 일본국의 외교대표자와 영사(領事)는 외국에 있는 한국의 신민 및 이익을 보호할 수 있다.
제2조 일본국 정부는 한국과 타국 사이에 현존하는 조약의 실행을 완전히 하는 책임을 지며 한국 정부는 이후부터 일본국 정부의 중개를 거치지 않고 국제적 성질을 가진 어떠한 조약이나 약속을 하지 않을 것을 기약한다.
제3조 일본국 정부는 그 대표자로서 한국 황제 폐하의 궐하(闕下)에 1명의 통감(統監)을 두되 통감은 오로지 외교에 관한 사항을 관리하기 위하여 경성(京城)에 주재하면서 직접 한국 황제 폐하를 궁중에 알현하는 권리를 가진다. 일본국 정부는 또 한국의 각 개항장과 기타 일본국 정부가 필요하다고 인정하는 곳에 이사관(理事官)을 두는 권리를 가지되 이사관은 통감의 지휘 밑에 종래의 재한국일본영사(在韓國日本領事)에게 속하던 일체 직권(職權)을 집행하고 아울러 본 협약의 조관을 완전히 실행하기 위하여 필요한 일체 사무를 장리(掌理)할 수 있다.
제4조 일본국과 한국 사이에 현존하는 조약 및 약속은 본 협약의 조관에 저촉하는 것을 제외하고는 다 그 효력이 계속되는 것으로 한다.
제5조 일본 정부는 한국 황실의 안녕과 존엄을 유지함을 보증한다.

20일(월) | 맑음.

○ 판윤 이하 관료들이 잠깐 나왔다가 곧 퇴청하다. 주사 김우현이 숙직하다.

21일(화) | 맑음.

○ 판윤 이하 관료들이 모두 출근하다. 주사 김우현이 숙직하다.

○ 독일 공관의 조회를 접수함. 「고샬키가 원홍섭에 대해 소송을 제기한 가옥과 관련하여, 이미 한성재판소의 판결은 결국 무효가 되었으므로, 원홍섭에게 명하여 해당 가옥을 내어주게 할 것」

○ 청 공관의 공함을 접수함. 「청 상인 주복령이 전당 잡은 박희남 가옥 내 상당한 전화錢貨와 가구傢俱를 모두 즉시 가져갈 것」

○ 청 공관에 조복을 발송함. 「총영사 오기조의 접임接任(업무 인계)을 기쁜 마음으로 축하함」

○ 또 복함復函을 발송함. 「주복령이 박희남에 대해 요청한 가구 정리와 관련하여, 조사해보니 박희남이 머지않아 나타날 것이므로 기다렸다가 상의해서 처리하는 건」

○ 평리원에 보고를 발송함. 「독일인 고샬키가 원홍섭의 가옥에 대해 제기한 송안訟案을 신속히 처리하는 건」

○ 상업회의소에 훈령을 발송함. 「각 상인의 실패 원인과 신용·재산 그리고 구제 방법을 별도로 조사해서 보고할 것」

22일(수) | 맑음.

○ 판윤 박의병, 소윤 이억 이하 다섯 관료가 모두 출근하다. 강준영이 숙직하다.

○ 남서의 조회를 접수함. 「후동后洞 앞 시신 1구를 수습하여 매장한 비용을 지급할 것」

23일(목) |

○ 판윤 이하 관료들이 모두 출근하다. 강준영이 숙직하다.

○ 영국 공관의 조회를 접수함. 「영국인 민라의 전지 소송 관계인 임경진의 방면 요구와 관련하여, 영원히 착수[10]를 면하게 함으로써 체휼體恤하는 뜻을 드러냄」

○ 위와 같음. 「서대문 밖 도성 아래의 통로가 성벽[城牆]이 무너져 막혔으므로 즉시 해당 관리에게 명하여 치울 것[11]」

○ 한성재판소에 조회를 발송함. 「권흥룡權興龍·홍종국洪鍾國·이종수李鍾秀 등 3명을 압송하여 해당 안건을 즉시 처리하는 건」

○ 위와 같음. 「우리 백성 임경진이 전지田地를 속여서 매도한 송안訟案과 관련하여, 민라에 근거하여 그를 즉시 석방하는 건[12]」

○ 상업회의소에 훈령을 발송함. 「청인淸人 주복령과 관련하여, 박희남이 가옥으로 저채[13]할 것이니 지화紙貨 등의 물건을 즉시 운반해 갈 것」

○ 내부內部에 보고를 발송함. 「평동坪洞 도로를 속히 담당 관헌에게 명하여 기한 내 정비하는 건」

24일(금) | 맑음.

○ 박 판윤, 소윤 이억, 주사 김우현·강준영·노재연·김유장이 출근하다. 이명환이 숙직하다.

○ 서서의 조회를 접수함. 「이문동에서 남성 시신 1구를 수습하여 매장한 비용을 지급할 것」

○ 내부內部에 질품서를 발송함. 「바바 고이치로 외 4명이 매수한 가옥의 신계新契 4매를 발급하는 건」

○ 일본 공관에 조회를 발송함. 「일본인 바바 고이치로 외 4명이 매수한 가옥의 신계 4매 및 우메무라 기요츠구[梅村淸次]·이타쿠라 마사지로[板倉政次郎] 2명이 분할한 가옥의 가계 2매를 발급하는 건」

---

10 착수(捉囚): 죄인을 잡아 가두는 일.

11 원문은 '淸禁'인데, 이는 본래 궁궐을 뜻하는 말이다. 오자가 있는 것으로 보인다.

12 원문의 '閱羅所據'는 같은 날 영국 공관에서 보내온 '임경진 방면을 허락한다.'라는 조회를 가리키는 듯하다.

13 저채(抵債): 채무를 다른 물건이나 노동으로 상환하는 일.

25일(토) | 맑음.

○ 박 판윤이 이토 대사의 원유회園遊會에 참석하러 나가다. 소윤 이억, 주사 김우현·강준영·노재연·김유장이 출근하다. 이명환이 숙직하다.

○ 상업회의소의 보고를 접수함. 「각 상민商民 등의 실패 원인은 분명히 보고하기 어려움. 구제방침과 관련해서는 정부에 청원하여 현재 지침을 기다리는 중임」

○ 위와 같음. 「청 상인 주복령이 우리 백성 박희남에 대해 제기한 송안을 자세히 조사하니, 400원을 인허하였는데 8,000원이라고 한 것임」

26일(일) | 맑음.

○ 휴일이다. 주사 노재연이 숙직하다.

○ 서서의 조회를 접수함. 「본서(서서) 내 석교石橋 토막土幕에서 시신 1구를 수습하여 매장한 비용을 지급할 것」

27일(월) | 아침부터 정오까지 맑다가 흐리다가 함. 석양이 질 때쯤 소나기가 갑자기 쏟아지고 동쪽에 쌍무지개가 떴으니 괴후乖候가 아닌가?

○ 한일신조약을 조인한 일로 인해 이제 정부 대관들이 봉소[14]를 정청하다.[15] 부·부·원·청府部院廳이 모두 공무를 폐하다.

○ 주사 노재연이 숙직하다.

○ 서서의 조회를 접수함. 「이문동 제중원에서 치료하던 사람이 병으로 죽었으므로 그 시신을 수습하여 매장한 비용을 지급할 것」

○ 의정부의 첩문 지시를 접수함. 「한일신조약 성립에 조인한 역적들[諸賊輩]을 성토하기 위해 본부(한성부)의 관원은 모두 참석할 것」

---

14 봉소(封疏): 밀봉하여 국왕에게 올리는 상소.

15 정청(庭請): 세자나 의정 대신이 백관을 거느리고 궁정에서 국가 중대사에 관해 계품(啓稟)하고 그 전교를 기다리는 일.

28일(화) | 맑음.

○ 박 판윤, 주사 이명환·노재연이 출근하다. 김유장이 청원하다. 김우현이 숙직하다.

○ 궁내부의 훈령을 접수함. 「저경궁儲慶宮 내행각內行閣의 환퇴還退 가격으로 지화 1,200원을 보낼 것」

29일(수) | 맑음.

○ 박 판윤, 소윤 이억, 주사 이명환이 출근하다. 김우현이 숙직하다.

○ 이날 정청庭請한 여러 대관을 모두 법부에 명하여 구금한 후 징판懲辦하라는 조칙이 내리다. 소수疏首 이하 각 대관이 모두 평리원에서 대명待命하다. 일본 대사[日使] 이토 히로부미가 12시 10분경 본국으로 출발할 예정이므로 그때 각 관아官衙 문에 일본과 한국 국기를 교차 게양하라는 칙령을 내부內部에서 전칙電飭하다. 특진관 조병세趙秉世 씨가 문출[16] 처분을 받은 후 대안문大安門에서 명을 기다리던 중 일본 헌병에게 끌려가 동대문 밖으로 쫓겨났다고 한다.[17]

○ 각 상민商民에게 고시함. 「이제 들으니 각 시전市廛이 모두 철폐했다고 하는데, 과연 사실인가? 폐업이 길어지면 인심을 소요시킬 우려가 있으니, 즉시 개시開市하고 각자 생업을 편안히 영위하라」

30일(목) | 맑음.

○ 박 판윤, 주사 김우현이 출근하다. 강준영이 숙직하다.

16 문출(門黜): 문외출송(門外出送)의 준말로, 도성 밖으로 내쫓는 비교적 가벼운 형벌을 가리킴.

17 조병세는 제2차 한일협약이 체결되자 정청(庭請)의 소수(疏首)가 되어 조약의 무효화와 을사오적의 처형 등을 주청하였다. 이날 일본 헌병에 의해 끌려 나간 조병세는 강제로 고향으로 이송되던 중 가마 안에서 독을 마셨으며, 결국 12월 26일 조카 조민희(趙民熙)의 집에서 순국하였다.

광무 9년
(1905)

12월

■ 5일(화)[1] | 맑음.

○ 박 판윤, 소윤 이억, 주사 강준영·이명환이 출근하다. 김우현이 숙직하다.

○ 탁지부의 훈령을 접수함. 「한성 오서五署 내 측량사무를 곧 실시할 예정이니 우선 이를 게시하여 모든 백성에게 알릴 것」

○ 평리원에 조회를 발송함. 「독일인 고샬키가 우리 백성 원흥섭의 주거 가옥에 대해 제기한 소송 안건과 관련하여, 처리 상황을 즉시 시명示明할 것」

○ 남서南署에 조회를 발송함. 「일본 주차군사령부 구내構內 공원 수목樹木 및 건축물의 절취 또는 파괴 등의 폐단을 특별히 명하여 금지하고 단속할 것」

○ 한성재판소에 조회를 발송함.[2] 「일본인 고노 지로[河野次郎]가 우리 백성 유용모兪瑢模에게 준 대부금貸付金 2만 1,590원과 관련하여, 담보인擔保人 김진광金鎭光 형제에게 합당한 조처를 내리는 건」

1 12월 1일부터 4일까지의 기록은 일실(逸失)되었다.

2 원문에 '漢城去照'로 되어 있다. 내용을 보면 한성부에서 한성재판소에 보내는 조회이므로 '한성재판소에 조회를 발송함'으로 풀이하였다.

6일(수) | 맑음.

○ 박 판윤, 소윤 이억, 주사 김우현·이명환이 출근하다. 강준영이 숙직하다.

○ 일본 공관에 조복을 발송함. 「일본인 하시베 도요조[橋邊豊藏]의 고용인 홍준국洪俊國은 예전의 장배선張倍善이 개명改名한 것이 확실하므로 그가 보증한 채무를 이치상 대신 상환시키는 건」

7일(목) |

○ 박 판윤, 소윤 이억, 주사 김우현·이명환이 출근하다. 강준영이 숙직하다.

8일(금) | 흐리고 비가 부슬부슬 내림. 밤이 되자 바람이 조금 차가워짐.

○ 박 판윤, 소윤 이억, 주사 김우현·강준영이 출근하다. 이명환이 숙직하다.

○ 개교보생회開敎保生會의 공함을 접수함. 「민 충정공(민영환)·조 충정공(조병세)의 동상 봉안각奉安閣을 탑동공원에 건축하는 건」

○ 주경駐京 일본군사령부의 공함을 접수함. 「용산 수용지 내 일본인 미토 소메[水戶聰明] 가옥의 배상과 관련하여, 직접 사령부에 올 것」

○ 경무청의 조회를 접수함. 「청룡정 서쪽 공터 80칸 일본인 와다[和田]가 노상희魯相喜에게서 매입한 곳에 표목을 세우고 철조망을 둘러치는 것을 금지하는 건」

9일(토) | 맑음.

○ 박 판윤, 소윤 이억, 주사 이명환이 출근하다. 김우현이 숙직하다.

○ 남서의 조회를 접수함. 「청교青橋에서 남성 한정근韓正根의 시신 1구를 수습하여 매장한 비용을 지급할 것」

○ 일본 공관의 공함을 접수함. 「중서中署 이동泥洞에 거주하는 이 소사의 아들 한근漢根을 보낼 것」

○ 내부內部에 보고를 발송함. 「사립 보성전문학교장普成專門學校長이 청원한 동서東署

좌룡정左龍亭의 터와 관련하여, 특별히 해당 학교에 인허함」

○ 프랑스 공관에 조회를 발송함. 「프랑스인 '부링마야'가 강점 중인 의효전懿孝殿 정문 앞터의 반환을 명할 것」

10일(일) | 맑음.

○ 주사 김우현이 숙직하다.

11일(월) | 맑음.

○ 박 판윤, 소윤 이억, 주사 강준영이 출근하다. 김우현이 숙직하다.

○ 프랑스 공관의 조복을 접수함. 「'부링마야'는 독일인임」

○ 미국 공관의 조회를 접수함. 「우리나라 사람 동래니東來泥가 본래 가주家主 청인淸人 왕련소王聯樓에게서 매입한 서서 새문[新門] 밖 대평동계大平洞契 초가草家 5칸의 신계新契 수령을 희망함」

○ 독일 공관에 조회를 발송함. 「독일인 '부링마야'가 강점 중인 의효전 정문 앞터를 반환하게 할 것」

12일(화) | 흰 눈이 처음 내림.

○ 박 판윤, 소윤 이억, 주사 김우현·이명환이 출근하다. 강준영이 숙직하다.

○ 내부內部에 보고를 발송함. 「본부(한성부) 주사 김유장의 청원에 따라 김동엽金東燁을 대신 서임하여 업무를 보는 건」

○ 내부에 보고를 발송함. 「한성 오서五署 내 주민의 〈가계 발급 규칙〉을 변경해서 출급出給하는 건」

13일(수) | 맑음.

○ 박 판윤, 소윤 이억, 주사 김우현·이명환이 출근하다. 강준영이 숙직하다.

○ 남서의 조회를 접수함. 「저경궁 앞 남성 시신 1구를 꺼내 매장한 비용을 지급할 것」

○ 서서의 조회를 접수함. 「서궐西闕 앞길에서 남성 시신 1구를 꺼내 매장한 비용을 지급할 것」

14일(목) | 맑음.

○ 박 판윤, 소윤 이억, 주사 김우현·강준영이 출근하다. 이명환이 숙직하다.

○ 궁내부에 보고를 발송함. 「저경궁 내행각을 모점[3]한 가옥들의 철거 대금 1,300환을 주민들에게 분급分給하였는데, 그중 김성기金成基가 초가 1칸을 추가로 세우고 날마다 출급을 요청하고 있음. 청인淸人의 가옥 2,000환 요청도 아직 타결되지 않았으므로 별도로 상의하여 훈시訓示할 것」【내행각 모점冒占 가옥의 계권契券을 첨부함】

○ 내부內部에 보고를 발송함. 「남서 수철리水鐵里의 석재 채취권을 농업회사원農業會社員 김효진金孝鎭에게 특별히 인허함」

○ 또 질품서를 발송함. 「일본인 오키타 고메쿠라[小北米藏] 외 3명이 매수한 가계를 교환해주는 건」

○ 일본 공관에 조회를 발송함. 「일본인 야스모토 덴에몬[安元傳右衛門][4] 외 5명이 매수한 가계 6매를 교환해주었는데, 그 가운데 하타야[畑彌]가 신계新契를 받길 원해서 작교繳交한 건」

15일(금) | 맑음.

○ 박 판윤, 소윤 이억, 주사 김우현·강준영이 출근하다. 이명환이 숙직하다.

○ 서서의 조회를 접수함. 「본서(서서) 관내 관정동館井洞 노변에서 남성 시신을 수습하여 매장한 비용을 지급할 것」

---

3 모점(冒占): 불법으로 점거함.

4 원문에 '安元傅友衛門'으로 되어 있으나, 일반적인 일본인 성명으로 어색하다. '傅'와 '友'는 각각 '傳'과 '右'의 오자인 것으로 보고 옮겼다.

16일(토) | 맑음.

○ 박 판윤, 소윤 이억, 주사 이명환이 출근하다. 김우현이 숙직하다.

○ 남서의 조회를 접수함. 「이곡犂谷에서 신생 남아男兒의 시신을 수습해서 매장한 비용을 지급할 것」

○ 내부內部에 보고를 발송함. 「본부(한성부) 주사 강준영은 부지런히 사진仕進하지 않고, 노재연은 누차 휴가 기한을 넘겨서 직무에 태만한 바가 있으므로 견책할 것을 요청하는 건」

17일(일) | 맑음.

○ 주사 김우현이 숙직하다.

18일(월) | 맑음.

○ 박 판윤, 소윤 이억, 주사 김우현·이명환·노재연이 출근하다. 강준영이 숙직하다.

○ 강화군의 보고를 접수함. 「이능식 전토田土의 추수곡秋收穀 또한 신양선에게 출급함」

○ 한성재판소에 조회를 발송함. 「독일인 고샬키가 원홍섭 가옥에 대해 제기한 송사와 관련하여, 즉시 헐어서 옮긴 후 그에서 주는 건」

○ 미국 공관에 조회를 발송함. 「미국인 동래급東來汲[5]의 초가 5칸의 신계新契를 교환해서 송부함」

19일(화) | 맑음.

○ 박 판윤, 소윤 이억, 주사 김우현·이명환·노재연이 출근하다. 강준영이 숙직하다.

○ 미국 공관의 조회를 접수함. 「돈의문[新門] 밖 반송방盤松坊 초가 2채를 모리시牟利時의 명의로 출교出交하는 건」

---

5 12월 11일에는 '東來泥'로 기재되어 있다.

○ 내부內部에 보고를 발송함. 「본부(한성부) 건축비용 명령서를 즉시 만들어 교부하는 건」

20일(수) | 이른 아침에 맑다가 오후 늦게 눈꽃이 잠깐 휘날림.

○ 박 판윤, 소윤 이억, 주사 김우현·강준영·노재연이 출근하다. 이명환이 숙직하다.

○ 일본 공관의 조회를 접수함. 「일본인 다니가와 요이치 외 3명 및 야마시타 고조[山下五藏]가 매수한 가옥의 신계新契를 발급할 것」

○ 남서의 조회를 접수함. 「예동[6]에서 남성 걸인의 시신 1구를 수습하여 매장한 비용을 지급할 것」

○ 청 공관에 조회를 발송함. 「주복령이 전당 잡은 박희남의 가계家契와 관련하여, 별도로 상업계의 전례가 있으므로 해당 가옥을 경매[公拍]에 부치는 건」

21일(목) | 맑고 추움.

○ 박 판윤, 소윤 이억, 주사 김우현·노재연이 출근하다. 이명환이 숙직하다.

○ 경무청에 조회를 발송함. 「성문과 민가 담장에 각종 고시를 붙이는 것은 매우 온당치 않으므로 따로 판대板臺를 세워서 지금부터 백성이 쉽게 보게 하되, 현출비용現絀費用[7]은 즉시 시명示明하여 타당하게 처리하는 건」

○ 서서의 조회를 접수함. 「제중원에서 치료하던 송명준宋明俊·김학서金學西 2명의 수습 및 매장 비용을 지급할 것」

○ 궁내부의 훈령을 접수함. 「대립동大笠洞 백설용의 가옥과 관련하여, 청인淸人 의순홍이 가계家契를 교환하기 위해 한성부에 올 때 압류[執留]할 것」

○ 또 훈령을 접수함. 「저경궁 내행각을 환퇴還退하면 청인淸人이 점유한 터를 공판[8]할 것」

---

6 예동(藝洞): 중구 인현동2가·예관동·충무로4가에 걸쳐 있던 마을.

7 정확한 뜻은 미상이다. 오자가 있는 것으로 보인다.

8 공판(公辦): 공공비용으로 지급해서 처리함.

22일(금) | 맑음. 우레[雷]가 움직이기 시작하고 양陽이 처음 생겨나니 바로 동지일이다.

○ 박 판윤, 소윤 이억, 주사 김우현·이명환이 출근하다. 노재연이 숙직하다.

○ 한성재판소에 조회를 발송함. 「본부(한성부) 공전公錢 7,410원을 횡령[欠逋]한 이종필李鍾弼의 가사家舍 3채와 상품을 즉시 집행하는 건」

○ 농상공부에 보고를 발송함. 「남서 수철막水鐵幕 신촌新村 뒷산 석재의 개채[9]를 인허하는 건」

○ 청 공관의 공문을 접수함. 「박희남의 채관債款과 관련하여, 집류한 해당 가옥을 즉시 매각하여 청장[10]하는 건」

○ 학부의 훈령를 접수함. 「농상공학교農商工學校 시험장을 동대문 밖에 정하고, 표목票木을 세워서 경계를 구별할 것」

○ 농상공부의 훈령을 접수함. 「남대문 내 장시場市 남쪽을 일본인이 반으로 나눠서 측량한 후 이용한다고 하니, 즉시 교섭해서 상민商民들이 생업을 잃지 않게 할 것」

○ 경무청의 조회를 접수함. 「마포 관내 동호계東湖契의 민호民戶 총 33개를 철도감부鐵道監部에서 매수하였으므로 해당 호구를 성책成冊해서 올려보내는 건」

23일(토) | 살짝 춥고 다소 따뜻함.

○ 박 판윤, 소윤 이억, 주사 김우현·이명환이 출근하다. 노재연이 숙직하다.

○ 농상공부에 보고를 발송함. 「남대문 내 장시를 탁지부에서 측량한 결과, 특별히 자안[11]이 없었음」

○ 남서의 조회를 접수함. 「하교河橋에서 걸인 남성이 사망하였으므로 수습하여 매장한 비용을 지급할 것」

○ 한성재판소의 조회를 접수함. 「본부(한성부) 공화公貨 임치자任置者 이종필이 도피하였으므로 그 가옥 3채 및 상품을 감수자監守者와 함께 집행하는 건」

○ 재정고문부財政顧問部의 공함을 접수함. 「군용지의 묘지를 조사한 책자 1건을 보냄」

---

9 개채(開採): 채굴을 시작함.

10 청장(淸帳): 채무를 청산함.

11 자안(滋案): 말썽거리가 될 만한 사안.

24일(일) | 이른 아침부터 눈이 내림. 포시(오후 3~5시)부터 저녁까지 그치지 않으니 깊은 근심을 이기기 어렵다.

○ 주사 김우현이 숙직하다.

25일(월) | 어젯밤의 비가 새벽에 그치다. 떠오르는 아침 해가 사랑스럽지만 그래도 괴후恠候이니, 이치에서 어긋남이 심하다.

○ 박 판윤, 소윤 이억, 주사 이명환·노재연이 출근하다. 김우현이 숙직하다.

○ 서서의 조회를 접수함. 「용산 당현堂峴에서 남성 걸인 시신 1구를 수습해서 매장한 비용을 지급할 것」

○ 청 공관에 조회를 발송함. 「청 상인 주복령이 박희남의 흠채欠債(채무 불이행)를 이유로 그 가옥 내의 상품과 물건을 임의로 가져가 버린 것은 대단히 이치에 어긋나므로 즉시 처리할 것」

○ 일본 공관에 공함을 발송함. 「귀 공관이 예전에 매도한 야마시타 고조의 가계家契 1장을 4매로 분할하고, 또 귀국인 가와모토 준사쿠가 매입한 가계 1매를 예전에 입지立旨 1장으로 □입□入한 것을 인색하게 교환을 허락하지 않았는데, 이제 세월이 오래 지나 해당 입지의 결락을 조사할 수 없게 되었으므로, 다시 교환해주는 건」

26일(화) | 흐림.

○ 박 판윤, 소윤 이억, 주사 김우현·이명환·노재연이 출근하다. 강준영이 숙직하다.

○ 내부內部에 질품서를 발송함. 「일본인 야마시타 고조의 분할가계分割家契 4매와 가와모토 준사쿠가 매수한 가계 1매를 모두 교환해주는 건」

○ 미국 공관에 조회를 발송함. 「모리시牟利時가 매입한 가옥 2채와 채전菜田 1식경[12]에 새로 세운 가옥 1채의 신계新契를 교환해주는 건」

○ 강화부에 훈령을 발송함. 「이능식의 답송畓訟 사건과 관련하여, 김완식金完植 등 4명을 압송할 것」

---

12 식경(息耕): 논밭의 넓이를 어림잡아 헤아리는 단위로 하루갈이의 6분의 1 정도를 말함.

○ 일본 공관에 조회를 발송함. 「다메가와 요이치[爲川與一] 외 4명의 가계 7매를 교환해 보내는 건」

27일(수) | 맑음.

○ 박 판윤, 소윤 이억, 주사 김우현·이명환·노재연이 출근하다. 강준영이 숙직하다.

○ 청 공관의 공문을 접수함. 「본부(한성부)의 〈가계발급규칙家契發給規則〉은 미문美文으로 준행하는 건」

28일(목) | 맑음.

○ 박 판윤, 소윤 이억, 주사 김우현·강준영·노재연이 출근하다. 이명환이 숙직하다.

○ 프랑스 공관의 조복을 접수함. 「귀부(한성부)의 가계 발급에 관한 신규칙은 실로 어렵고 또 기일이 임박해서 준행하기 어려움」

○ 미국 공관의 조회 3건을 접수함. 「〈가계 규칙〉은 실로 동의하기 어려움. 남서 두모방豆毛坊 초가 12칸, 동서 초가 7칸 반의 가계를 신계新契로 교환해줄 것」

○ 영국 공관의 조복을 접수함. 「〈가계 규칙〉은 영국인들에게 관계되는 바가 있으니, 검토한 후 다시 조복하겠음」

29일(금) | 비.

○ 박 판윤, 소윤 이억, 주사 김우현·강준영·노재연이 출근하다. 이명환이 숙직하다.

○ 내부內部에 보고를 발송함. 「미국인 영길리사英吉利士 및 기락箕洛이 매입한 가계를 교환해 줌」

○ 프랑스 공관의 조회를 접수함. 「전 육군부령陸軍副領 이인영李寅榮 및 부인 남씨,[13] 그 자녀 4명이 예전에 프랑스에 입적入籍함」

13 문맥상 '及夫人南氏'가 되어야 하나 원문에 '夫人及南氏'로 잘못 기재되어 있다. 마찬가지로 '前經'도 '經前'으로 기록이 잘못되었다.

○ 미국 공관의 조회를 접수함. 「장로교회에서 매입한 4채 가옥의 가계를 신계新契로 교환해줄 것」

○ 내부內部의 조회를 접수함. 「일본인 고나미 우치노리[小並內範] 외 3명의 매수 가계 6매를 전례에 따라 교환해 줄 것」

○ 또 훈령을 접수함. 「관·민, 공·사의 복장을 상하의上下衣 모두 짙은 색으로 입을 것」

30일(토) | 날씨가 마치 봄처럼 따뜻함. 거리마다 진창길이어서 통행하기가 매우 어렵다.

○ 박 판윤, 소윤 이억, 주사 김우현·강준영·이명환이 출근하다. 노재연이 숙직하다.

○ 농부農部의 지령을 접수함. 「음력 을사(1905) 4·5·6·7월의 세금을 영수領收할 것」

○ 농부의 지령을 접수함. 「수철막水鐵幕 신촌新村 뒷산의 채석권[14]은 인허할 수 없음」

○ 미국 공관의 조복을 접수함. 「장로교회에서 매입한 가옥 4채의 신계新契 교환 건」

○ 내부內部에 질품서를 발송함. 「중서 관인방寬仁坊 장로교회에서 매입한 가옥 4채의 가계 교환에 관한 건」

○ 전무과電務課 조회. 「전 과장課長 이종익李鍾翼이 일본인 이시이 슈헤[石井周平]에게 구매한 후 그 흠채欠債로 전당 잡은 답권畓券(논문서)과 어음[15]을 환퇴還退하는 건」

31일(일) | 양력으로 마지막 날이다. 날씨가 매우 매섭다.

○ 각 관아가 휴일이다. 이는 일반적 관례이다.

○ 주사 노재연이 숙직하다.

---

14 원문에 '石採權'으로 되어 있다.

15 원문은 '於奄'인데 뜻이 통하지 않는다. '於音'을 이렇게 쓴 것으로 보인다.

광무 10년
(1906)

1월

1일(월) | 날씨가 몹시 춥고 하루 종일 바람이 불고 음산함.

○ 휴일이다. 주사 김우현이 숙직하다.

2일(화) | 흩날리는 눈이 사방에 가득하고 추위의 기세가 조금 꺾임.

○ 휴일이다. 주사 김우현이 숙직하다.

찾아보기

찾아보기

• ㅂ •

• ㅅ •

• ㅇ •

• ㅈ •

• ㅊ •

서울사료총서 19

원문

한직일기

漢直日記

서울역사편찬원

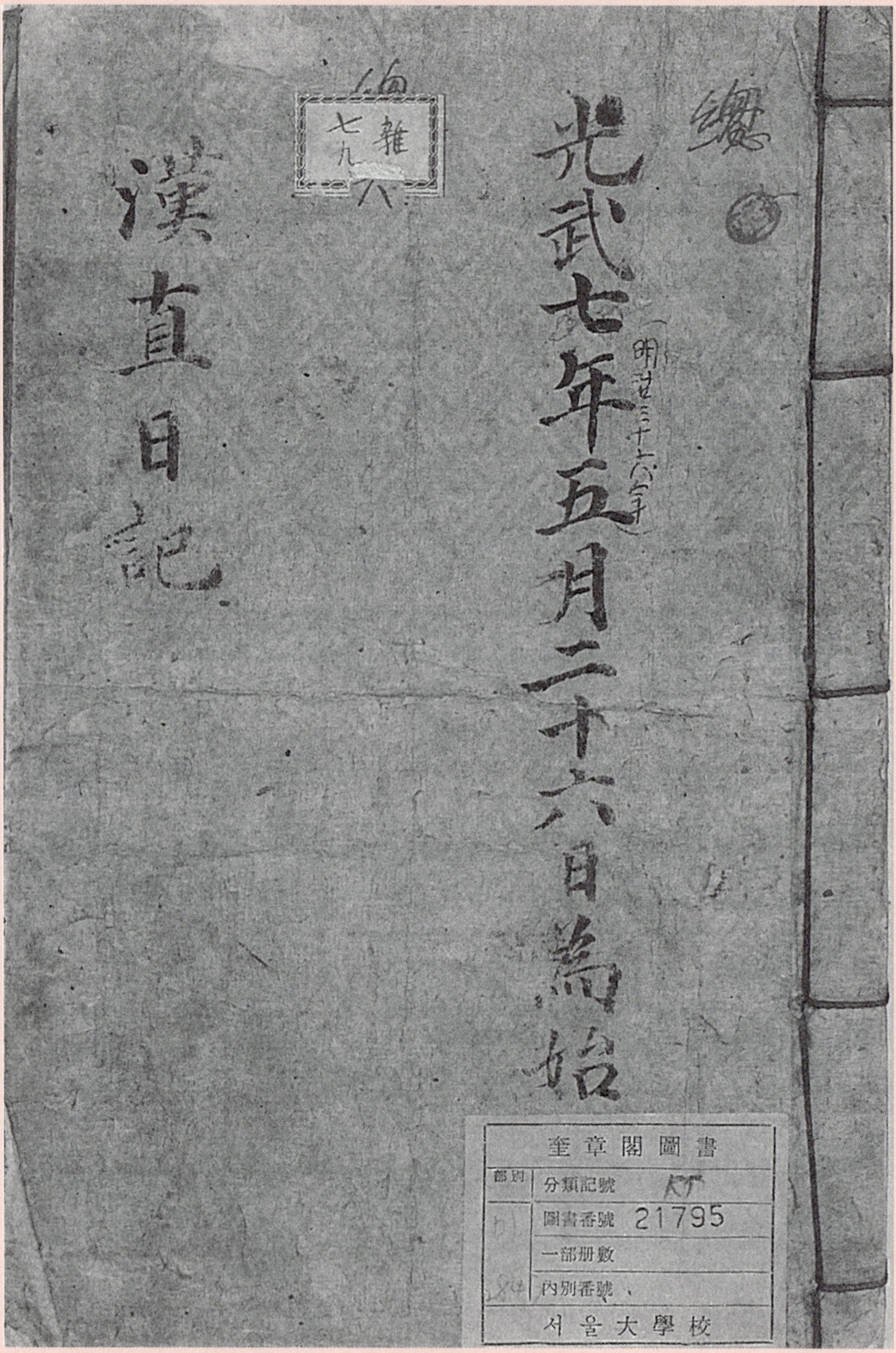
漢直日記

光武七年五月二十六日爲始

(明治三十六年)

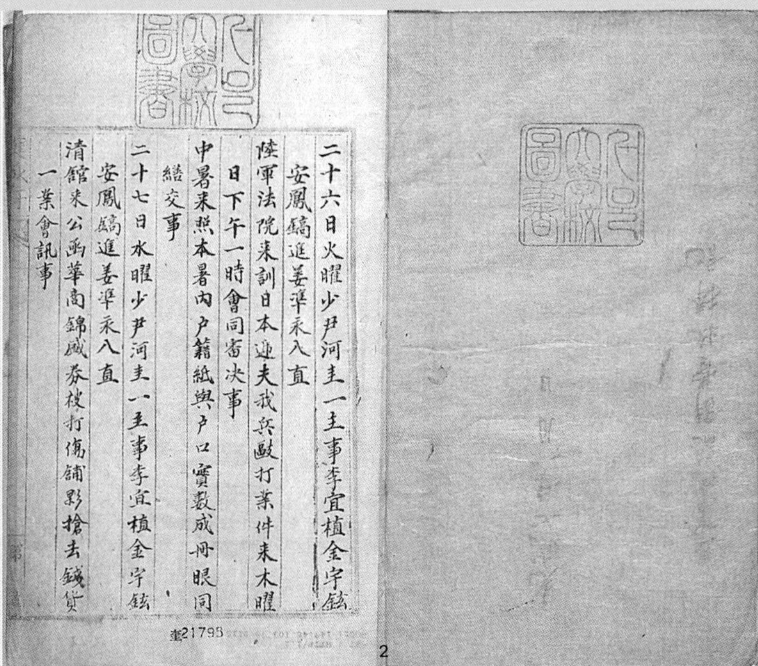
二十六日火曜少尹河主一主事李宜植金宇鉉
安鳳鎬進姜準永入直
陸軍法院來訓日本逓夫被兵毆打案件來木曜
日下午一時會同審決事
中署來照本署內戶籍紙與戶口實數成冊眼同
繕交事
二十七日水曜少尹河主一主事李宜植金宇鉉
安鳳鎬進姜準永入直
清館來公函華商錦成棧被打傷鋪影搶去錢貨
一案會訊事

2

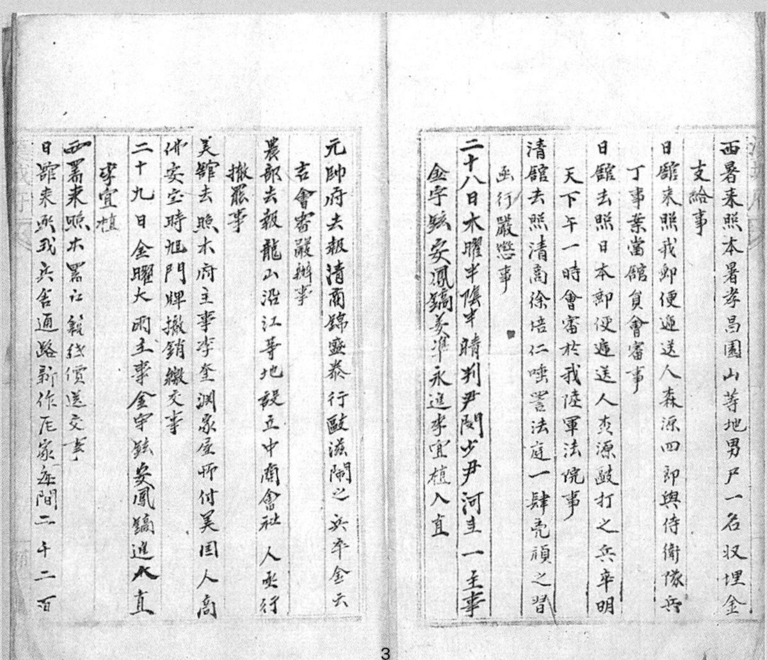
西署來照本署孝昌園山等地男戶一名奴理金
支給事
日館來照我郵便逓送人森源四郞與侍衛隊兵
丁事葉當館員會審事
日館去照日本郵便逓送人森源毆打之兵卒明
天下午一時會審於我陸軍法院事
清館去照清商徐培仁喚訾法庭一肆弛頑之習
亟行嚴懲事
二十八日木曜半陰半晴判尹閔少尹河主一主事
金宇鉉安鳳鎬姜準永進李宜植入直
元帥府去報清商錦盛棧行毆滋鬧之兵卒金云
吉會審嚴辦事
農部去報龍山沿江等地設立中商會社人必行
撤罷事
美館去照木府主事李奎洞家屋所付美国人高
佛安空時旭門牌撤銷繳交事
二十九日金曜大雨主事金宇鉉安鳳鎬進入直
李宜植
西署來照木署江麓錢價送交事
日館來照我兵舍通路新作瓦家每間二十二百

3

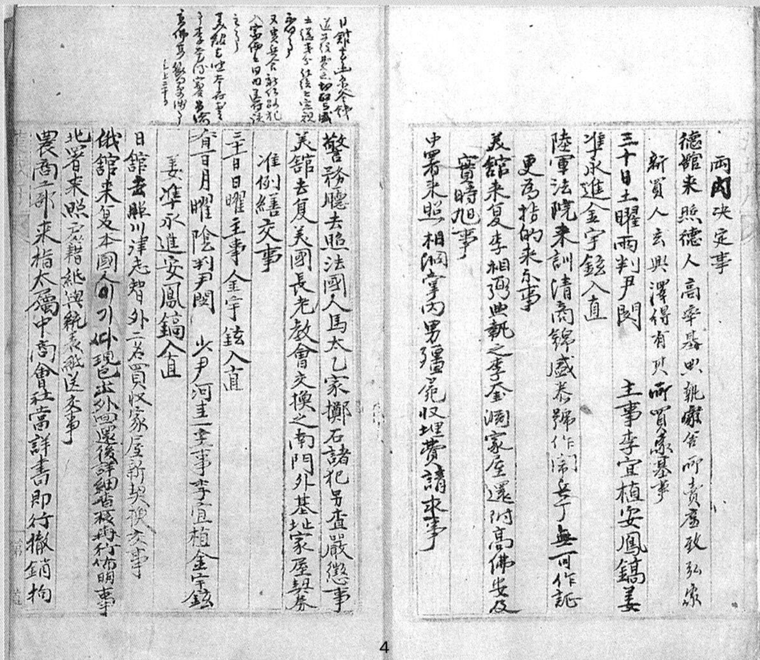

兩國決定事
德館來照德人高宰基所執家舍所賣處致弘家
新買人玄興澤得有所買家基事
三十日土曜雨判尹閔 主事李宜植安鳳鎬姜
準永進金宇鉉入直
陸軍法院來訓清商錦盛泰[illegible]無可作詬
更爲指的來示事
美館來复李相鴻典執之李奎洞家屋還附高佛安及
寶時旭事
中署來照相洞宰丙男彊兎收埋費請求事
警務廳去照法國人馬太乙家擲石諸犯另查嚴懲事
美館去復美國長老教會交換之南門外基址家屋契券
准例繕交事
三十一日日曜主事金宇鉉入直
二月一日月曜陰判尹閔 少尹河主一 主事李宜植金宇鉉
姜準永進安鳳鎬入直
日館去照川津志智外二名買收家屋新契繕交事
俄館來复本國人[illegible]
北署來照[illegible]紙與統表繳送來事
農商工部來指大韓中商會社當詳書即付撤銷拘

4

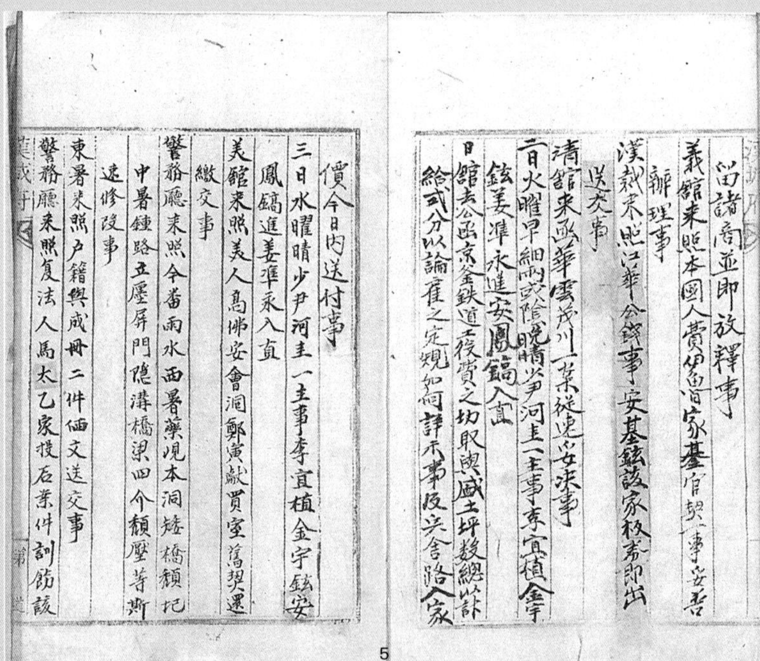

留諸商並即放釋事
義館來照本國人[illegible]家基官契事李安吾
辦理事
漢裁來照江華公錢事安基鉉該家校索即出
送交事
清館來函華雲茂川一案從速妥決事
二日火曜早細雨[illegible]晴少尹河主一主事李宜植金宇
鉉姜準永進安鳳鎬入直
日館去函京釜鐵道工役費之[illegible]坪數總計
給式分以論雇之定規如何詳示事[illegible]含路人家
價今日內送付事
三日水曜晴少尹河主一主事李宜植金宇鉉安
鳳鎬進姜準永入直
美館來照美人高佛安會洞鄭寅獻買室舊契還
繳交事
警務廳來照今番雨水西署藥峴本洞鍾橋頭圮
中署鍾路五層屏門隱溝橋梁四介頹壓等斯
速修改事
東署來照戶籍與成冊二件洒文送交事
警務廳來照復法人馬太乙家投石案件訓飭該

5

漢城府

署禁斷事
日舘來復京釜鐵道會社契約工區部分界在幾
工區內旁幾号示明事
四日木曜晴判尹閔　少尹河圭一主事李宜植
安鳳鎬進姜準永入直
南署來照戶籍統與成冊一件送交事
義舘來照本總敎事毛樂高播刷視務事
內部去照西署錘橋及中署立壓屛門隱溝橋梁
刻速修繕事

五日金曜半陰半晴判尹閔　主事金宇鉉安鳳
鎬姜準永進李宜植入直
元帥府來訓兵丁金在云之毆打人金某治漢城
因職懲事
查　兵丁李敎化之妻及財產什物鈔引
之人具呈逮嚴懲治事
上年指令華商安雲淸之來國鄕兵兩幾名衆辭被
打一事多般查覈終無確據轉照于淸欽舘事
淸舘來照華商林順玉失物錢財盜去入漢查以
確事

6

美舘去照南門外南廟後麓美國人元杜羽所起
工役即行停撤事
六日土曜晴判尹閔　少尹河圭一主事金宇鉉
安鳳鎬姜準永進李宜植入直
內部去照本局來復兩處橋梁頹圯修築一事役費
方今請求於度支部事
日舘來文鐵道所用採砂役夫提因內為行文于
始興郡放送事
中署來照本署憲政橋下地男尸一名收埋重支
給事

淸舘去復淸商安雲淸被毆韓兵哥姓名更查示
明事
義舘去復泒充視辦頓賀事
七日日曜晴主事金宇鉉入直
八日月曜晴判尹閔　少尹河圭一主事李宜植安鳳
鎬姜準永進入直金宇鉉
淸舘來照華捕前獲流事於錦城泰號之韓兵確名
全云在東署巡捕及憲兵副尉洪中裕送交軍部
事
漢裁去復鐵道工役之內役工部分工區示明事

7

發廳去照 清商林順玉被盜貨物另行追覓事
宮內府去報 將興三幕岡來登錄道周揮砂鑛役夫禁
止一事之題未照俾爲明事
元帥府去報 漢城府宰金聖云之被毆李敬化之失惹
事實 報本府處辦事
九日火曜晴 判尹閔 少尹河圭一 主事李宜植 金
宇鉉 姜準永 進 安鳳鎬 入直
農商工部去報 五署內各典舖稅 陰四月条 二百四
元 罰金二十元 與成冊一件 送交事
美館來照 美人高佛安寶時旭典執 李奎淵家

契還給事
農商工部來指 五署內典舖稅金與罰金二百九十元 成
冊一件 准收捧事
警務廳來照 清商林順玉失物盜去一事 申飭各署
期圖詗捉事
日館來照 日本人三浦萊太郎 毆打韓兵張敬順 嚴
辦事
日館來照 韓兵李同伊等四名 日人典舖商工藤然太郎
亂打事 爲先懲罰 損害金賠償事
十日水曜 或陰或晴 判尹閔 少尹河圭一 主事李宜植

8

姜準永 進 安鳳鎬 入直
日館來照 貴國奸商[illegible]萬外三名等 銀行券及劉
運動一案 嚴禁告示文 急速撤消事
西署來照 本署阿峴鍮川等地 男尸一名 收埋金支
給事
清館去函 清商楊景三 商舖識破 僞造銀行欽票
見覓用之 金順宗 另探南署 知來聞知事
元帥府來指 宰金聖云 被毆 金景洛 及 宰李敬化之
妻 被誘於具出史事 當有措[illegible]事
十一日木曜晴 判尹閔 少尹河圭一 主事李宜

植 金宇鉉 安鳳鎬 進 姜準永 入直
漢裁來照 江華犯逋人李潤慶執行家舍文券繕
事
通信院來訓 五署內家屋統戶數 一一修成冊送交
事
十二日金曜 朝陰夕雨旣晴 判尹閔 少尹河圭一 主
事李宜植 金宇鉉 安鳳鎬 進 姜準永 入直
驪州來報 日本人藥商赤崎良之進之藥価案件
韓人申燦學 全前出他未附押上 藥商下送推
去事

9

日館來函路照紙繕呈送交事
漢栽來照民起照北署鄭寅奇該家救券即爲繕
交事
元帥府去報南門外停車場時有車輛從人二名
毆打之兵卒張敬浮事安頓未查明訓示事
日人室然太郎典舖起鬧之兵卒李同伊案件
另查辦理事
美館去照李奎渊二座家契繳〻本府撤還該家
所付各牌事
十三日晴土曜判尹閔　少尹河圭一主事金宇鉉

安鳳鎬姜準永進李宜植入直
漢栽去照日人明多彥三郎對居積城尹進士及
李致明請求損害金一款並書牒送交事
日館來照貴國人宋秀萬阻害運動事件急速禁
斷事
十四日日曜晴李宜植入直
宮內府訓令京釜鐵道砂石一事轉復于日公館
事
中署來照本署敦化門前等地路邊男尸一名收
埋至支撥事

10

十五日月曜晴判尹閔　少尹河圭一主事李宜
植安鳳鎬姜準永進金宇鉉入直
日館來照貴國人宋秀萬等銀行券流通阻害運動嚴
重禁斷事
元帥府來揞清商錦盛泰號滋事起鬧兵丁金云吉未由查得
訣署權任尹永祚亦無可作證事
法館去照貴國人馬太乙家擲石一事知飭該署另
查嚴禁事
十六日火曜晴判尹閔　少尹河圭一主事李宜植
安鳳鎬姜準永進金宇鉉入直

美館來照貞洞所在美國長老會與南門外基址契
券一紙文書一紙並交換事
京釜鐵道會來照鐵道犯人田土結數所在洞名及地段
美館來照美國人巨鹿南署石井洞買收家屋新主姓名
照交換事
日館來文貴國內藏卿李容翊氏爲室爆藥
破裂事件嚴加查及其所嚴禁事
日館來函我邦人植木業高要亮稱農理
武苑遊會挙行時樹木植金額若九違請允

11

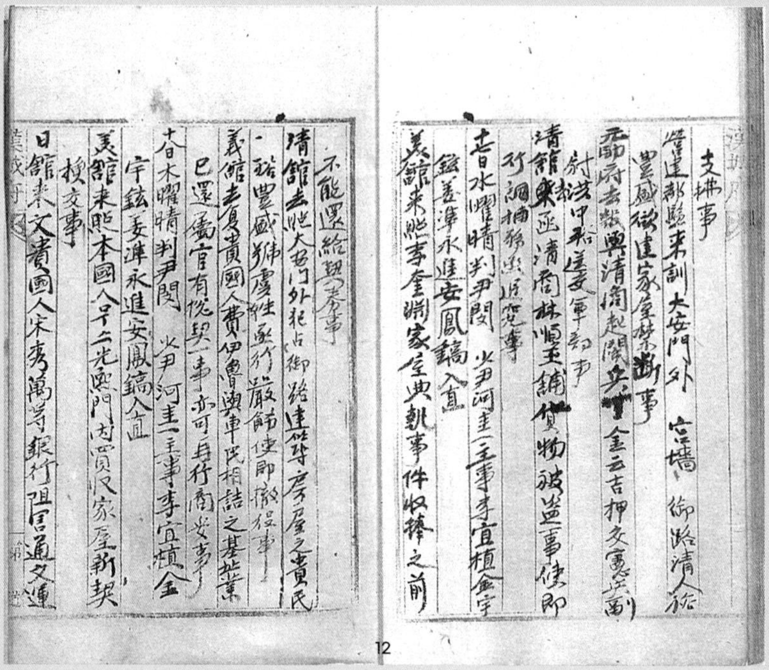

支拂事
營建部臨來訓大安門外 宮墻 御路淸人㐫
豐盛欲建家屋禁斷事
元帥府去報興淸商起閙兵丁金云吉押交憲兵副
尉洪仲裕送交軍部事
淸館來照淸商林順王鋪貨物被盜事使卽
行調捕務必追究事
十七日水曜晴判尹閔 少尹河主一主事李宜植金宇
鉉姜準永進安鳳鎬入直
美館來照李奎淵家屋典執事件收捧之前

不能還給契券事
淸館去照大安門外耟占御路建築房屋之淸民
一瑞豐盛處照行嚴飭使卽撤役事
美館去覆貴國人費伊魯與韓民相詰之基址業
已還屬官有從契一事亦可自行商妥事
十八日木曜晴判尹閔 少尹河主一主事李宜植金
宇鉉姜準永進安鳳鎬入直
美館來照本國人辛二光西門內買得家屋新契
換交事
日館來文貴國人宋秀萬等銀行阻害通交運

12

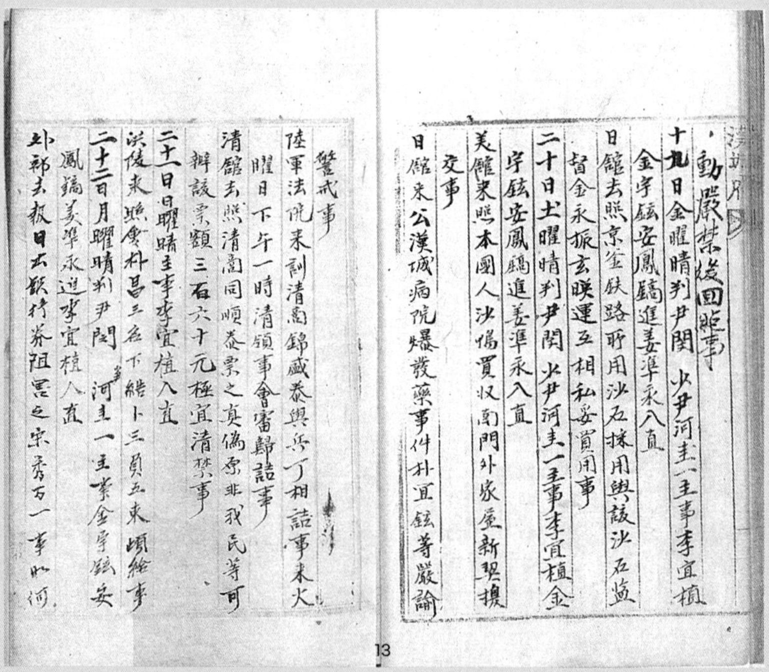

動駕禁斷回照事
十九日金曜晴判尹閔 少尹河主一主事李宜植
金宇鉉安鳳鎬進姜準永入直
日館去照京釜鐵路所用沙石採用與該沙石盜
賣金永振玄暎運互相私賣買用事
二十日土曜晴判尹閔 少尹河主一主事李宜植金
宇鉉安鳳鎬進姜準永入直
美館來照本國人沙偈買收南門外家屋新契換
交事
日館來公漢城病院爆發藥事件朴宜鉉等嚴論

警戒事
陸軍法院來訓淸商錦盛泰與兵丁相詰事來火
曜日下午一時淸領事會審歸詰事
淸館去照淸商同順泰票之眞僞原非我民等可
辨該票額三百六十元極宜淸禁事
二十一日日曜晴主事李宜植入直
洪俊來照金朴昌三名下給卜三負五束頃給事
二十二日月曜晴判尹閔 河主一主事金宇鉉安
鳳鎬姜準永進李宜植入直
外部去報日本銀行券阻害之宋秀万一事此何

13

訓令事
淸館去照淸商錦盛泰號滋事兵丁一案會審歸
決事
外部來照南門外美國人病院園本即撤返事
二十三日火曜晴少尹河圭一主事李宜植安鳳鎬
姜準永進金宇鉉入直
二十四日水曜晴判尹閔 少尹河圭一主事李宜
植安鳳鎬姜準永進金宇鉉入直
外部來訓日本銀行券一事業由本大臣與日公使交涉
時以該券受授勿論民人便宜依通商如有阻害自

可照章勘斷等語行文敎明矣何必聚衆滋事者
嚴行禁飭以符照約之意爲可
法部府來訓懲惡法律及法衙規程一卷送交事
日館去復漢城病院燒毁案破裂事件自豊際洞
查方送一層注意事
又去照我邦人蔡元宜所遺失趙應賢家契直爲
推還去部事
又去復日本銀行券流通阻害運動曉諭禁飭了
外部去復美國人倂念病院基地圖本繳交事
二十五日木曜晴判尹閔 少尹河圭一主事李宜植

14

金宇鉉姜準永進安鳳鎬入直
西署來照西小門內上串橋等地男尸一名收埋
金支撥事
日館來文銀行券阻害運動禁止之意示文送發
事
禮式院去報日人高橋要亮因補慶禮式時結
彩牙門及植木請負金額支撥事
漢陵去復東署結民朴昌三所當結三負五束
直報于宮內府請勘事
美館去照美國人元杜羽所買牛首峴基址契券

與本府所買里門洞基址契券交換妥當
事
二十六日金曜晴判尹閔 少尹河圭一主事李宜植
金宇鉉姜準永進安鳳鎬入直
西署來照本署阿峴鍮川等地男尸一名收埋金
支給事
禮式院來指稱慶禮式苑遊會植木費額契
約書繳交事
西署來照本署獨立門等地男尸一名收埋金支
撥事

15

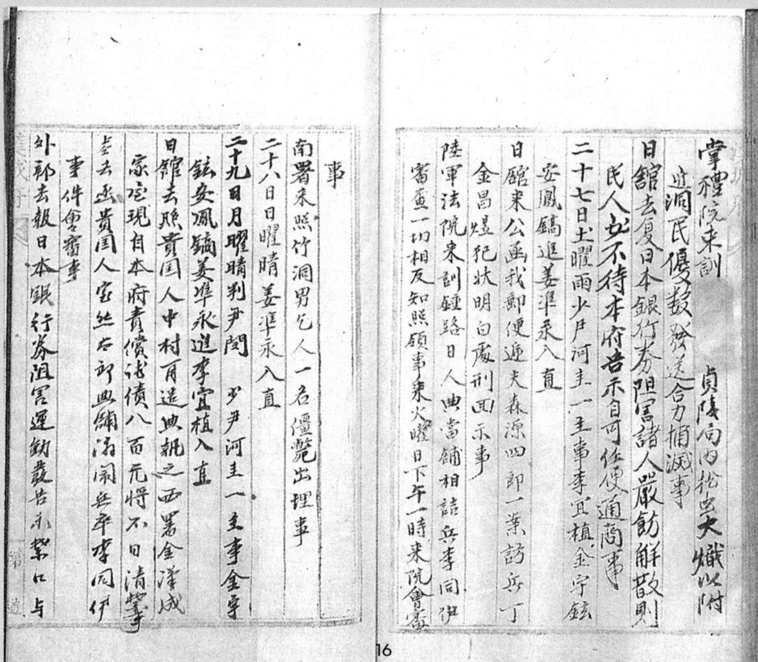
掌禮院來訓 貞陵內松虫大熾以附
近洞民傭夫發送合力捕滅事
日館去復日本銀行券阻塞諸人嚴飭解散則
民人必不待本府告示自可行使通商事
二十七日土曜雨 少尹河圭一 主事李宜植金宇鉉
安鳳鎬進姜準永入直
日館來公函我郵便遞夫森源四郞一案訪兵丁
金昌煜犯狀明白處刑回示事
陸軍法院來訓鍾路日人典當鋪相詰兵李同伊
審査一切相反知照領事來火曜日下午一時來院會審
事
南署來照竹洞男乞人一名僵斃出埋事
二十八日日曜晴 姜準永入直
二十九日月曜晴 判尹閔 少尹河圭一 主事金宇
鉉安鳳鎬姜準永進李宜植入直
日館去照貴国人中村有遠典執之西署金濟成
家舍現有本府責償訟債八百元恃不日清帳事
去函貴国人宮丝右郞典執洞兵卒李同伊
事件會審事
外部去報日本銀行券阻塞運動兹告示禁止與

16

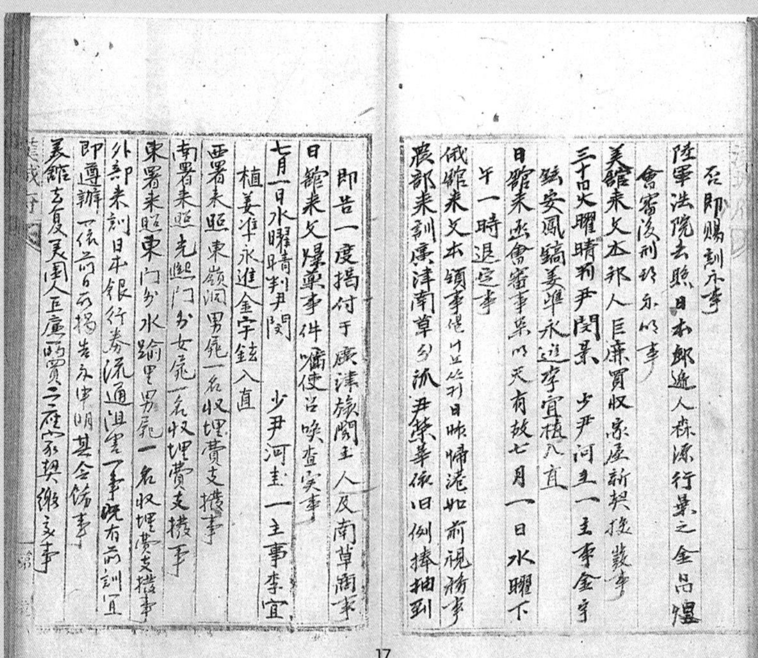
否即賜訓示事
陸軍法院去照日本郵遞人森源行暴之金昌煜
會審後刑移示事
美館來文本邦人巨濟買收家屋新契換發事
三十日火曜晴 判尹閔棐 少尹河圭一 主事金宇
鉉安鳳鎬姜準永進李宜植入直
日館來函會審事第以天有故七月一日水曜下
午一時退定事
俄館來文本領事偕日晩歸港如前視務事
農部來訓廣津南草分派尹榮華依旧例捧抽到
即告一度揭付于廣津旅閣主人及南草商事
日館來文爆藥事件嚼使呂唤查实事
七月一日水曜晴 判尹閔 少尹河圭一 主事李宜
植姜準永進金宇鉉入直
西署來照東嶺洞男屍一名收埋費支撥事
南署來照光熙门外女屍一名收埋費支撥事
東署來照東门外水踰里男屍一名收埋費支撥事
外部來訓日本銀行券流通阻塞事既有所訓宜
即遵辦一依前示揭告示申明甚合飭事
美館去復美国人正廣購買三座家契繳交事

17

內部去牒漢城內朝官及士庶年九十及三十歲人口
願呈單收聚成冊送交事
二日木曜晴 判尹閔 少尹河圭一 主事李宜植 姜
準永進 金宇鉉入直
元帥府來指 淸商錦成泰歸滯閑 兵卒現時淸欽
事會審照律事
日館來照 日本人酒見三雄外八名罰收家垈權
義館來照 道路汚穢之去誌付之有急先發通飭除
每來儀及處理事
掌禮院去報 貞陵司內松亭捕繳事

使各該識期有實效而董督調查亦爲使本
該官員便宜擧行事
三日金曜晴 判尹閔 少尹河圭一 主事李宜植
金宇鉉進 姜準永入直
英館來照 英國人喜佑買得家舍三處換新契送
交事
農商工部去報 五署內各典舖陰五月条稅金二
百四十二元五十戔及罰金五元合二百四十
七元五十戔成冊送交事
日館去公文 日本人高橋妻亮結聚門契約金朗

18

日工午九時前往韓基準家領收事
淸館去照 淸商錦盛泰歸滯閑兵尹李兩名照律
事
四日土曜朝晴夕雨 判尹閔 少尹河圭一 主事
李宜植 金宇鉉進 姜準永入直
南署來照 本署會洞朱地男尸一名收埋金支撥
事
農部來指令 五署內典舖金罰金二百四十七元
五十戔收捧事
義館去公函 貴館近地道路汚穢嚴飭禁除事

五日晴日曜 主事李宜植入直
六日晴月曜 少尹河圭一 主事金宇鉉 姜準永進 李
宜植入直
日館去函 我邦金澤成家契典執債款錢貸七百
五十八元送交事
北署來照 本署內碧洞朱地男尸一名收埋營支
撥請求事
日館來函 貸回貸七百五十八元轉給中村再退
還後領收證一度送交事
七日火曜晴 判尹閔 少尹河圭一 主事李宜植

19

姜準永進金宇鉉入直
日館來函日人高橋安亮稱慶禮式苑遊會所用
結彩門請負金額經費府交付事
漢裁去照本府前主事金源栢在任時所用徒價八
千餘兩及一家要券事該員已逋刷除所房收捧送
交事
農部去照五署内典鋪收稅使人五名又爲增額事
八日水曜晴判尹閔　少尹河圭一　主事李宜植姜
準永進金宇鉉入直
美館來照美國人巨廉所買家屋契券之斬發另致
該員巨大之損害亟行換發事
日館來照我電報配達人石光喜三郎毆打之韓人張在
守嚴重處分事
九日木曜晴判尹閔　少尹河圭一　主事李宜植
金宇鉉進姜準永入直
洪陵來照本陵位土新買私畓結五十七負九束
尚不免稅卽爲頉減事
日館來照賂照紙十枚採予送交事
漢裁去照日本電報遞人石光被我民張在秀
毆打情形審核事

20

十日金曜晴判尹閔　少尹河圭一　主事李宜植
金宇鉉進姜準永入直
美館來照高佛安及崔時旭典執李至淵家券系
紙貸三百四十八元頃收後該券一度繳交事
漢裁來照日人齊藤與金正鉉訟案債錢一萬二千
五百兩轉照日館推去後正鉉家券竟交事
漢裁來照趙尚夏對金明善訟案査閱日人小山俺
護不送推券未由日人典券勿施尚夏文券繕
送事
法館來照法國人馬友乙買得西署盤石坊一百二
十統九戶家舍一坐舊券附呈新契換交事
南署去照北署壯洞居童蒙金鳳鶴劉丁福與淸
人相詰時發詬之　貴署人員及該淸人姓名
照詳示明事
十一日土曜晴判尹閔　少尹河圭一　主事金宇鉉
姜準永進李宜植入直
漢裁去照鄭鎭植所捧然手房都中預賣米木價
准數持捧送交本府事
南署來照夏北壯洞居金鳳鶴劉丁福失錢時巡
檢金憲顯柳廷鍾淳目見相詰淸人孫達峯

21

農部來指典舖使令二名依報准施事
十二日日曜晴李宜植入直
十三日月曜晴判尹閔 少尹河奎一主事李宜植姜
準永進金宇鉉入直
日館來照貴國人許瑋等銀行券但害運動更爲嚴禁
事
漢裁來照京城教堂來留之姜斗永加[illegible]法館刻卽令還
事
元帥府去報東署往十里派兵把守事
清館去函金奉鶴劉丁福失錢被毆要速懲治人
姓名錄交事
十四日火曜晴判尹閔 少尹河奎一主事李宜植安
鳳鎬姜準永進金宇鉉入直
東署來照於義等地男殭屍一名收埋費支拂事
內部通牒 英親王宮門前治道入民家幾戶行將毀
撤使雇員一人持印紙入送事
日館去照日本人齋藤訊留之金宇鉉家券一依本府裁判
所判決亟令還付事
日館去函日本人室岱太郎典鋪起鬧事李周伊會
審日期更限示明事

22

十五日水曜早陰午晚暴雨判尹閔 少尹河奎一主事
李宜植金宇鉉姜準永進安鳳鎬入直
西署來照南門北邊城底女尸一名收埋金支撥請求
事
漢裁來照私義大備錢來納額推徵券債轉照日
領館該井本豊三郎世帶券速送事
十六日木曜早陰午雨晚陰暮夜雨判尹閔 少尹
河奎一主事李宜植金宇鉉姜準永進安鳳鎬
入直
南署來照本署水標橋等地女尸一名收埋金請求事
西署來照西小門外車橋路邊男尸一名收埋金請求事
十七日金曜陰雨少尹河奎一主事李宜植金宇鉉
安鳳鎬姜準永進金用鉉入直
日館來函獎邦人室岱太郎起病出廷于陸軍法院之
意轉報該院事
英館來函會晤一事訂期于明日上午十二点更仰佈
届時示覆事
日館來文我邦人中村再造外十三名地所買收家屋
旧券十八枚新券計二十枚換給事
十八日土曜陰雨判尹閔 少尹河奎一主事李宜

23

植金宇鉉安鳳鎬姜準永進金用鉉入直
法館去照牙山郡教民姜斗永侵虐平民一事查核
則該姜逃在教堂刻即拿還事
十九日日曜雨姜準永入直
二十日月曜雨判尹閔 少尹河圭一主事李宜
植金宇鉉安鳳鎬金用鉉進姜準永入直
日館來照我邦人赤塚敬雄貴國人朴炳愿對日
貨六千元過限該金額當御處分事
日館公函貴國兵丁李同伊會審事明日午後事
法館來照復姜斗永裁判一事以便趂期送待該

法館副領事帶同忠南牙山等郡宣教師及教民姜斗永而來與訴原朴星鎮

姜應訟事
法館去公函忠南牙山郡民朴星鎮等對教民姜
斗永裁判一事待明天下午一時來本府裁判
所質判事
二十一日火曜晴判尹閔 少尹河圭一主事金宇
鉉安鳳鎬金用鉉姜準永進李宜植入直
內部去報英人及日人所買家契善給贊案事
俄館來照韓人盧鍾成韓貨一百七十八元六十
四利有報俄人金炳道該手記二張送交該額
捧送事

24

與會審姜斗永侵虐平民之案事及究竟是否再明日訂期事

二十二日半陰半晴水曜判尹閔 少尹河圭一主
事金宇鉉安鳳鎬金用鉉姜準永進李宜植入直
內部去報五署內出籍及寺刹僧尼成冊一卷送
交事
府來訓鍊達所庫直朴一榮犯逋一事該家
舍即爲執行事
二十三日木曜晴判尹閔 少尹河圭一主事李宜植
安鳳鎬姜準永進金宇鉉入直
外部來訓日本第一銀行一覽拂手形訂期會同一切調査
事

漢裁來照日人井本豊三郎與我邦人朴義大債給錢依
判決推去事
西署來照賀州里等地男殭屍一名收埋費請求事
法館副領事帶同忠南牙山等郡宣教師而來會審
教民姜斗永侵虐平民之案未及究辨更以再明日訂
期事
二十四日金曜晴判尹閔 少尹河圭一主事李宜植安鳳
鎬金用鉉姜準永進金宇鉉入直
比館來照長洞日領館邊小橋傍犯始起造之假家三處
隨毀事

25

農部來訓 我民姜順根等所關日人高橋清藏控告董

旅閣至閥

御供官金泳洙處分痛懲將民國照日領事使從高橋更勿

尹步事

日館來照 我邦人梅村休吾對貴國人尹奎榮及徐丙憲債

金返濟方案來件準據我法審判處寘事

法館來照 教民姜斗永會審案件閱從招則儒民諸控

並是搆捏 而姜某提囚一事 係是不允之處事

日館去覆 我邦人許瑋等之日本銀行券沮害運動者 去

換並不必更貫指辨事

又去覆 日本人五相壹買及分割 給失家契十二枚

換交事

宮府去報 圜丘壇 慶運宮役費排札之社一棠宮舍

抵給乃是停截收房事

二十五日火曜 早晴午雨未晚陰暮夜雨 判尹閔 少尹河圭一

主事李宜植 金宇鉉 金用鉉 姜準永 進安鳳鎬

入直

英館來函 英國領事官喜佑所買龍山坊家舍四張

文券從速交換事

日館來函 路照紙十枚捺印送交事

26

美館來照 美國人元杜尤所買牛首峴墓址相換事

本總領事將該墓址契券送交事

美館來照 貞洞所在美國教堂基址付將還築碑

牆與德館基址前三街巡丁把守間阻工役事

法館副領事帶同忠南牙山郡宣教師前來會

審教民姜斗永侵虐平民之在案未及究辦更

以再明日訂期事

外部來訓 日人重樫林撤事

法館去覆 教民姜斗永會審一事 不必預度法官

之不公事

外部去報 第一銀行券調查事 祈非本府 救護事

元帥府去報 貞洞教堂基址前三街巡丁把守間

移設於越邊事

漢裁去照 梅村休吾對尹奎榮徐丙憲既經

判決執行徐家何不妥案事

清館來照 華商李寶山陳兆祥所造樓房北面窗戶欄

限約朴昌植曉諭彈壓事

二十六日水曜雨 安鳳鎬入直

二十七日月曜晴 判尹閔 少尹河圭一 主事李宜植 金

宇鉉 安鳳鎬 姜準永 進金用鉉入直

27

美館来照本月十日之照會繳交事
日館来照本邦人森安吉外三名買収家屋以新券七
度換交事
日館公函貴府五署内戸口表一枚送交而貴國兵金
昌煌日本人森濵四郎事件結果公文回示事
外部来訓日本第一銀行一覧拂手形調査一事迅辦
後隨即報明事
内部来牒南署小龍洞所在汚穢塲基址何許日本人
雜技塲占設云今去留與否詳探示明事
日館去照南門外桃洞四街里日本人所設電桿急速撤

去事
外部来訓南門外桃洞日本人所設電桿即拔去事
二十八日火曜午前晴午後陰判尹閔　少尹河圭一
主事李宜植金宇鉉安鳳鎬姜準永進金用鉉入直
日館来文南大門外桃洞四街里我邦人電柱建設事我
郵便電信局無関京鐵道内地之必要事
農部来訓真諺翻謄告示五署内各商戸一依左開姓
名居住業名詳細限三十日内俾納于本部事
外部去報桃洞四街里日本電桿僅拔一株事
日館去照日本人南門外擅設電桿玆承外部訓飭

28

即行拔去事
日館去照我太醫院御供生薑蒜閣阻害之日本人
高橋清藏飭諭勿干事
日館去復桃洞四街架設電桿自行拔去事
美館去復貴教堂基址前兵丁把守間移設我政府
基址事奚獨一路越遝我政府基址不容一炊責明事
美館去復李奎淵家屋事待李相卨還國措處已送
紙貨三百四十八元繳交而該照會繳送事
比館去復新搆拘碍假家一間業已毁撤不得更構事
二十九日水曜晴判尹閔　少尹河圭一　主事李

宜植金宇鉉安鳳鎬金用鉉姜準永進入直
俄館来照俄人織奬僞造日人與韓人探知嚴懲
事
日館来照南大門外京釜鐵道停車傷因建設電
柱撤去事不當旁已回答事
美館来照美國教會基址之近處把守間移設事
外部去報日本銀行一覧拂手形調査一事有難
遵辦事
法館去公函牙山郡民朴星鎭等訴案再明日下
午一點鍾後開審查事

29

三十日木曜晴判尹闕　少尹河圭一主事李宜
植金宇鉉安鳳鎬金用鉉進姜準永入直
法館來公函咸神父發往牙山郡到京後更爲審
辦事
美館來照貴府擬退家契與晌日貸三百四十八
元徵交查收後繕交領受証事
漢裁來照崔復主事道成家券與質事業日人河
野氏吉轉照于日館起送事
三十一日金曜晴判尹闕　少尹河圭一主事金宇鉉安
鳳鎬金用鉉姜準永進李宜植入直

電氣鐵道事務查辦所來牒電氣鐵道會社向漢城水原合同判尹李
鳳來在任時調印原本即送交事
漢裁來照白斗裕買查歸決事傳知照于日館日人松川
長次郎來月曜日起送敝所事
外部來訓南門外桃洞日人擅立電桿禁撤一事設法亟
辦到即報明事
又來訓德國人貫利諾吉典執家屋一事綜詳人員面明
派送商辦事
外部去報南門外停車場日本人所立電桿拔去損害並
要事

內部去質法人馬太乙及日本人鮎貝房之進外二名買
收家契搜獲事
內部去牒南署小龍洞官有污穢場外民人松田占設
之日本人戲儞場業已撤去事
漢裁去照俄國紙幣僞造關係人李勝祐所供錫交
事
元帥府去報美國教堂基址之竭所在兵丁把守閒
移設事
漢裁去照樂善坊朴炳憲所在家屋執行事
日館去照南門外日人立電即行撤去事

清館去復清商李寶山所建棧房北邊窓戶並行杜
塞事
美館去照美國人元杜羽所買牛首峴基址契券理
合送交事
法館去照牙山民訴控一事移交於該裁判所事
八月一日土曜細雨判尹闕　少尹河圭一主事金宇
鉉安鳳鎬金用鉉姜準永進李宜植入直
外部去報日人擅立電桿以本府事力不得撥撤
事
法館來復牙山郡控訴一案移定於他所第二不

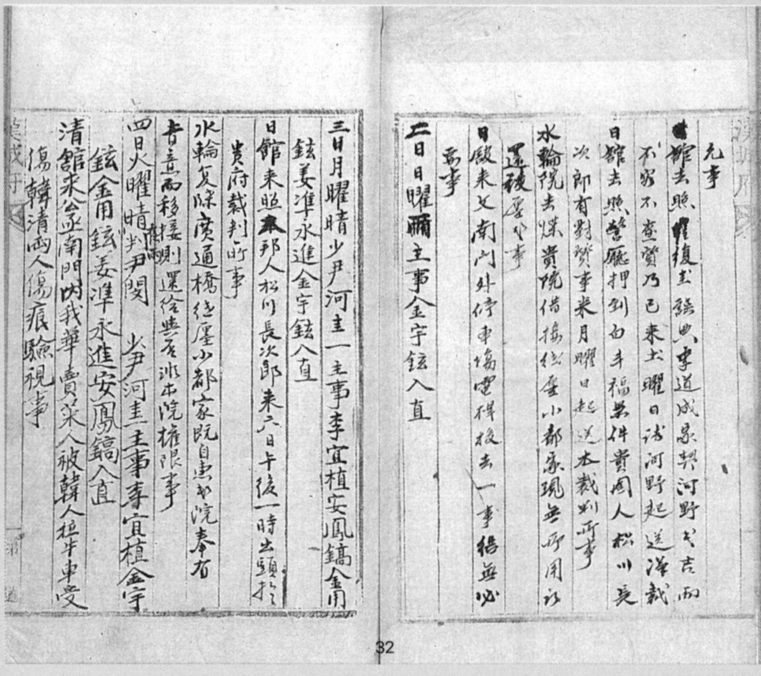

32

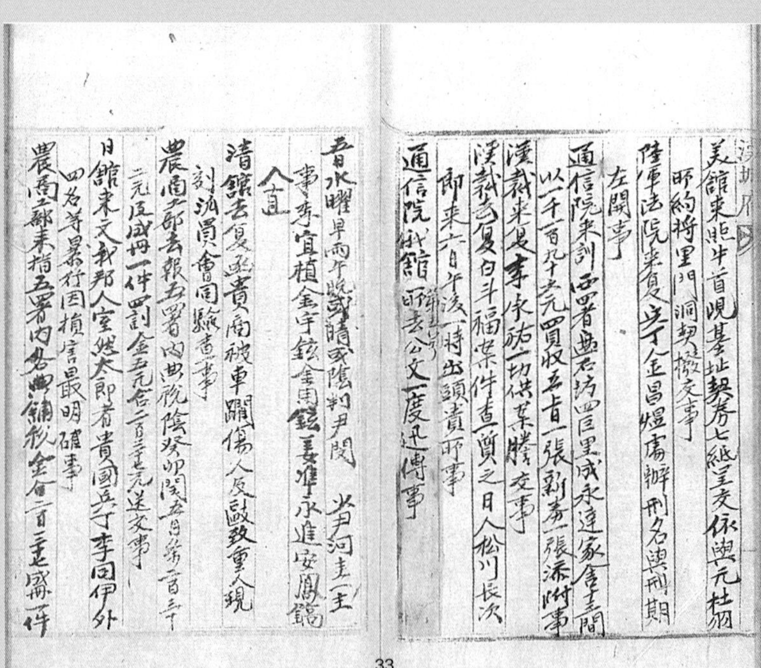

33

准數收捧事
清館来照華商孫大盛在南門内空地賣菜被韓人車
夫興崔昌學驅打折傷查覆事
六日木曜半陰半晴或洒雨判尹閔　少尹河圭一主
事金宇鉉安鳳鎬姜準永進金用鉉入直
日館来函路照紙十枚内地旅行姓名録并送交事
俄館去夏俄國紙貨偽造一案關係人李勝祐供一案謄
交事
陸軍法院去照日人室然太郎損害金額速使辦償事
七日金曜陰判尹仝故少尹河圭一主事李宜植金宇鉉
安鳳鎬姜準永進金用鉉入直
内部来訓掌禮院前路毁撤費支撥事
法館来函咸教師四弟漢城發行閉審日期即示
明事
太醫院来照本院醫官廳三所家券本無而校券三
張并為成給事
日館来文我邦人平田格太郎被兵丁之重傷又我邦
人山崎多一被兵丁之毆打該加害者搜出嚴重事
日館来文我邦人高橋清藏貴國人孫春興外二名
共同生薑賣買關係禁止事

34

八日土曜陰少尹河圭一主事李宜植金宇鉉安鳳
鎬姜準永進金用鉉入直
日館来函大安門前我邦人浦上榮作其住家改建事
比館来照長洞比館基址接連之處本領事名義
搜出新板券送交事
日館来照我邦人鮎貝房之進所買長洞家屋新
契換交事
九日日曜大雨主事金用鉉入直
日館来文貴國西署巡檢六名我邦人家屋侵入不
法行為嚴重取調懲罰事
十日月曜朝雨夕陽判尹閔　少尹河圭一主事
李宜植金宇鉉安鳳鎬金用鉉進姜準永
入直
南署来照本署濟衆院女人一名致死出埋金支撥事
通信院来訓龍山坊麻浦契瓦家二十八間瓦庫十一間
買收于李輔鉉該舊文記壹張及立旨三張新文
一張另附事
十一日火曜雨判尹閔　少尹河圭一主事李宜植金宇鉉
安鳳鎬金用鉉進姜準永入直
西北鐵道局来照該公館旗手金基俊宋喬金昌

35

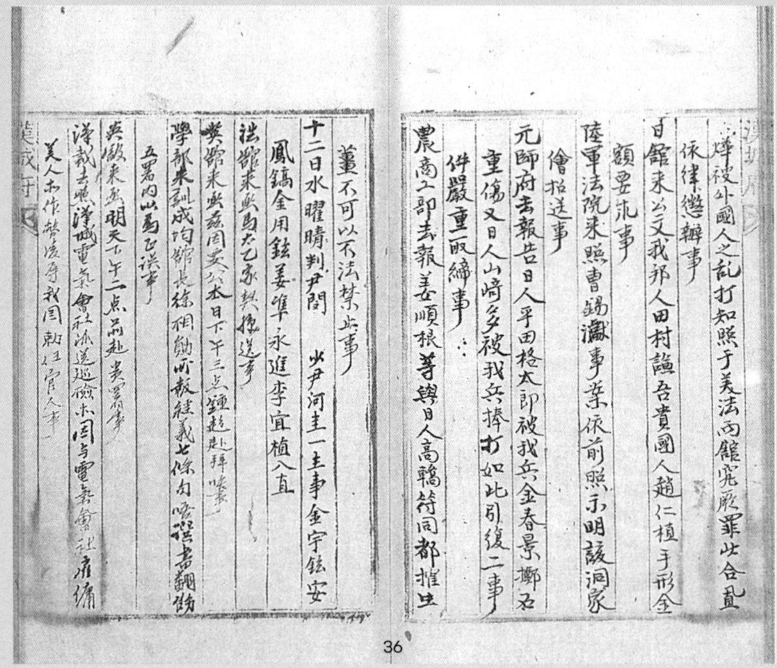

漢城府

犍彼外國人之亂打知照于美法兩館究覈罪犯合亟
依律懲辦事
日館來照文我邦人田村譃吾貴國人趙仁植手形金
額要沉事
陸軍法院來照曺錫瀜事案依前照示明該洞家
僉招送事
元帥府去報告日人平田格太郎被我兵金春景擲石
重傷又日人山崎多被我兵捧打如此引復二事
併嚴重取締事
農商工部去報美順根等與日人高橋符同都摧生
董不可以不法禁止事
十二日水曜晴判尹閔　少尹河圭一主事金宇鉉安
鳳鎬金用鉉姜準永進李宜植入直
法館來照馬太乙家契捺送事
英館來照爲國安公本日下午三点鍾起赴拜晤事
學部來訓成均館長徐相勛所報經義七條内嘗捉去翻
五署内出馬乙送事
英館來照明天下午二点鍾赴貴署晤事
漢裁去照漢城電氣會社派送巡檢來同與電氣會社雇傭
美人不作爭後與我國勅任官人事

36

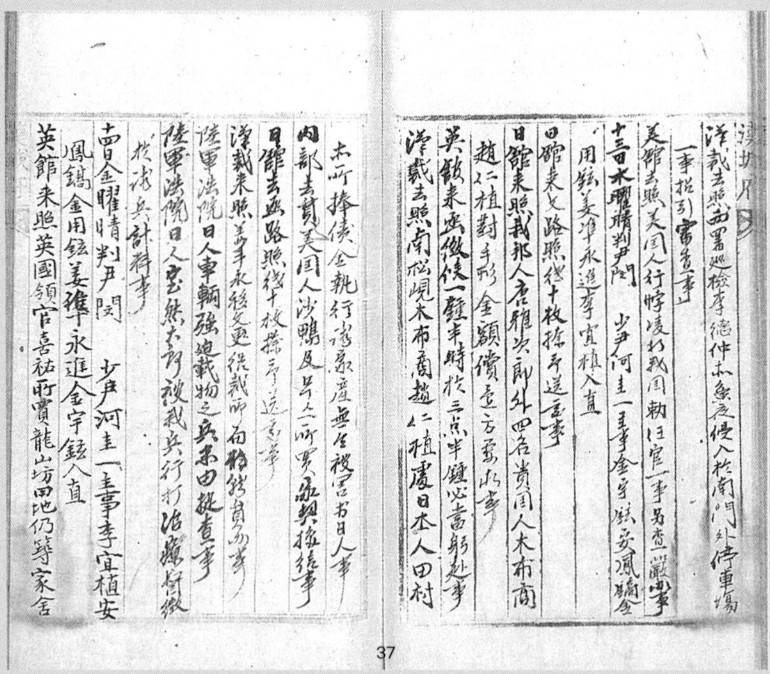

漢城府

漢裁去照西署巡檢李德仲不意夜深使人於南門外停車場
一事指引審查事
美館去照美國人行悖凌打我國勅任官一事另查嚴懲事
十三日木曜晴判尹閔　少尹河圭一主事金宇鉉安鳳鎬金
用鉉姜準永進李宜植入直
日館來文路照紙十枚捺章送呈事
日館來照我邦人唐雅次郎外四名貴國人木布商
趙仁植對手形金額償還方處分事
英館來照傚使一體本時於三点半鍾必當躬赴事
漢裁去照南松峴木布商趙仁植處日本人田村
未及捧價全執行該家屋無主被害於日人事
内部去照美國人沙鶴及呈人所買家契捺送事
日館去照路照紙十枚捺章送還事
漢裁來照美國人永稔又過往裁所有指證貴司事
陸軍法院日人車輛強迫載物之兵來田氏查事
陸軍法院日人突然未許被我兵行打治療費徵
於諸兵計料事
十四日金曜晴判尹閔　少尹河圭一主事李宜植安
鳳鎬金用鉉姜準永進金宇鉉入直
英館來照英國領官喜祐所買龍山坊田地仍等家舍

37

十間請發新契事
警廳來照南署漁橋左右邊石頹圮斯速修築事
太醫院去照貴院所屬醫官廳直房不可擅發官契事
內部去報李倚事金宇鉉陞叙判任四等事
美館去照貞洞所在兵丁把守間果難移動事
法館去照牙山郡民訴控之案移交忠南裁判所事
十七日土曜晴 少尹河圭一 主事李宜植安鳳鎬金
濟用鉉姜準永進金宇鉉入直
元帥府來指兵丁金春景已爲懲辦無兵方行查探事
西署來照河峴等地男彊亮一名收埋費支給事

美館來照西北鐵道公情李寅榮焉電氣會社
控訴一事已啓由部文送方行查探事
清館覆函清商潘春和錢二經付徵由從後生之
朴順以事
十八日日曜早午陰晚雨 主事安鳳鎬入直
十九日月曜早陰午晚雨申晚或陰或雨 少尹河圭一 主事李宜植金宇鉉
金用鉉姜準永進安鳳鎬入直
日館去照五署內居調查表及兵丁金昌燁並另開仰交
事
漢裁來照清商同順泰錢票偽造事案將此轉照了

38

清領館該清商裕豐德來以曆日來待敝所事
日館來照文那人金然太郎責國兵丁李同伊等暴
行受損害金額相當措處事
日館來照文我所管電信線柱架於長洞坊斷節取該
犯人搜查方関嚴重手續勵行事
十八日火曜午前陰雨午後晴 判尹閔 少尹河圭一
主事李宜植金宇鉉安鳳鎬姜準永進金用
鉉入直
漢裁來照趙仁植家舍執行事知照日領郵明天上
午一点日郵警察官來會事

又來照李門外停車場滋開食需一款照日報來
五睹日韓夫金景淑平同來照事
英報來照英國人喜祐買取家基四處另送新契
換給事
內部去要以飲雜巷地建接之延文九家舍一座請撤
新契事
又去貴日人森安吉外三名買收家契換給事
又去南去照南署漁橋左右邊石頹圮斯速修築
事
通信院去報本院所買盤石坊及龍山坊家屋二座

39

新式擬定事
警務廳去照日本電信郵所發電信之南山郵分擬銅
線竊取人另查懲習事
日館去函我兵事同伊俵償金事已為訖業票人
之所破傷物不影難懲出事
又去函南門外停車場所用車輛強迫積載之我兵
張敬順所是處所由擬查事
各館去照漢城內住寓各國官民人男女總額及我邦人
之使喚於各公館及各國人家庭傭之我國人姓名
示明事

十九日水曜或雨或陰晴判尹閔　少尹河圭一主事李
宜植金宇鉉安鳳鎬姜準永進金用鉉入直
日館來函大安門前浦上榮作所有地所買家屋事件談
價額平日交附無之則其望日改等工事
日館去復日本人田村諭吾外五名對我邦人趙仁植請償額
現行押收該趙姓家產並請立會事
清館去照貴商同順泰錢票中僞造件使行人朴錫圭等
將行貢辦貴商裕豐德來水曜日起送事
清館來函徹商同順泰錢票僞造一事貴判尹帶同
朴錫圭等來漱署聽候審質事

40

二十日木曜晴判尹閔　少尹河圭一主事李宜植
金宇鉉安鳳鎬金用鉉進姜準永入直
美館來照所買石井洞家屋二座查照尚有買入
之意與巨廉相議事
日館來公文我邦人田村諭吾對李秉儀手形金韓
貸事實取調事
日館來公文我邦人齋藤對金正鉉家卷返附該
件再審上公正處且速妥結事
電氣會社來通金谷御路沿道合同反該費額明細
書此趾送交于本查辦所為考事

美館來照元杜羽所買紫霞崎基址契卷二度呈交里
門洞基址元杜羽欲堪所有家屋所一如惠斐信病院
契發送事
日館來公函浦上榮作所有地家屋價額明十四日內決
定事
內部來訓去處污穢場該價額不給之由亦為詳報
事
內部來照南署管內漁橋左右邊石類把修籌
費行將請派待支撥修葺事
陸軍法院來訓兵丁金喜成行打之一役夫丁信永等

41

捉囚嚴懲事

電氣查辦鐵道去通牒漢城電氣會社訂立金谷合同

書騰交事

二十一日金曜晴判尹閔 少尹河圭一主事李宜植金

宇鉉安鳳鎬金用鉉進姜準永入直

比館漢城內比國人男女總額及家屋實數事

漢裁侍衛一隊兵丁金喜成被京仁鐵道停車傷

役夫之亂打手傷該役夫知照于日領館拿交懲

辦事

清館去照美洞役棧清人德興号所開西面窓戶函令

杜塞事

清館去公函清商同順泰錢票僞造件使用人朴錫圭

等審辦之案接引之裕豊德卽爲起送事

二十二日土曜半陰半晴判尹閔 少尹河圭一主事金宇鉉

安鳳鎬金用鉉姜準永進李宜植入直

德館來照復漢城內德國人男女總額實數送交事

內部來指曰英法美比國人等買收家屋新契換給事

法館來復本使將此事無須與貴判尹晉口爭論事

二十三日日曜半陰半晴主事李宜植入直

二十四日月曜雨少尹河圭一主事李宜植安鳳鎬金用鉉

42

姜準永進金宇鉉入直

日館來照之我邦人松永達吉卽貴國人黃德心買收成均館契

所新家屋解取付其妨害保護事

日館來照我邦人高橋要亮稱慶禮式園遊會場設備

費金〻願支拂處辦事

日館來照我商民陳列所新家舍建築必要迫特卸盡

力本館希望標用事

內部來訓五署管內年九十婦女的詳探呈事

二十五日火曜晴判尹閔 主事李宜植安鳳鎬金用鉉

姜準永金宇鉉入直

漢裁來照漢城病院治療清商孫倍耀被傷我民崔

昌雲之頭破血濃該治療費損害亦知照清館協商

妥決事

日館去照南門外停車場役夫丁信永對兵卒金喜成亂作

毆打不容不質審四貼押付事

日館去照京仁鐵道停車場事務所侵入之巡檢李德仲來

土曜日上午十一時派員會審事

日館去復貴國人勢一盟市外十五名買家契換交事

清館去照毆打我兵鄭甲同之清國役夫等另查嚴辦事

法館去復法國人馬太之所買家契繕交事

43

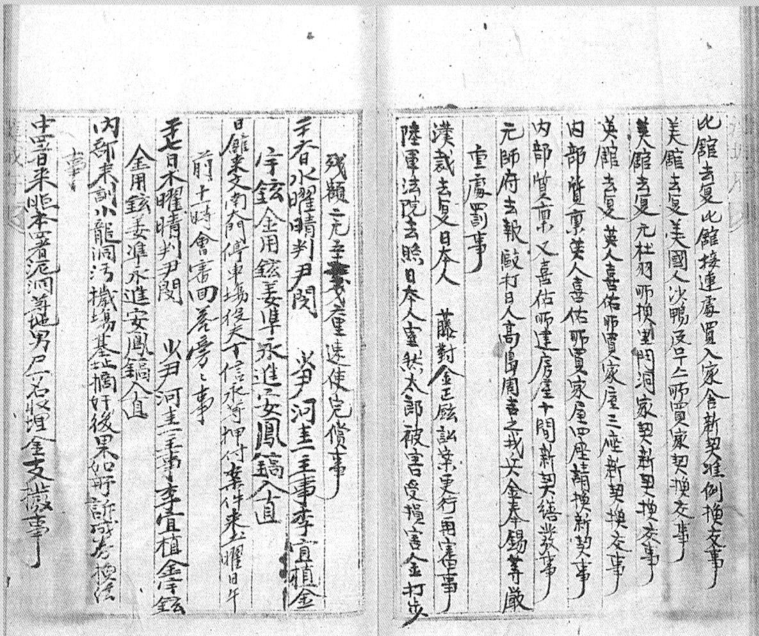

44

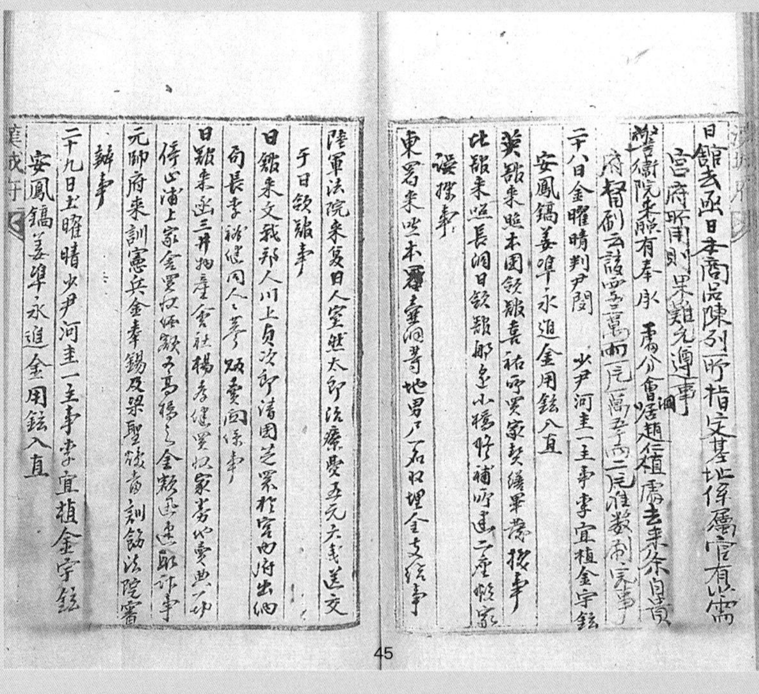

45

元帥府来令東署徃十里兵卒泳送一事賊情譏詷
専是巡捕吏任受詰楚義務厰事
三十日日曜朝陽多雨主事姜準永入直
三十一日月曜晴判尹閔 少尹河圭一主事李宜植
金宇鉉安鳳鎬金用鉉進姜準永入直
清館来照洪興錫等家近清商德興號設棧樓
房以開西窓築壁出於情理之外事
清館来公函清商孫大盛孫丕耀被韓人牛車壓折
腿骨一事醫藥工料費總貸五十五元送交事
日館来公文我邦人中村甫造外十一名買收家屋
舊券十八枚反送付依例新券十五枚複給事
日館来照我邦人吉田岩吉買我朴義大三一案依
判尹決嚴諭事
日館来照我邦人左遣倉太郎貴㐂金敬龍窃取
兆一案結果事
日館去照日人室建太郎損害費二元六十六戔四里
及李兵刑名書送交事
漢裁去照警衛院所捧趙仁植票三斤送交准數
刷完事
九月一日火曜晴判尹閔 少尹河圭一主事金宇鉉安

46

鳳鎬金用鉉姜準永進李宜植入直
二日水曜早雨晩晴判尹閔 少尹河圭一主事金宇鉉安
鳳鎬金用鉉姜準永進李宜植入直
日館来照路照伐十枚盖印送交事
漢城裁判所来照趙仁植所報件知照于日館各該犯
者轉飭事
警務廳来覆電信郵所管電線杜切勘窮孜犯人更以
嚴飭于各支署各坊曲巡行洞捕事
日館去照我邦人趙仁植各人處所報倭人限十個月
排償事
清館来照被車碾傷清商孫大盛来土曜日下午一時派
員會審事
三日木曜晴判尹閔 少尹河圭一主事李宜植安
鳳鎬金用鉉姜準永進金宇鉉入直
美館来照美國人沙鴨及其土基業契券二度領收事
又来照美國人元杜羽所換領里門洞契券一度領收事
日館来照日本人釘本藤次郎外四名買收家契據交事
農商工部去報漢陽六月朔典舖稅金二百三十四元及戚
冊一件送交事
漢裁去照日本人川上貞太郎對我邦人李裕健請償

47

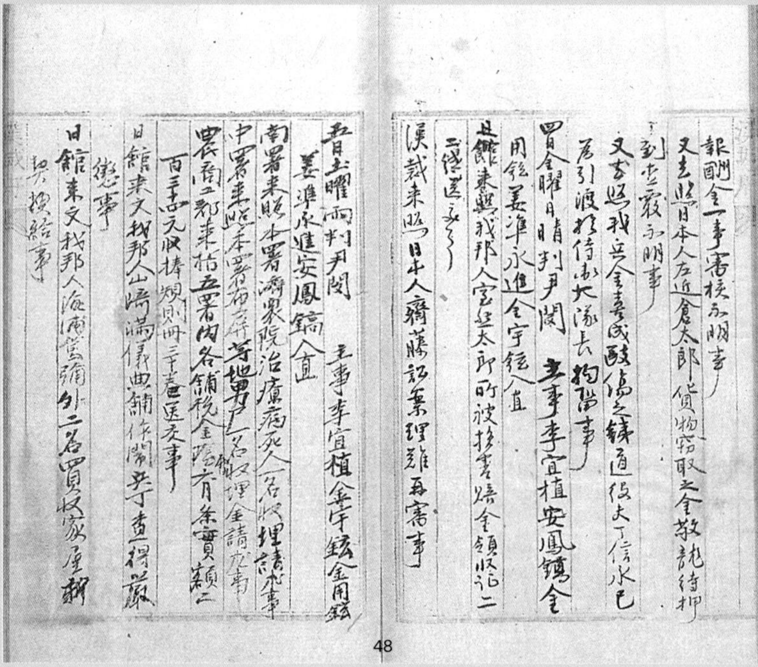
報酬金一事寄核示明事
又去照日本人左近倉太郎能賃物窃取之金款託待押
到之廢示明事
又去照我兵人金嘉成毆傷之鐵道役夫丁信水已
局引渡於信水大隊長物備事
四日金曜日 晴 判尹閔 主事李宜植安鳳鎬金
用鉉姜準永進金宇鉉入直
日館来照我邦人宮丘太郎所被損害賠金領收証二
張送交事
漢裁来照日本人齋藤記案理雖再寄事
五日土曜 雨 判尹閔 主事李宜植金宇鉉金用鉉
姜準永進安鳳鎬入直
南署来照本署濟衆院治療病死人一名收埋請求事
中署来照本署布廛等地男尸一名收埋金請求事
農商工部来稿五署內各舖稅金隨有未貫額二
百三十六元收捧規則冊三十卷送交事
日館来文我邦人山崎滿儀典舖作閙事查得嚴
懲事
日館来文我邦人海東蒲外二名買收家屋契
券換給事

48

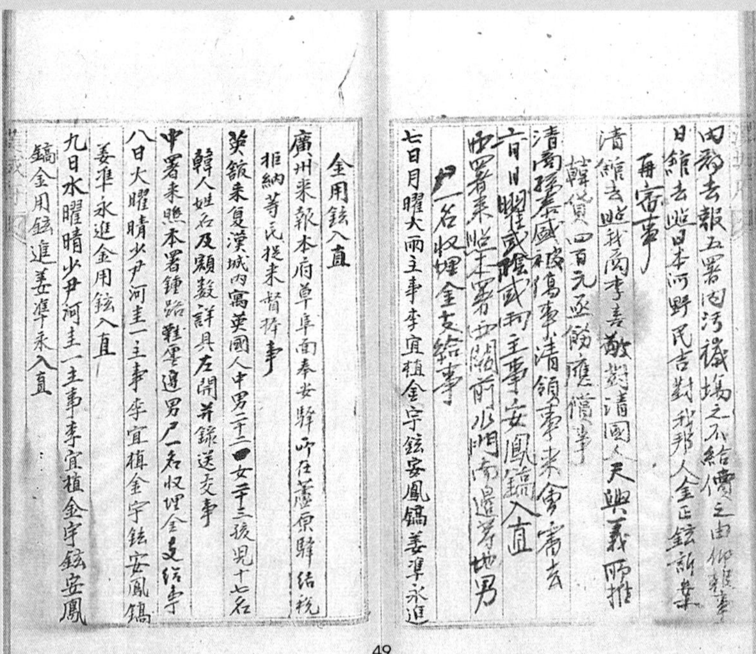
回移去報五署內汚穢塲之不給價之由仰報事
日館去照日本河野民吉對我邦人金正鉉訴案
再寄事
清館去照我商李嘉敏對清國人天興義所推
韓貨四百元亟飭賠償事
清商孫泰國被傷事清領事来會審去
六日日曜 晴 判尹閔 主事安鳳鎬入直
西署来照本署西小門內追芳地男
尸一名收埋金支給事
七日月曜 大雨 主事李宜植金宇鉉安鳳鎬姜準永進
金用鉉入直
廣州来報本府草阜面奉安驛所在蘆原驛結稅
拒納等民從来督捧事
英舘来覆漢城內寓英國人中男二十二口女二十三孩兒十七名
韓人姓名及類數詳具左開并錄送交事
中署来照本署鍾路雜廛邊男尸一名收埋金支給事
八日火曜 晴 少尹河圭一 主事李宜植金宇鉉安鳳鎬
姜準永進金用鉉入直
九日水曜 晴 少尹河圭一 主事李宜植金宇鉉安鳳
鎬金用鉉進姜準永入直

49

十日木曜晴判尹閔少尹河主一主事李宜植金
宇鉉安鳳鎬金用鉉進姜準永入直
日館來公文我邦人高橋要亮莬遊會場設備金
額至急妥結事
日館來照我邦人田村謙吾唐雅次郎等六名貴離
趙仁植債權金額一案直接協議事
內部來訓升斗衡尺改造布諭于各市廛事
元帥府去報日人﨑滿藏與舖走鬧之兵丁李查拿
嚴辦且徵贍金事
內部去報龍洞所有污穢場撥給於金基完事

內部去照長洞比館門前小橋比數處即行修葺
事
廣州府去訓奉安驛結民居住坊契統戶照詳
更報事
比館去照比館附近所有假家理難強使撤毁小橋
補石知委該館修葺事
十一日金曜早陰晚晴少尹河主一主事金寧鉉安鳳鎬
金用鉉姜準永進李宜植入直
比館來照本館所買長洞家舍三座將行毁撤家
契據契送交事

50

元帥府指令日本人山﨑滿藏與當舖本國兵丁相
詰案件訓飭法院審辦事
平理院來照韓泓僞造家券案件審查題金
應洙自受府保放云該保人押行交事
十二日土曜晴判尹閔少尹河主一主事金寧鉉
安鳳鎬金用鉉姜準永進李宜植入直
內部來復比館門前小橋架石類派道路
即行修葺事
平理院去復家契僞造犯韓泓及金應洙之
並爲保放云係是派收事

日館去復日本人市五相賣買之家七座新契
交付云後事
日館去復日本電信部所管電線六百三十間
索取之說犯嚴防阻搪事
十三日日曜晴主事金寧鍾入直
楊州郡來報郡署與界舊把撥店分定界轄後越
界侵漁之該坊巡檢曉飭禁戢事
南署來照本署龍洞等地男碼兄一名收埋費支給
事
十四日月曜晴少尹河主一主事李宜植安鳳鎬金

51

用鉉姜準永進金宇鉉入直
廣州府来報本府所管奉安驛換劃番結稅捉
因該驛人等措捧下送事
十五日火曜雨主事李宜植金宇鉉金用鉉姜準永進安
鳳鎬入直
日館来文西門外冶洞居我邦人島田本年六月十四
日午前一時被漢人絞殺該加害者搜索事
日館来文明十六日貴國皇帝陛下萬壽聖節我居
留民各戶國旗揭掛燈照敬祝事
日館来文路照紙十枚繕印送交事內地旅行世名

萬壽聖節
錄至来
日館来文日人城大太田熊趙鍾九李鏞九閔入鎮南
家舍田土期限經過督促事
日館来函日人高橋安亮犯法進會場飾費金郎
刻回答事
十六日水曜晴主事安鳳鎬入直
日館来照貴國人李允三債錢一案斯速懲辦事
十七日木曜雨主事李宜植金宇鉉安鳳鎬姜準永
進金用鉉入直
日館来文我邦人赤塚敬雄對貴國人朴炳憲貸金

52

額還附妥結事
日館来函窃盜犯金敬龍差押警務廳該金姓至
急何分儀御回示事
英館公函来之英國領官喜祐龍山坊買收家屋
新契即速交換事
漢裁照會日人梅原喜市郎一名被刺我民三人損
害金一一賠償事
十八日金曜晴判尹閔 少尹河圭一主事李宜植金宇鉉
安鳳鎬姜準永進金用鉉入直
法館来覓貴國人使喚於本署男女姓名並產備於

本國官民住宿等所者修單謄繳事
漢裁来覓金敬龍今既下鄉捕捉來由事
陸軍法院来剳日本人高島周吉被憲兵之毆打案
到即轉照日領事本月晦日下午一時會審待其
覓即先報事
楊州去剳署郡交界分轄不由本府商妥經報內部則令
沿更待本府事
漢裁去照日本人吉田岩吉害我國人朴義大案件自貴所判
決五個月利子償完事
外部去報前南別營舊址日本人所建屋派查實地則還

53

貴部定給界限以內該址圖形叅報事
內部去貲北領事買收家屋三座日本人所買家屋十三
處該家主証明書粘附仰禀事
日館去照日本人勢一助市所請援給家契乃是典執無使送
退事
日館去復我大皇帝陛下萬壽聖節貴國人等居留家戶
揭旗點燈以表同慶鳴謝事
日館去函我民李極燮對貴國人齋藤案件行將質查
即使前往平理院候質事
清館去函我民趙載成失馬事業
訟煩愈李喜敬所捕於

天興義棧之欠韓貨四百元請[illegible]事
十九日土曜晴判尹閔少尹河圭一主事李宜植金
宇鉉金用鉉安鳳鎬進姜準永入直
南署來照本署管內濟衆院女尸名收埋金支撥事
日館來公文我邦人戶田磯次郎外五名買收家舊券
七枚送附新券六枚換給事
漢裁來照日本人吉岩我國人朴羲大相訟案件至若物
價原非有息轉復日館事
日館去照果川郡近地拔釼剌人奪取行李之日人梅
原喜市即從法審辦亟施當律賠還損害金事

二十日日曜晴主事姜準永入直
二十一日月曜晴少尹河圭一主事金宇鉉安鳳鎬金用鉉
姜準永進李宜植入直
清館來函貴商李喜景有所貲推之款於李[illegible]載
又我商天興義肯推於趙仁植之票想必請推云
二十二日火曜晴判尹閔少尹河圭一主事金宇鉉安鳳
鎬金用鉉姜準永進李宜植入直
警務廳去報日本赤塚啟對我邦人朴炯憲貸欠金錢件查
核後收回於赤塚事
上全 去報西門外冶洞居留日本人島田被傷事與期於

調查事
漢裁去照西門外冶洞居留日本女人島田被傷事與期於
公會校妥決事
日館去復日人高島周吉被打之冤與金奉鍚梁在俊
二名來本廳以日人會審事
日館去復吉田岩吉與朴義大相訟案件係是物品價額
判決後五個月利息理難責償事
美館去照西署理門洞商民李德裕所有林鳳與某田參四
有四送諭美國人病院主管勿令侵占事
二十三日水曜晴判尹閔 少尹河圭一主事李宜

植安鳳鎬金用鉉姜準永進金宇鉉入直
日館來函日本人高島周吉被打案會審日期定爲退
證事
日館來函日本人河野民吉對金正鉉要償債款以一千
元相交則該家眷即當還渡事
警廳來指日本人赤塚敬雄對朴炳憲貸金返濟一事決
該係是圖囑屬之已爲分贖五署負戶則還附一事決
不可准施事
十四日木曜晴判尹閔　少尹河圭一主事李宜植
安鳳鎬金用鉉進金宇鉉入直

警廳來指日女高島被毆事案會同檢審事
漢郡來覆日女高島被毆一案會同約拾之由事
又來照南山洞樵夫我初崔昌植被清商木打傷
檢審舍見遞還事
警務院來照趙仁植處賭錢之事而移交三度鍛罪
事
漢裁來照自日館押付南署之高錫九金壯龍離勘
放送者欠律係移照警廳安令何措事
十五日金曜晴判尹閔　少尹河圭一主事李宜植金
宇鉉金用鉉進安鳳鎬入直

56

日館來覆日本女人島田被毆之案實難遽爾着手事
上令去覆日本人赤塚對朴炳憲貸金一款無關於樺
廳沒收屬公之額事
俄館去覆俄國人川口對我邦人李文三請償債款
起晬難辨更查來明事
十五日土曜晴判尹閔　少尹河圭一主事李宜植金宇
鉉金用鉉姜準永進安鳳鎬入直
日館來文我邦人高島周吉之毆兵毆打件來火曜日午後
一時會審事
上令來函貴國人李内讚對我邦人梅村休吾家具訴

訟件證人警廳拘留中李鎬惠來月曜日當
館會審事
廣州府來報本郡嘉縣馬成順昌之墓暗葬惱後人事
成龍此去巡檢處捉移送事
陸軍法院去報日本人毆打案會審日期以來十九日火
曜午後一時證案事
警務廳去照貴廳拘留人李鎬惠來十九日月曜起送於日
館對證事
警務廳來覆李鎬惠初無在囚事
西署來照本署西湖新井里川邊等地男尸收埋金支給事

57

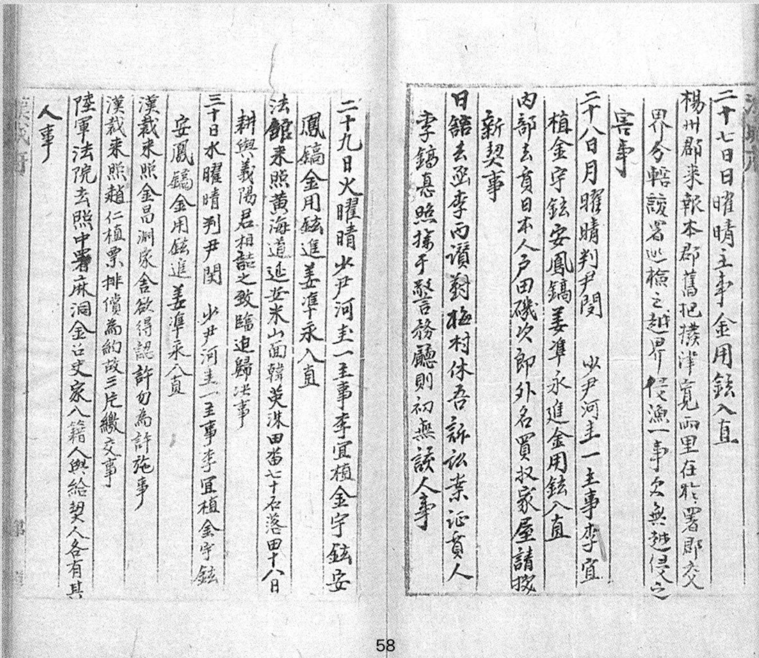

二十七日日曜晴主事金用鉉入直
楊州郡來報本郡舊把撥津覓面里在於署郎交界分轄該署巡檢之越界侵漁一事更無越侵之害事
二十八日月曜晴判尹閔 少尹河圭一主事李宜植金守鉉安鳳鎬姜準永進金用鉉入直
內部去貟日本人戶田磯次郎外名買收家屋請披新契事
日館去函李丙讚對梅村休吾訴訟案證貟人李鎬悳照據于聲音務聽則初無該人事

二十九日火曜晴 少尹河圭一主事李宜植金守鉉安鳳鎬金用鉉進姜準永入直
法館來照黃海道延安米山面韓英洙田畓七十石落田十八日耕與義陽君相詰之致臨迫歸法事
三十日水曜晴判尹閔 少尹河圭一主事李宜植金守鉉安鳳鎬金用鉉進姜準永入直
漢裁來照金昌洲家舍欲得認許勿爲許施事
漢裁來照趙仁植累排償爲約故三片繳交事
陸軍法院去照中署麻洞金台史家八籍人與給契人各有其人事

58

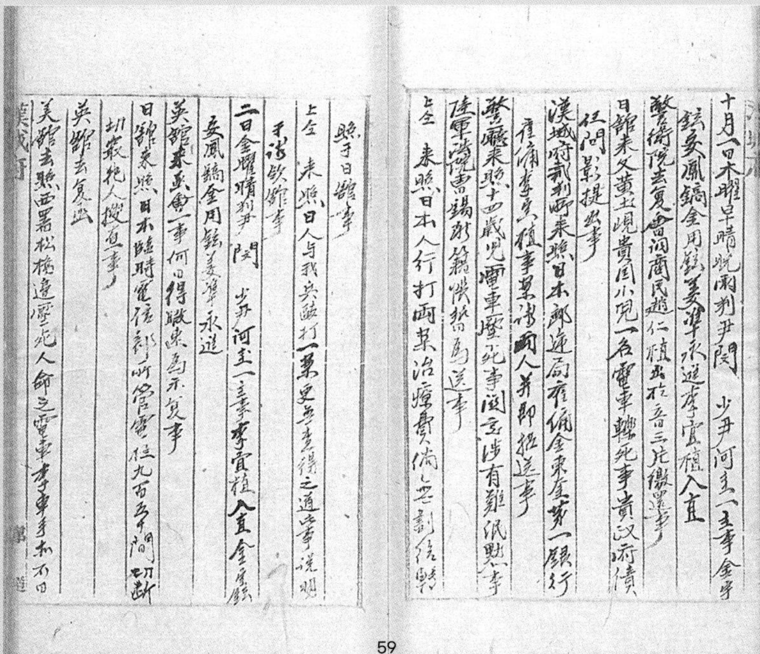

十月一日木曜早晴晩雨判尹閔 少尹河圭一主事金守鉉安鳳鎬金用鉉姜準永進李宜植入直
警衛院去覓會洞商民趙仁植在於音三片繳還事
日館來文黃土峴貴國小兒一名電車轢死事貴政府債任問影提出事
漢城府裁判所來照日本郎逆岡雇傭金東奎一張行僱傭李英植事某某兩人并即捉送事
警廳來照十四歲兒電車壓死事閔宗涉有難祇照事
陸軍法院書錫謝籍[?]爲送事
上仝 來照日本人行打兩某治療費備送[?]事

照日館事
上仝 來照日人与我兵毆打一案更無[?]得之道事說明
照法欽館事
二日金曜晴判尹閔 少尹河圭一主事李宜植入直金守鉉
安鳳鎬金用鉉姜準永進
英館來函會一事何日得職決爲示復事
日館來照日本臨時電信部所管電柱九百五十間切斷
切截犯人搜查事
英館去復照
美館去照西署松橋邊壓死人命之電車李東秀本不日

59

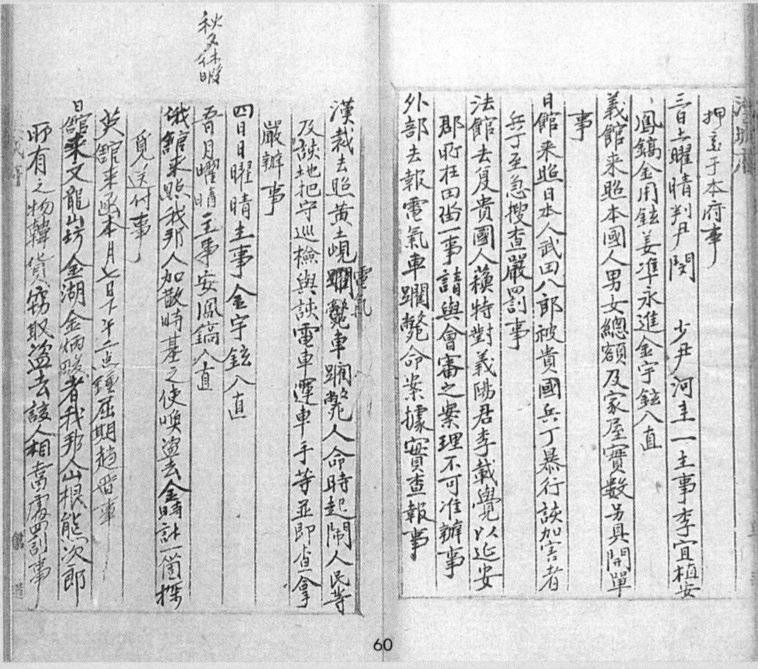
押交于本府事
三日土曜晴判尹閔　少尹河圭一主事李宜植安
鳳鎬金用鉉姜準永進金宇鉉入直
義館来照本國人男女總額及家屋實數另具開單
事
日館来照日本人武田八郎被貴國兵丁暴行該加害者
兵丁至急搜查嚴罰事
法館去复貴國人韓特對義陽君李載覺以延安
郡所在田畓一事請與會審之案理不可准辦事
外部去報電氣車躝斃命案據實查報事
秋夕休暇
漢裁去照黃土峴電氣車躝斃人命時起鬧人民等
及該地把守巡檢與該電車運車手等並即查拿
嚴辦事
四日日曜晴主事金宇鉉入直
五日月曜晴主事安鳳鎬入直
俄館来照我那人加散時基之使喚盜去金時計一箇[illegible]
覓送付事
英館来函本月七日下午二点鍾屆期趋晉事
日館来文龍山坊金湖金炳駿者我那人山根熊次郎
所有之物韓貨錢取盜去該人相當處罰事

60

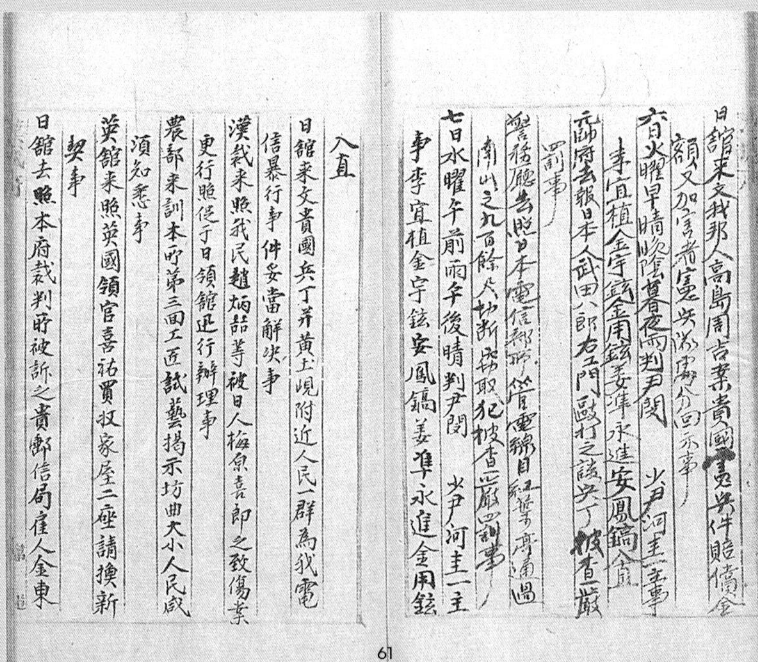
日館来文我那人高島周吉業貴國[illegible]兇件賠償金
額又加害者處嚴辦回示事
六日火曜早晴晚陰暮夜雨判尹閔　少尹河圭一主事
李宜植金宇鉉金用鉉姜準永進安鳳鎬入直
本府去報日本人武田八郎右門毆打之該兵丁被查嚴
罰事
警務廳去照日本電信郵所管電線[illegible]過
南山之九百餘尺切斷竊取犯被查嚴罰事
七日水曜午前雨午後晴判尹閔　少尹河圭一主
事李宜植金宇鉉安鳳鎬姜準永進金用鉉
入直
日館来文貴國兵丁并黃土峴附近人民一群爲我電
信暴行事件妥當解決事
漢裁来照我民趙炳喆等被日人梅泉喜郎之致傷案
更行照促于日領館迅行辦理事
農部来訓本所第三回工匠試藝揭示坊曲大小人民咸
須知悉事
英館来照英國領官喜祐買收家屋二座請換新
契事
日館去照本府裁判所被訴之貴郵信局雇人金東

61

奎第一銀行雇人李完植起送登貢事
日館去復日本人港孝四郎與我兵作鬧時立會之憲
兵金德聲拿審則該兵隊雖之不知理所固然事
俄館去復俄國人加散時基及纓寧去人姓名及請雇時保
証人姓名更行示明事
漢裁去照日本人山根態次郎所有韓貨十九元二十五戔窃
去之金炳畯押致于南署審核處罰事
八日木曜晴判尹閔　少尹河圭一主事李宜植金
守鉉安鳳鎬姜準永進金用鉉入直
右七日警務廳來復日本電信部所管事案檢束等

各該署犯人期於詗捕以防後弊事
外部去報日本電信配達人熊谷及大島專藏洋服
裁縫店暴行事件對貴政府交涉事
陸軍法院去復日本人高島周吉被毆損害金六元
十戔要償事
九日金曜晴少尹河圭一主事李宜植金守鉉安
鳳鎬金用鉉進姜準永入直
日館公文來日人梅原喜市郎客月十六日果川地作
拯拔緝事業與貴照相反事
十日土曜晴主事李宜植金守鉉安鳳鎬進

姜準永入直
西署來照卯時量桃洞路邊有丐乞男人僵死出埋
費支給事
十一日日曜半陰半晴主事李宜植入直
十二日月曜半陰半晴判尹閔　少尹河圭一主事金守鉉安
鳳鎬金用鉉姜準永進李宜植入直
日館來文我邦人田村瀨吉對貴國人權在吳等砂金鑛
採件妥當結了事
日館來照本邦人高橋安亮苑遊會場役夫備至額呈
急支拂事

漢裁來照李根燮等四名人齋藤富上外未件貴府所管
控訴判決書謄交事
陸軍法院來照日人高島周吉治療費金十二元六十九戔交
送交事
內部去牒英國人袁依所買家屋二座請撥新契事
內部去報上年十一月以後五署內殭屍收埋費支撥事
上　全本府移運費加入額一万九十七元三十三戔從預備支
出撥事
上　全洪陵御路邊民人田瑩稷四十五負鑛墟事
陸軍法院去復本府初無留籍之例曹姓籍帳無可

漢城府

放准事

十三日火曜晴少尹河圭一主事李宜植安鳳鎬金用鉉姜準永進金宇鉉入直

俄館來復俄國人男女實額及雇傭韓人姓名録交事

錦道院來牒南門外京釜鐵道停車場區域內日本人所有家屋謂有貴府登記不肯受價該登記有否照詳示覆事

漢裁來復龍山金湖居金炳畯案件審查則其子九歲兒游日人山根家誤持果錢故被囚未也不可移徵其父事

十四日水曜晴主事李宜植安鳳鎬金用鉉姜準永進金宇鉉入直 少尹河圭一移任漢裁民事判事而其代平理院判事朴承祖轉任

十五日木曜晴判尹閔 少尹朴承祖主事李宜植金宇鉉金用鉉姜準永進安鳳鎬入直

度支部來訓趙昌植所逋公錢事該家屋㕘不日放賣來納事

日館來函條巡檢十枚送交事

日館去覆路照紙十枚捺印送交事

64

漢城府

日館去覆日本人高島周吉損害金韓貨計十二元五十九錢六里代徵送交事

十六日金曜晴判尹閔 少尹朴承祖主事李宜植金宇鉉姜準永進安鳳鎬入直

日館來照我邦人赤塚敬雄對札 處代金事速妥結回示事

日館來照我邦人高島周吉負傷損害金韓貨十二元五十九錢六里領收証付送事

內部來訓楊州郡舊把撥校峰已有安泱是另飭北署吏勿推乃交事

內部來指英比日三國人家契四次報來件依指事

漁灣觀察府去照日本人田村謙吾對松禾郡居柳在吳等蔓讀人金及金字還付妥結事

元帥府來指准因發訓該聯隊先查報內各中隊兵丁追查發既無確據以此轉照該領事

十七日土曜風雨少尹朴承祖主事李宜植金宇鉉安鳳鎬姜準永進金用鉉入直

美館來復李德裕之菜田與家屋并入貞洞基址確實事

十八日日曜晴主事金用鉉入直

65

判尹閔轉任農部協辦副領吉新任事
十九日月曜晴少尹朴承祖主事李宜植金宇
鉉安鳳鎬金用鉉進姜準永入直
法館來公函韓國人韓英洙田畓一葉大速續裁
歸結事
東署來照會本署敦巖里等地女尸一名收埋金支
給事
二十日火曜晴少尹朴承祖主事李宜植金宇鉉安
鳳鎬金用鉉進姜準永入直
果川去訓令果川等地檢屍行悖之日本人梅原不
容不會審歸法事
二十一日水曜晴少尹朴承祖主事金宇鉉安鳳鎬金
用鉉姜準永進李宜植入直
二十二日木曜晴少尹朴承祖主事安鳳鎬金用鉉
姜準永進李宜植入直
法館來照昨夜自貴府押送本館越境韓人安參
然本館例不留囚刻將要求放釋事 更爲照送
二十三日金曜晴少尹朴承祖主事李宜植安鳳鎬金用
鉉姜準永進金宇鉉入直
掌禮院訓令陰曆九月二十一日咸興永興兩本宮衣襨香燭

66

奉諳時貴判尹依例陪進事
漢裁控室來照日本巡查管下新平押付南署之姜者斤乭
張學順兩人審查則自日巡查所縣傳亂打人違定章事
鐘路院去牒南部桃洞四五里所在三淮家屋淨考存檔並以
日本人關係太郎名換契事
二十四日土曜晴判尹吉 少尹朴承祖主事李宜植安鳳
鎬金用鉉姜準永進金宇鉉入直
內部去報本判尹本日視務事
各館去照本判尹本日視務事
二十五日日曜早午雨晴晏陰夜雨主事安鳳鎬入直

二十六日月曜早細雨晚陰判尹吉 少尹朴承祖主
事李宜植金宇鉉金用鉉姜準永進安鳳鎬入直
日館來文貴判尹接印事務貴我間交誼一倍親
密事
比館來復貴判尹本日視務感賀事
德館來復貴判尹本日視務感賀事
漢裁控室去照日本人梅村休吾對尹奎燮及徐丙憲
貸金要債件實爲不明事
陸軍法院去復日本人高島周吉治療費銅貨十五
元及十九錢六里領訖送交事

67

漢城府

日館去夏日本人武田八郎被毆兵卒實難覈

得事

日館去夏日本人田村謙吾對權在兵要求件業行

知照該管觀察使事

二十七日火曜晴少尹朴承祖主事李宜植金宇鉉安

鳳鎬姜準永進金用鉉入直

農商工部去報陰曆癸卯七月網巾稅合計一百三十六元五十戔

及罰金十五元與成冊一件送交事

英館来復貴判尹本日視務補謝事

義館来復貴判尹本日視務補謝事

68

果川郡来報犯人梅原事送致訓於水原隊待該兵等

會辦次上来同為等待事

北署来照本署外郊等地男尸一名收埋金丈載事

二十八日水曜晴少尹朴承祖主事李宜植金宇鉉安

鳳鎬姜準永進金用鉉入直

清館来復貴判尹接印視務深為欣悅事

陸軍法院来照日本人平田格太郎與親衛隊二隊

兵金春景照律事案促照該領辦事

鐵道院来訓南門外京釜停車場區內日本人所開

三戶自貴府從便措處事

漢城府

二十九日木曜晴判尹吉少尹朴承祖主事李宜植金宇鉉

安鳳鎬金用鉉進姜準永入直

俄館来照貴判尹接印視務本領事感允交涉事

法館来照貴判尹接印視務實納支誼理應事

法館来照本領葛林德回國時發貴官子爵鴻道末整

行代理事

內藏院来訓漢城外西署田畓家舍測量事務實施

明此揭佈於各坊曲知照該各領事量地查繕事

日館来文我邦人久保謹一條殺於鎮衛隊下士及兵事

之事案詳細取調嚴重處刑事

69

東署去照各署內人民之家屋新建或改築紀路架渠到底

摘奸事

西署去照各署內人民之家屋新建或改築紀路架渠到底

摘奸事

南署去照各署內人民之家屋新建或改築紀路架渠到

底摘奸事

北署去照各署內人民之家屋新建或改築紀路架渠

到底摘奸事

中署去照各署內人民之家屋新建或改築紀路架渠

到底摘奸事

日館去照我民石匠金聖貴京釜鐵道工役雇去推条一百六十三元六十四戔至急推交事
日館去照貴電信部所管電線九百餘間切斷犯搜查
該犯誰某實難詗探事
日館去照貴巡查管谷坪付之姜者斤乭張學順貴巡查擅
行嚴刑大違条約理宜嚴懲事
三十日金曜晴判尹吉少尹朴承祖主事李宜植金宇鉉安鳳
鎬金用鉉進姜準永入直
美館來照貴判尹接印視務本領事稱謝事
日館去照本府所管區域內所在田畓家屋行量時申飭貴

民等無使阻礙事
英館去照本府所管區域內所在田畓家舍行量時申飭貴
民等無使阻礙事
清館去照本府所管區域內所在田畓家舍行量時申飭貴
民等無使阻礙事
美館去照本府所管區域內所在田畓家舍行量時申飭貴
民等無使阻礙事
法館去照本府所管區域內所在田畓家舍行量時申飭貴
民等無使阻礙事
法館去照貴領事乞暇暫行代理等因據應事

漢城府

70

德館去照本府所管區域內所在田畓家舍行量時申飭貴
民等無使阻礙事
俄館去照本府所管區域內所在田畓家舍行量時申飭貴
民等無使阻礙事
比館去照本府所管區域內所在田畓家舍行量時申飭貴
民等無使阻礙事
三十一日土曜晴判尹吉 少尹朴承祖主事金宇鉉安鳳鎬金
用鉉姜準永進李宜植入直
日館來文城外在我邦人家舍田畓等測量件手記 御諱示事
日館來文仁川居留我民金田格太郎對貴國視察隊兵丁去

景幕行中請賠償金額給示事
農部來指令內會典館稅二百三十六元五十戔及罰金十五元
與成冊一件從數收納事
日館去照來日曜日下午三時本貴館先生于南門外京釜
鐵道停車場慶閱繁太郎承受事
陸軍法院去照日人平田格太郎被害賠償金款別行存例
御佈事
地契衙門去牒漢城外所有田畓家舍測量人員及測量記
示明事
十月一日日曜晴李宜植入直

漢城府

71

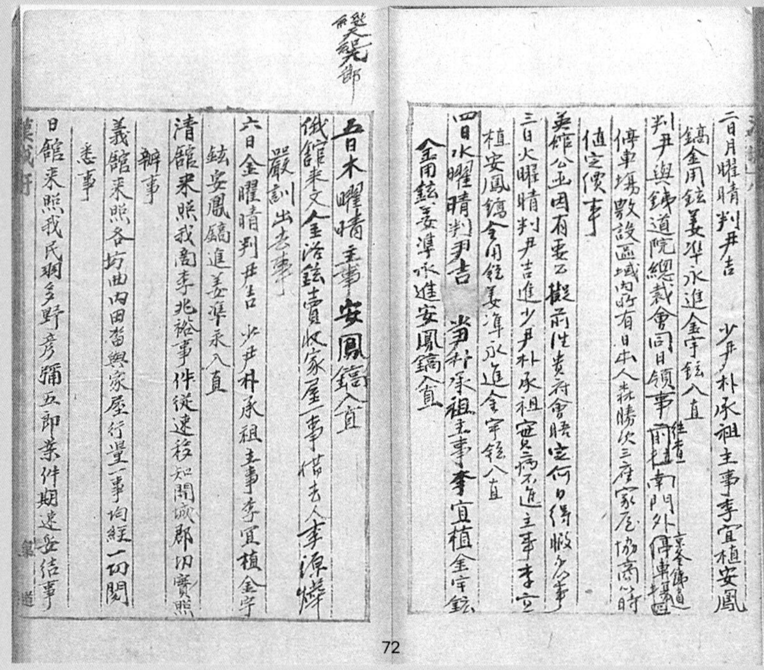

二日月曜晴 判尹吉 少尹朴承祖 主事李宜植 安鳳鎬 金用鉉 姜準永進 金宇鉉入直

判尹與鐵道院總裁會同日領事前往南門外停車場 京釜鐵道停車場敷設區域內所有日本人森勝次三座家屋協商時値定價事

英館公函 因有要乙 擬前往貴府會晤 定何日得暇之事

三日火曜晴 判尹吉進 少尹朴承祖病不進 主事李宜植 安鳳鎬 金用鉉 姜準永進 金宇鉉入直

四日水曜晴 判尹吉 少尹朴承祖 主事李宜植 金宇鉉 金用鉉 姜準永進 安鳳鎬入直

五日木曜晴 主事安鳳鎬入直

俄館來文 金洛鉉賣收家屋一事 借去人李源燁嚴飭出去事

六日金曜晴 判尹吉 少尹朴承祖 主事李宜植 金宇鉉 安鳳鎬進 姜準永入直

清館來照 我商李兆裕事件 從速移知開城郡 切實照辦事

義館來照 各坊曲內田畓與家屋 行量一事 均經一切閱悉事

日館來照 我民碉多野彥彌五郎案件 期速妥結事

72

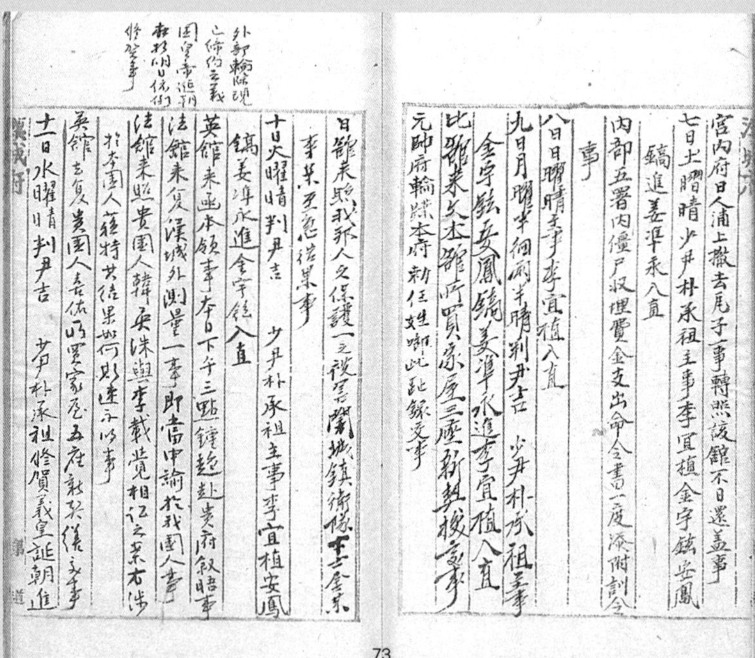

宮內府日人浦上撤去尾子一事 轉照該館 不日還蓋事

七日土曜晴 少尹朴承祖 主事李宜植 金宇鉉 安鳳鎬進 姜準永入直

內部五署內僵尸收埋費金支出命令書一度 添附訓令事

八日日曜晴 主事李宜植入直

九日月曜半陰半晴 判尹吉 少尹朴承祖 主事金宇鉉 安鳳鎬 姜準永進 李宜植入直

比館來文 本館所買家屋三座 新契換給事

元帥府輸牒 本府新任姓啣 此照錄送事

日館來照 我邦人之保護一之 設置關城鎮衛隊 下士屋索李某惡行事

十日火曜晴 判尹吉 少尹朴承祖 主事李宜植 安鳳鎬 姜準永進 金宇鉉入直

英館來函 本領事本日下午三點鐘趨赴貴府敘晤事

法館來復 漢城外測量一事 即當申諭於我國人事

法館來照 貴國人韓安洙與李載覺相訟之案 在涉於本國人 確特其結果如何 從速示明事

英館去復 貴國人喜依所買家屋五座 新契繕送事

十一日水曜晴 判尹吉 少尹朴承祖 修賀義皇誕朝進

73

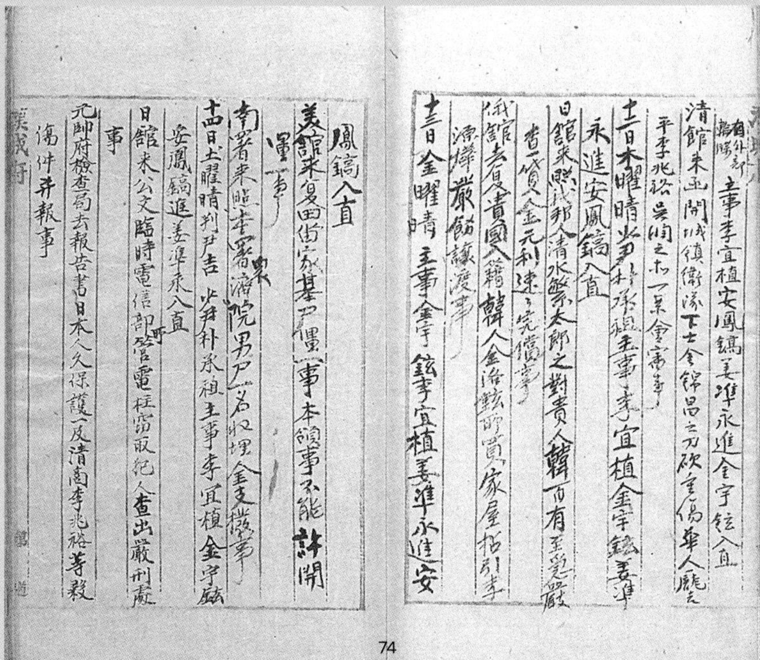

自外部照會 主事李宜植安鳳鎬姜準永進金宇鉉入直
清館來函 聞城鎮衛隊下士金錦昌之刀砍重傷華人虜[illegible]
平李兆裕 吳[illegible]之[illegible]金[illegible]事
十一日木曜晴 少尹朴承祖主事李宜植金宇鉉姜準
永進安鳳鎬入直
日館來照 我邦人清水繁太郎之對責人韓[illegible]有至[illegible]嚴
查[illegible]金元利[illegible]償事
我官[illegible]貴國人籍韓人金洛鉉所買家屋[illegible]事
漂[illegible]嚴飭[illegible]渡事
十三日金曜晴 主事金宇鉉李宜植姜準永進安
鳳鎬入直
美館來 夏田街[illegible]基[illegible]事本領事不能許開
[illegible]事
南署來照 [illegible]濟院男尸一名收埋[illegible]事
十四日土曜晴 判尹吉 少尹朴承祖主事李宜植金宇鉉
安鳳鎬進姜準永入直
日館來公文 臨時電信部管電柱[illegible]取犯人查出嚴刑處
事
元帥府檢查局去報告書 日本人久保護一及清商李兆裕等殺
傷件并報事
漢城府

74

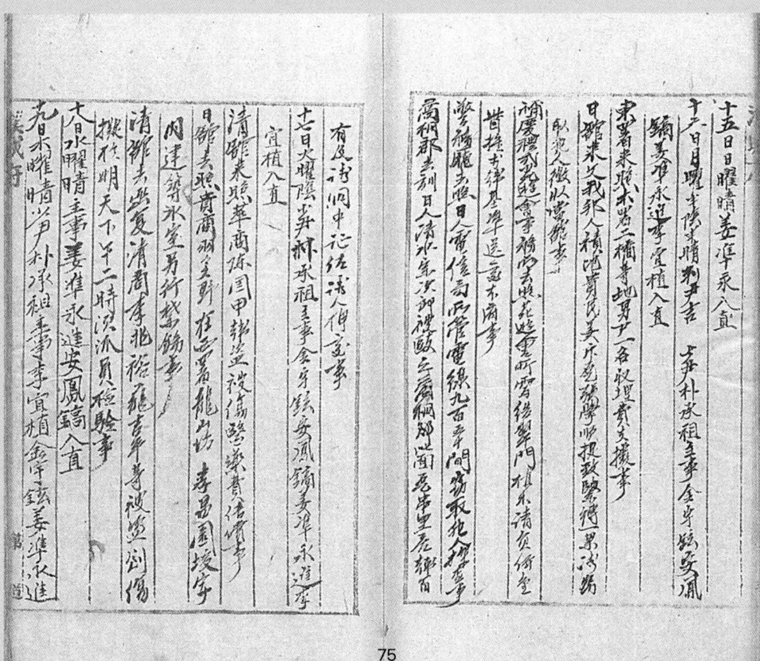

十五日日曜晴 姜準永入直
十六日月曜[illegible]晴 判尹吉 少尹朴承祖主事金宇鉉安鳳
鎬姜準永進李宜植入直
東署來報 [illegible]二橋寺地男尸一名收埋費[illegible]事
日館來文 我邦人[illegible]美[illegible]學[illegible]
[illegible]人[illegible]事
補[illegible]
普[illegible]學送[illegible]事
[illegible]日人[illegible]電線九百[illegible]間[illegible]
高[illegible]
有及[illegible]中[illegible]人[illegible]事
十七日火曜陰 少尹朴承祖主事金宇鉉安鳳鎬姜準永進李
宜植入直
清館來照 華商[illegible]被傷醫藥費償事
日館去照 貴商[illegible]
內建築[illegible]事
清館去照 清商李兆裕[illegible]被[illegible]傷
[illegible]明天下午二時派員檢驗事
十八日水曜晴 主事姜準永進安鳳鎬入直
十九日木曜晴 少尹朴承祖主事李宜植金宇鉉姜準永進
漢城府

75

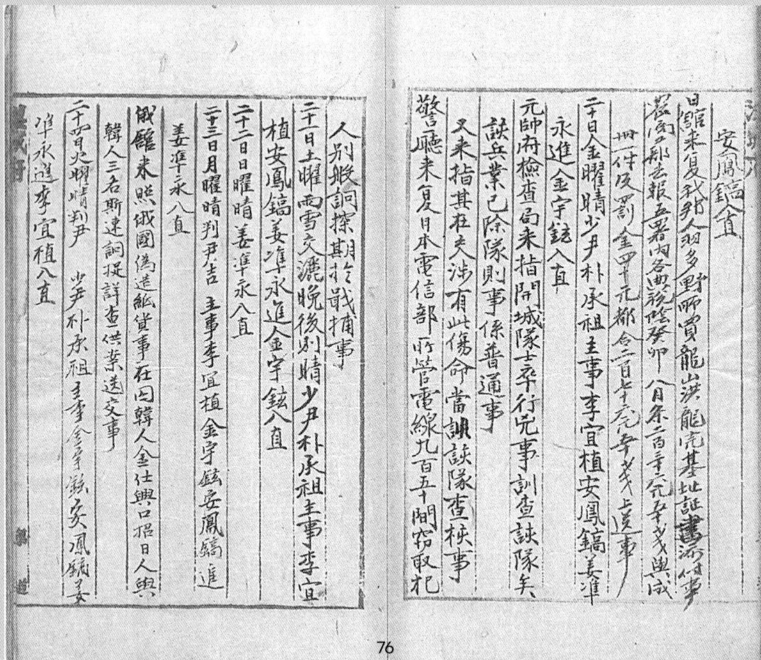

安鳳鎬直
日館來覆我邦人羽多野所買龍山洪龍先基址證書添付事
農商工部去報五署內各邑移錢癸卯八月條二百二十六元本年戊與成
四十一件及劃金四十元都合二百七十六元本年戊上送事
二十日金曜晴少尹朴承祖主事李宜植安鳳鎬姜準
永進金宇鉉入直
元帥府檢查局來措問城隊士卒行兇事訓查該隊矣
該兵業已除隊則事係普通事
又來措其在史涉有此傷命當調該隊查核事
警廳來覆日本電信部所管電線九百五十間竊取犯

人別搬詷探期於戰捕事
二十一日土曜雨雪交灑晚後則晴少尹朴承祖主事李宜
植安鳳鎬姜準永進金宇鉉入直
二十二日日曜晴姜準永入直
二十三日月曜晴判尹吉 主事李宜植金宇鉉安鳳鎬進
姜準永入直
俄館來照俄國僞造紙貨事在囚韓人金仕興口招日人與
韓人三名斯速詷捉詳查供案送交事
二十四日火曜晴判尹 少尹朴承祖 主事金宇鉉安鳳鎬姜
準永進李宜植入直

76

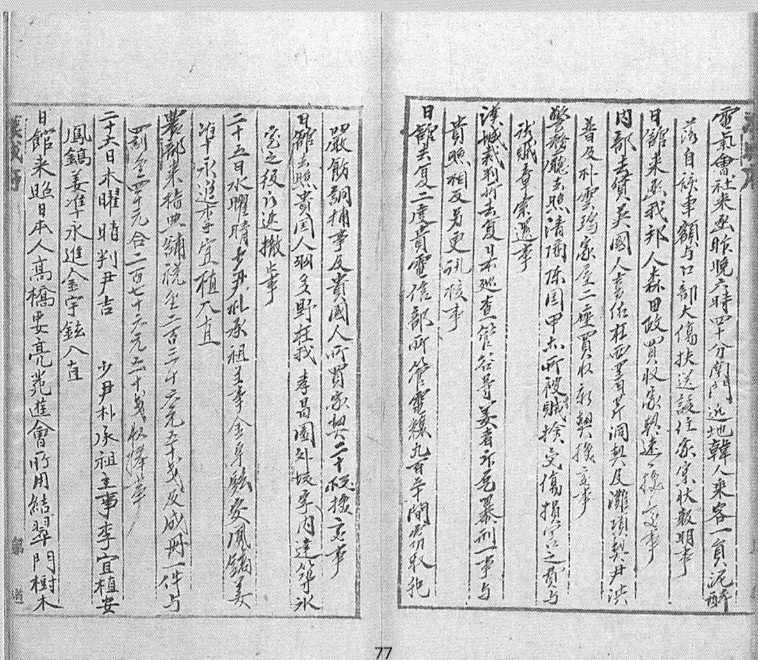

電氣會社來函昨晚六時四十分南門近地韓人乘客一員泥醉
落自該車額與口部大傷扶送該住家宗杖叙明事
日館來照我邦人森田啟所買收家契速換交事
內部去貸英國人吉佐在西署貞井洞契及灘項契尹洪
普及朴雲瑞家屋二座買收新契換交事
警務廳去照淸國陳國甲太所被賊搶交傷損害之費與
被賊章索送事
漢城裁判所去覆日本巡查管谷景義者亦老暴刑一事與
貴照相反另更訊核事
日館去覆二度貴電信部所管電線九百五十間竊取犯

嚴飭詷捕事及貴國人所買家契二十張換交事
日館去照貴國人羽多野在我李昌圃外坡李同達等水
邊之役亦速撤止事
二十五日水曜晴少尹朴承祖主事金宇鉉安鳳鎬姜
準永進李宜植入直
農商工部來稱典舖稅金二百三十六元本年戊及成冊一件與
劃金四十元合二百七十六元五十錢收條事
二十六日木曜晴判尹吉 少尹朴承祖主事李宜植安
鳳鎬姜準永進金宇鉉入直
日館來照日本人高橋要亮兆進會所用結草門樹木

77

植受負金額速速償還事
又来復日本人羽多野龍山坊壹峴氷室建築之地第是官
有而為　李昌國垓字由之確係禁賣之處何不預行照明
乎第使該羽多野不受損害而責還該地事
又来照日本人佐藤良藏因咸聖賢之立保典執金德柱之家
契而金要蹕退該契移典得債還債該債之意又以咸之
保而若推故許給該契矣金終不来咸亦責送則該債自貴
府擔責事
開城去訓開城塚下士金昌俊之行兇殺傷日清人等一案
行将會審該犯不日押上事

漢裁去照俄國紙幣偽造犯人金士興押交事
二十七日金曜晴少尹朴承祖主事李宜植安鳳鎬進金
宇鉉入直
二十八日土曜早雪午晚或雪或細雨陰少尹朴承祖主事李宜
植金宇鉉進安鳳鎬入直
漢裁来照南署薰陶坊姜永善板券即為繕交事
日館来照我邦人森勝次外五名所責人家屋換板
繕交事家券[illegible]五枚事
日館来照我邦人閔善平貴國人朴始淳[illegible]烓在石
村採去事安[illegible]相當未諭事

78

德館来照城外家舍田地打量事本使亦不可迭行
准施事
整務廳来復華商陳國甲等被盜財産一事嚴
行詗捉當律事
二十九日日曜晴主事安鳳鎬入直
南署来照本署龍洞著姓男户名收埋金丈栽事
三十日月曜晴少尹朴承祖主事金宇鉉安鳳鎬進李
宜植入直
西署来照本署内戰筐洞[illegible]地男户一名收埋[illegible]事
日館来文我邦人羽多野韓人鄭永志事[illegible]速辦事

日館来文我邦人[illegible]案一案件速速妥決事
又濟究事
漢裁来復俄館偽造俄幣犯人金仕興[illegible]
十二月一日火曜陰少尹朴承祖主事金宇鉉安鳳鎬進李宜
植入直
二日水曜晴少尹朴承祖主事李宜植金宇鉉安鳳
進姜淳永入直
日館来照我邦人楠田義達外三名買収家屋新契援
給事
喬桐郡来報日本人清水和韓人韓百有事件依前牒

79

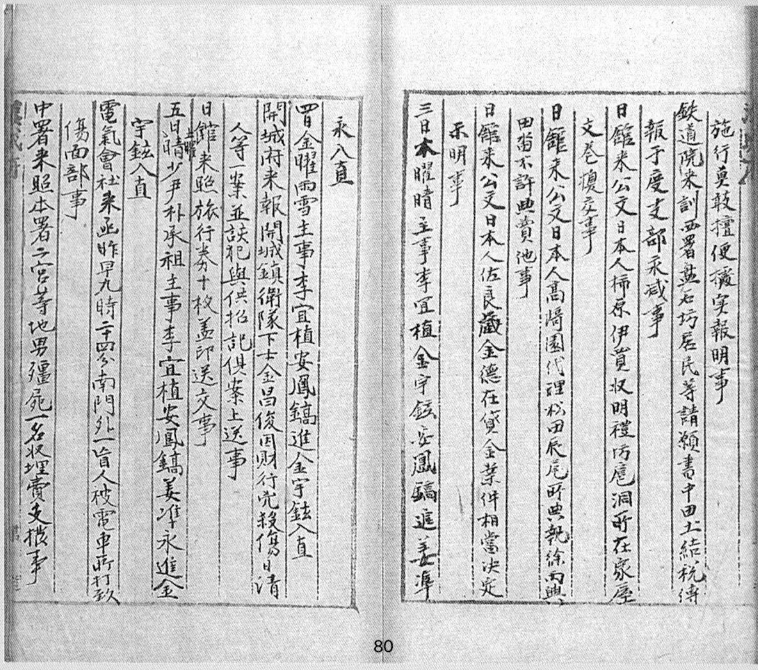

施行莫敢擅便據實報明事
鐵道院來訓西署盤石坊居民等請願書中田土結稅侍
報于度支部永減事
日館來公文日本人柿原伊賢收明禮坊處洞所在家屋
文券複交事
日館來公文日本人高崎園代理松田辰尾所典執徐丙輿
田畓不許典質他事
日館來公文日本人佐良藏金德在質金葉件相當決定
示明事
三日木曜晴主事李宜植金宇鉉安鳳鎬進姜準
永入直
四日金曜雨雪主事李宜植安鳳鎬進金宇鉉入直
開城府來報開城鎮衛隊下士金昌俊因財行兇殺傷日清
人等一案並該犯與供招記供案上送事
日館來照旅行券十枚盖印送交事
五日土曜晴少尹朴承祖主事李宜植安鳳鎬姜準永進金
宇鉉入直
電氣會社來函昨早九時二十四分南門外一貧人被電車所打致
傷西部事
中署來照本署之宮等地男殭屍一名收埋費文报事

80

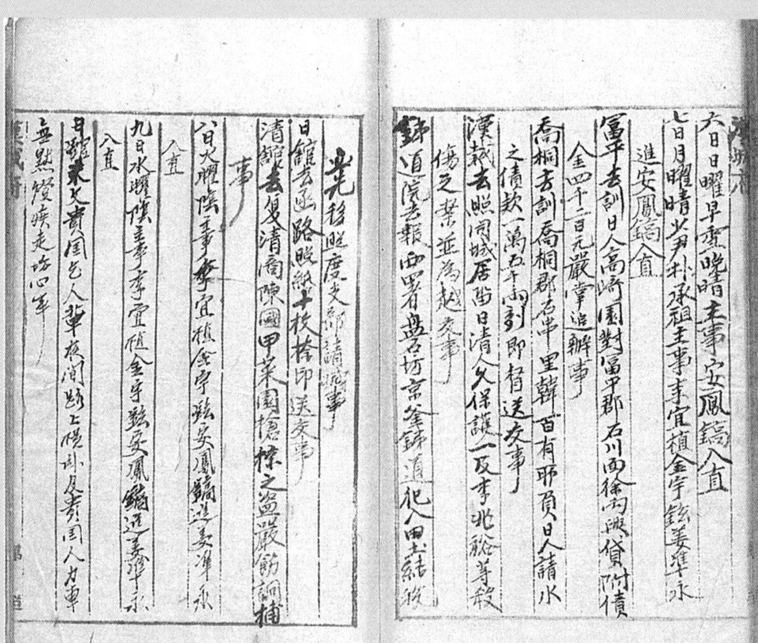

六日日曜早雪晚晴主事安鳳鎬入直
七日月曜晴少尹朴承祖主事李宜植金宇鉉姜準永
進安鳳鎬直
富平去訓日人高崎園對富平郡石川面徐丙輿貸附債
金四千二百元嚴掌追辦事
喬桐去訓喬桐郡石串里韓百有所負日人請水
之債款一萬五千兩刻即督送交事
漢城去照開城居留日清人久保護一及李兆裕等殺
傷之案並爲越交事
鐵道院去報西署盤石坊京釜鐵道所入田土結稅
[illegible]移照度支部請撥事
日館去函路照紙十枚捺印送交事
清館去函清商陳國甲案國擅操之盜嚴飭詗捕
事
八日火曜陰主事李宜植金宇鉉安鳳鎬進姜準永
入直
九日水曜陰主事李宜植金宇鉉安鳳鎬進姜準永
入直
日館來文貴國巴人車夜間路上傷[illegible]及貴國人力車
無[illegible]役疾走[illegible]事

81

十日木曜陰 主事金宇鉉安鳳鎬姜準永進李宜植入直

十一日金曜陰 主事金宇鉉安鳳鎬姜準永進李宜植入直

美館來文 大國人高偉爾買有家屋新契請換事

日館來文 我邦人烱多野對貴國人徐炳憲尹奎榮貸與金額並急償却事

日館來文 本邦人川本準作外山在買收家契換給事

十二日土曜晴 少尹朴承祖 主事李宜植安鳳鎬進

金宇鉉入直

十三日日曜晴 金宇鉉入直

十四日月曜陰早細雨夜雨 少尹朴承祖 主事金宇鉉李宜植姜準永進 安鳳鎬入直

英館來函 有公事 今日下午二點半鐘趨赴貴署 拜晤 達否得晤示知事

漢裁來復 開城府押上金昌俊案件轉照于該兩館 俾爲面期來會審事

俄館來照 俄國紙幣僞造記號之某所關一切書類並謄交事

82

十五日火曜早細雨午晴陰 判尹吉[illegible] 少尹朴承祖 主事金宇鉉 李宜植姜準永進安鳳鎬入直

富平郡來報 徐丙?郵即爲推促 該人今前赦行外國故 今不得究竟報明事

西署來照 本署西松橋等地 另尸名收埋 金[illegible]櫃等事

日館來照 我邦人高嶋常藏及松藏兩人 高陽郡等地逢賊失財錢物品 該賊等至急捕捉嚴懲事

十六日水曜晴 少尹朴承祖 主事李宜植 金宇鉉安鳳鎬進 姜準永入直

南署來文 六年度江稅錢?零條中四十元先送事

十七日木曜雪 主事金宇鉉安鳳鎬進 姜準永入直

內部指令 英國人喜依家契換給事

日館來文 我邦人猶十郎住居侵入賊漢姜永吉方總[illegible] 押付南署巡校 朴圭陽外二漢永爲嚴懲事

日館來文 日人久保讓一謀殺之金昌俊係是軍人 不當附審通裁事

農部來報 陰癸卯九月條稅金二百三千四元與罰金二千五元交成冊一件上送事

英館來覆 貴國人喜依所買西署某地家屋四座新契換

83

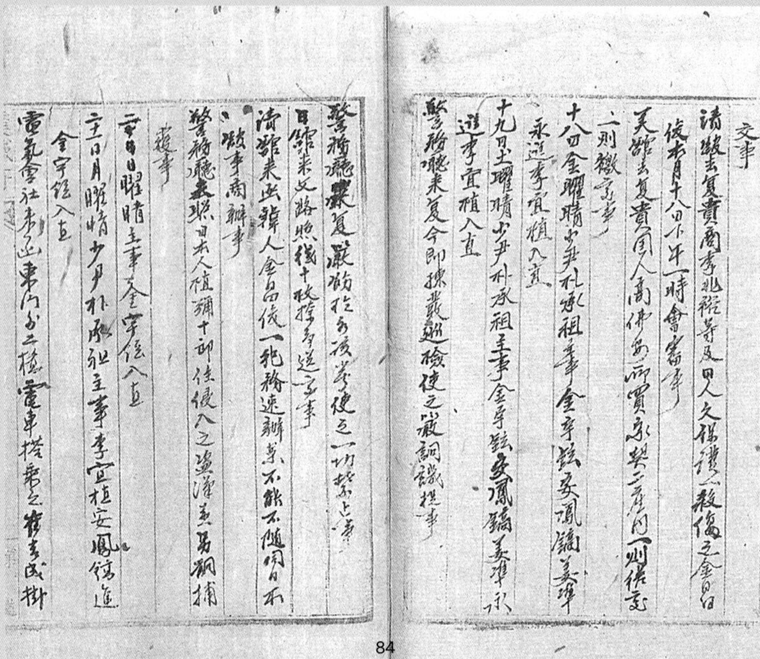

84

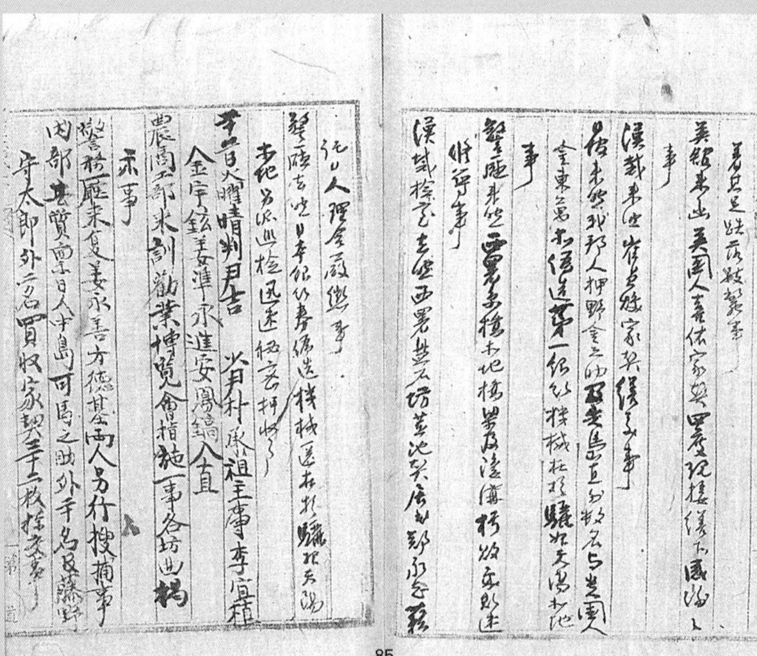

85

始興郡去訓 始興九老里朴始淳處日人採取石
村認許與否詳査報來事
富平郡去訓 日人高崎國對徐丙興一案係是
交涉該郡趙田沿無得轉移典賣事
日館去復 貴國人吉岡常藏及宗松藏等被
強盜掠奪貨物卽派巡檢搜査事
日館去函 貴國船隻偽造機械押收次另派巡
檢 且訓該郡事
日館去公函 路照紙十枚捺印送交事
二十三日水曜早晩雪午晩陰 主事李宜植 金宇鉉

姜準永進安鳳鎬入直
美館來照 美國人咎豈二洋館瓦房一座十五間及外
舍主間半家屋換交新契事
內部去照 西署書契四戶跡當局還陰溝橫杠石修補事
二十四日木曜晴 少尹朴承祖 主事李宜植 金宇鉉 安
鳳鎬進 姜準永入直
二十五日金曜晴 判尹 少尹 主事 公故 進 姜準永入
直
西署來照 芥洞等地男丁出埋費請求事
二十六日土曜晴 少尹朴承祖 主事金宇鉉 安鳳鎬 姜準

86

永進 李宜植入直
俄館來文 金永學 俄國偽造伏案一度粘付送交事
漢裁來復 日人石光喜三郎詰打張在秀一案拿交事
日館來照 我邦人高橋要亮外三名買收家屋明契五
枚換交事
日館 日人高橋要亮契約書二度換印送交事
二十七日半陰半晴 主事李宜植入直
驪州郡來報 偽造機械搜出於天陽里收發上送事
二十八日月曜晴 判尹 少尹朴承祖 主事李宜植 安
鳳鎬 姜準永進 金宇鉉入直

美館去復 美國女人咎豈二在西署芳洞買本家屋二
間連守洋屋十八半間換交新契事
漢裁檢察去復 俄國偽幣偽造事件更究得情事
日館去復 龍山金明金炳畯兄子於日本人山根越後印任
所給取錢保限難移越其文書
又日本人杉原及森田与宮本川本四人所買家契換
交事
又竹內啓治日本人植山作虎侵入城漢三名現方覈問
交涉事
二十九日火曜陰 主事李宜植 安鳳鎬 姜準永進 金

87

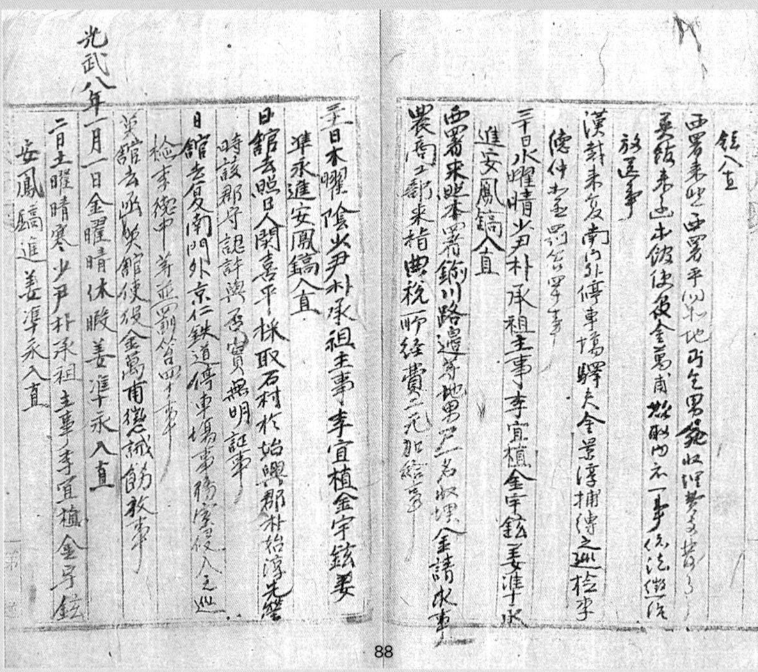

88

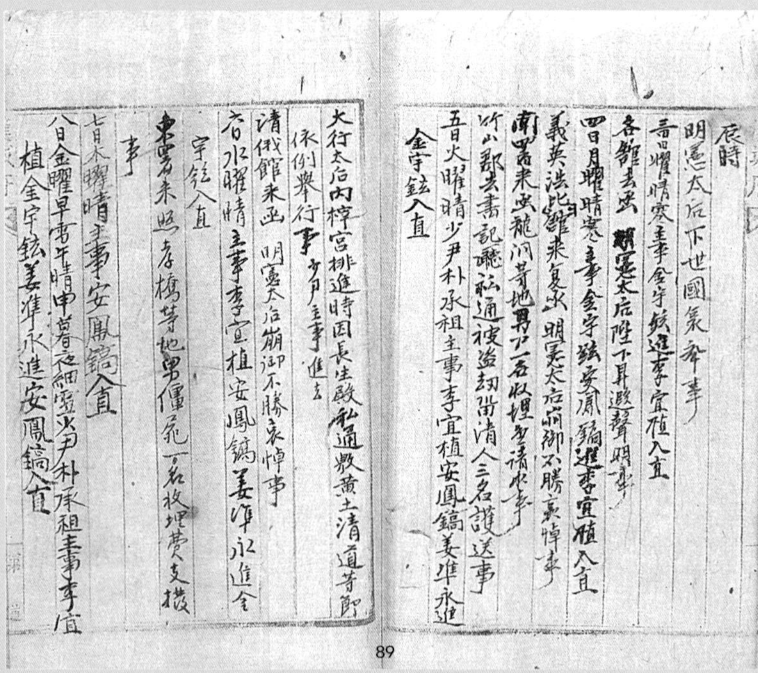

89

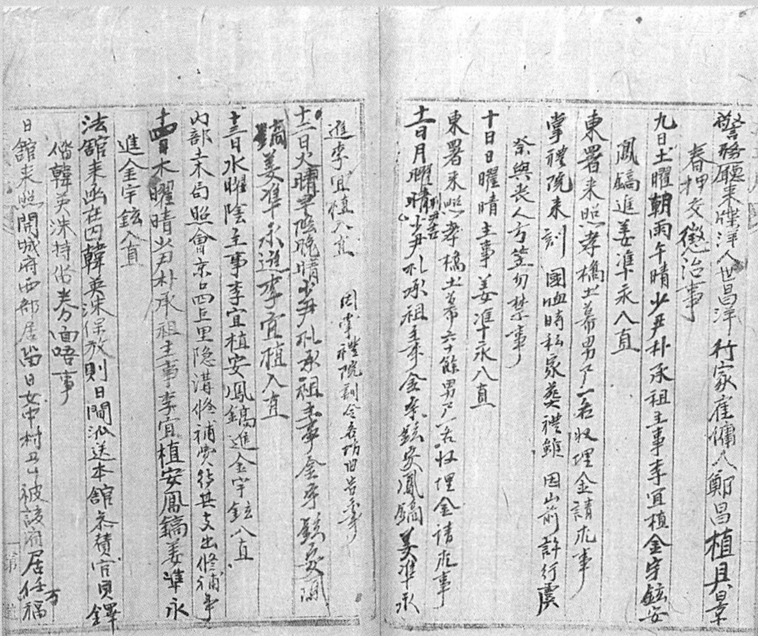

警務廳來牒 洋人世昌洋行家雇傭人鄭昌植具畢
春甲支懲治事
九日土曜 朝雨午晴 少尹朴承祖 主事李宜植 金宇鉉 安
鳳鎬 進姜準永入直
東署來照 孝橋土幕男尸一名收埋金請求事
掌禮院來訓 國恤時私家葬禮雖因山前許行[illegible]
參與喪人方笠勿禁事
十日日曜 晴 主事姜準永入直
東署來照 孝橋土幕六十餘男尸一名收埋金請求事
十一日月曜 晴 [illegible] 少尹朴承祖 主事金宇鉉 安鳳鎬 姜準永
進李宜植入直 同掌禮院訓令[illegible]事
十二日火曜 [illegible]晴 少尹朴承祖 主事金宇鉉 安鳳
鎬 姜準永 進李宜植入直
十三日水曜 陰 主事李宜植 安鳳鎬 進金宇鉉入直
內部來訓 照會京畿四五里隱溝修補費從其支出修補事
十四日木曜 晴 少尹朴承祖 主事李宜植 安鳳鎬 姜準永
進金宇鉉入直
法部來函 在囚韓英洙保放則日間訟送本館 [illegible]官員金鐸
偕韓英洙持[illegible]面晤事
日館來照 開城府西部居留日女中村[illegible]被該府居任福

89

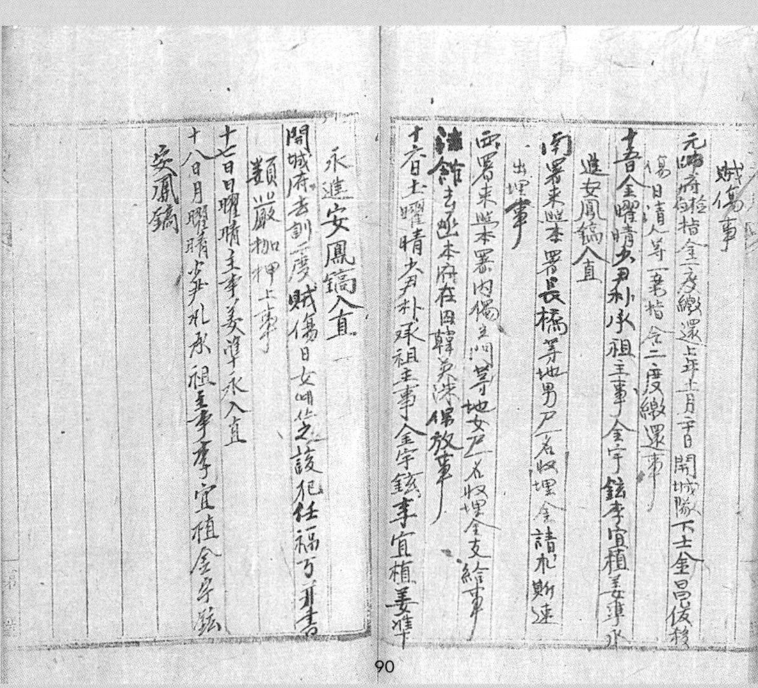

賊傷事
元帥府[illegible]指 金二[illegible]繳還 上年十一月二十日 開城隊下士金昌俊移
[illegible]傷日清人等一[illegible]指令二度繳還事
十五日金曜 晴 少尹朴承祖 主事金宇鉉 李宜植 姜準永
進安鳳鎬入直
南署來照 本署長橋等地男尸一名收埋金請求斷速
出埋事
西署來照 本署內[illegible]等地女尸一名收埋金支給事
法館去照 本府在囚韓英洙保放事
十六日土曜 晴 少尹朴承祖 主事金宇鉉 李宜植 姜準
永 進安鳳鎬入直
開城府去訓 二度賊傷日女[illegible]之該犯任福[illegible]書
類嚴加押上事
十七日日曜 晴 主事姜準永入直
十八日月曜 晴 少尹朴承祖 主事李宜植 金宇鉉
安鳳鎬

90

光武九年一月日

十年一月日

漢直日記

光武九年一月 日

八日日曜晴主事李明煥入直

九日月曜晴判尹閔 少尹朴承祖主事金宇鉉

安鳳鎬姜準永進李明煥入直

十日火曜晴判尹閔 少尹朴承祖主事安鳳鎬

姜準永李明煥進金宇鉉入直

漢裁來照日人衣物偸賣盜犯李仁星轉照日館

俾卽押交事

日館來函鑄洞六十番地深堀市太郎地所家屋総

買契明治二十八年十二月中發給

2

光武九年一月 日

八日日曜晴主事李明煥入直

九日月曜晴判尹閔 少尹朴承祖主事金宇鉉

安鳳鎬姜準永進李明煥入直

十日火曜晴判尹閔 少尹朴承祖主事安鳳鎬

姜準永李明煥進金宇鉉入直

漢裁來照日人衣物偸賣盜犯李仁星轉照日館

俾卽押交事

日館來函鑄洞六十番地深堀市太郎地所家屋総

買契明治二十八年十二月中發給

3

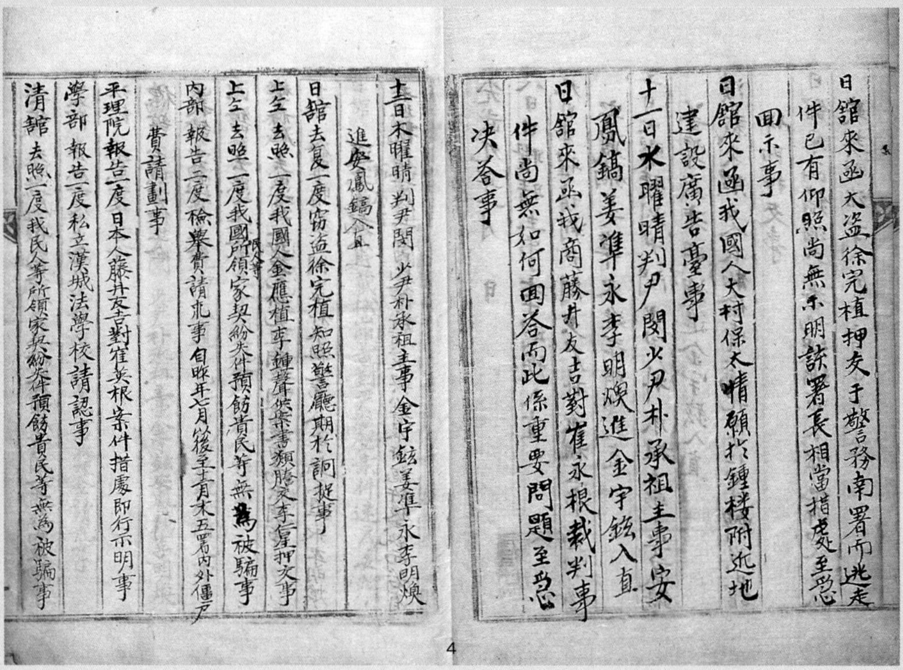

日館來函大盜徐完植押交于警務南署而逃走
件已有仰照尙無示明該署長相當措處至恳
回示事
日館來函我國人大村保太情願於鍾楼附近地
建設廣告臺事
十一日水曜晴判尹閔少尹朴承祖主事安
鳳鎬姜準永李明煥進金宇鉉入直
日館來函我商藤井友吉對崔永根裁判事
件尙無如何回答而此係重要問題至恳
决答事

十二日木曜晴判尹閔少尹朴承祖主事金宇鉉姜準永李明煥
進安鳳鎬入直
日館去文一度竊盜徐完植知照警廳期於詗捉事
上仝去照一度我國人金應植李鍾華柴書類騰文李宜押文事
上仝去照一度我國民人等所領家契紛失件預飭貴民等無爲被騙事
內部報告二度檢擧貰請兆事自昨年七月後至十二月末五署內外僑户
貰請劃事
平理院報告一度日本人藤井友吉對崔永根案件措處即行示明事
學部報告一度私立漢城法學校請認事
清館去照一度我民人等所領家契紛失件預飭貴民等無爲被騙事

4

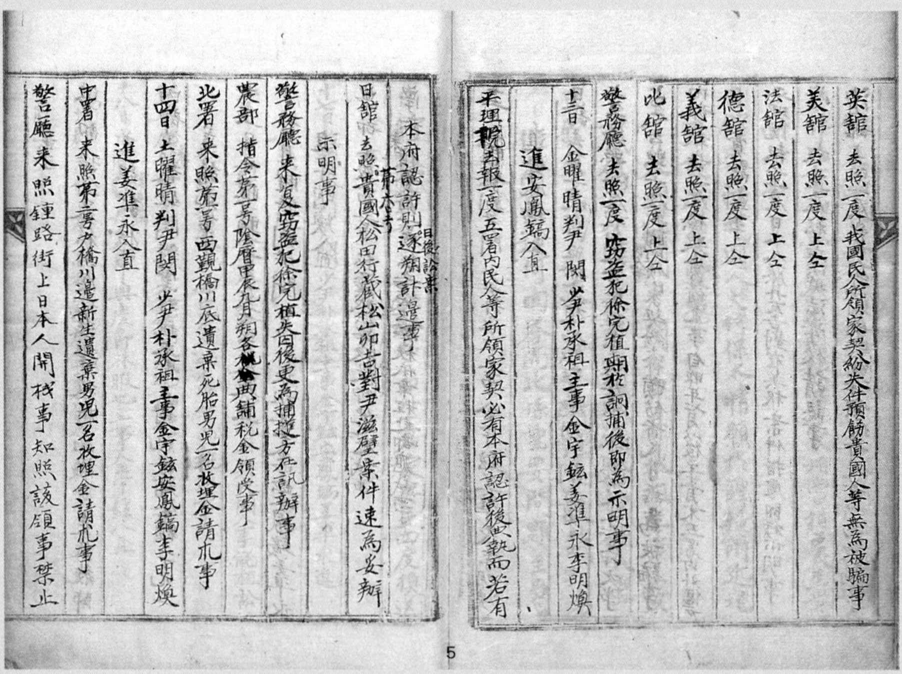

英館去照一度我國民所領家契紛失件預飭貴國人等無爲被騙事
美館去照一度上仝
法館去照一度上仝
德館去照一度上仝
義館去照一度上仝
比館去照一度上仝
警務廳去照一度竊盜犯徐完植期於詗捕後即爲示明事
十三日金曜晴判尹閔少尹朴承祖主事金宇鉉姜準永李明煥
進安鳳鎬入直
平理院去報一度五署內民等所領家契必有本府認許後無欺而若有
本府認許則逐一稽詰遏弊事
日館去照第六號貴國人松田行藏松山卯吉對尹滋壁案件速爲妥辦
示明事
警務廳來文竊盜犯徐完植失囚後更爲捕捉方在訊辦事
農部指令第一號陰曆甲辰九月朔各典舖稅金領受事
北署來照第一號西觀橋川底遺棄死胎男兒一名救埋金請兆事
十四日土曜晴判尹閔少尹朴承祖主事金宇鉉安鳳鎬李明煥
進姜準永入直
中署來照第二號水標橋川邊新生遺棄男兒一名救埋金請兆事
警廳來照鍾路街上日本人開棧事知照該頒事禁止

5

事
學部指令來私立漢城法學校將爲認許矣該教師
來部試驗事
內部去報鍾閣前窓打鍾木窓戶頹圮修補金額二十元二
戔請求事
十五日日曜晴主事姜準永入直
十六日月曜晴判尹閔 少尹朴承祖主事金宇鉉安鳳鎬姜準永
進李明煥入直
學部去報第二號私立漢城法學校教師使之赴試事
學部來指令第一號私立漢城法學校依章程赴部應試事

6

日館來文第一號日本人三好和三郎外十名家契三十四度換送
事
十七日火曜陰判尹閔 少尹朴承祖主事金宇鉉安鳳鎬姜準永進
李明煥入直
江華去訓第一號基督教青年會員美國人吉禮泰與我國人李能植訟
案結果前該李哥家座什物有官姑爲執留事
警務廳照會第三號鍾路日本人雜貨商設棧逐日增加知照日館禁止事
十八日水曜陰且雨是日也即興慶節休暇也主事金宇鉉入直
忠州郡來報日本人高村甚一被盜於該郡居鄭高伯而該犯今
前逃走事

清館來質我商之被騙於韓人以家契等件姑無所拉行當預飭
而我商陳鳴鈺孔慶林並被韓人洪陰青騙取貨物事
十九日木曜晴判尹閔 裕康園祭官進少尹朴承祖主事安
鳳鎬姜準永李明煥進金宇鉉入直
軍部來訓清人路樹平毆打我兵安允明黃信永一事及其所奪
軍刀帽子嚴辨徵還事
二十日金曜晴判尹閔 少尹朴承祖主事金宇鉉
姜準永李明煥進安鳳鎬入直
日館去質日人高村甚一行李物貨搶奪盜犯鄭
高伯倍加詗探事

7

漢裁去照李貞植家券認進執典人尹永煥亟
施當律而該券執典徵還事
平理院來訓家契典質粘籍保證事
上公來訓日本人藤井對崔英根當訟藤井就償
事
美館來質家契等闡失事將此轉飭于居留美
國人等事
上公來照本國人白琪家屋買收新契換給事
二十一日土曜早午晴或陰或細雨少尹朴承祖主事金宇鉉姜準永
李明煥進安鳳鎬入直

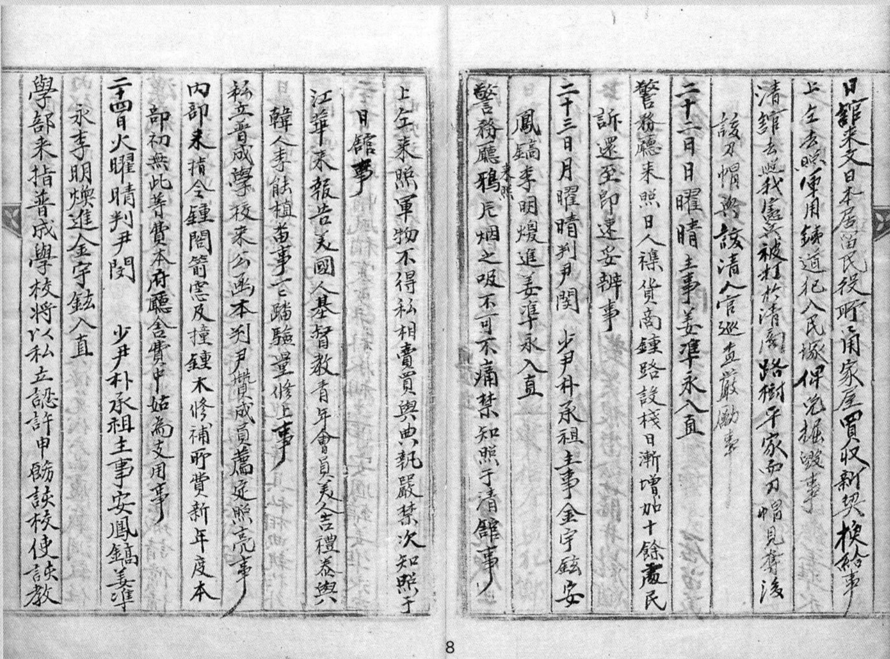

日館來文日本居留民役所甬家屋買收新契換給事
上午去照便用鍾道祀入民塚保護掘毀事
淸館去照我處兵被打於淸商路樹子家而刀帽見奪後
該刀帽與該淸人官巡査嚴勵事
二十二日日曜晴 主事姜準永入直
警務廳來照日人襍貨商鍾路設棧日漸增加十餘處民
訴還至卽速妥辦事
二十三日月曜晴判尹閔 少尹朴承祖 主事金宇鉉安
鳳鎬李明煥進姜準永入直
警務廳來照鴉片烟之吸不可不痛禁 知照于淸館事
上午來照軍物不得私相賣買與典執嚴禁次知照于
日館事
江華來報古美國人基督教靑年會員[illegible]吉禮[illegible]與
韓人李[illegible]植[illegible]事[illegible]踏驗量修上事
私立普成學校來公函本判尹[illegible]成員薦延照亮事
內部來指令鍾閣箭塞及撞鍾木修補所費新年度本
部初無此等費本府廳舍費中姑爲支用事
二十四日火曜晴判尹閔 少尹朴承祖主事安鳳鎬姜準
永李明煥進金宇鉉入直
學部來指普成學校將以私立認許申飭該校使該教

8

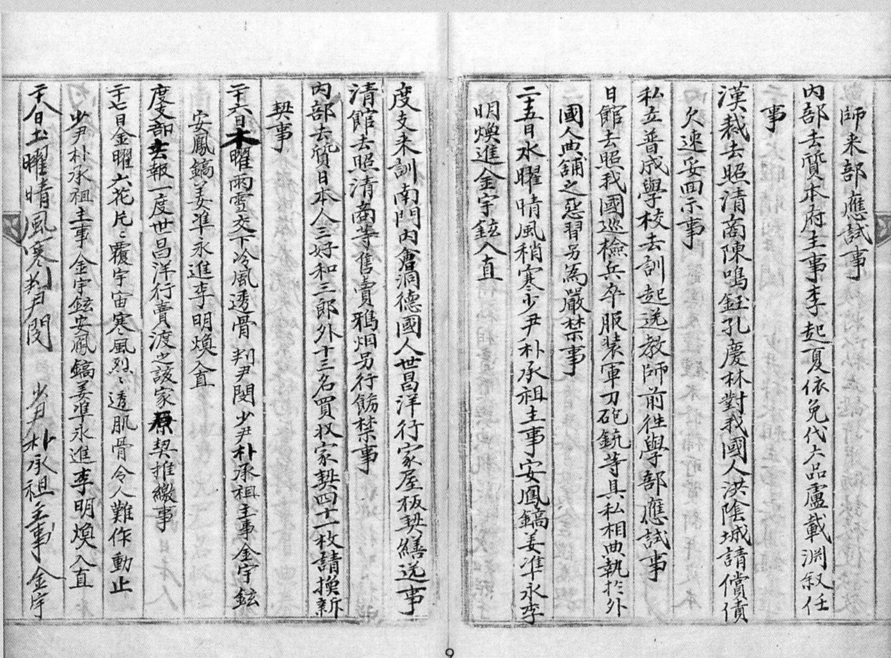

師來部應試事
內部去質本府主事李起夏依免代六品盧載淵叙任
事
漢裁去照淸商陳鳴鈺孔慶林對我國人洪陰城請償債
欠速妥回示事
私立普成學校去訓起送教師前往學部應試事
日館去照我國巡檢兵卒服裝軍刀砲銃等具私相典執於外
國人典舖之惡習另爲嚴禁事
二十五日水曜晴風稍寒 少尹朴承祖主事安鳳鎬姜準永李
明煥進金宇鉉入直
度支來訓南門內倉洞德國人世昌洋行家屋板契繕送事
淸館去照淸商等售賣鴉烟另行飭禁事
內部去質日本人三好和三郎外十三名買收家契四十一枚請換新
契事
二十六日木曜雨雪交下冷風透骨 判尹閔 少尹朴承祖主事金宇鉉
安鳳鎬姜準永進李明煥入直
度支部去報一度世昌洋行賣渡之該家[illegible]契推繳事
二十七日金曜六花片片覆宇宙寒風烈烈透肌骨令人難作動止
少尹朴承祖主事金宇鉉安鳳鎬姜準永進李明煥入直
二十八日土曜晴風寒判尹閔 少尹朴承祖主事金宇

9

鉉姜準永李明煥進安鳳鎬入直
內部去報上年度本府預算中俸給餘額中本
府判任官償與金支撥事
日館去照鍾街及白木屋廣通橋沿路日本人
設撥之弊另飭禁止事
日館來文日本人清水淺吉外七名買收新契換給與齋
藤喜助與家券曉夫介繁田村西家合付事
軍部來訓逃兵尹俊成即速押送于該隊事
警務廳來照日本警署使用我國罷免別巡檢等請照
于押還事

平理院來訓日本人藤井友吉對崔英根當訟事即
為作證于日領館以為來質事
二十九日日曜晴寒主事安鳳鎬入直
喬桐來報日本人清水繁太郎盧韓百有典券
還推下送事
南署來照本署管內水鐵里等地男兒屍一名收埋
金請求事
三十一日月曜晴寒判尹閔 少尹朴承祖 主事金宇
鉉安鳳鎬李明煐進姜準永入直
度支部去報金額出給官以本府主事金宇鉉差定

10

事
度支部去報一月條俸給條各項經費離費出給命
令書本府主事李明煐繕給事
日館去照警務廳罷免別巡校之日警署使用五人 以
別巡名稱與否回示事
三十日火曜寒晴判尹閔 少尹朴承祖 主事金宇鉉安
鳳鎬李明煐進姜準永入直
警務廳來照五署內新造家屋調查成冊收聚送交事
度支去報本府俸給餘額中本府判任以下賞與金支撥
事

日館去照日人藤井對我國人崔英根事件待質辦回
示事
日館去照在逃我兵尹俊成即為拿交事
喬桐去照韓百有對日人清水繁太郎典執田畓文券覓交
事
日館去公函日本人村大保所要廣告臺建設於日本軍
廣告臺背後事
二月
一日水曜朝晴暮陰 判尹閔 少尹朴承祖 主事金宇鉉安
鳳鎬姜準永進李明煥入直

11

二日木曜晴 休暇 主事李明煥入直

三日金曜晴 是日乃歲除休暇 主事金宇鉉入直

四日土曜 載陰載湯 或飛雪旋止 是元朝天氣也 主事金宇鉉入直

度支部來訓 各府部院廳費金一款 今後勿爲施行事

五日日曜 早晴午晩雲霽 暮風寒 休暇 主事安鳳鎬入直

六日月曜晴寒 主事安鳳鎬入直

七日火曜 早晴暮陰 少尹朴承祖 主事金宇鉉 安鳳鎬 進 李明煥入直

清館來照 清人陳榮芝王衍忠等被盜搶奪韓貨一千元 速緝追究事

長湍去訓 一度英國所管威海衛清人姜萬利被騙落價 刻即推尋上送事

警務廳警務課之照 一度清人全生東陳仲林被搶之盜犯 另飭追贓事

警務廳警務課來照 一度鍾路日本人雜貨棧 近日來嘶里電於我商民 叫訴逐至 知照該領館禁止事

日館來文 一度我國巡檢手刀銃服章類 必有標準 然後禁止賣買事

上仝 一度鍾路日本人設棧 指定路邊 後示明事

上仝 一度我國人年鎮與對金恭元搆女訴事件 日本別巡檢名稱者 斷然無有事

上仝 一度我國騎兵尹俊成逃躲後 雇傭於大韓日報社云事 被尹俊成名稱者本無事

上仝 一度我國人金達鉉帶同日人往開城 居金達鉉家事 該日人名稱者 南門內金斗鉉家同居人文龍漢 僞稱日人事

13

八日 水曜晴 寒氣倍於隆冬 判尹閔 少尹朴承祖 主事金宇鉉 安鳳鎬 姜準永 進 李明煥入直

警務廳照覆 一度清商全生東陳仲林等被奪韓貨一千元於盜漢事 該盜漢等另飭譏捕事

上仝 照會 一度鍾路日本屋前日人廣告臺 其爲廣大 妨害我商 另加妥辦事

九日木曜晴寒 判尹閔 少尹朴承祖 主事金宇鉉 安鳳鎬 李明煥 進 姜準永入直

十日金曜晴寒 判尹閔 少尹朴承祖 主事金宇鉉 安鳳鎬 李明煥 進 姜準永入直

警務廳去覆 我兵所失軍物類 無所票準 則專由當該官任意禁防事

上仝 去覆 罷免巡檢金泰允等 嚴查回示事

漢城去照 安城郡民金達鉉被騙一案 相當決判後回示事

軍部去報 騎兵隊兵尹俊成 初無其人於大韓日報社事

學部去報 本府公立學校副教員金震植身故 代朴武秉敍任事

十一日土曜晴 午後風 夜十時頃地震 是日陰初八日也 少尹朴承祖 主事安鳳鎬 姜準永 李明煥 進 金宇鉉入直

十二日日曜晴 主事金宇鉉入直

宗正院來照 今十三日酉時 懿孝殿百日進香時 璿派人文三品蔭武(當日下午三時) 二品以上在京者及曾經正職人 預先知委參班事(收刺)

十三日月曜晴 判尹閔 少尹朴承祖 主事金宇鉉 姜準永

李明煥進安鳳鎬入直
清館去照清商陳榮芝王衍泥在西江倉西等地被搶盜
犯期使嚴詗獲事
上十三日去函上今
警務廳來照五陽堂前日本商民等各項物品擺列開市禁
撤妥辦事
十四日火曜晴寒判尹閔 少尹朴承祖主事金宇鉉
姜準永李明煥進安鳳鎬入直
日館去照日本商民等隔壓前開設露棧並使撤退事
外部來訓本署二等參書官錢明訓蕆理
總領事官事
十五日水曜晴寒少尹朴承祖主事金宇鉉安鳳鎬李明
煥進姜準永入直
清館來照本領事陳本仁代二等參書官錢明訓本日
接印視務事
警務廳來照西湖日本人氷庫建設嚴禁事
十六日木曜晴寒少尹朴承祖主事金宇鉉安鳳鎬李
明煥進姜準永入直
警務廳來照新門外圓覘等地日人埋爆浮石事知照日館
禁斷事

14

上全來照內山一牌青龍亭射場垈地日人山村興田立票木事
清館去復清總領事接印視務知悉事
十七日金曜晴判尹閔 平理院裁判長 移任代議政府總務長朴義秉敍任而當日
仕府視務事主事金宇鉉安鳳鎬姜準永進李明煥入直
各館去照本判尹今日接印視務事
內部去報本判尹接印視務事
十八日土曜晴暖今日陰曆元月望日休暇主事李明煥入直
清館來照貴判尹接印欣賀事
美館來照貴判尹接印欣賀事
警務廳五署內外契家舍建築基址實必與該廳協議共合事
宗正院通牒璿源譜略初草今日未時進上奉先門外齋前鋪設事
十九日日曜晝晴夜雷主事金宇鉉入直
警廳警課來照南署三牌琵琶亭下日人放爆發藥鑿井事
又來照南署三牌前御營南倉後麓日本人狩野辰三郎採掘石材
事
二十日月曜是日正月食望也晝晴判尹朴 少尹朴承祖主事安鳳
鎬姜準永李明煥進金宇鉉入直
比英日義館來復貴判尹接印視務欣悉事
日本兵站司令部去照東署循阿里所在日本軍用電線柱上砂石一個植
松駐兵吳永俊擲石飛鉛誤中破碎事

15

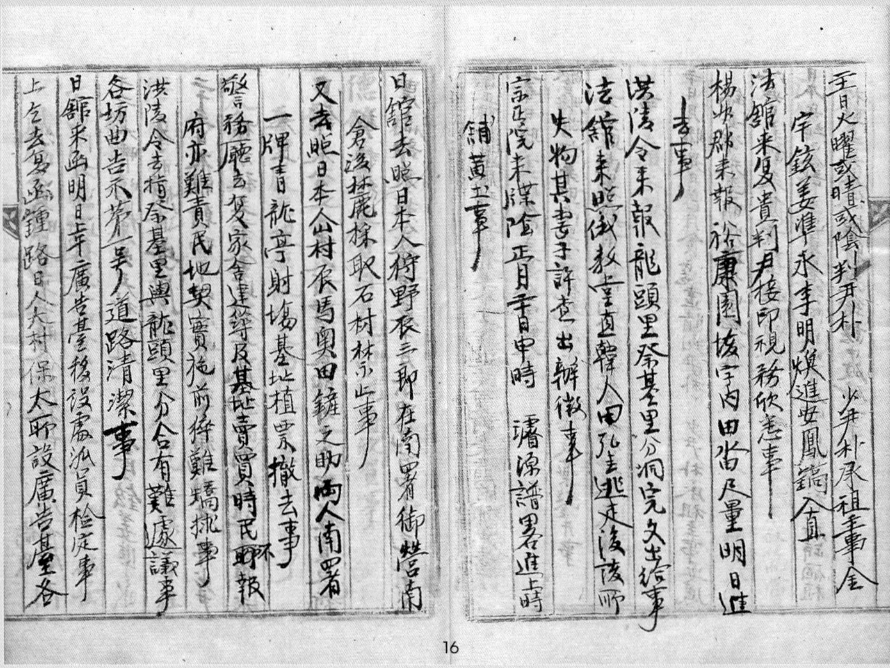

二十一日火曜或晴或陰 判尹朴 少尹朴承祖主事金
宇鉉姜準永李明煥進安鳳鎬入直
法舘來照覆貴判尹接印視務欣悉事
楊州郡來報 裕康園垓宇內田畓尺量明日進
去事
洪陵令來報 龍頭里癸基里分洞完文出給事
法舘來照 俄教堂直韓人田孔主逃走後該所
失物甚多 許查出辦徵事
宗正院來牒 陰正月二十日申時 璿源譜略進上時
舖黃土事

日舘去照 日本人狩野辰三郎在南署御營南
倉後林麓採取石材 林木禁止事
又去照 日本人山村辰馬輿田鏈之助兩人南署
一牌青龍亭財場基址植票撤去事
警務廳去函 家舍建築及基址賣買時 民不報
府亦難責 民地契實施前 待難矯挽事
洪陵令去指令 基里與龍頭里分合有難處議事
各坊曲告示 第一第二道路清潔事
日舘來函 明日上午廣告基臺移設處派員檢定事
上仝去函 鍾路日人大村保太所設廣告基臺各

16

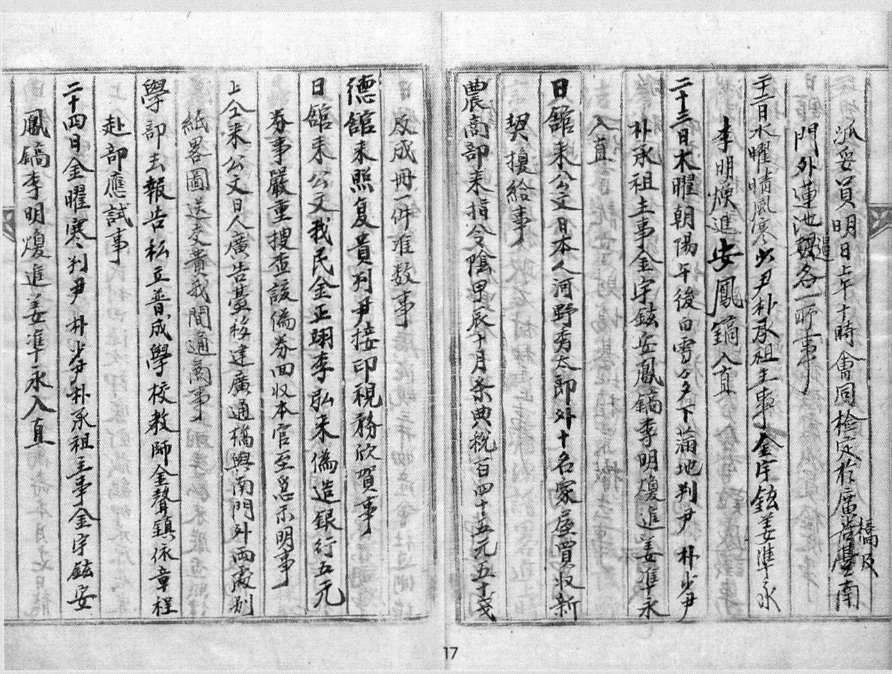

派委員 明日上午十時會同檢定於廣橋南
門外蓮池邊各一所事
二十二日水曜晴風寒 少尹朴承祖主事金宇鉉姜準永
李明煥進安鳳鎬入直
二十三日木曜朝陽午後白雪夕下滿地 判尹 朴少尹
朴承祖主事金宇鉉安鳳鎬李明煥進姜準永
入直
日舘來公文 日本人河野秀太郎外十名家屋買收新
契換給事
農商部來指令 陰曆辰十月条典稅百四十五元五十戔

反成冊一件准數事
德舘來照 覆貴判尹接印視務欣賀事
日舘來公文 我民金正明李弘來偽造銀行五元
券事嚴重搜查該偽券回收本官至急示明事
上仝來公文 日人廣告基臺移建廣通橋與南門外兩處別
紙略圖送交 貴我間通商事
學部去報告 私立普成學校教師金贊鎮依章程
赴部應試事
二十四日金曜寒 判尹 朴少尹朴承祖主事金宇鉉安
鳳鎬李明煥進姜準永入直

17

日館來公文靑坡二契居申鳳來朴萬壽本月十七日龍
山軍器廳建築工匠窃取現行事
上仝來公文我商民村田鎭次郎家貯藏鷄卵水原居宋
鎭模窃取事
漢裁去照會第一銀行券僞造金正弼李弘來嚴查照律
而共謀犯朴俊永逃躲則該朴犯另詗緝律後該僞造
券三萬元田收示明事
上仝去照龍山軍器廳建築工所鑿一個窃取現行犯
朴萬壽外他物窃取嫌疑不無審辦結果示明事
日館去照鍾路廣告治廣泥峴三井物産會社过側治

同一兩日後官用境遇撤去事
二十五日土曜朝晴暖暮陰寒判尹朴 少尹朴承祖 主事金宇鉉安
鳳鎬姜準永進李明煥入直
日館去照貴國人橋邉豊藏在我國人孫興俊家屋基址外侵占官有地採取
石材另飭禁止事
美館去照貴國人麥吉連請發地契之案果難准施事
漢裁去照日本人村田鎭次郎家越墻窃取鷄卵人白介之水原居民宋鎭模相當
處分後示明事
警務廳去照在漢城俄教堂傢具物品該堂直田私主窃取逃躲事
南署來照本署管內南山洞等地女人一名收埋金請求事

18

美館來照美國人麥吉連買得新門外盤松坊所在薬田地契發給事
西署來照本署岳撲谷病幕汲水軍李聖仁收埋請求事
度支部來照貴府雜給支辦區別案依別紙式樣事
警務廳照會民人等新建家屋基址與與廳協議後施行事
元仕花 公函本府有漢語學等英語學校會董摩藻大京城學堂訓導大川岩市破碎窓戶嚴懲後
辦事
二十六日日曜朝晴暮陰細雨主事李明煥入直
二十七日月曜晴判尹朴 主事安鳳鎬姜準永李明煥進 金宇鉉
入直
西署西署來照 [illegible] 里門洞土幕男尸一名收埋費支撥事

洪陵來報本署管峯里龍頭里分洞事
日館來公文傳染病及牛疫發生速豫防方法事
漢裁來照本衙移與郵遞主事任佑淳告訴案件日本郵便事務員
金東圭起送嫌所事
警務廳來照靑龍亭射亭住日人山村辰馬與田鎭之助植立標木事
妥辦禁撤事
度支部來照出給命令書正當債權者發給事
西署來照男尸一名收埋費支撥該所任事
度支部去復依該部別紙式樣本府所管員役表開附事
內部去質日本人淸水淺吉外七名買收墓與請援事 十三枚

19

二十八日火曜日晴 判尹朴 少尹朴承祖主事安鳳鎬姜準永李明煥
進金宇鉉入直
學部來指令普成各校教師金聲鎭漢城師範各校卒業仕故依
章程免試事
日館來公文日人城大太韓人鎭岑郡趙鍾九債金訓令該郡守速進
送交事
日館去照我國人李秉穆對郵遞主事任佐淳告訴案件右與日本
郵便局事務員金東圭直辨事
日館去照南署青龍亭射場依日本人山村辰馬與田鏈之助所立
標木立即撤去事

日館去覆傳染病及牛疫豫防方法訓飭各該地方官事
警務廳謁去覆官有財産公路建築等事協議施行事
高陽始興果川廣州 去訓 各該地方內傳染病及牛疫發生時急
楊州坡州抱川 即馳報事
壽時島訓示傳染病及牛疫發生時急即馳報事
二十九日水曜晴寒 判尹朴 少尹朴承祖主事金宇鉉
姜準永李明煥進安鳳鎬入直
帝室制度整理局來訓本局權設於宮內府內
印章鑄成鼓印鑄一本別紙粘付事
鎭岑去訓日本人城大太對本郡龍頭居趙鍾九兒

20

兼所給債款辦理淸償事
外部來訓交地契償給事
三十日木曜早午晴晩暴雪 判尹朴 少尹朴承祖主事金宇鉉
姜準永李明煥進安鳳鎬入直
中署來照本署管內鐵橋茅地男丁石收埋金
請求事
外部去報美國人麥吉連地契請蔵案件初無此
等事於別國人事
三十一日金曜寒 少尹朴承祖主事金宇鉉安鳳鎬李明
煥進姜準永入直

日館來公文日本人前川伊之助外三名買契換新契送
交事
法館來照法人德來物理買得家契換新契送交事
警務廳來照青龍亭射場望日人植標業有屢照何不
回示即速禁止事
警務廳來照俄教堂直田弘圭飮藥自斃分明故其妻
李姓女姑因本廳事
四日土曜甚寒 少尹朴承祖主事金宇鉉安鳳鎬李明煥進
姜準永入直
日館來公文郵遞主事任佐淳告訴事件金東圭速送事

21

內部去報美國人麥吉連地契請發橤件初無此等事於別
國人事
五日日曜晴狂風驟起塵埃沖空寒氣侵人倍於隆冬主事
李明煥入直
六日月曜晴寒風少尹朴承祖主事金宇鉉安鳳鎬進
李明煥入直
法館去夏俄教堂直田私主妻李女供辭一無所見云事
西署來照本署管內尾洞土幕丙乞男人收埋金請劃事
七日火曜晴少尹朴承祖主事安鳳鎬李明煥進金宇鉉入直
清公使曾廣銓來府訪問判尹少尹而判尹則以病未仕故但少尹接
與談話少餉而去
八日水曜朝曀仍飄雪陰冷且終日少尹朴承祖主事安鳳鎬李明
煥進金宇鉉入直
警廳來照南署內山前御營屯倉後麓日人齋藤攻取石材云者
貴府認許與否示明事
又來照谷洞家傳中無依破落者一切除汰擇有根着信實人
擇任賣買事
九日金曜晴来暮判尹朴進少尹朴承祖主事金宇鉉
安鳳鎬李明煥進盧載淵入直
警務廳照復南署內山日人齋藤攻取石材事答照發送

21

等事
十日晴判尹朴少尹朴承祖主事金宇鉉安鳳鎬
姜準永李明煥進盧載淵入直
日本駐箚軍司令部平壤郡守李承載承認狀來
抵事
十一日土曜晴而暎判尹朴少尹朴承祖主事金宇鉉
安鳳鎬姜準永李明煥進盧載淵入直
中署總巡金聖淵以平理院前十二歲兒凍死埋葬費請
來事
十二日日曜朝晴午風判尹朴少尹朴主事四員休暇盧
載淵入直
十三日月曜陰曀多風判尹朴少尹朴主事四員以午秋
聖節休暇盧載淵入直
十四日火曜晴判尹朴少尹朴承祖主事安鳳鎬姜準永李
明煥進盧載淵入直
西署警務官崔永祿照會內西湖江上中流有何許浮
屍埋瘞費支撥事
東署警務官盧興彬照會內東門外大鐘巖等地五十
餘歲男人致屍埋瘞費支給事
軍部訓令內西小門外嶮洞居清商路樹平毆打憲兵

22

棄去軍刀帽子事
十五日水曜晴判尹與少尹不進主事安鳳鎬姜準永李
明煥進盧載淵入直
日本人菅沼源之助以獸医欲試手術要其大韓日報社長
犧生十郎私札居留地內宰殺牛驗其無病認許事
十六日木曜晴以多風判尹朴　少尹朴承祖主事金宇鉉安
鳳鎬姜準永李明煥進盧載淵入直
警廳照覆內南署姜井洞舊田月人山口營等開基禁止則日
人云金敬先草家十四間移賣之地而不能禁斷事
十七日金曜晴判尹朴　少尹朴承祖主事金宇鉉姜

23

準永李明煥盧載淵進安鳳鎬入直
中署來照中署鐵橋傍地死一名收埋金請求事
通信院來訓家屋五座執行事
十八日土曜晴判尹朴　少尹朴承祖主事金宇鉉姜
準永李明煥盧載淵進安鳳鎬入直
內部去訓外國家契券給事係實需許施事
學部去報西署司醞洞金孝益請願因私立學校
並義塾認許事
軍部去報清國路樹奪害兵刀帽事更
照清領使署訴更報事

通信院去報貴院参書官安明鎬所遣出貸之
例仍為付傳於所管事
警務廳去照所傳同日人亂毆前郡守鄭吾鉉之
金圭洪洞捕事
十九日日曜朝晴暮風日氣微暖判尹少尹主事四員休
暇姜準永入直
警務廳照會內南署會賢坊會洞在草家近百間日人和
三郎毀撤故同地許事
二十日月曜朝露午風日氣鮮凉判尹朴　少尹朴承祖主
事金宇鉉安鳳鎬李明煥盧載淵進姜準永入直

24

美館去照美國人白璞所買南署會洞家屋新契撥送事
日館去照日本人所買家屋新契四十九枚撥交事
二十一日火曜晴暖判尹朴　少尹朴承祖主事金宇鉉安鳳鎬
姜準永盧載淵進李明煥入直
警務廳來照前學官金圭押交事
漢裁來照保寧居李吉鎬與李廷来訟案質查則所供內日
人川本准係有干涉事
上仝去覆李吉鎬對李廷来訴案干涉之川本准係所答及事實仰佈事
二十二日水曜晴判尹朴　少尹朴承祖主事金宇鉉安鳳鎬姜準永
盧載淵進李明煥入直

漢裁來照日人藤井友吉訴否法官之悖習行文懲辦事

警務廳照覆日人寺和一郎在會洞毁撤家屋初無本府認許事
中署來照本署管內盖藁乞丐男一名收埋金請札事
警務廳來照日人寺和三郎家屋毁撤禁止知照日館妥辦事
上仝
上仝平洞留美國人언더우드堅立票木於平洞遮路建屋禁止事
二十三日木曜朝晴暮陰判尹朴 少尹朴承祖主事金
宇鉉安鳳鎬姜準永李明煥進盧載淵入直
內部質稟書日人河野秀太郎外十一名家屋証書驗付
上同 法國人穩來物理家券証書驗附事
學部指令 西署司醞洞金孝益私立義塾認許事
二十四日金曜日氣溫和判尹朴 少尹朴承祖主事金宇
25/鉉安鳳鎬姜準永李明煥進盧載淵入直
平理院民事公函內日人藤井友吉對崔英根訟接還送事
二十五日土曜朝陰晩風總是旱徵判尹朴 少尹朴承祖主事姜準
永李明煥盧載淵進金宇鉉入直
二十六日日曜終風且曀唯幸春上甲之不雨也否主事金宇鉉入直
二十七日月曜溫判尹朴 少尹朴承祖主事金宇鉉姜準
永李明煥盧載淵進姜準永入直
西署來照濟衆院男丐一名收埋費請札事
漢裁來照僞造五元銀行券犯李弘來金正明朴宗和供案
考覈理合放免之意佈布事

美館去照貴國人에비슨新門外建屋有碍於公路即行禁
止事
二十八日火曜晴溫判尹朴 少尹朴主事金宇鉉李明煥
安鳳鎬盧載淵進姜準永入直
清館來照華商金生東去十二月二十六日倉洞等地方見奪一千
元即日將該盜等捕究治追給事
警務廳來照美國人에비슨建屋交涉該領館禁止事
上仝南署來照元籍紙三百二十張還送而統表紙一百五十張請
札事
26 宮內府來訓謚孝殿行閣 宮遷德國人佛侶瑪耶家屋
連接該主修陵該濫越界禁之不得知照德館禁止事
二十九日水曜晴判尹朴 少尹朴承祖主事金宇鉉姜準永盧載淵進
李明煥入直
學部去報一度西署司醞洞金孝益私設義塾教師起送應試事
日館去照一度日人藤井友吉對法官詬辱之悖習嚴辦懲律事
仝 仝 一度我國人金正明李弘來僞造紙幣使用案卉皆審效結果佈佈事
清館 復照一度清商東上聯彩倉盖被搶盜犯更飭緝拏事
德館 去照一度德人佛俗瑪耶把占 皇宮基址飭禁復原事
內部 來指一度日法人等買收家契從例繕給事
三十日木曜沛然甘澍自朝至暮少歇夕後又驟至洽滿田疇人

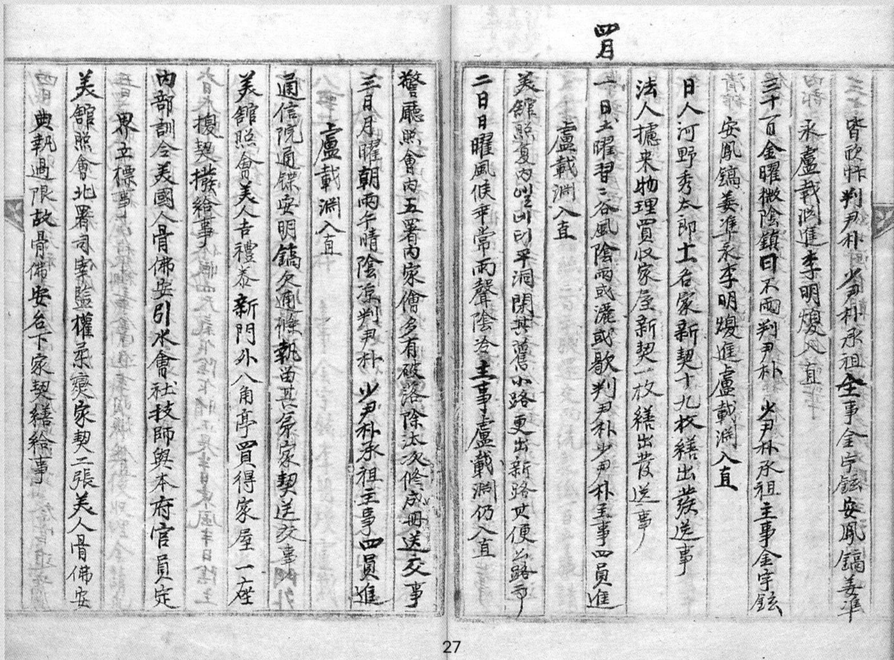

四月

三十日 皆仍昨 判尹朴 少尹朴承祖 主事金宇鉉 安鳳鎬 姜準
永 盧載淵 進 李明煥 入直
三十一日 金曜 微陰 鎮日不雨 判尹朴 少尹朴承祖 主事金宇鉉
安鳳鎬 姜準永 李明煥 進 盧載淵 入直
日人河野秀太郎 土名家 新契十九枚 繕出發送事
法人據來物理買收家屋 新契一枚 繕出發送事
一日 土曜 晝 [illegible] 風陰雨 或灑或歇 判尹朴 少尹朴 主事四員進
盧載淵 入直
美館照會內 [illegible] 平洞 閉其舊小路 更出新路 以便出路事
二日 日曜 風候平常 雨聲陰洽 主事盧載淵 仍入直
警廳照會內 五署內 家僧多有破落 除汰 次 修成册 送交事
三日 月曜 朝雨午晴 陰凉 判尹朴 少尹朴承祖 主事四員進
盧載淵 入直
通信院通牒 安明鎬 交通 核執 苗 其家契 送交事
美館照會 美人吉禮泰 新門外 八角亭 買得家屋一座
[illegible]
內部訓令 美國人骨佛安 引水會社 技師 與本府官員 定
界立標 [illegible]
美館照會 北署 司宰監 權永壽 家契二張 美人骨佛安
典執過限 故 骨佛安名下 家契繕給事

27

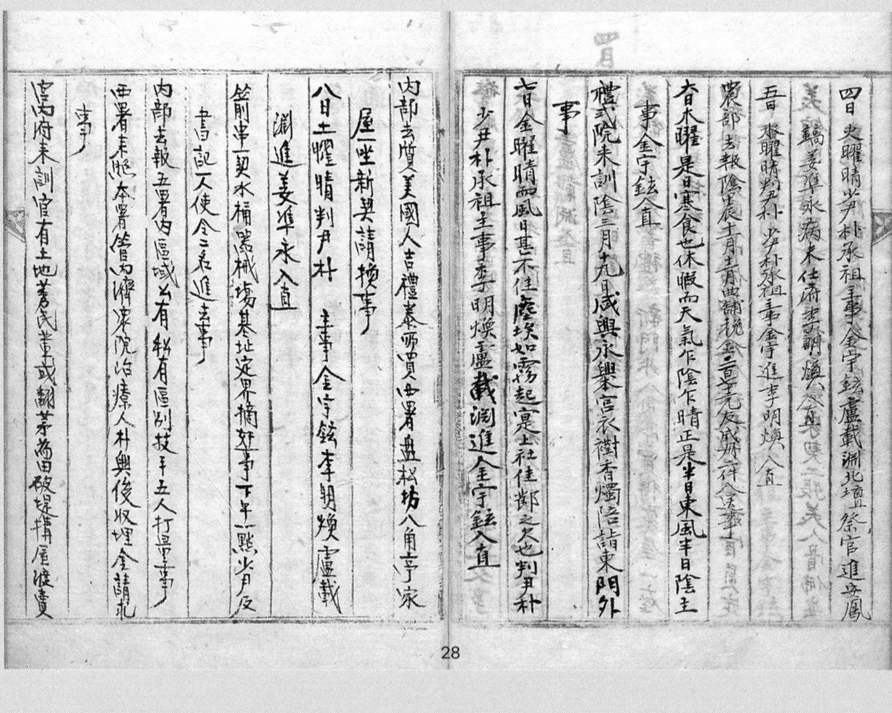

四月

四日 火曜 晴 少尹朴承祖 主事金宇鉉 盧載淵 北壇祭官 進 安鳳
鎬 姜準永 病未仕 [illegible]
五日 水曜 晴 判尹朴 少尹朴承祖 主事金宇鉉 進 李明煥 入直
農部去報 [illegible]
六日 木曜 是日寒食也 休暇 而天氣乍陰乍晴 正是半日東風半日陰 主
事金宇鉉 入直
禮式院來訓 陰三月十九日 咸興永興宮 衣襨香燭陪詣 東門外
事
七日 金曜 晴而風日甚不佳 塵埃如霧起 寔上巳佳節之大也 判尹朴
少尹朴承祖 主事李明煥 盧載淵 進 金宇鉉 入直
內部去牒 美國人吉禮泰 所買 西署 盤松坊 八角亭 家
屋一坐 新契請換事
八日 土曜 晴 判尹朴 主事金宇鉉 李明煥 盧載
淵 進 姜準永 入直
[illegible] 契 水桶 [illegible] 機場基址 定界摘奸事 下午一點 少尹 [illegible]
書記一人 使令二名 進去事
內部去報 五署內 區域 以有 私有區別 技手五人 打量事
西署 [illegible] 本署管內 濟衆院 治療人 朴興俊 收埋 [illegible]
事
宮內府來訓 官有土地 [illegible]

28

外人無至擅吏派員定界事
九日日曜天朗氣清微塵不動正是晚春景光也主事姜
準永入直
十日月曜日氣晴溫判尹朴 少尹朴承祖主事金宇鉉姜
準永李明煥進盧載淵入直
長淵郡報告本郡南倉浦主人金文基與清商姜萬利訟
價擴訟事移照英館事
學部指令養正義塾教師免試後轉諭誠勤教育事
通信院通牒中署安駿鎬家契係是公貨斯速送交事
十一日火曜朝雨夕晴微雲不開至午清朗判尹朴 少
尹朴承祖主事金宇鉉姜準永李明煥進盧載淵入直
鐵原郡訓令本郡於云洞上吉里居李基成被日人毆打
同郡居安教泰押上事
日館公文第二号日人册上宜文外十七名買收家屋十七枚
繕契搜給事
十二日水曜晴判尹朴 少尹朴承祖主事姜準永李明煥
盧載淵進金宇鉉入直
農部來訓五署內各典舖稅金依收事
度支來訓貨幣條例頒布事
西署來照濟衆院治療病人收埋費支撥事

29

十三日木曜晴判尹朴 少尹朴承祖主事姜準永李明煥盧
載淵進金宇鉉入直
日館來照日人酒井政平等四人買收家契二十九枚換給事
十四日金曜晴判尹朴 少尹朴承祖主事金宇鉉盧載淵李
明煥進姜準永入直
禮式院來訓祀人鐵道之孝昌園位土田畓摘奸報來事
龍山鐵道監部公函龍山建築軍用鐵道孔德里附近地協
議分界事
清館來覆憲兵被奪軍刀帽子事推尋有著無送了
日館公文第二十二号日人豐田太郎所券五枚搜送事
上全去照孔德里我李豐等家屋二十三座與日本鐵道監
部商定時價無使掃完事
十五日土曜晴判尹朴 少尹朴承祖主事金宇鉉盧載淵
李明煥進姜準永入直
美館來照第六百二十三號美人麥吉達與單字洞菜田一疊
界事
日館去照我國人前郡守李命植先山採取之村之日人毆辱
濟虎田中末吉立卽撤役之採石個堆結事
上全去照日本人酒井政平外二名求契九枚表安吉等窩求
契唯俾撥交事

30

十六日日曜晴是日休暇也主事李明煥入直
十七日月曜陰寒少尹朴承祖主事姜準永盧載淵進參
明煥入直
中署來照鐵橋土幕乞丐男一名收埋令請劃事
十八日火曜朝雲烟天欲雨不雨鎮日陰曀此是旱徵耕者歎者赴
滑之心天其鑑于主事盧載淵入直
同日清館照覆內南門大街前巡查廳舊址給與我商瑞盛春
爲其方便擴充該路備價向購事
同日西署警官照會內岳朴洞等地一介乞兒收埋令支給事
十九日水曜雨三廿澍細屑不絶萬物生色真恭平補像也

主事盧載淵入直
同日農商工部訓令內西北鐵道起工時孔德里填築等一這令
爲線路則該洞四個年稅額蠲減事
同日日館公文日人和田常市買收家屋旧券三枚依例換給事
同日警廳照會崔翊明家契安鳳鎬典執於日人三萬六千兩
沒數乾沒事
廿日木曜細雨晩晴判尹朴 少尹朴承祖主事李明煥盧載
淵進金宇鉉入直
美館來照美國人英吉利士典執夜照峴一百四統七戶家契盜失事
西署來照濟衆院治療人高陽崔允瑞病死收埋貰支撥事

31

軍部去報憲兵安允明黃信永等被打於清商路梅子等時所失帽巾
詞問莫知事
通信院去報安晙鎬家契貼報而安晟鎬家契執難遽出呈文
事
廿一日金曜晴而雨後麥氣頗覺仙之勢少尹朴承祖主事姜準永
李明煥盧載淵進金宇鉉入直
英館來照英國領官彌樂買有葉峴安案山請領官契事
日館來照日人森久兵衛外二名買收家契四枚換給事
各館去照漢城五署內民人家屋官契之遺失紛失遺失被燒等
不容不發之撟契事

漢城去照家契盜典事關係各裁 金達鉉金潤基押
文事
二十二日土曜未明天陰雨雪多下花天風雪亦非乎當
來係卽消解也判尹朴少尹朴承祖主事金宇鉉
李明煥盧載淵進姜準永入直
通信院來訓安晟鎬家契卽爲貼報度當以亮公質
事
內部去報本府主事行如乎當事是如官代九品金 安鳳鎬
祿萃敍任事
二十三日日曜風晴姜準永入直

32

中署來照男屍一表收埋主給事
南署來照屍表百丈院泰丈加進事
判尹手書一人往合五人咸興香祝候進出東門
多事
二十四日月曜細雨濛濛乍晴乍陰遠山蓊鬱枯泉活潑太
平之德在乎眞之之中矣主事盧載淵入直
判尹朴少尹朴承祖主事金宇鉉姜準永李明煥進
二十五日火曜晴判尹朴少尹朴承祖主事金宇鉉姜準永李明煥
進盧載淵入直
日館去照日本人西野尾昭塞斷洞飮料水以鐵網圍入渠之基址

亟行禁止事
禮式院去報孝昌園位畓摘奸後成冊報告事
漢裁檢室去照家契誣訴董典執日本人金允式押交矣該
重出家契期於推交事
內部來訓去照本府門前京橋橫杠石一個斷陷斯速修補事
中署來照本署管內錢橋土幕乞丐男一名收埋金支撥事
日館來照泥峴鍛林洞道路擴張韓民家屋犯入支拂金額
適當時價注意措處事
二十六日水曜晴暖判尹朴少尹朴承祖主事金宇鉉姜準永
進李明煥入直

33

美館去照美國人麥吉連強占之金聖鉉田地飭使繳讓事
內部指令二度美國人吉禮泰日人岡田金之外一名買收家契依往例
繕給事
日館來覆日人藤村吉對韓人李時榮案更爲審查之場日領事
館員會同審辦事
又來覆孔德里典禮洞居民李己豊詐稱家屋移去時家
屋價一千元以上百元以下本無事
又來照日人桑原信雄對韓人李聖初趙羲植案件桑原
嚴重措處矣李聖初趙羲植等極施當律事
二十七日木曜晴判尹朴少尹朴承祖主事金宇鉉姜準

永進李明煥入直
日館去照孔德里電用鐵道犯入大路塞斷知照該鐵道部依舊通行事
又照二度日本人岡田金之助外一名買收新契換交事
美館去覆美國人吉禮泰買收新契換交事
日館來照韓人金浩善詐稱日人高橋健夫賭奪李宗植趙克立貸與手票
送交事
告示各坊曲皇城新聞所載本府各人民家屋無成後一百兩金聽
聞駭怪不可不矯捄後契若有此等事告于本府懲勵事
二十八日金曜晴和判尹朴主事姜準永李明煥進金宇
鉉入直

34

清館來照漢城警廳巡檢李景湖金致秀與瀛洞清商王德昌
爭詰至於拔刀斫刺清商事
內部來指漢城內外國人家契依近例府部間審慎調查撥給
事
日館去復我國[illegible]民姜浩善對李宗稙姜文信勸取錢票及証
書與金額領証送交事
二十九日土曜晴和主事金宇鉉入直
美館來照美國人宣教師[illegible]用莎草取用憑票一紙發
給事
警廳來照本廳巡檢柳基根金致秀與清商王德昌爭詰被毆
奪去帽刀事
西署來照本署管內圓峴前麓男僵屍一名收埋費支撥事
三十日日曜雨來姜準永入直

五月

一日月曜陰風少尹朴承祖主事金宇鉉李明煥盧載澗
進姜準永入直
日館來函家契費韓貨二十七元送交事
內部去報美人高佛安寶時旭水管器廠基址踏查仰報事
外部去報上仝
二日火曜晴而大風少尹朴承祖主事金宇鉉姜準永進李明煥入直
內部來訓漢城五署內官有民有地段踏查後賣渡外人嚴懲杜弊技手雇用

35

報請度支部事
法館來復法人馬泰乙買得家契換契以送事
清館去復巡檢李景湖金致秀惹鬧於清商王德昌案件與警廳照
會一切相反事
警廳警務課去復巡檢柳基根金致秀被打於清商王德昌案更行另查事
三日水曜晴少尹朴承祖主事金宇鉉姜準永進李明煥入直
警廳去牒西南署石井洞污穢場急先除滌事
警務廳來照度支巡檢柳基根等被毆於清商王德昌案件更查無間一如前
供該巡檢等被打實由於強弱不同事
平理院來照貴府拘囚人全仁興田敬重無關於貴府則押交本院事
四日木曜晴少尹朴承祖主事姜準永李明煥進金宇鉉入直
內部來訓南門鐵道沿路累路遺骸即地收聚掩埋舉行形止馳
報事
日館來復金山秋風嶺李命稙先壠採取石材確保[illegible]
李範喆賣渡事
又來照日人寅谷巳春本月十五日[illegible]地帳中時材出視時韓[illegible]奪
去矣另調覓交事
又來函韓人李碩基對日人山田榮三郎貸用與否更爲查覈
事
內部來訓貞陵坡一字內[illegible]處植木事

36

漢裁來照日人藤井乙吉對李時榮訴訟案件更審日子本月八日
下午二時訂期事
通信院去報安晟鎬以徽族之通完了崔宗植已買之家極涉拘究
事
學部去報私立贊成學校認許事
平理院去夏金仁典田致重納供後放送事
警務廳去照西署盤石坊藥峴案山該洞居金林兩人互稱已有兩詳
查該地確係官有拓致兩人以嚴飭示明事
五日晨金曜早陰晴雨竟日至夜並以雷電可洽三農主事李明煥進金
宇鉉入直

美館來照漢城內家契之被燒見失後錄閱悉事
又來照美國女人麥吉連誤占金聖鎬菜田無故更待確據自
當歸正事
漢裁來照積城郡權秉圭容圭告訴案件關係之日人福島安一
名已行勒捧之手票覓交事
六日土雨來判尹朴義秉 少尹朴承祖主事金宇鉉進
姜準永入直
警務廳來照東署居云貫於杜義洞金正植家舍而契券不
給貰云故該兩人押送事
日館去照積城居權秉圭權容圭控日人福島吉田勤

37

一捧手票繳交事
日館去照李時榮案件更審以五月八日訂期事
清館去照柳泰根金致旁與清商王德昌起鬧事
清館去照貴商總會囿附近地污穢使該管除撤
事
憲兵司令部去照日人廣瀨正春被盟附許多洞後岺
拓送事
七日日曜晴 半陰半晴 主事姜準永入直
警務廳來照藥峴藥山壹買英國人之我氏林鎮
煥金宇鉉判送漢裁受理事

八日月曜晴暖判尹朴 少尹朴承祖主事金宇鉉姜準永
金裕章進李明煥入直
日本兵站司令部來照二十日頃我皇族殿下來京被遊時南門外停車場
至泥峴路修治事
日館來照日人柴田虎太郎對英親王府家舍金海郡開墾損害金
請償事
內部去照一度外國人等所買家契責令本府從便撥給事
仝 去報日本皇族來京時南門外停車場至泥峴通路修治事
漢裁去牒被告金正植自警廳押到故該案件越交事
九日火曜晝日陰薰客雲不雨火旺節候之始也判尹朴 少尹朴承祖

38

主事金宇鉉姜準永盧載淵金裕章進李明煥入直
西署來照本署管內里門洞去幕丙乞男一人僵尸收埋金請劃事
北署來照本署管內白石洞丙乞女一人僵尸收埋金請劃事
告示各坊曲既往行用之舊白銅二元以新貨一圓將於來七月一日爲始
還收或交換事
十日水曜晴判尹朴少尹朴承祖主事金宇鉉姜準永盧載淵 李在下
李明煥進金裕章入直 李在上

平理院去照李命植先山日人採石事鐵道院技師李範喆質
問事
日館去照李完世田地一區朴永秀暗措家舍典執于日

39

人岩谷徹二郎事
十一日木曜晴判尹朴少尹朴承祖主事金宇鉉姜準永 李在下
永盧載淵李明煥進金裕章入直 李在上
西署來照本署管內慕華峴僵屍一名收埋費請求
事
警廳通牒美領事金粟時計遺失搜覓事
十二日金曜晴判尹朴少尹朴承祖主事金宇鉉姜準永 李在下
盧載淵李明煥進金裕章入直 李在上
日館公函本國人橋邊豊藏所有家券三枚家屋賣渡證
書幷紛失矣如或發見即爲通報事

英館照會本國人喜祐買有家券搜杈事
警廳照會道路清潔法現行實施而交涉于清館使該
商民一體修治事
英領事遺失金粟時計覓還本主事
美館去照麥吉連誤占金聖鉉田地鄭昌植立證書聯付
以妥事
日館去函日人黑田志壽與始興民趙基周許施討手票
繳交事
十三日土曜晴暖判尹朴承 大廳電話請關少尹朴承
祖進主事金宇鉉貞陵坡字植木所看審次出去

40

姜準永李明煥盧載淵進金裕章入直
警廳照會清人謝世昌賣渡家舍于金度汝令文轉
賣他處云交涉該館從理妥辦事
平理院訓令富平民申仁叔事件富平梧柳洞居日人小峯
源作南門外居滿田知照日館起送應卞事
清館去照金冕玉與清人謝世昌家屋典執徵文事
十四日日曜自曉雨洽滿二犁午後二時量始霽金 主事
裕章入直
十五日月曜晴判尹朴少尹朴承祖主事金宇鉉姜準永李
明煥盧載淵進金裕章入直

清舘去照清潔法行將實施清商等居留處另飭除滌
事
日舘去照平理院審辦之富平居申仁叔案質下之日本人
滿田及小峯起送事
英舘去覆英人確樂頤領地契一事現無實施則果難準
許而該券的確覆券事
西署照會本署管內南門外城底乞男一人收埋費請求事
警廳照會清人林會興打車夫朴聖三交涉該舘痛懲杜弊
事
十六日火曜晴 判尹朴 少尹朴承祖 主事金宇鉉姜準永
李明煥盧載淵進金裕章入直
鎮岑郡報告日本人城六太郎對債金本郡人趙鍾九鏞九家舍田土山
林公賣辨償訓令承准質查事
學部指令贊成學校私立認許而該教師赴部試驗事
外部指令量圖一紙踏查一件送交該舘事
十七日水曜陰微雨 判尹朴 少尹朴承祖 主事金宇鉉姜準
永李明煥盧載淵進金裕章入直
各舘去照西署盤石坊石橋契南順元家契遺失聲明事
漢裁去牒中署泥洞金學順家契推給事
內部去質日人井上宜文外二十六名家契四十六枚及英人

41

喜祐法人馬太乙家契各一枚換給事
貞陵附近洞輪訓本陵接宇內植木事
美舘照會美人劉慰先買有盤石坊家屋一座蕟給
新契事
警廳照會倉洞安錫孝家籬內日人尾崎謂以治道所用無
難掘土云交涉該舘斯速禁戢事
十八日木曜晴 判尹朴 少尹朴承祖 主事金宇鉉姜準永李
明煥金裕章進盧載淵入直
警廳照會一進會長公牒內獨立館基址與會員讀查
定界事
十九日金曜微陰不雨 判尹朴 少尹朴承祖 主事四員進盧
載淵入直
清舘照會華商尹寶論算帳紙幣一百九十三元衣服襪子
等件犂洞等地韓人楊雲成兵卒金紅根搶去事
二十日土曜晴雨晩晴 主事入直
二十一日日曜晴 主事金宇鉉入直 是日判尹迎接日本大使博恭親王于南門外停車場
西署來照本署石橋路邊丐乞男屍一名收埋費支撥事
二十二日月曜晝間或晴或陰夜烏雲密布風稍揺樹
判尹朴 少尹朴承祖 主事金宇鉉姜準永盧載淵
金裕章進李明煥入直

42

外部 来訓美國人高佛安寳將旭水管器機應用地随充許賣事

西署 来照濟衆院治病者延安人劉德成叔理費支撥事

日舘 来照南門外蓮池邊廣告地支番所中間空地麥酒陳列所設置許可事

軍部 去報清商紙貨搶奪之事于金仁根嚴辦推還其所奪紙貨事

警廳警察課去照清商紙貨搶奪犯楊雲成嚴辦後該所搶紙貨推還事

私立普成學校去訓教師曺圭永前往學部應試事

警廳去照南門外蓮池邊麥酒陳列所開設特許事

日舘 回照南門外蓮池邊空地麥酒陳列所開設當日麥酒陳列所開設特許事

二十三日火曜晴 少尹朴承祖 主事金宇鉉姜準永盧載淵

金裕章進 李明燠入直

43

日舘 去照平理院拘囚罪人金永佑巴城舘留日人笹淵七生擅自奪去事

仝 去照俞鎭赫對日人高木債訟件該高木及小倉與鑄記當官前往裁判所歸決事

漢裁民事去照日人桑田庚太郎對英親王宮損害賠償請求事

平理院 来照金永佑公錢犯罪事拘囚本院日人笹淵七生保奪去知照日舘事

仝 来照日人笹淵七生携帶金永佑還囚本院事

[illegible]

二十四日水曜晴 少尹朴承祖 主事金宇鉉李明燠盧載淵金

裕章進 姜準永入直

日舘 来公文通信院會計課韓貨五千二百九十五元速支拂

事

仝 鐵道停車場洋灰桶洋灰買收罪坊止事

仝 洞上為次郎對慶尚南道固城居李鎭相債用發訓

事

警務廳 来照行賊金弘根楊雲成期於捉得事

漢裁 去照廣州富谷停車場掃溜洋灰事責所在囚金教

興即為放送事

二十五日木曜晴 主事金宇鉉李明燠盧載淵金裕章

進 姜準永入直

判尹少尹京釜鐵道開通禮式進去事

警務廳 来照南署巡檢南廷達毆打日人佐伯源三郎

與吾否叅日人二名知照日舘出送事

44

二十六日金曜朝雨夜歇風日不佳園遊會之一欠事也 判少

尹并不進 主事吾員同進 盧載淵仍入直

美舘照會西署盤石坊南大門外裴允祿家屋一座美國人

買孫買收新契換給事

平理院照會日人篇田挺期来待小峰不待故尚未行審右

小峰促照来待事

二十七日土曜夜雨夜陰風輕日寒無乃農時之雨候耶 主事

盧載淵入直

軍部指令清商尹寶論紙貨被搶於韓兵金紅根而該兵

隊號模糊更報事

日館公文日人尾濟對安錫孝地園内掘土損害金賠償事
全館公文日人西村菊之助外十六名田藩三十六枚新契二十七
枚換給事
漢城裁判所通牒金學順家契家僧金順志閪失理由審
辨無疑立保繕契事
二十八日日曜朝陰晚晴主事金裕章入直
二十九日月曜晴判尹朴少尹朴承祖主事金宇鉉姜準永李
明煥盧載淵進金裕章入直
清館去夏清商尹寶論被搶事韓兵金紅根隊號未詳更爲
詳照事

日館公函對鉄道監部所送別紙墳墓移轉料支拂調書依
前例調印事
日館公函倉洞金教珏對金教興强取韓貨二万両手票訴補
臨時軍用鐵道監部名義事
日館公函高木友之助對俞鎮贊貸金迅速決定事
警廳照會日館門前治道崔大喆家有妨交涉該館從長
妥辦事
三十日火曜晴判尹朴少尹朴承祖主事姜準永李明
煥盧載淵金裕章進金宇鉉入直
英館來照英人閔羅買收西署盤石坊池下契草七間家屋

45

請換新契事
漢裁去夏日本人高木友之助對俞鎮贊貸金請償案速辦
事
又去照西署倉洞居金教珏對富平郡居金教興韓貨二萬兩手
票强取一事嚴重措處事
又清商尹寶論被搶貨物案係關人梁景善金紅根訂期立
會聽審事
三十一日水曜晴判尹朴少尹朴承祖主事姜準永李明煥
盧載淵金裕章進金宇鉉入直
漢城內地段測量技手試取四人 日人技手堤 參座

六月

南署來照本署管內武橋下南川拋棄襁褓兒屍收埋費請求事
京郵便局長日人田中次郎來照五署內坊契洞里名稱調查示明事
美館來照美國人李吉咸典執東署於義洞冷洞草六間家
主鄭仲善所有官契一紙閪失故更換新契送交事
一日木曜晴判尹朴少尹朴承祖主事金宇鉉李明煥盧
載淵金裕章進姜準永入直
內部指令日人井上宜文英喜佑法人馬太乙家契按例繕
給事
平理院照會富平申仁叔案件日人小峰源作對該事件
關係事此知照日館收到其質下書事

46

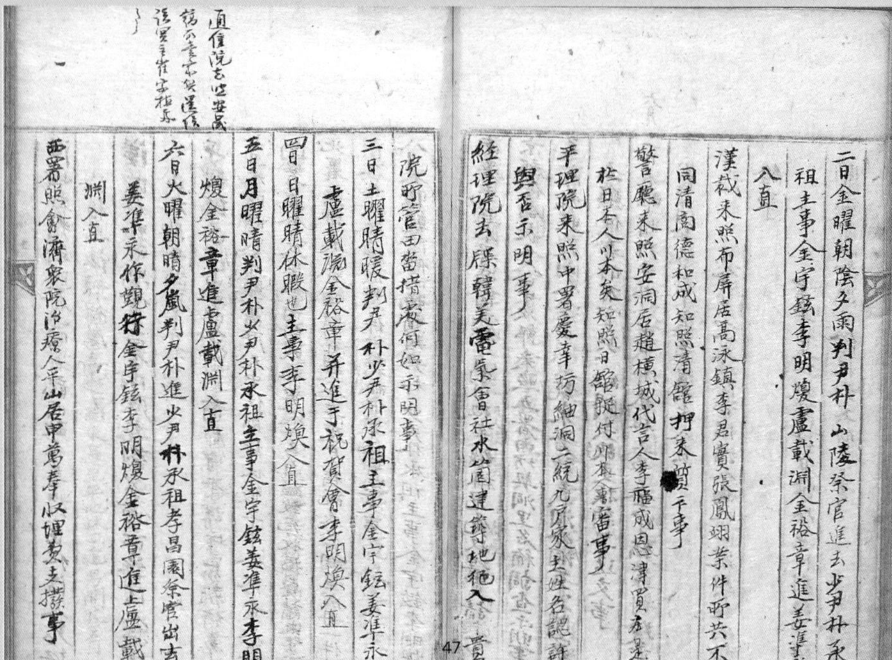

二日金曜朝陰夕雨判尹朴 山陵祭官進去少尹朴承
祖主事金宇鉉李明㷜盧載淵金裕章進姜準[illegible]
入直
漢裁來照布屛居高泳鎭李君實張鳳翊案件所共不
同清商德和成知照清館押來質下事
警廳來照安洞居趙漢城代言人李應成恩津貫[illegible]
於日本人川本矣知照日館提付所捉[illegible]當事
平理院來照中署慶幸坊細洞二統九戶家主姓名認許
與否示明事
經理院去牒韓美電氣會社水道建築地繪入[illegible]
院所管田畓措處何如示明事
三日土曜晴暖判尹朴少尹朴承祖主事金宇鉉姜準永
盧載淵金裕章并進于祝賀會李明㷜入直
四日日曜晴休暇也主事李明㷜入直
五日月曜晴判尹朴少尹朴承祖主事金宇鉉姜準永李明
㷜金裕章進盧載淵入直
六日火曜朝晴夕風判尹朴進少尹朴承祖孝昌園祭官出去
姜準永作覲狩金宇鉉李明㷜金裕章進盧載
淵入直
西署照會濟衆院治療人平山居申萬奉收埋費支撥事

47

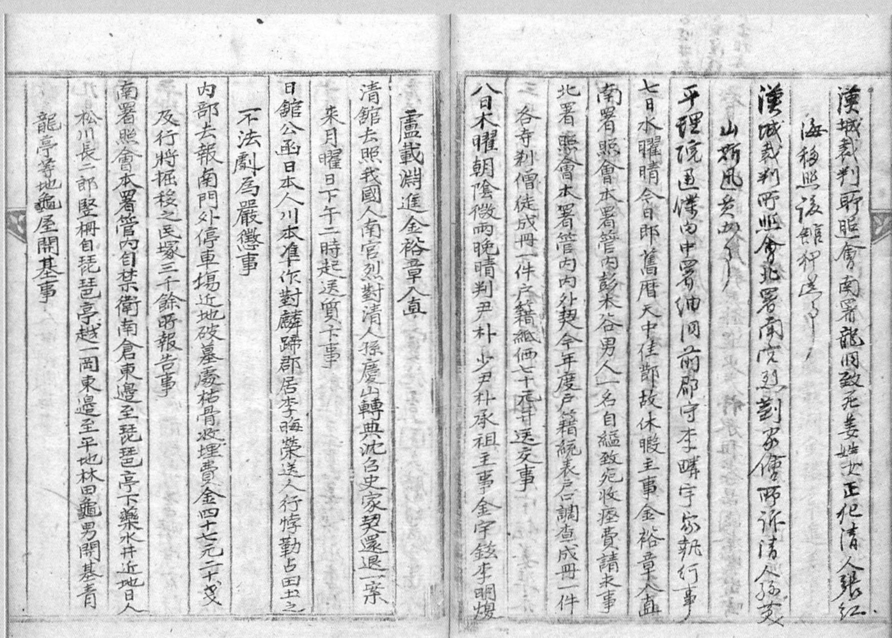

漢城裁判所照會南署龍山因致死姜姓女正犯清人張紅[illegible]
海移照該館押送事
漢城裁判所照會北署南宮烈劉家傳所訴清人孫英[illegible]
山訴風[illegible]事
平理院通牒內中署細洞前郡守李曄守家執行事
七日水曜晴令日即舊曆天中佳節故休暇主事金裕章入直
南署照會本署管內彭木谷男人一名自縊致死收瘞費請求事
北署照會本署管內內外契今年度戶籍統表戶口調査成冊一件
各寺刹僧徒成冊一件戶籍紙價七十元廿[illegible]送交事
八日木曜朝陰微雨晚晴判尹朴少尹朴承祖主事金宇鉉李明㷜
盧載淵進金裕章入直
清館去照我國人南宮烈對清人孫慶山轉典沈召史家契還退一案
來月曜日下午二時起送質下事
日館公函日本人川本準作對麟蹄郡居李晦榮送人行悖勤占田土之
不法劇爲嚴懲事
內部去報南門外停車場近地破墓處枯骨收埋費金四十七元二十[illegible]
及行將掘移之民塚三千餘所報告事
南署照會本署管內自禁衛南倉東邊至琵琶亭下藥水井近地日人
松川長二郎堅柵自琵琶亭越一岡東邊至平地林田龜男開基青
龍亭等地龜屋開基事

48

警廳照會上項南署照會日人竪柵開基事
九日金曜晴主事李明煥盧載渢金裕章進金宇鉉入直
南署来照本署所管内外契移紙價陞捨元先文事
平理院来訓中署慶幸坊第二統九戶前郡守李曉宇家既
由本院執行而忽有日本人木暮松太題付名牌矣轉照後使
事即爲決去事
駐京日本郵便局照會五署内五坊洞名速查送事
十日土曜晴判尹朴 少尹朴承祖主事姜準永李明
煥盧載渢金裕章進金宇鉉入直
度支来訓新任節儉實施事因文牒付去事

漢裁来照南署家女姓女與清人張紅海與清館
事會檢事
德館来照德國女人孫擇讓世利金仁洙家住接人元興
變移接他處讓渡事
清館来照張鳳翔安敍初相訟案査書次清商法和成號
提送事
日館来照青龍亭松地日人屯廛等工役撤去事
公函南署來照南署舟亭之地日人林田德男
蘇稼有 貴府方起工役速建事
漢裁来照趙基澤等金益淳訟案事實查照事

49

十一日日曜晴主事姜準永入直
清館来照我民南宮烈與清商孫慶山許典執家
契過限已久放賣家屋事
十二日月曜陰判尹朴 少尹朴承祖進去奈官主
事金宇鉉李明煥盧載渢金裕章進姜準永入直
日館来 沙村里鐵橋附近賣買價格取調回示事
警廳来照各處外國人立票占界逐處摘奸事
十三日火曜晴晝日董霧入夜陰判尹朴 少尹朴承祖
主事金宇鉉姜準永盧載渢金裕章進李明煥入直
日人堤慶藏試取測量見習生應試者計十七人也未知幾

人被選幾人落第也
十四日水曜晴判尹朴 少尹朴承祖主事金宇鉉姜準永
盧載渢金裕章進李明煥入直
美館来照美國人英吉利士買收家屋一座菜田二段新契
換給事
警廳来照自青龍亭東便至花樹亭日人立標二十五介
自内南山上上始至青龍亭後麓花樹亭東邊書領
事館公有標木百二十介竪立事
日館来文日人長島與次郎大谷光瑩松見善日等買收家屋
新契換送事

50

51

清舘去照 清人張紅海以南署龍洞姜姓女人傷命案被
告押付于清巡捕柳遇春矣該張犯即爲押交事
始興去訓 龍山鐵道停車場犯入民壙墓移埋該郡境內事
十五日木曜晴 判尹朴 少尹朴承祖 主事金宇鉉 姜準永
李明煥 金裕章 進 盧載淵 入直
東署長照會 戶籍紙七千九百五十丈價一百二十五元收到事
警廳照會 尾署堂峴前小峴民人墳墓掘土移葬及琵
琶亭南北邊 宮內府定界四人立標事
十六日金曜晴 判尹朴 少尹朴承祖 主事金宇鉉 姜準永
李明煥 進 盧載淵 入直
內部指令 美國人賈孫家契拔給事
十七日土曜晴 判尹朴 進 少尹朴承祖 主事金宇鉉 軍用鐵道
停車場基址文背山所有民塚移埋處看審次 始興地出去
姜準永 李明煥 盧載淵 進 金裕章 入直
漢裁去照 中署紬洞金仁洙家屋對德婆孫撑壞債權執
行事
西署來照 濟衆院治療人金俊完自斃埋葬費支給事
十八日日曜 陰 主事金裕章 入直
清舘公函 龍洞姜姓女會檢吏以明天何時証明前往信地事
始興報告 承准本府訓令 軍用鐵道停車場犯入民塚移埋處 踏勘

52

次至永登浦停車場待候午後四時還官事
政府電話 昨日 孝惠殿晝茶禮公故不參 勑任官修錄以上之意
奉承 大內處分矣 貴府亦宜錄送云 故本府判尹朴以南山拔
標事 專往日領事館 該辦未得 進參之意錄送事
十九日月曜晴 判尹朴 進 少尹朴承祖 南山京城公園
地立標處摘奸去 主事姜準永 李明煥 盧載淵 金裕章 進
金宇鉉 入直
日本兵站司令部來函 陸軍步兵大尉高橋弘轉補後備
隊長赴任事
西署來照 本署管內里門洞[illegible]男[illegible]
一名收埋費[illegible]事
內部訓令 日本軍用鐵道停車場犯入水上里[illegible]
[illegible]事
二十日火曜晴 判尹朴 少尹朴承祖 主事[illegible]
李明煥 盧載淵 金裕章 進 金宇鉉 入直
中學校來照 測量技術學徒指揮[illegible]
美館來照 金[illegible] 美國人[illegible]
[illegible]
[illegible]
日館來照 [illegible] 我國人金[illegible]

五萬九千八百五十兩[illegible]債事

漢裁來照龍山被打致死姜姓女會檢事

美館去照二度美人李[illegible]成[illegible]失之我國人鄭[illegible]善

家與及美商利士[illegible]失之我國人文[illegible][illegible]宗[illegible]

事

照會[illegible]南署會同金[illegible]完[illegible]同[illegible]用完[illegible]

完結事

十一日水曜晴 判尹朴 少尹朴承祖 主事金宇鉉 李

明煥 盧載淵 金裕章 進 姜準永 入直

漢裁來照龍洞被打致死姜姓女會檢時責少尹

同為會審事

開城郡去訓 日人吉田新對議所[illegible]金[illegible]寶債条六

萬九千八百五兩 償完事

美館去照 高佛安寶[illegible]九[illegible]執[illegible][illegible][illegible]迷報

債事

十二日木曜晴 判尹朴 少尹朴承祖 主事金宇鉉 李

明煥 盧載淵 金裕章 進 姜準永 入直

清館來照 華商尹寶[illegible]被[illegible]事[illegible]成雲之處為梁

景善金紅根之[illegible]不明[illegible]寶尤睦隣之道事

日館來照 本國人小野[illegible]磨代理白木為次郎對我民

53

李載規債[illegible]平郡[illegible]吉田[illegible]家[illegible]執行次[illegible]所[illegible]

交附事

上仝日人鐵道監部小峯源作對我民富平居申仁叔控

訴事件回示事

清館來照龍洞姜姓女獄案詳審宜案[illegible]一[illegible]傷

死已明白而該清商所失貨物悉推以送事

十三日金曜朝陰午晚灑雨入夜下雨半寸量正是農家之

甘雨而恨未洽也 判尹朴 少尹朴承祖 主事金宇

鉉 姜準永 盧載淵 金裕章 進 李明煥 入直

平理院去復 富平郡申仁叔案件質對之日 小峯源作答辯書

附交事

清館去照 姜姓女致斃案正犯張紅海照律辦案事

十四日土曜雨後山容更新 判尹朴 少尹朴承祖 主事金宇鉉

姜準永 盧載淵 金裕章 進 李明煥 入直

漢裁去[illegible] 姜姓女致斃案前後說諭送交送事

仝 去照 中署細洞元興變家即為執行事

外部來訓 據德公使照稱元興變債帳不日清拂隨即示明事

漢裁來照 清人德和成孫慶山二人移照該領館拿交事

宮內府來訓 儲宮行閣十七間賠賣委[illegible]折[illegible]查後居接人等出送事

清館來復 姜姓女致斃案張紅海毫無干犯矣 張之所失貨物千餘

54

元旱速推交事
二十五日日曜晴休暇主事盧載淵入直
二十六日月曜朝雨霏微午陰薄翳無乃旱徵耶判尹朴少
尹朴承祖主事四員進盧載淵入直
警廳照會花樹亭後麓至鷺峰等地日本人岡部子爵立標
二十四個又日人山高信爾立標十五個迅速禁斷事
南署照會管下內外部戶籍寺刹籍冊合三冊送交事
內部指令南山半部拔去日館票木竪立本府票木妥當事
二十七日火曜雨判尹朴少尹朴承祖主事金宇鉉姜準永李明煥盧
載淵進金裕章入直

電氣會社公函據度支部請求電車自黃土峴軌道至景福宮前
路數設認可事
師範學校夏期測量學徒試驗時該校無卒業生未克起送事
同校公函本校學徒尹定老鄭範時二人被選測量學徒其姓名拔
去事
平理院照會中孫徵事案日人蒲田河野民吉起送事
淸館照會因南宮烈告訴孫慶山事與初辭無異派主事一員聽
審事
兵站司令部當部副官陸軍步兵少尉新崎貞太郎二十六日着任事
內部度支部兩部報告各度電車自黃土峴至景福宮前路數設事

55

漢裁去照龍洞姜姓女獄案淸館夏辭與貴府文蹟大異函行
示明事
淸館去照我國人李君實張鳳翊對淸人成案件尚無回示函
詳示明事
內部去報東署商民等擄張商民基址以興商業事
電氣會社復函黃土峴至景福宮前路數設電車工役姑爲
停止以竢兼備事
二十八日水曜朝陰晩晴判尹朴少尹朴承祖主事金宇鉉姜
準永李明煥盧載淵進金裕章入直
漢裁去照南宮烈訴葉寶儒妥員派往淸館聽審事

英館照會英人徐通在平壤買有房産五所請換新契章
漢裁照復龍洞姜姓女獄案屍帳及干證書類恐非預
先交附事
同府照會黃各史對言人朱允稷對朱相烈訟案已爲
查決而該家板券有三事
日館公文日人谷川與一外七名買收家屋換給新契岩
谷徹三郎家券紛失更新券亦爲發給事
二十九日木曜晴判尹朴少尹朴承祖主事姜準永李
明煥盧載淵金裕章進金宇鉉入直
日本軍用鐵道監部來照孔德里迄設軌道山崩壞處後舊

56

工事急速着手自今后限一週間每日役夫三百名募送事
漢裁來照仙洞金仁洙案件質對之清商廣昇號轉照起
送事
警廳來照北署細橋沿路家屋及墳墓現自日本軍用鐵道
監部立票行將撤掘事
外部來訓德國女人孫擇孃典執金仁洙家前主元興燮訴
究與孫控大昊轉照會審事
度支來指韓美電氣會社之追設電車於景福宮前路內金
庫所關物品運輸使金庫役請求事
漢裁去照德女孫擇孃對元興燮訴控家屋之案訂期會

57

審事
日館去照富平中仁叔訴案質審次日人滿田及河野兩人來月
明日午後二點起送平理院叅質事
清館去照德國女人孫擇孃對元興燮訴案質審次清商
廣昇號起送質對事
漢裁去照德女孫擇孃對元興燮會審日期訂示事
三十日金曜朝雨晩晴 少尹朴承祖 主事李明煥盧載澗金
裕章進金宇鉉入直
清館來照德女孫擇孃依清商廣昇號囑租借元興燮於
金仁洙所典家舍事

又來函清商祥興號張洋服鋪失竊物迅加追償事
七月一日土曜晴 判尹朴 少尹朴承祖 主事金宇鉉李
明煥盧載澗金裕章進姜準永入直
日館來照日人大村保太對俞鎭贊貸金請求事漢裁判決
不服控訴平理院事
上仝出太兵衛外六名買收家屋換給新契事
中署來照署內敦化門前男尸一名出埋費金支給事
開城去訓日人吉田新對該郡烏川居金容實債款償
完事
清館去照龍洞姜姓女獄事三檢會同交涉事

58

漢裁去照孫擇孃典執元興燮家清人廣昇出租金無
庸裁判事
平理院去照日人大村保太對俞鎭贊債款事移飭事
二日日曜晴 主事姜準永入直
三日月曜早陰正午時暈瀑雨如注少頃雲掃雨霽入夜濃陰 判尹朴
少尹朴承祖 主事金宇鉉姜準永盧載澗金裕章進李明煥入直
美館來照美國人道元時買得東署崇信坊家舍一座田三日耕執照拔給事
內部來指水原[illegible]附近地鐵道停車場基地[illegible]長指示事
警廳來照平[illegible]人楊光[illegible]交涉[illegible]迅速移審事
清館來照[illegible]

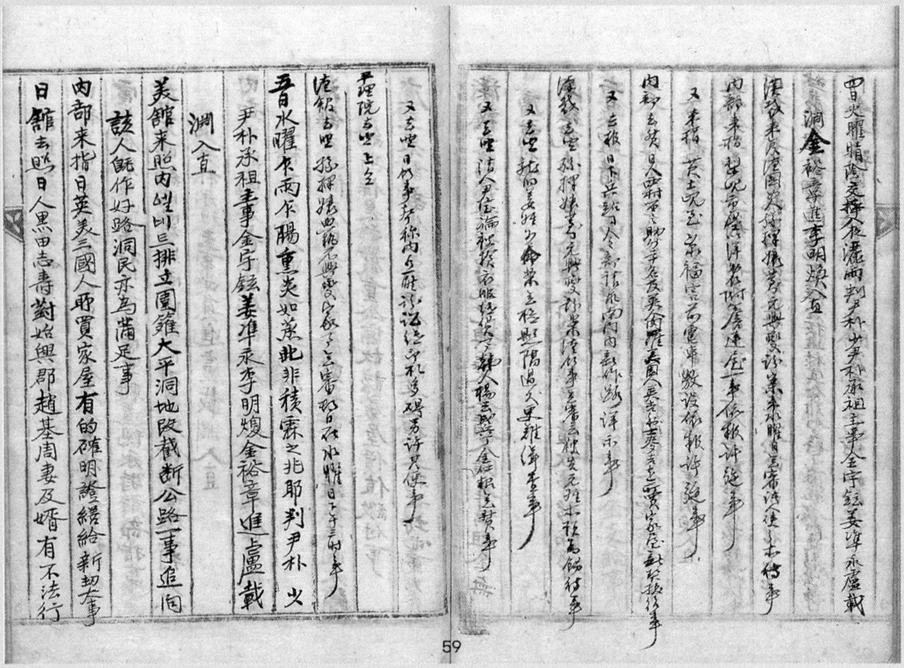

59

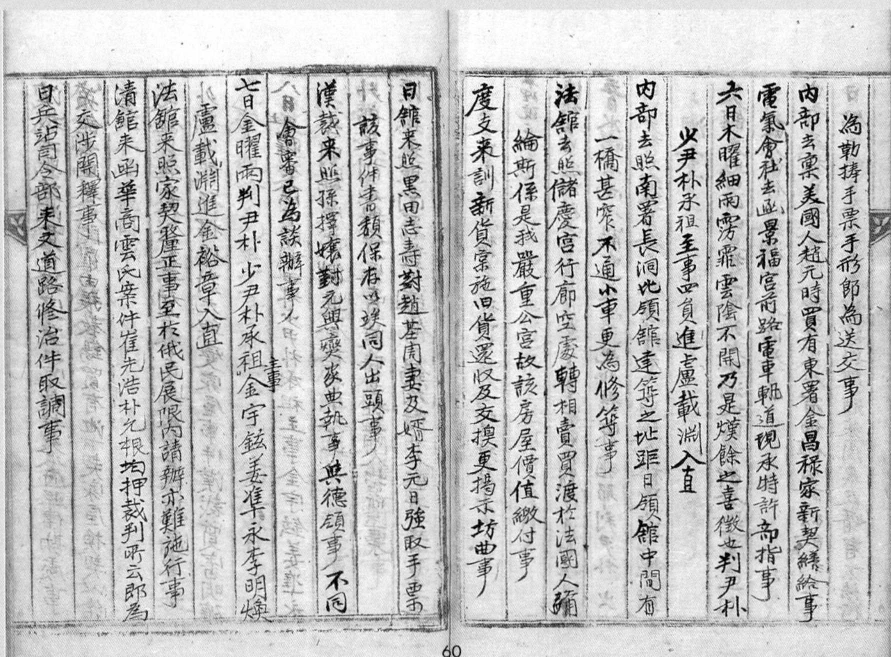

60

漢裁去照苑洞黃召史家重出家契推交本府照律勘處事
英舘去照英人閔羅由張敎錫買有池下契家屋換契以給
事
美舘去照美人英吉利士交吉連家契三張換交事
外部去報孫擇孃對元興變家屋事件漢裁質審明確
事
十八日日曜陰後晴判尹朴少尹朴承祖主事金宇鉉姜準永
李明煥盧載澍進金裕章入直
外部來訓元興變家賣渡時立證諸人招質事
漢裁來照南署藍井洞居尹錫均對日人宮奇守吉妻訴

案訟日女之欲奪人家萬〻駭然轉涉日舘嚴査事
內部指令美人趙元時買有家屋依從例繕交新契事
漢裁去牒西署京口陳光錫家屋雖欲毁撤而無主管之人
設陳哥即爲放送事
農部去報陰乙巳正二三月三朔條三百九十八元及成冊三件上
送事
南署判書谷田賣渡於日人金之李興馥等五人自南署捉
交本府嚴囚事
九日日曜雨主事金宇鉉入直
中署來照籍紙價零條八元四十六戔畢送事

61

十二日月曜大雨終朝川渠汎濫判尹朴少尹朴承祖主事
姜準永李明煥盧載澗金裕章進金宇鉉入直
西署來照蓮池洞土幕男彊屍一名收埋償支撥事
十三日火曜或雨或陰判尹朴少尹朴承祖主事金宇
鉉李明煥盧載澍金裕章進姜準永入直
法舘來照本國保護毋人彌倫斯買有家舍二座換給
新契事
平壤監理署去照貴署管內隆德部所在家屋新契
以英人徐通名義換撥送事
外部去報孫擇孃對元興變家屋案件更無確査

處事
日舘去照西村西之助外一人名買收家契換交事
美舘去覆美人趙元時買收東門外契家屋換契以給
事
十四日水曜晴陽判尹朴少尹朴承祖主事金宇鉉李
明煥盧載澍金裕章進姜準永入直
法舘去照法人富來祥在西署西門外平洞屋後路犯占他
人田地一案錯擧妄正事
四大門附傳五署內人成家屋換契時買賣主與保人借
來後換給而若不於到踏並爲十掛來後換給事

62

十三日木曜陰多晴少間灑雨判尹朴少尹朴承祖主事
金宇鉉姜準永盧載渊金裕章進李明煥入直
美館来照美國人訖法買收蓮池契家屋三座新契換給事
[illegible]来照美國人年利時買有南署長興洞日本人岡村五良左衛門家
新契換給事
通信院来覆青坡洞朴台鎬對日人前寔之勛交換韓貨五[illegible]百九十元
事決案已久今日疊提有涉詫訝事
宮府来牒本府大臣之章改造行用故印本捺交事
内部去報一度梨峴商屋浮屋基地半間犯路許施事
警務廳去照會洞金顯國長洞李周實嚴飭別巡克日捉交事

十四日金曜朝陰晴暮復陰判尹朴少尹朴承祖主事金宇鉉
姜準永盧載渊金裕章進李明煥入直
内部去質據洪忠鉉請願長廣會社規則聯附事
度支部去報現任判尹少尹服章費紙貨七百六十元支撥事
農部去質據洪忠鉉請願長廣會社規則聯附事
南署来照南汝院男僵尸一名收埋金支撥事
十五日土曜晴判尹朴進少尹朴承祖主事金宇鉉率書記
三員往南山會同警官与日人豎立京城公園地定界標
姜準永李明煥盧載渊進金裕章入直
十六日日曜或陰或晴休暇主事金裕章入直

63

十七日月曜晴判尹朴少尹朴承祖進主事金宇鉉因公出姜
準永李明煥金裕章進盧載渊入直
日館去照通信院前在書廳安明鎬與日人前山紙貨交換事
非通信院所關事
宮内府訓令南署[illegible]南倉[illegible]山下局内[illegible]林洞
以本府果園保護京城公園地標木即爲拔去事
株式會社公函南門外溜池埋築請願事
十八日火曜晴判尹朴少尹朴承祖主事金宇鉉姜準永李
明煥金裕章進盧載渊入直
農部指令五署内各典鋪稅正月二月三月條合三百九十八

元成冊三卷視到事
度部訓令貨幣交換所管諸規則說明書添付訓牒到
郎告示坊曲事
内部指令梨峴市廛洋製建造事尺量後形止報來事
十九日水曜晴判尹朴少尹朴承祖主事姜準永李
明煥盧載渊金裕章進金宇鉉入直
南署来照南代院南邊有男殭屍一名收埋費支撥事
開城来報日人吉田新[illegible]金宗實涉訟案果是捕捉事
日館来照[illegible]金[illegible]涉日人二
[illegible]事

64

土奮去照本年度之稅[illegible]未還之意事
德館去照南署儲慶宮[illegible]一處德人高[illegible]買
而至倩[illegible]遷退事
西部去報文家照章禮帳費支撥事
又去牒判尹閔[illegible]禮帳費[illegible]支撥事
二十日木曜晴判尹朴 少尹朴承祖主事姜準永李明
煥盧載淵金裕章進金宇鉉入直
農部來牒[illegible]會社請劃設市許施事
西部來牒上同
清館來照清商總會門前汚穢場以該會停留車馬

之地[illegible]事
日館去覆日本人吉田[illegible]實地一切[illegible]事
宮內府去報儲慶宮[illegible]閔[illegible]以圖界作[illegible]事
美館去照美人[illegible]利[illegible]買[illegible]家[illegible]事
二十一日金曜晴判尹 少尹朴承祖主事金宇鉉李明煥盧
載淵金裕章進姜準永入直
二十二日土曜晴判尹朴 少尹朴承祖主事金宇鉉李明
煥盧載淵金裕章進姜準永入直
清館去照華商總會前汚穢場依照準許而[illegible]我
國要[illegible]行為推[illegible]事

65

平院去報[illegible]獄署在囚金致五所有租包物品[illegible]之金
順[illegible]及[illegible]日人在洋[illegible]回示事
二十三日日曜信曉大雨[illegible]注川渠諸般汚穢滌盡正是衛生
之天補助也休暇主事李明煥入直
二十四日月曜晴判尹朴 少尹朴承祖主事金宇鉉姜準永
盧載淵金裕章進李明煥入直
北署來照梁鐵坪沙場上斷髮人林中勒縊致死該屍[illegible]
埋[illegible]文[illegible]事
漢裁來照朴仁昌家典執日人佐々正之處家契不日推交
該家券[illegible]典人安鳳鎬處推償事

文來照順興郡洪思國處無理行悖之日人弘津華
三郎知照日館嚴懲惡習事
日館去照沃川郡居郭在舜石道甸等京釜鐵道建築時
需用地段年[illegible]仍推給事
二十五日火曜自曉頭雷雨大作山[illegible]不[illegible]至朝快晴判尹
朴少尹朴承祖主事四員進盧載淵入直
日館公文沃川郡民郭在舜石道甸對岐志組鐵道建築
時損害田畓年[illegible]價相當代金領去事
內部訓令宮內府因一進會公函紳徒入闕無得苦示事
二十六日水曜朝晴趂午驟方至判尹朴少尹朴并不進

66

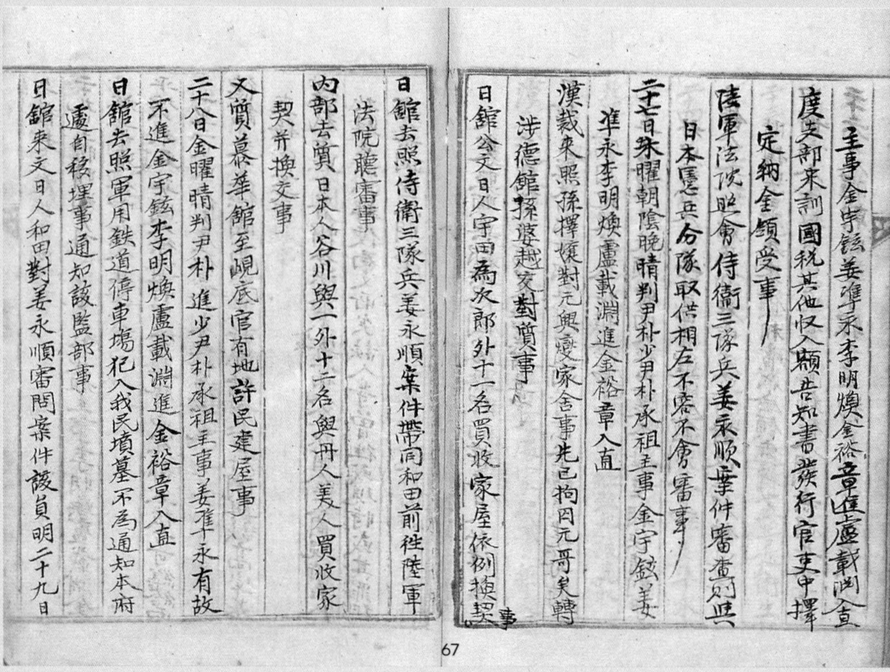

主事金宇鉉姜準永李明煥金裕章進盧載淵入直
度支部來訓國稅其他收入額告知書發行官吏中擇
定納金領受事
陸軍法院照會侍衛三隊兵姜永順案件審查則與
日本憲兵分隊取供相左不容不會審事
二十七日木曜朝陰晚晴判尹朴少尹朴承祖主事金宇鉉姜
準永李明煥盧載淵進金裕章入直
漢裁來照孫擇孃對元興燮家舍事先已拘因元哥矣轉
涉德館探婆越交對質事
日館公文日人宇田爲次郎外十一名買收家屋依例換契事

日館去照侍衛三隊兵姜永順案件帶同和田前往陸軍
法院聽審事
內部去質日本人谷川與一外十二名與丹人美人買收家
契并換文事
又質慕華館至峴底官有地許民建屋事
二十八日金曜晴判尹朴進少尹朴承祖主事姜準永有故
不進金宇鉉李明煥盧載淵進金裕章入直
日館去照軍用鐵道停車場犯入我民墳墓不爲通知本府
遽自移埋事通知該監部事
日館來文日人和田對姜永順審問案件該員明二十九日

67

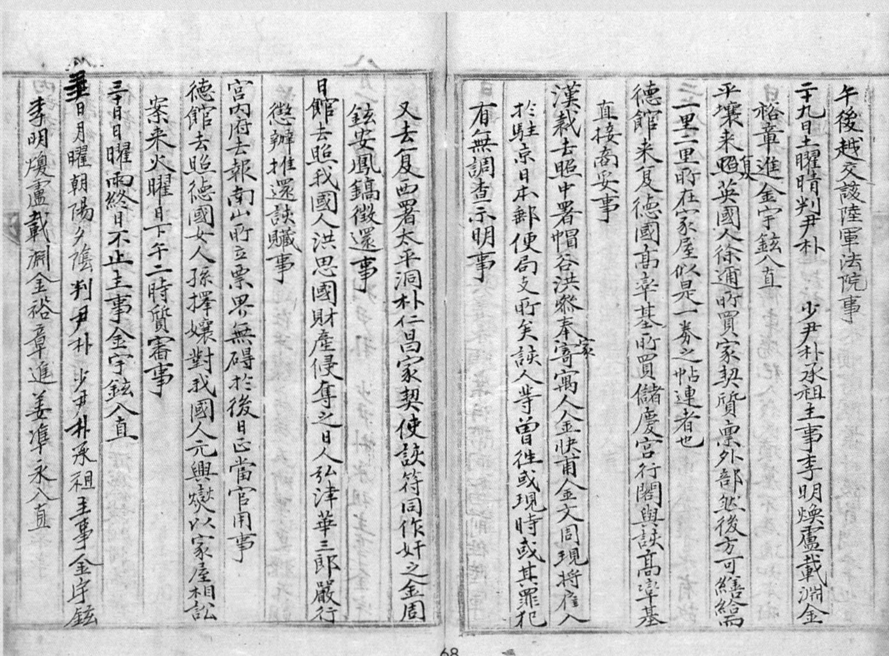

午後越交該陸軍法院事
二十九日土曜晴判尹朴　少尹朴承祖主事李明煥盧載淵金
裕章進金宇鉉入直
平壤來照英國人徐通所買家契質稟外部然後方可繕給
一里二里所在家屋似是一券之帖連者也
德館來質德國高幸基所買儲慶宮行閣與該高幸基
直接商妥事
漢裁去照中署帽谷洪憥奉家寄寓人金快甫金文周現將往入
於駐京日本郵便局支所矣該人等曾往或現時或其罪犯
有無調查示明事

又去質西署太平洞朴仁昌家契使該符同作奸之金周
鉉安鳳鎬徵還事
日館去照我國人洪思國財產侵奪之日人弘津華三郎嚴行
懲辦推還該贓事
宮內府去報南山所立票界無碍於後日正當官用事
德館去照德國女人孫擇孃對我國人元興燮以家屋相訟
案來火曜日下午二時質審事
三十日日曜雨終日不止主事金宇鉉入直
三十一日月曜朝陽夕陰判尹朴　少尹朴承祖主事金宇鉉
李明煥盧載淵金裕章進姜準永入直

68

內部來訓日本軍司令部劃定龍山等地家屋田畓官有民有及墳墓昭詳報來事
日本軍經理部來函龍山附近軍用地有所協議事
德館來照孫擇孃對元興變家屋訟案漢裁談判將爲無
効故勸言該孃委任日人事
各館去照本府五署內人口家屋現已編籍外國公領館
使嗄家屋數額另單錄示事
英館去照英人徐適在平壤房屋五所事更探示明
事
八月一日火曜朝陽夕雨判尹朴 少尹朴承祖主事金宇
鉉李明煥盧載淵金裕章進姜準永入直
漢裁去照孫擇孃對元興變家屋相訟事委任日本人
事
日館去函足立龍二郞由金相禹買有家証書送交事
日館來函日人足立龍二郞買收銅峴家屋十五間賣渡証書送交事
南署來照水標橋川邊新生兒拋棄收埋費文撥事
二日水曜午晴夕陰或細雨霏霏大雨瀑注令人有支離之歎今夜雷聲
大作電光連續難甘一睡判尹朴 少尹朴承祖以日本軍用地
摘奸次進去主事金宇鉉姜準永盧載淵金裕章進李明煥入直
內部去報自本年一月至七月末五署內殭屍收埋費六十九元支撥
而現今物價刁騰從今以後五元式新定事

三日木曜朝陰暮雨今夜晴判尹朴 少尹朴承祖主事金宇鉉
姜準永盧載淵金裕章進李明煥入直
北署來照庵衛隊前橋下遺棄新生女一名收埋費文撥事
清館來函本國人在清署當差另單送交事
英館來照英人閔羅西署無私坊草家十一間田地小段被騙買收事
內部去報南山一平部植立黑木各項雜費四百六元七十戔支撥事
四日金曜霖初霽陽始生氣候甚熏蒸判尹朴 少尹
朴承祖主事四員進盧載淵入直
日館來照說田五十二對趙鍾祿家屋還退訴未公決事
警廳去照南山半部褒林洞官有地巡山巡檢崔基鉉盜賣
價額還交本府事
五日土曜或陽或陰自夕至夜乃雨判尹朴 少尹朴承祖
主事金宇鉉姜準永李明煥金裕章進盧載淵入直
英館來照本館雇傭與寓住韓人男女總額送交事
日館來文冨田初太郞買收舊券四枚換給事
漢裁去照日人說田五十二對趙鍾祿家屋還出件公決事
沃川郡去訓郭在舜石道旬京釜鐵道建築時取土田
畓年來被害件相當價值錄交事
六日日曜晴休暇主事金裕章入直
西氷庫附近居民幾百名以護洞附近日本軍用地所用

該洞附近所有家屋墳墓田土毁撤掘移事來訴仍
向判尹少尹家
七日月曜晴判尹朴 進少尹朴承祖請免本職于內部 主
事金宇鉉姜準永李明煥盧載淵進金裕章入直
度支部來訓金庫位寘地方揭布中外自八月十五日以後所納
公納輸納于所管金庫事
仝訓本部令第四第五號附屬書式二十五号送交准此施行事
仝訓本部令第五號書式用本國既往印刷紙境遇依左開
式撰記載事
仝訓本部令第五號歲入歲出處理順序使執務者更加注
意勿誤施行為要事
比館照复本國人及雇用我韓人編籍左開呈交事
平理院訓令李世鎭訴訟案件申聖奎當土典執錢數日
本人等所用条知照日館一一查明俾即示复事
平壤監理署照會英人徐通買有房産五所券契依本
還交事
電氣會社公函本社買收龍山家屋九座為築機械廠
撤毁事
美館照會韓美電氣會社買得龍山家垈五座換
交新契事

71

日本軍司令部公文龍山附近軍用地收用該人民處告示
事
漢裁照會朴仁昌家契訟案日人佐佐債款皆推安鳳
鎬等處以給家契還付該主為當而日人占奪朴家
知照日館禁飭事
西氷庫附近居民等又為來訴曉喻退送事
八日火曜晴判尹朴 主事四員進金宇鉉入直
內部來訓西署獨立館基址自政府認許於一進會矣
由貴府派員與一進會員會同踏查依舊址劃定
事
又指令日人前村與一外十二名及丹國人瑞倫斯
美國人紀法所買家契依例換給事
漢裁來照我國人李君實對清商德和成訴來之案
更為交涉請質事
利泰院屯芝洞民人等又以日本軍用地段不可讓渡之
意來訴事
九日水曜晴主事四員進金宇鉉入直
度支部來訓新鑄貨幣式樣揭示人民事
日館來文居留彼我民間防疫衛生方目下組織矣貴
民間亦須注意預防事

72

日本駐箚軍經理部來函平壤義州兩處軍用地境
界票示事當由本部派員矣貴國內部職員示
爲派送事
大廳電話貴府判尹下午二時來待于 宮內府事
沿江民人等又爲辭訴於內部被日憲兵衛澈三人
被傷仍即散去云云事
十日木曜晴炎判尹朴 主事四員進姜準永
入直
內部來訓日兵軍用地借與一款諸民作挺鬧
甚矜令訓意揭付該地俾安心做業事

日憲兵隊來照西氷庫等五洞洞任明日午前十時
當隊出頭面訴事
內部去報日本軍用地段調查後該屋田土墳塚全相
當価額移轉事
上今去報本府少尹請願代金宇鉉代理事
十一日金曜陰風雨判尹朴 主事四員進姜準永
入直
清署來函華商永盛合貸価廣移韓商金宗寬去人
四千九百兩而該金逃匿故搬取貨物以抵債項事
內部來訓日本軍之用地所居民人家屋墳墓土地相當

73

役全然從判尹與地方官七洞去該地查檢事
日館去照朴仁昌與契與執人住住止更該契推交去矣事
又去照申仁權業件所關居間日本人末信雅幾何錢額
函底示明事
英館去照美人律通年操置所房屋五所去房主張遂主
事
清館去照張鳳翊對德和成案件該德和成前來質示事
日憲兵隊去函五洞總代既已經勘則不必再考待後令
病差起送事
十二日土曜晴判尹朴 主事金宇鉉姜準永盧載淵金裕章

進李明煥入直
本日承內部訓令判尹與地方官長帶同該掌主事一員進
去于南郊日本軍地犯入各洞曉諭安業而家屋田土墳墓
方在治道中犯入者急先成冊報來而有從長措處之意告示
一度式頒給後入夜歸家
本府主事金裕章請由還第
清館來函我民安教明張鳳翊與李君實相訟事更審速覆事
義館來照漢城五署內男女家屋住本館者昭詳送交事
比館來照長洞新建比署前小橋從速修繕俾便運輸材料事
法館來復儲慶宮外廊舟人彌倫斯旁屋一事該人本非買主

74

給債典執於清人木匠우이라드事
美館來照美國人白琪買有南署葛月里家屋一座新契換給事
日館來照日人小箏收外三名買有家屋三枚換給新契事
法館來照法人攄來物理在蓮花峯買收家屋地段業經貴
府派審則迅將新契換給事
經理院來復森島韓美電氣水管機械廠建設地段価額准
數推入該工事從便施行事
十三日日曜晴休暇主事李明煥入直
十四日月曜晴判尹朴 主事金宇鉉姜準永李明煥準盧
載澗入直

德館來照韓人男女雇傭留住本館家口總額錄交事
清館去照清人우이라드買收儲慶宮行閣典執件妥正事
美館去照高佛安寶時旭典執權柔爕家搜契事
仝館去照純法買收盤石坊家一座新契換給事
十五日火曜晴判尹朴 主事金宇鉉姜準永李明煥直
準盧載澗入直
清館來函宮外隙地我商購得明每日間商議會同事
日館去復日本人谷川與一外十五名買收家十八枚搜契事
法館去復毋國人擶倫斯耶買會洞家二座搜交事
清館去函儲慶宮外廊買有之清人우이라드飭令讓退事

75

漢裁去照清商永盛合貨物價零条四千九百吊督償
於金榮寬處事
上左去照英國人閔羅耶被騙賣地段價推還於後真
地主事
上仝去復清商德和成僞票案質審事
十六日水曜晴是日也即惟我
太祖高皇帝開國紀元節也 賜暇年例而所以紀念也主
事金宇鉉入直
十七日木曜晴判尹朴 主事姜準永李明煥盧載
澗進金宇鉉入直

日館來照申仁叔李世鎮兩者間裁判事件當由該平理
院審辦我國人確否債權吏宜出訴當館事 十六日条
一進會來函獨立館基址以明日上午十時會同踏查定界
事
學部去報私立廣成義塾認准事
平理院去報李世鎮典執申仁叔畓券時判決書及約定
証書謄附事
內部去質美國人高佛安寶時旭由權柔爕買有家屋二座及日本
人宇田為治郎外十七名買收家契三十二枚換交事
十八日金曜陰陰判尹朴 主事金宇鉉李明煥盧載

76

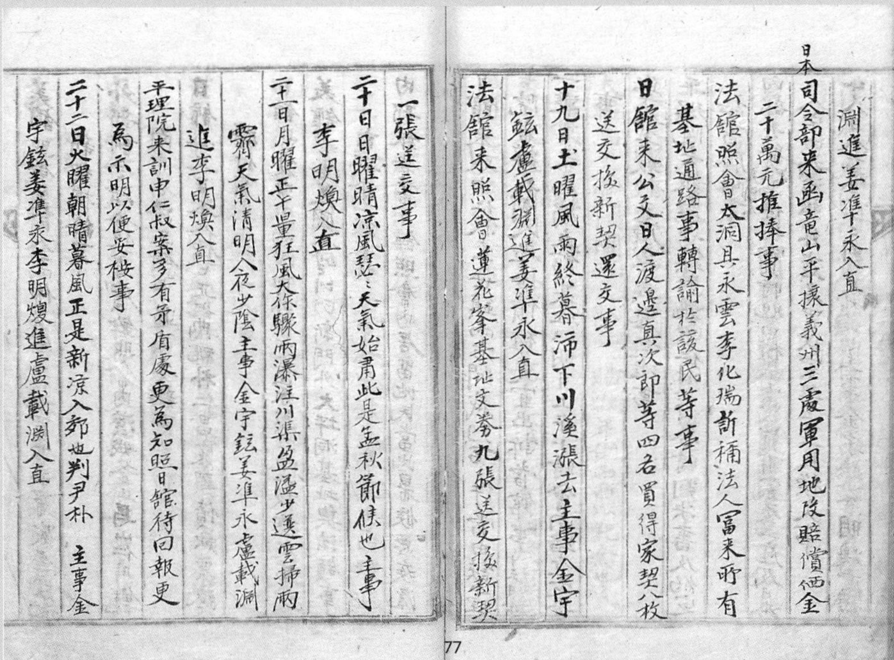

淵進姜準永入直
日本司令部來函竜山平壤義州三處軍用地改賠償価金
二十萬元推捧事
法館照會太洞具永雲李化瑞許補法人冨來所有
基址通路事轉諭於該民等事
日館來公文日人渡邊貞次郎等四名買得家契八枚
送交換新契還交事
十九日土曜風雨終暮沛下川溪漲去主事金宇
鉉盧載淵進姜準永入直
法館來照會蓮花峯基址文券九張送交換新契
一張送交事
二十日日曜晴涼風瑟瑟天氣始肅此是孟秋節候也主事
李明煥入直
二十一日月曜正午暈狂風大作驟雨瀑注川渠盈溢少選雲掃雨
霽天氣清明入夜少陰主事金宇鉉姜準永盧載淵
進李明煥入直
平理院來訓申仁叔案多有可盾處更爲知照日館待回報更
爲示明以便妥核事
二十二日火曜朝晴暮風正是新涼入郊也判尹朴 主事金
宇鉉姜準永李明煥進盧載淵入直

77

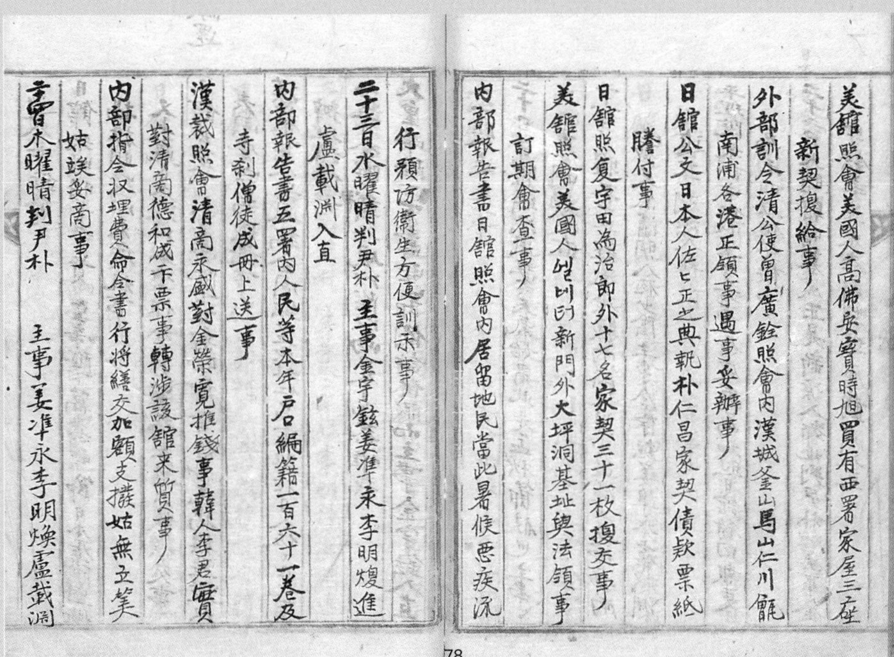

美館照會美國人高佛安賣時旭買有西署家屋三座
新契換給事
外部訓令清公使曾廣銓照會內漢城釜山馬山仁川甑
南浦各港正領事遇事妥辦事
日館公文日本人佐佐正之典執朴仁昌家契債款票紙
謄付事
日館照復守田爲治郎外十七名家契三十一枚換交事
美館照會美國人엘비더新門外大坪洞基址與法領事
訂期會查事
內部報告書日館照會內居留地民當此暑候惡疾流
行頻防衛生方便訓示事
二十三日水曜晴判尹朴 主事金宇鉉姜準永李明煥進
盧載淵入直
內部報告書五署內人民等本年戶口編籍一百六十一卷及
寺刹僧徒成冊上送事
漢裁照會清商永盛對金榮寬推錢事韓人李君實
對清商德和成干票事轉涉該館來質事
內部指令收埋費命令書行將繕交加額支撥姑無立案
姑俟妥商事
二十四日木曜晴判尹朴 主事姜準永李明煥盧載淵

78

繳還

進金宇鉉入直
日館來照明二十五日貴 皇帝陛下萬壽聖節日本居留民一般
揭旗明燈以表慶祝事
又來照日本人川本準十作外三名買收家契六枚換交事
日館去復 大皇帝陛下万壽聖節貴居留民揭旗點燈以
表同慶竊爲感謝事
漢裁去復安鳳鎬金周鉉盜典朴仁昌家契於日人佐佐正之一案
辦理清償事
二十五日金曜截谷風以陰以雨是日也恭惟我
大皇帝陛下万壽聖節例許休暇而主事金宇鉉入直

79

西署來照本署管內德明洞等地男殭屍一名收埋費
請求事
二十六日土曜晴判尹朴 主事金宇鉉李明煥盧澗進
姜準永入直
日館來公文日本人大村保太郎對我民俞鎭贊貸金韓
貨七千六百元事杳息回示事
日館來公文五江運輸會社創設全然不法徵稅嚴
重御處分後回示事
日軍用監部來公函京元鐵路第一役請負人石村百姓
出役從爲望事

漢裁來照會劉興表對康龍雲債訟業執行康氏家
于至四朔日人松尾今付門牌云知照日館來示事
中署來照長橋曲鋪主金泰潤崔萬福宕巾典執而
及其出給時以契宕接給此典主六個月停止典執事
學部來指令校洞私設學校教師崔承春依規免試
期於終始之教育事
警廳來照西門外八角亭北邊至輸洞南邊民陳田與西
北鐵道新作路邊美人里手弁卜木柵園立知照美館禁
止事
上仝來照十四日南署山巡檢報告內上倉洞民田壽

80

日人三好稱買云立標未定界矣知照日館禁止事
學部去報溫梓義塾監金教憲教育人材該規則
一件連附仰報事
漢裁去照清商永盛合對金榮寬債款速爲督償事
上仝去照花洞黃呂吏對朱重烈重出家契期於推繳
妥業事
日館去照富平申仁叔齒訟諸犯人亟行嚴辦事
二十七日日曜日氣清和姜準永入直
晉州觀察府來電麻洞金一圭與鄭夏鉉相訟事
保放理由回示事

二十八日月曜朝晴暮雨判尹朴 主事金宇鉉姜準永李
明煥進盧載淵入直
清館公函清商同香園杜秉亮對閔炯植該店飯帳欠條事
打逐杜商無禮之罪懲治事
仝館復函清商德和成准於本月二十九日三時前往漢城裁
判所候質訴明事
二十九日火曜自曉頭大雨瀑注至午晩少晴判尹朴 主事金
宇鉉姜準永李明煥進盧載淵入直
度部訓令東大門外安甘洞等地官有一區設屠牛場而自
本府派員定界後報來事

日館公文藤田庄三郎外二名家契四枚及牧野文三郎家券
繕新送交事
仝館函復西署太平洞朴仁昌家契典執日人佐佐正之債款
過限還完事
西署照會光武九年度戶籍紙價畢納事
宮內府報告書 大皇帝陛下萬壽聖節日本居留民一般敬
祝以敦友誼感謝事
日館照復日本居留民等 大皇帝陛下萬壽聖節一般
敬祝通知事
仝館照會三好和三郎倉洞所在瓦十四間由劉貞煒買得

81

田一區擅占禁止事
私立廣成義塾訓令教育人材務著實效事
軍用鐵道建築班長公函京元鐵道役夫募送事沿江
村民情狀捷胥莫無赴役道理事
三十日水曜晴判尹朴 主事金宇鉉姜準永盧載淵進
李明煥入直
度支部輪牒自今爲始財簿上文字用圜字一切元字勿用事
西署來照光武九年戶籍紙価准交事
日賀田復函南部日本軍用地犯入人民家屋之漏落於成冊者決
不可准信故該成冊繳送事

日賀田去函軍用地點犯入家屋田畓墳墓成冊送交該價額支
撥事
三十一日木曜晴判尹朴 主事金宇鉉姜準永盧載淵進李明煥
入直
清館 來照清商江日文衛生社金兄弟商會房墻修築工價
加給事
仝 來照清商周福齡對韓紳記朴興梅債款歸還事
漢裁來照清商德和成對我民李君實債款掌記及細音
記在領事館交涉該館推交事
日賀田來函南門外日本軍用地犯入家屋田畓墳墓調査成冊火速繕付事

82

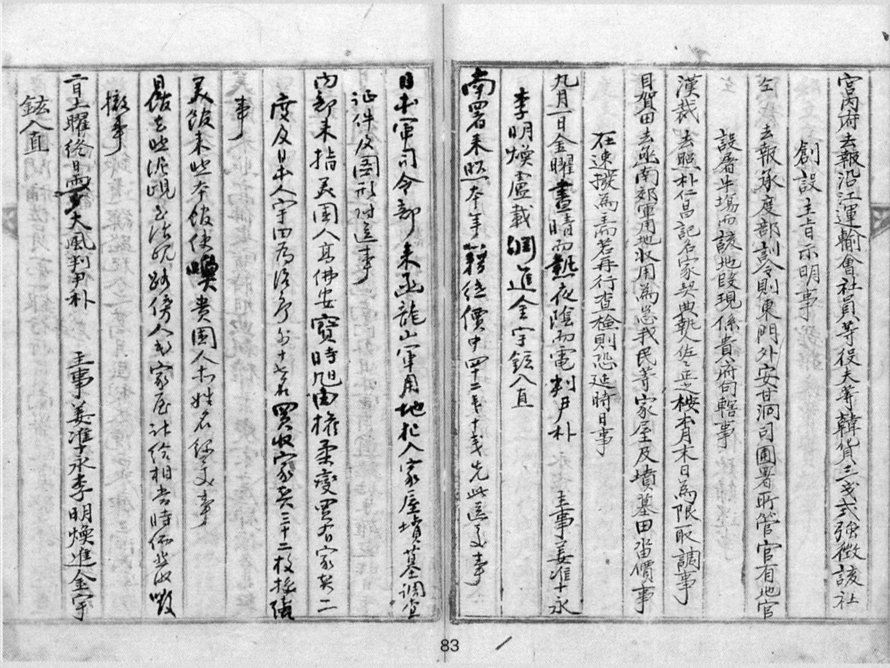

宮內府去報沿江運輸會社員等役夫等韓貨三戈式強徵該社
創設主旨示明事
去報承度部彭(?)今則東門外安甘洞司團署所管官有地官
設屠牛場而該地段現係貴府句轄事
漢城
去照朴仁昌記名家契典執人李丞之梅本月末日爲限取調事
目賀田去照南部軍用地收用爲悶我民等家屋及墳墓田畓價事
在速撥爲嘉(?)若再行查檢則恐延時日事
九月一日金曜晝晴而夜陰而雷 判尹朴 主事姜准永
李明煥盧載洞進金宇鉉入直
南署來照本年韓錢價中四千二百十五兩先此送交事

日本軍司令部來照龍山軍用地犯入家屋墳墓調查
延伴(?)及田形(?)通事
內部來指美國人高佛安實時旭由韓柔夔買去家契二
度支部日本人宇田爲濟所去七年買收家契三十二枚...
事
美館來照本館使喚貴國人本姓名往交事
...
撥事
二日土曜後日雨夕大風 判尹朴 主事姜准永李明煥進金宇
鉉入直

83

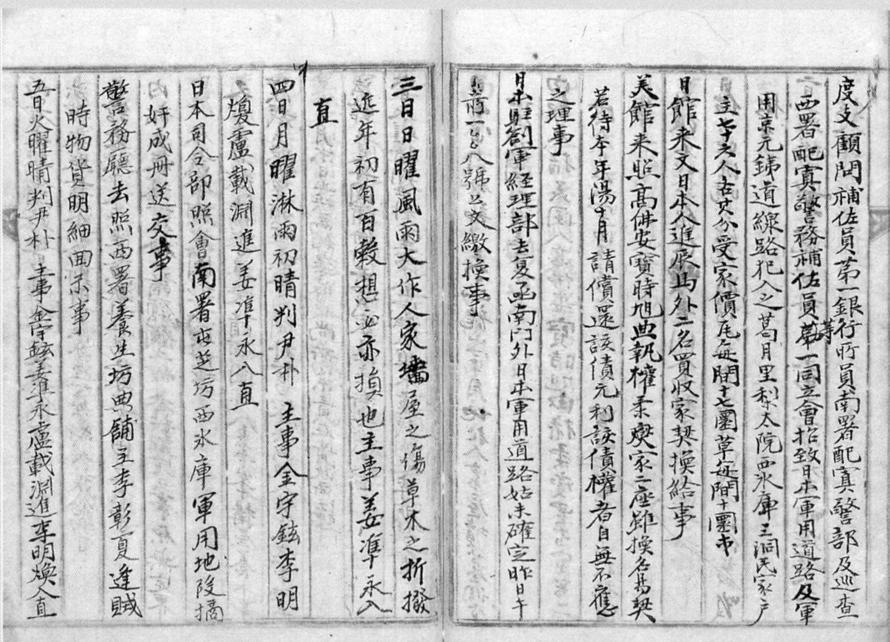

度支顧問補佐員第一銀行所員南署配眞警部及巡查
西署配眞警務補佐員第一同三會指致日本軍用道路及軍
用京元鐵道線路犯入之葛月里梨太院西氷庫三洞民家戶
主等處人吉史分受家價尾(?)每間十七圜草每間十圜事
日館來文日本人進藤与外二名買收家契換給事
美館來照高佛安實時旭典執權柔夔家二座錢換名易契
若待本年陽十月請償還該債元利該債權者自無不應
之理事
日本駐劄軍經理部去復照南門外日本軍用道路始未確定昨日午
前一至(?)入歸並文繳換事

三日日曜風雨大作人家墻屋之傷草木之折撥
近年初有百穀想必亦損也 主事姜准永入
直
四日月曜淋雨初晴 判尹朴 主事金宇鉉李明
煥盧載澗進姜准永入直
日本司令部照會南署安逆坊西氷庫軍用地段搞
內奸成冊送交事
警務廳去照西署養生坊典舖主李彰夏逢賊
時物貨明細開示事
五日火曜晴 判尹朴 主事金宇鉉姜准永盧載澗進李明煥入直

84

西署来照尾洞路邊男僵屍一名收埋金支撥事
法舘来照丹國人彌倫斯所買家屋一座新契換給事
日舘来照日人佐佐正之典執朴仁昌家券自由占有事
内部去報據一進會請願獨立舘基址劃定云事原無定界
依該會願定圖形一本聯附事
又 去質據法協李準榮請願圓峴金華峯搆屋養木事
漢裁去照據日領事照會内開朴仁昌家契典執人佐佐正之事樓上
月末日妥決爲約屢屢督促尚無回示責在貴政府云事
法舘去復丹國彌倫斯所買家屋一座新契換交事
六日水曜晴 判尹朴 主事金宇鉉姜準永盧載淵進 李明煥入直

日本軍用鐵道監部来照錢道之事時急沿江各洞役夫五百爲限募送事
宮内府来訓東門外安甘洞前司圃署基址設屠牛場事該地段現係
皇室 御供則不得准許此詳報度支部事
平理院来訓北署黄召史家契重出接有質卞事該掌主事雇負起送事
漢裁去復清商德和成賬帳一冊送交矣詳査即爲繳交事
内部 去質日本人森安吉外七名家契十枚美國人高佛安寶時旭買有家
屋買有龍山坊家契十一契法國人擄来物理家契一枚還交事
日舘去照劉興表對康龍雲債錢日人松尾所付門牌質卞事
日本憲兵分隊來照趙慶濬契券真正而趙弟之典執契券僞造事
七日木曜朝嵐如烟如霧近午乃晴 判尹朴 主事金宇鉉

85

姜準永豊李明煥進盧載淵入直
駐劉軍經理部公函梨泰院西氷庫道路線上摘奸通知事
宮内部訓令五江運輸會社創設而惡弊禁止事
西署照會濟衆院治療人趙德基自斃埋費支撥事
警廳照會南署鷺峰等地日人小田柿曽有立票而公園
内風雨頗外松木十四株斫伐交涉禁止事
上同照會李彰夏曲鋪被賊搶奪物品依典規施行事
度支部報告書東署安甘洞司圃署新設屠牛場係是官
有菜田不可准施事
英舘照會英人閔羅買有一小段田地被人騙賣照促漢城

裁判所妥决事
八日金曜或風或陰至午晩急雨驟注 判尹朴 主事
金宇鉉姜準永李明煥進盧載淵入直
日舘公文日人麦勝次外六名買有家屋舊契六枚換
送事
漢裁照會英國人閔羅田地被人騙賣辦理如何斯
速示明事
九日土曜朝晴午夕雨 主事姜準永李明煥盧載
淵進金宇鉉入直
日舘来文劉興表對康龍雲債錢日人松尾武判

86

執行事
內部來牒光武十年度預算書及本府所管所用
經費決算書修正繕送事
十日日曜雨金宇鉉入直
十一日月曜晴判尹朴主事金宇鉉姜準永李明煥盧載
淵進金裕章入直
漢裁來照英人閔羅田地瞞賣林駿洙隱避不見任置錢四百兩
背納事
日館公函韓人李儁外二名寄附我陸軍恤金領收證送交
傳達本處事
度支部來訓東門外安甘洞屠牛場雜官有菜田移定他
處恐無不可以此遵照施行事
財政顧問室申牒財政顧問本部監查司整理司該員一坊行政
司等事
警廳來照巡檢李夏鍾等詗捉暗吸鴉片烟之我國人兩清人
孫哥突出亂打俱被重傷之涉該館懲辦事
龍山鐵道建築班來函京元鐵道使役人夫訓飭沿路諸村
使之出役事
日館照復日人渡邊真次郎外四名川本外三名買收家契
換交事

87

美館照復美人高佛安買有家契三枚換交事
漢裁照復東門外劉興表對康龍雲債訟案件日領館照覆
內松尾一應審查事
平理院報告朱重烈家契呈出案件現任該主事
與雇員依訓起送候質事
十二日火曜晴申後陰夜半雨判尹朴主事金宇鉉姜準永李
明煥盧載淵進金裕章入直
法館來照冉人涌綸斯買有西署倉洞家舍一座換契以交
事
內部指令金華山搆屋事依報許施事
日本軍司令部公函龍山軍用地域內青坡桃洞葛月里家
屋別紙粘付事
美館去復美人白琪買得葛莪里草屋一座渾入於日本軍
用地界線內該契繳交事
日館去復據宮內府訓令五江運會社名目初無認許廢
禁無闌事
又覆南山公園地栗木植立內日人小田柿斫伐松木另飭禁
止事
漢裁去照英人閔羅對我國人林駿洙案件迅速妥決事
法館去復法人擄來物理買有西署家屋一座新契

88

換送事
宮內府去報東門外安甘洞屠牛場度支部复訓內依
前導施事
日本軍用鐵道建築班復函鐵道使役人夫業經訓飭
沿路諸村使之出役事
十三日水曜風雨大作沛下不過數時間大水漲溢
長安長外家屋之傷人命之傷間或有也三十
年來初有水灾云而是日秋夕名節休暇故
主事姜準永入直
十四日木曜終日雨來陰雲滿天判尹朴
主事四人進姜準永入直
十五日金曜陰判尹朴 主事金宇鉉南郊軍用地調查
次進去姜準永盧載淵金裕章進李明煥入直
清館去函我民金晃玉對清人謝世昌家屋涉訟梭安
商期日示明事
十六日土曜晴判尹朴 主事金宇鉉軍用地調查未了故往
于尾署等地姜準永盧載淵金裕章進李明煥入直
內部來指日人森安吉外七名家契十一枚美國人高佛安寶時旭家十
一座法人擄來物理家一座新契依往例繕給事
又電話美國大統領令孃入京時韓美國旗交揷事

89

是日下午五點
統美國大統領
令孃入來

十七日月曜晴 主事盧載淵入直
警務西署來牒藥峴洞任李鎮弘慕補價不爲
分給故併任進差事
下午七點二十分來到於判尹書牒內開軍用地犯
入桃洞葛於里梨太院西氷庫十二處人芚芝尾尾
署等地家屋墳墓價支給於明日上午九時
矣各該洞併任與民人處飭喩而來待本府
事
又主事請僚明日上午九時仕進叨速事
十八日月曜晴驃涼正是高秋氣候也判尹朴 主事金宇鉉
姜準永李明煥金裕章進盧載淵入直
法館照會法人擄來物理許來內蓮花峰道路郞行修治犯路
建屋使之撤祛事
日館照會日人鷹取虎次郞外四名家屋十座搜契事
度支部顧問官照會日本軍用地家屋田畓墳墓實數精
查結果繕交本部事
十九日火曜晴判尹朴 主事金宇鉉姜準永李明煥進金 盧載淵
裕章入直
清館來函朴興楠父乎高周福齡日債四千元矣以其所典
家屋放賣抵欠事

90

二十二日金曜晴判尹朴　主事姜準永李明煥盧載
澗進金宇鉉入直
抱川郡來報忠淸南道保寧郡居蔡長默先山偸葬人
京城和寬金美卿捉送本郡事
德館來會德國女人孫擇孃典執之余仁洙家舍該孫擇
四國時轉賣於德人高亨基使該家居住人元興燮即
反讓渡事
內部去文日本人藤田左三郞外八名及丹國人彌倫斯所買
家契換交事
四門揭示美國田寶雅遊覽時所經道路一切修治事

南門外日本軍用地占內所在新建家屋及新設墳墓一切
撤移事
二十三日土曜晴判尹朴　主事四人進姜準永入直
平理院來訓富平申仁叔案件更爲促照日館事
京城第一銀行來照本年度出給命令書印鑑送示事
清館來照清商謝世昌對金晃玉家屋價准日貨三千元使金民早速結案事
京城第一銀行來照本府出給命令書印鑑據交事
二十四日日曜晴　主事姜準永入直
駐京日本司令部來照龍山軍用鐵道收用家屋調查成冊來到事
同來照鐵道所用地內淸人家屋三座成冊送交事

91

二十五日月曜晴判尹朴　主事金宇鉉姜準永盧載澗金裕章
進李明煥入直
內部來指日人藤田左三郞外八名丹國人彌倫斯買收家屋新契准例換給事
京城商業會議所請願一度旣有農部認可特爲許施事
同　目下錢荒爲壅滯各商民等所請於音限三朔延期事
日館去照申仁叔番訟被告李世鎭詐札日人福田叉兵衛及諸証人嚴查回示事
平理院去報朱重烈田畓出家契繳銷之前不可換給新契事
漢裁去照德國人孫擇孃所典家契移賣於該國人高亨基案件早速妥決事
抱川去訓據宜寧郡居蔡長默山訟案被告京居金美卿押交事
二十六日火曜暴雨連綿使人有支離之嘆誠是乖候也判尹朴

主事金宇鉉姜準永盧載澗金裕章進李明煥入直
內部去報沿江各洞家産犯入軍用地民人等失所彷徨另行公文于各衙門
各道員接事
法館去覆丹國人彌倫斯新買家契換交事
日館去照日本郵便局長田中次郞新買家契換交事
農府來訓東門外安甘洞屠牛場進供菜田期於移設他處事
日館來文日人蟻生十郞外三名買收家契換交事
平理院來訓苑洞黃召史家契訟案該掌主事及淮員押交審辦事
二十七日水曜朝晴晩風判尹朴主事四員進盧載澗入直
內部報告南門外軍用地收用件主旨書謄附仰報事

92

平理院報告黃召史對宋相烈垈出家契件該掌主事
及雇員質辨更爲訓示事
漢裁照會金錫祚對李光鎬受取韓貨一千六百元手
形件該犯宋奎洙朴奎明拿交事
楊根郡訓令日人陶器製造員山口精觀覽該業場而
急速遵施事
日館公函陶磁器製造山口精觀覽地楊根郡訓令並
爲繕呈事
司令部公函龍山地新設家屋墳墓禁止事
議政府報告商業會議員請願聯附仰報事

日館照復日人藤田庄三郎外七名買収家契換交事
警廳照會太平洞舖主李鄭夏被搶貨物賫毀更
詳示明事
日館來函日人山口精往觀楊根廣州陶器製造業場
卽發訓令該郡事
倶樂部總代請願書宮內府所屬薰陶坊竹洞契三
統九戶借用許可証明事
二十八日木曜晴判尹朴 主事四員進盧載淵入直
西署公文華山射亭下男屍一名埋費支撥事
經理院訓令參賦高守天張亮崇詞捉嚴因日本人碎獄奪

93

去事
二十九日金曜或晴或陰寒風時作驟雨乍灑判尹朴主事
金宇鉉姜準永李明煥盧載淵進金裕章
入直
掌禮院來訓咸興永興衣襨香九月十二日卯時封進責
判尹陪從事
內部去報墨洞老人亭越麓日本遞信省認許與否照
探政府詳賜訓示事
仝去質日人鷹取席次郎外四人買收家契換交事
農部去報商業會議所請願債權者還償期限三

月退延事
外部去報墨洞老人亭越麓日本遞信省認許與否
詳賜訓示事
三十日土曜晴判尹朴主事金宇鉉姜準永李明煥盧
載淵進金裕章入直
平理院來訓黃召史家契繕交本院出給原告該掌主事相當
懲戒事
日館去復日人鷹取席次郎外五名買収家契換交事
十月一日日曜以陰以雨主事金宇鉉入直
二日月曜晴判尹朴 主事姜準永李明煥盧載淵金

94

裕章進金宇鉉入直
此署來照孟峴翠雲亭前棄兒屍一名收埋貰文捧事
抱川來報保寧郡居蔡長黙先山偷葬的金天卿曉諭移葬
事
西署來照慕華館岳白洞乞人凍屍一名收埋貰文捧事
度支顧問來牒南門外日本軍用地犯入田畓調査成冊送交事
比館來函比領事女婚來土曜日在鍾峴天主堂過行而期來
臨事
開教保生會來函中會趣旨書一通仰佈事
外部來指南山老人亭趾麓日本遞信省所用地段果有該

公事函請尚書明言認準審愼安業事
宮府去報南門外日本軍用地犯入家屋撤毁民人等移轉地認
許事
三日火曜晴判尹朴 主事金宇鉉李明燮盧載
澗金裕章進姜準承入直
漢裁來覆金瑞祚對日人服部良太郎債金不
報案件林奎明來得洞擬李光鎬宋奎沫對經貰
判事
内部來訓健元陵綏陵龜石碑石搬運時急映
風亭道路另飭該附近民人趕速修治事

95

漢裁來照李鎭相對日人澗上備訟案件交涉日
領館該澗上來貰本所事
清館去函金昌五所言四零柔三千七百什元送交
事
比館去函比館女婚時而期晉賀事
四日水曜晴判尹朴 主事金宇鉉李明燮盧載
澗金裕章進姜準承入直
議政府通牒官報価以直納金庫納入告知書行
將發行來納額預先佈明事
漢裁去照李君實對淸商德利成僞票斯速[illegible]

事
上仝去照德國孫撰曉典執元與變家以理速爲
示明事
上仝去照日人佐佐正之對朴仁昌家契迅以結果
事
上仝去照英人闕羅田地被騙案函行審辨事
宮内府去報安甘洞司圃署田地屠牛傷難移他
處事
日館去照金錫祚發行韓貨一千六百元手形案
贈內辛程院報明事

96

五日木曜晴判尹朴　主事金宇鉉姜準永盧載淵
金裕章進李明煥入直
警務廳來照南山琵琶亭東使詩壇等地日本遞信省所用地槩
木交涉妥案事
日本駐劄軍經理部來函軍用道路犯入家屋墳墓任意移轉事
南署來照本署管內本年度戶籍紙價四百元六十錢送交事
警務廳來照復警署捕拿敵黨二名訊問則太平洞典舖主李彰夏被盜貨
物初無符合事
日館去照我國人李命植先山石材採取之日人鵜部濱吉另飭停役事
又去照日人淵上爲次郞對李鎭相債訟案前往漢裁質辨事

財政顧問室去照新舊貨交換方郞行揭示人民事
告示各坊曲舊白銅貨一千元以上者自本月一日爲始交換事
六日金曜晴判尹朴　漢江日本軍用鐵道調査次進去主事金宇鉉
姜準永金裕章進盧載淵與判尹偕去李明煥入直
經理院來訓清人等潛造紅蔘之弊另行交涉于該領館永杜後弊事
農部來指商業會議所所請債權還償延期應歸商界公議非政府
干涉事
漢裁來照清商德和成僞票案英人閔羅田地騙賣案德女人孫擇
嬢案并轉涉各該領館事
京城商業會議所來報本會議員五十人選定事

97

七日土曜晴判尹朴　主事金宇鉉姜準永李明煥進盧載淵尾署
日本軍用鐵道調査次出去金裕章入直
清館來函清商德生泰被盜失貨轉飭水票橋負役嚴密査拿事
學部指令溫粹義塾監李敎憲所請學校認許該敎師依章程起
送應試事
宮內府來訓玄湖氷庫高鳳相所保管者而日人曾我勉便稱私買封鎖庫
門另涉該館妥辦事
日館來文漢江附近美人元杜尤所有土地外實地調査圖面證明送
交事
內部來訓軍用道路中犯入毁撤家屋之人民移轉地知照宮內府阜岩

桃洞自本府踏査認許事
清館去函清人杜姓治療費二元送交而該人無難作鬧於大官家內庭
惡習懲辦事
清館去照清商等紅蔘潛造暗賣等弊嚴飭遵約事
內部去報映風亭至中浪川道路橋梁壞圮形止詳報事
全惠政橋至度部後橋道路石等毁決修治事
日館去照漢江附近美人元杜尤所有土地各該領事及本判尹
實地調査後該圖本証明繳交事
警廳去照清商德生泰被盜失貨另飭別詞嚴査人贓俱
獲事

98

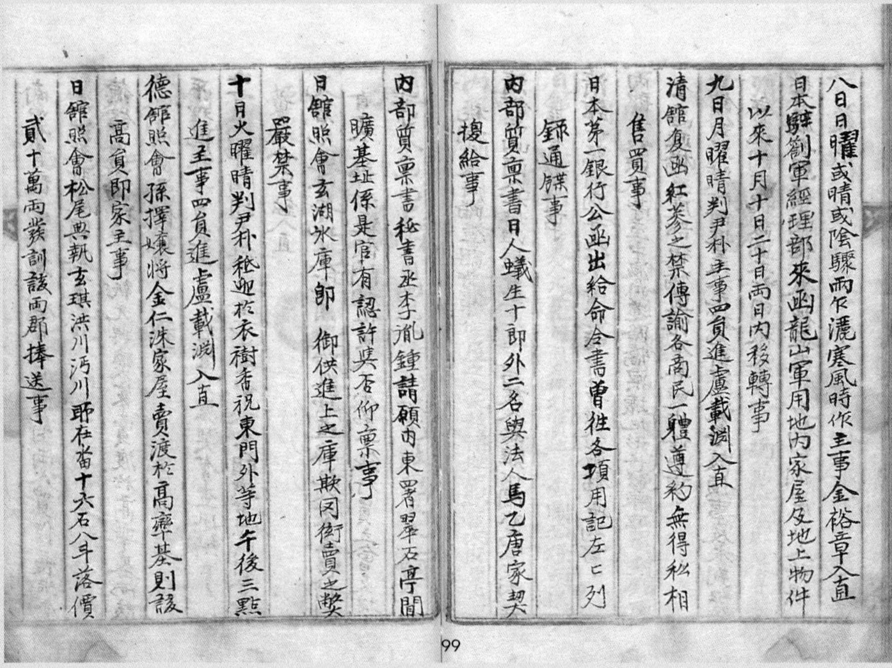

八日日曜或晴或陰驟雨乍灑寒風時作主事金裕章入直
日本駐劄軍經理部來函龍山軍用地內家屋及地上物件
以來十月十日二十日兩日內移轉事
九日月曜晴判尹朴主事四員進盧載渕入直
清館復函紅蔘之禁傳諭各商民一體遵約無得私相
售買事
日本第一銀行公函出給命令書曾往各項用記左亡列
錄通牒事
內部質稟書日人蟻生十郎外二名與法人馬乙唐家契
換給事

內部質稟書秘書丞李胤鍾請願由東署翠石亭間
曠基址係是官有認許與否仰稟事
日館照會玄湖氷庫郎 御供進上之庫欺冈衒賣之弊
嚴禁事
十日火曜晴判尹朴秘迎於衣樹香祝東門外等地午後三點
進主事四員進盧載渕入直
德館照會孫擇孃將金仁洙家屋賣渡於高麗基則該
高員即家主事
日館照會松尾典執玄琪洪川沔川郡在畓十六石八斗落價
貳十萬兩蒙訓諭兩郡捧送事

99

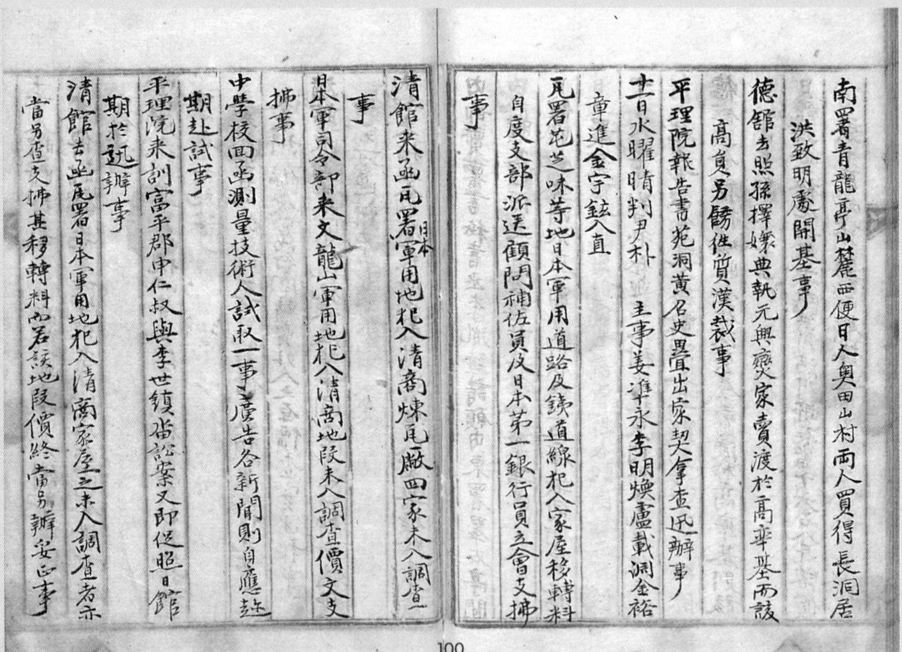

南署青龍亭山麓西便日人奧田山村兩人買得長洞居
洪致明處閒基事
德館去照孫擇孃典執元興癈家賣渡於高麗基而該
高員另飭往質漢裁事
平理院報告書苑洞黃召史畏置出家契拿査迅辦事
十一日水曜晴判尹朴 主事姜準永李明煥盧載洞金裕
章進金宇鉉入直
瓦署苑芝味等地日本軍用道路及鐵道線杷入家屋移轉料
自度支部派送顧問補佐員及日本第一銀行員立會支拂
事

清館来函瓦署日本軍用地杷入清商煉瓦廠四家未入調査一
事
日本軍司令部来文龍山軍用地杷入清商地段未入調査價文支
拂事
中學校四函測量技術人試取一事廣告各新聞則自應赴
期赴試事
平理院来訓富平郡申仁叔與李世鎮沓訟案文即從照日館
期於迅辦事
清館去函瓦署日本軍用地杷入清商家屋之未入調査者亦
當另査支拂其移轉料而若該地段價終當另辦妥正事

100

十二日木曜晴判尹朴 永興咸興兩本宮衣襨香燭陪進少尹
李偉青叙任 曹始仕 主事姜準永李明煥盧載淵金裕章進金
宇鉉入直
宮內府來訓葛月里桃洞等日本軍用地犯入民家移轉地許借一
事不可許施事
又來訓安甘洞居朴揚不可以荒許借另以相當土地代充事
又來訓 儲慶宮內行閣轉賣外人之原價查實速報事
清館來函日本軍用地犯入產業十閒又七並之移轉費支拂一
事不可遵辦事
內部來指日本人藤島取市次郎外四名買收家契換給事

101

十三日金曜晴少尹李億主事金宇鉉李明煥盧
載淵金裕章進姜準永入直
日本駐劄軍經理部來函龍山軍用地內鐵道線路
面積大約錄送事
上仝龍山軍地內葛月里家屋及墳墓以十月三十日移
轉事
日館來函玄湖藏氷庫買收手續相當履行回示
事
十四日土曜朝晴夕雨判尹朴 少尹李億主事金
宇鉉李明煥盧載淵金裕章進姜準永入直

警廳來照南署青龍亭山麓日人山村奥田兩人稱以三
年前買得於洪致明將達家三百五十間事
西署來照西署園峙法協李準榮既得貴府認許云
則其眞許與否查事
漢裁來照朴仁昌西署蓍生坊二統七戶人居西間半云云
安鳳鎬尙未云更出以後該人處
內部來指日人蟻生十郎外二名法人馬乙唐買收家舍券
依例換給事
法館去照法人馬乙唐買有西署盤石坊家屋一座新契換給事
軍部去報美國人元杜尤巫稱內南門內外城堞頹圮處克日修報事

溫粹義塾去訓設校興學極爲嘉尚該教師依章程認識事
漢城去照鄭宜澤家舍與高等裁判所墻垣地基占侵事
漢裁去照孫擇璩對元興燮家舍案延內事
日館去照申仁叔李相鎮訟案該犯日本人中殘額關係安撫事
仝去照日人山村奥田兩人青龍亭山麓墓遠屋禁止事
仝去照日人蟻生十郎外三名家契換給事
漢川去訓日人松尾元勳對我人玄洪訟案另爲該洞伊[illegible]相便事
城內去訓 上仝
內部去報本府少尹李偉禮章費文撥事
度支部去報 上仝
宮內府去報玄湖藏氷庫買收相當手續措處仰報事

102

十五日日曜晴是日繼天紀元慶節休暇主事李明煥入直
十六日月曜晴判尹朴 少尹李 億 主事金宇鉉姜準永
金裕章進李明煥入直
宮內府去報軍用道路鐵道線犯入毁撤家屋人民移轉建築園墓位田與
驛屯土認許事
內部去報上仝
漢裁去照英人閔羅騙買土地涉訟按照行審辦卽速妥按事
十七日火曜晴判尹朴 少尹李 億 主事金宇鉉姜準永
李明煥進金裕章入直
漢裁去照成均館契所在李道均家屋官契重出案迅速歸
決事
內部去報美人元杜尤函稱南門外城堞頹圮處克日修治
事
平理院去報日人大村保太對我國人俞鎭贊貸金請求案
迅辦訓示事
日館去照長洞胡桃井南鑄洞泉井日人等圍排木栅阻
障亟宜禁撤事
韓美電氣會社公函 洪陵外垓字挿立水道敷設票[illegible]
不容不更爲變通事
韓美電氣會社來函西門外城堞克日修築俾便建築

103

家役竣工事
十八日水曜晴自晡至夜陰判尹朴 少尹李 億 主事金宇鉉
姜準永李明煥進金裕章入直
德館來照我國人鄭冝澤對德人高率基犯址等墻案
該兩隻私相和好妥辦無至煩案爲望事
軍用地犯入六洞土地價支拂次度支補佐員籐川南署警
部增田立會而該洞民人等謂以每坪七戔果係寃抑
一不可受取竟屢次曉餙竟不聽從散歸事
漢江軍用地犯入美人元杜尤家屋歸決次判尹與主事李
明煥四点鍾出去漢江事
十九日木曜陰申後寒風時作黑雲蔽天判尹朴
少尹李億 主事金宇鉉姜準永進李明煥軍用
地犯入家屋墳墓調査次梨泰院出去金裕章入直
沃川來報京釜鐵道建築時取土犯入田畓與損害穀成冊
上送事
電氣會社來函 洪陵外垓字所植水道票非爲實定着
用地是後若得完定處確議得認事
西署來照濟衆院治療人俞聖三致斃出埋費支撥事
日館公文日人林田員一外四名家契換文事
漢裁來照趙云景趙鎭倍署賣刀間徐興淳之女子清人廣

104

昇騂美交涉清舘受其原價出給事
警廳來照龍洞李在亨家留高興澤料理債清人欒維
桂索債于李員亂打受傷交涉該舘事
全照孔德里軍用鉄道餘地鉄道監部通辯趙東啟無記
許借搆氷庫四十間禁止未能事
全電話南山後麓所有松木日人稱以鉄道所用無難斫
伐該署巡檢禁止不得斯速交涉日舘禁止事
二十日金曜陰雨風冷判尹朴　少尹李　德主事金宇鉉李
明煥進金裕章入直
測量講習生試取事

駐劄軍司令部公函別紙圖內地所軍用林集積所必要有
之五日內畑作物取除事
內部來訓無論官民公私着上下衣袴悉用染色之意
告示事
平理院來訓日人大村保太對俞鎮贊案既經質判關承
法部更查之訓姑爲留案事
警廳去復電氣會社所爲栗木非完定事
二十一日土曜晴々谷風以陰以雨判尹朴　少尹李　億主事李
明煥金裕章進金宇鉉入直
測量講習生試驗事

105

中央金庫來函出給命令書所押印章豫先捺示事
日本軍用鐵道建築班來函水色里停車場工事役夫依訣
請負人所要另施事
漢裁來照圓城居李完洙對日本人淵上爲次郎涉訟案吏
照該館使即來質事
內部來訓美國人元杜尤及魚利如報稱城堞地壞處土石移寘
事知飭警務廳事
又來訓貴府所報牧埋殭屍費六十九元以新貨三十四圜五
十戔命令書繕交事
警廳來照日本陸軍騎兵軍曹齋藤貞來到漢江大戶房

屋二三間式調查而今二十一日右訣諸戶並即空虛以給事
又來照日本人服部藏太郎稱以龍山軍用地橋梁修守
所用南山外山穉松一百十株風顛木十株斫取以去事
清館去照龍洞李在亨家寄留人高興澤所喫料費向該棧
保人李之兄責懲致被毆打重傷事
內部去報本府 敕奏任官服章貴閣報中元字以圜字訂
誤即速支拂事
又去報一般官民服色變更定限告示事
江華府去訓美國基督教青年會員吉禮泰涉訟田畓收穫
使訣新買主申養善得保其所有權事

106

二十二日日曜晴 主事金宇鉉入直
西署來照 廣洞協律社門前丐乞男殭屍一名收埋賞文掛
事
二十三日月曜晴 判尹朴 主事金宇鉉李明煥盧
載澗金裕章進 姜準永入直
龍山達亭班來公函 鐵道線內家屋移轉料保
証書送交事
宮內府來指令 軍用地毁撤家屋轉地公土諒
宜劃許矣 調査詳報事
內部來訓令 服色以青黑紺紫色 陽曆一月一日
施行事
西署去照復 貴署所管圓嶠一區果已認許於
法協李準榮事
二十四日火曜晴 判尹朴 少尹李 倬 主事金宇
鉉李明煥盧載澗金裕章進 姜準永入直
日館來照會 龍山道路架橋被水墜壞急速修繕事
日館去照會 汪川郡京釜鐵道取土犯入郭在舜石道
旬田畓調査成冊送交事
上仝 去照復 李鎭相對日人澗上爲次郞債訟案件
澗上起送漢裁事

107

日本經理部去公函 青坡四契池軍用秣集積所需
用事
警廳來照 小公洞及大觀亭與二宮街道路交通便利事由該
領飭轉照于外道路整理事
日館去照 日人服部藏太郞南署外山底嶺木斫取禁斷事
德館去照復 德人高罕基對元興寶第十日限來二十三日延期事
內部去報 自龍山至萬里倉架橋爲潦水所壞亟飭搆役事
二十五日水曜晴 判尹朴 懿孝殿公故進參 少尹李 億
主事金宇鉉姜準永盧載澗金裕章進 李明煥入直
宮內府去報 日本軍用地犯入民家毁撤後移轉地認許事
二十六日木曜晴 本日陰曆九月二十八日
淳明妃易服朞日也 朝野還着吉服 判尹朴 少尹李 億
主事金宇鉉姜準永盧載澗金裕章進 李明煥入直
日館來照 自轉車乘行規則件照謝事
內部去質 日人林田貞十郞外四名家契換給事
學部去報 本府公立小學校副教員朴武東遞代金貞會敍任事
漢裁去照 李道均家契重出洪學鍾家契推繳本府事
又 去照 英人閔羅田地訟案審辦結果示明事
日本軍經理部去照 西氷庫朴春根毁撤家特許該民撤移事
日館去照 日人林田貞十郞外四名買得家屋新契換交事

108

二十七日金曜晴判尹朴不進少尹李 億主事金宇鉉金
裕章北壇厲祭二官進去姜準永李明煥進盧載
淵入直
株式會社銀行西公函出給命令書該任官私印捧送事
警廳照會西署坪洞地德國公館定界立標更掘城底大
路加達禁止事
陸軍法院照會正尉沈相潤叅尉李兢煥叅領白鶴鎮
家屋執行事
二十八日土曜曉頭嵐霧如霧如烟日出而収霽判尹朴 少
尹李億主事四員進盧載淵入直

109

法館照會高濟宜家契典執於大昌洋行延額不報
該家屋執留事
農部訓令新制度量衡器實施期日在於来十一月
一日卽行揭示事
南署照會戶籍紙價零條二十六元十三戔送交事
內部訓令老人亭越楚麗認許一事知照議政府則初無是
事云更為交涉詳探報来事
又訓令日本軍用地犯入民家移轉驛土與公土知照宫
內府待回照示訓事
警廳警課照復西署坪洞城底大路犯掘處更查則係

是該舊址畧線內事
高陽郡訓令北署沙器洞結十五負六束之自郡督納理
由詳查報来事
法館去复貴商大昌洋行典執之東署高濟宜家契
確實事
二十九日日曜朝晴午雨夕乃陰隮主事盧載淵入直
內部報告書日本軍用地毁撤家屋民人等移轉料修正
成冊上送事
三十日月曜曉雨食晴風勢冷澁乃是成冬之候也判尹
朴少尹李億主事四員進盧載淵入直

110

宫內府訓令中署長通坊大笠洞商民白禹鏞內藏司
公納久逋條該家舍執行事
漢裁照會日本人가무라樣가雇傭人竊取該家錢日
字解雇日字詳探示明事
三十一日火曜晴判尹朴 少尹李 億主事李明煥盧載淵
金裕章進金宇鉉入直
陸軍法院去复正尉沈相潤副尉李兢煥叅尉白鶴鎮等家
舍執行懸録存檔事
日本第一銀行复函命令書押捺官印事
十一月一日水曜晴少尹李 億主事姜準永李明煥盧載淵

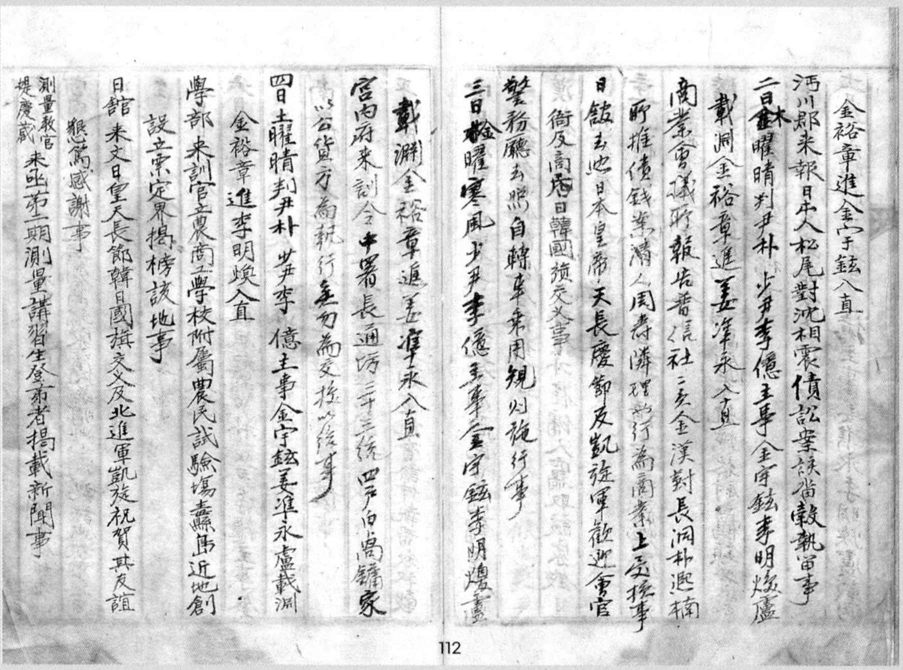

金裕章進 金宇鉉入直
沔川郡來報 日本人松尾對沈相震債訟案該當發執事
二日水曜晴 判尹朴 少尹李億 主事金宇鉉李明煥盧
載淵金裕章進 姜準永入直
商業會議所報告 普信社三太金漢對長洞朴瀷(?)
所推債錢 並清人周壽隣理(?)行為商業上受損事
日館去照 日本皇帝天長慶節及凱旋軍歡迎會官
衙及商店日韓國旗交叉事
警務廳去照 自韓來用視則施行事
三日木曜寒風 少尹李億 主事金宇鉉李明煥盧
載淵 金裕章進 姜準永入直
宮內府來訓令 中署長通坊三十三統四戶白禹鏞家
以公貨方爲執行 並勿爲交換以後事
四日土曜晴 判尹朴 少尹李億 主事金宇鉉姜準永盧載淵
金裕章進 李明煥入直
學部來訓 官立農商工學校附屬農民試驗場東縣(?)近地創
設 立標定界揭榜該地事
日館來文 日皇天長節 韓日國旗交叉及北進軍凱旋祝賀 其友誼
懇篤感謝事
測量教官堤慶藏(?) 來照 第二期測量講習生登第者揭載新聞事

112

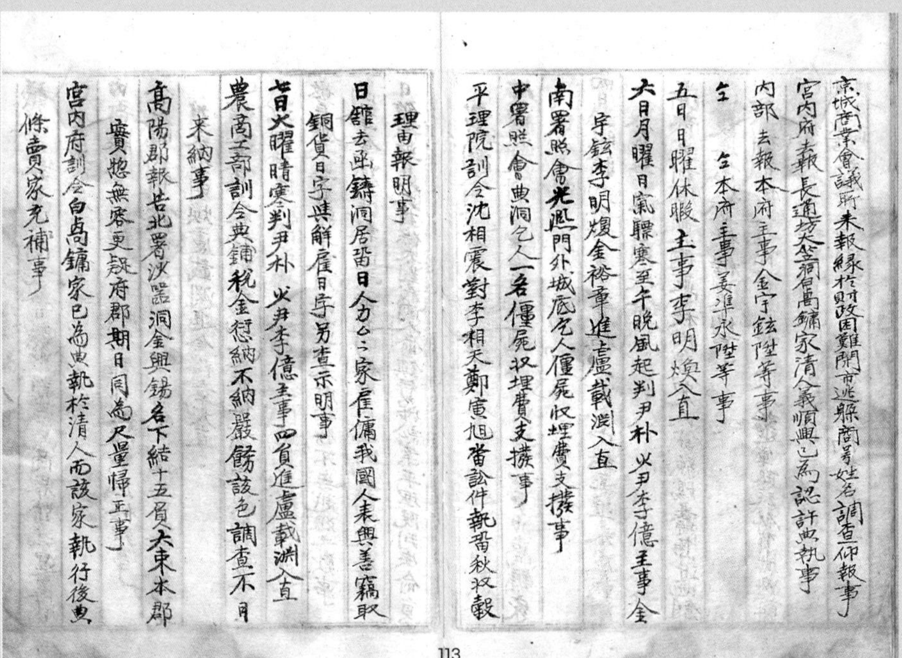

京城商業會議所來報 緣於財政困難 開市進縣(?)商號姓名調查仰報事
宮內府來報 長通坊三十三統白禹鏞家清人義順興已爲認許典執事
內部去報 本府主事金宇鉉陞等事
仝 仝本府主事姜準永陞等事
五日日曜休暇 主事李明煥入直
六日月曜日寒暖寒至午晚風起 判尹朴 少尹李億 主事金
宇鉉李明煥金裕章進 盧載淵入直
南署照會 光熙門外城底乞人僵屍收埋費支撥事
中署照會 典洞乞人一名僵屍收埋費支撥事
平理院訓令 沈相震對李相天鄭寅旭沓訟件 執留秋收穀
理由報明事
日館去函 鑄洞居留日本人大(?)家雇傭我國人朱興善竊取
銅貨日字與解雇日字另查示明事
七日火曜晴寒 判尹朴 少尹李億 主事四員進 盧載淵入直
農商工部訓令 典鋪稅金督納不納 嚴飭該色 調查不日
來納事
高陽郡報 北署沙器(?)洞金興錫名下結十五負 人東本郡
賣懇無路更疑府郡期日同爲尺量歸正事
宮內府訓令 白禹鏞家已爲典執於清人 而該家執行後典
條賣家充補事

113

議政府報告書商業會議所報告內商界情況遑急日
甚亟究籌劃事
內部報告書新門外坪洞德館作路依城底修治事
八日水曜或晴或陰雨下灑判尹朴 少尹李 億主事金宇鉉姜
準永李明煥盧載㴁進金裕章入直
日館來文日人三枝代三郎外四名又近藤佐五郎世登次郎新券十三
枚換交事
警廳來照自轉車乘用注意事本府揭榜不無越俎之歎事
商業會議所來報商業財政困難情況臚列仰請于政府事
日館去照日人大村保太對我國人俞鎮贊涉訟案平理院判決俞員
不服該債額未得督推事
漢裁去照箕洞白尚鏞家宮內府公貸完納後清商義順興
債款訴償事
度支去報商民撤市撤業躲避之人商號姓名開附以報事
九日木曜晴判尹朴 少尹李 億主事金宇鉉姜準永
李明煥盧載㴁進金裕章入直
大廳電話伊藤大使入來時各官衙商店韓日國旗交叉
之意布飭事
內部指令日人林田貞十外四名家契換交事
仝指龍山萬里倉道路橋梁訓飭警廳不日修治事

114

西署來照濟衆院治療人平壤吳允道致斃收埋費支撥事
十日金曜晴判尹朴 山陵習祭進少尹李 億主事姜準
永李明煥盧載㴁金裕章進金宇鉉入直
漢裁來覆箕洞白尚宮家舍頃以執行充公之意著有 宮內
府知照招問該白祀則初無公錢任債之事宜屬民事訴訟
歸決事
十一日土曜晴判尹朴 少尹李 億主事姜準永李明煥盧
載㴁金裕章進金宇鉉入直
內部來訓一進會宣言書之橫竪說去卽呈後解訓云云時將
此等文字[illegible]揭付者[illegible]併[illegible]
日館去照日本人近藤佐五郎[illegible]移交事
宮內府去照[illegible]白尚宮家[illegible]以私債[illegible]判決事
江華去訓李[illegible]選事
憲兵隊來照[illegible]
追事
十二日日曜陰主事姜準永入直
日本軍用鐵道建築班來公文龍山旭橋附近取土地所
有墳墓與請負者內田錄熾協議處理事
十三日月曜雨來判尹朴 少尹李 億主事金宇鉉李
明煥盧載㴁金裕章進姜準永入直

115

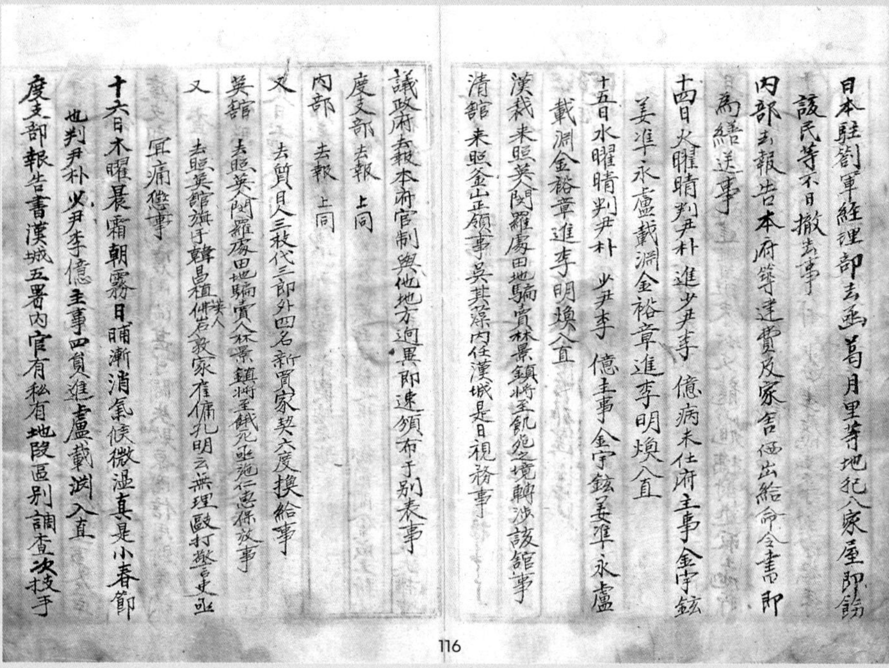
日本駐劄軍經理部去函 葛月里等地犯入家屋卽飭
該民等不日撤去事
內部去報告 本府等建費及家舍価出給命令書卽
爲繕送事
十四日火曜晴 判尹朴 進 少尹李 億病未仕 府主事金宇鉉
姜準永 盧載渊 金裕章進 李明煥入直
十五日水曜晴 判尹朴 少尹李 億 主事金宇鉉 姜準永 盧
載渊 金裕章進 李明煥入直
漢裁來照 英人閔羅處田地騎貴林景鎭將至飢死之境轉涉該館事
清舘來照 釜山正領事吳其藻內任漢城是日視務事
議政府去報 本府官制與他地方迥異卽速頒布于別表事
度支部 去報 上同
內部 去報 上同
又 去質 日人三枝代三郎外四名新買家契六度換給事
英舘 去照 英人閔羅處田地騎貴林景鎭將至飢死亟施仁恵保放事
又 去照 英館旗手韓昌植 英人 供石來家雇傭孔明云無理毆打懲治事
重痛懲事
十六日木曜晨霜朝霧日晡漸消氣候微温眞是小春節
判尹朴 少尹李億 主事四員進 盧載渊入直
度支部報告書 漢城五署內官有私有地段區別調查次技手

116

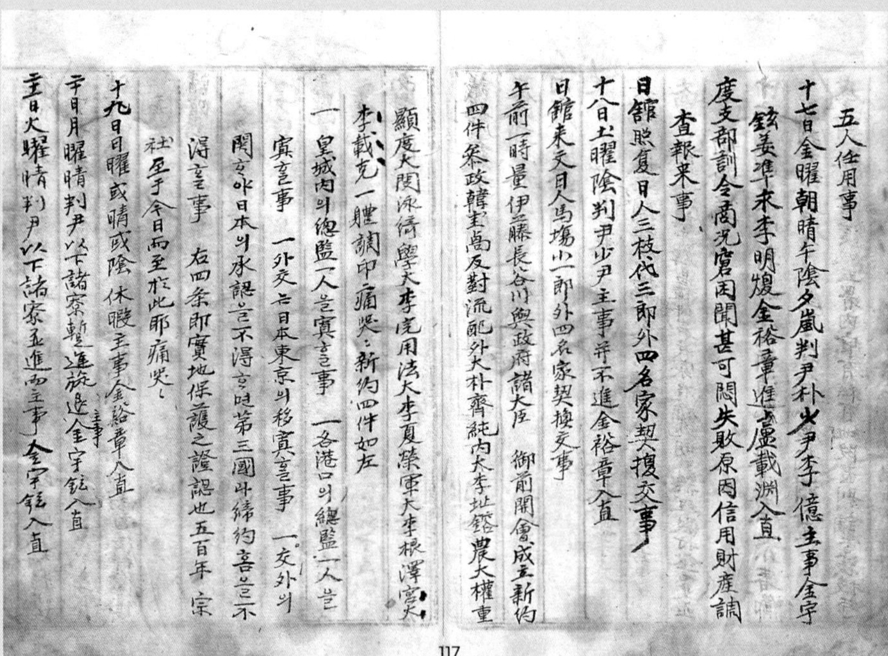
五人任用事
十七日金曜朝晴午陰夕嵐 判尹朴 少尹李 億 主事金宇
鉉 姜準永 李明煥 金裕章進 盧載渊入直
度支部訓令 商况窘困 間甚可悶 失敗原因信用財産請
查報來事
日館 照覆 日人三枝代三郎外四名家契換交事
十八日土曜陰 判尹 少尹 主事幷不進 金裕章入直
日館來文 日人馬塲小一郎外四名家契換交事
午前一時量 伊藤長谷川與政府諸大臣 御前開會成五新約
四件 參政韓圭卨反對流配 外大朴齊純 內大李址鎔 農大權重
顯 度大閔泳綺 學大李完用 法大李夏榮 軍大李根澤完決
李載克一體調印 痛哭痛哭 新約四件如左
一 皇城內의 總監一人을 寘할事 一各港口의 總監一人을
寘할事 一外交는 日本東京의 移寘할事 一交外의
關한 外日本의 承認을 不得하면 第三國과 締約을 不
得할事 右四条卽實地保護之證認也 五百年 宗
社 至于今日而至於此耶 痛哭痛哭
十九日日曜 或晴或陰 休暇 主事金裕章入直
廿日月曜晴 判尹以下諸寮並進 旋退 主事金宇鉉入直
廿一日火曜晴 判尹以下諸寮並進 而主事金宇鉉入直

117

德館來照高平基對元興燮涉訟家屋一案旣有漢城判決而
究竟無效卽飭元民該家屋出給事
清館來函清商周福齡對朴熙楠所典家屋內尙留給償條俱
另行撤去事
清館去覆德館事呉其藻接任照覆事
又去函周福齡對朴熙楠請撤去條具一事查該朴氏函文也現付
另時商辦事
平理院去報德國人高平基對元興燮家屋涉訟一案迅速歸妥
事
商業會議所去關各商等失敗原因及信用財産基礎根據方法另查

報來事
二十二日水曜晴判尹朴義秉少尹李億以下五僚并
進姜準永入直
南署來照泥洞前死人一名收埋費支撥事
二十三日木曜判尹以下諸僚并進姜準永入直
英館來照英人閔羅田地訟案林景鎭求放事承
免提囚以示體恤事
上合西門外城下通路因城墻崩塌以致阻塞卽飭
該管淸禁事
漢裁去照權興龍洪鍾國李鍾秀等三人押交該

案卽速妥辦事
上合我民林景鎭騙賣田地訟案閔羅所據該員
卽爲放釋事
商業會議所去關淸人周福齡將屋抵債之朴熙
楠謀具代貸等件卽爲撤去事
內部去報平洞道路亟飭該管克日修治事
二十四日金曜晴判尹朴少尹李億主事金宇鉉姜準永
盧載淵金裕章進李明煥入直
西署來照里門洞等地男殭屍一名收埋金請劃事
內部去質日人馬塲小一郎外署買收新契四枚繕給事

日館去照日人馬塲小一郎外四名買收新契四枚及梓村清次板倉
政次郎兩名分劃家契二張繕交事
二十五日土曜晴判尹朴伊藤大使園遊會進參少尹李億
主事金宇鉉姜準永盧載淵金裕章進李明煥入直
商業會議所來報各商民等失敗原因果難明報而矯捄方針情
願政府方在待措中事
又
清商周福齡對我民朴熙楠樓訴查則四百元認許而補曰八千元事
二十六日日曜晴休暇主事盧載淵入直
西署照會本署內石橋土幕僵尸一名收埋費支撥事
二十七日月曜自朝至午或晴或陰曁于夕陽驟雨暴注雙虹

在東無乃爭使耶因韓日新條約詰卯事方在政府大
官庭請封疏各府部院廳皆廢公務主事盧載渊
入直
西署照會里門洞濟衆院治療人病費叔貰理支給事
議政府牒示韓日新條約成立詰卯諸賦輩敎討次本府諸
員一齊會參事
二十八日火曜晴判尹朴 主事李明煥盧載渊進金裕章
請願金宇鉉入直
宮內府來訓儲慶宮內行閣還退價金紙幣貳千貳百圜
送交事

二十九日水曜晴判尹朴 少尹李億 主事李明煥進
金宇鉉入直
本日曉延請諸大官並令法部拘拿懲辦事 詔下疏首
以下各大官皆待 命于平理院而日使伊藤博文十二時十分頃
發還本國晴各官衙門交人日韓國旗事奉承
勅令自內部電飭趙特進秉世氏已於門黜之典命下後待
命於大安門外之時爲日憲兵擁去命退於東門外云云
告示各商民現聞各市廛並行撤閉云未知果否廢業
今日巡檢人心刻日開市各自各業事
三十日木曜晴判尹朴 主事金宇鉉進姜準永

120

五日火曜晴判尹朴 少尹李億主事姜準永李明煥入
進金宇鉉入直
度支部來訓漢城五署內測量事務行將實施先行揭
示使民人咸須知悉事
平理院去照德國人高寧基對我民元興燮所住家屋涉訟一
案辦理如何卽行示明事
南署去照日本駐箚軍司令部構內之園樹木及建築物之折取或
破壞等契分飭禁戢事
漢城去照日本人河野次郎對我民俞瑢模債附金二萬一千五百九十
元據保人金鎭燕兄弟許相當措處事

六日水曜晴判尹朴 少尹李億主事金宇鉉
李明煥進姜準永入直
日館去復日本人橋邊豊藏雇傭人洪俊國所報是
前日張□晉之改補明確則該保證債款理宜
代償事
七日木曜晴判尹朴 少尹李億主事金宇鉉
李明煥進姜準永入直
八日金曜陰雨霏霏入夜風勢稍寒判尹朴 少尹李億
主事金宇鉉姜準永進李明煥入直
開敎保生會來照閔忠正公趙忠正公銅像奉置閭塔洞公園內建築事

121

駐京日本軍司令部來照龍山用地內日人水戶聰明家屋賠償直接當部事
警廳來照青龍亭還宮今閣見留買得於魯相壽慶立標園錢禁止事
九日土曜晴判尹朴 少尹李億主事李明煥金宇
鉉進
南署來照青橋等地男殭屍韓正根一名收埋費支拂事
日館來函中署泥洞居李台史子漢根起送事
內部去報私立普成專門學校長請願東署左龍亭基址
特許設校事
法館去照法人부랑마야強占懿孝殿正門前基址飭還
事

122

十日日曜晴主事金宇鉉入直
十一日月曜晴判尹朴 少尹李億主事金宇鉉姜準永進金宇
鉉入直
法館來復부랑마야係是德國人事
美館來照本國人東來泥由本主清人王酌樓買收西署新
門外大平洞契草家五間願領新契事
德館去照德國人부랑마야強占之懿孝殿正門前基址
飭還事
十二日火曜白雪初來判尹朴 少尹李億主事
金宇鉉李明煥進姜準永入直

內部去報本府主事金裕章請願代金東燁
敍任事視務事
上仝去報漢城五署內居民家契撥給更規
則出給事
十三日水曜晴判尹朴 少尹李億主事金宇
鉉李明煥進姜準永入直
南署來照儲慶宮前男尸一名出埋費支給
事
西署來照西廟前路男尸一名出埋金支給事
十四日木曜晴判尹朴 少尹李億主事金宇鉉姜準永進李明煥入直

123

宮內府去報儲慶宮內行閣冒占家屋還退代金一千三百圓分給
各人而就中金成基加建草一間價日貨出給而清人並家屋二千圓時價
姑未妥決另商訓示事 內行閣冒占家屋契券五枚粘附事
內部去報南署水鐵里石材採取權特許于農業會社員金孝鎭事
又去貫日本北米藏外三名買收新契換給事
日館去照日人安元傳右衛門外五名買收家契六枚換交而就
中畑彌願領新契繳交事
十五日金曜晴判尹朴 少尹李億主事金宇鉉姜
準永進李明煥入直
西署來照本署管內館井洞路邊男殭屍收埋金支拂事

十六日土曜晴 判尹朴 少尹李億 主事李明煥進 金宇
鉉入直
南署來照 犂谷等地新生男兒收埋費支拂事
內部去報 本府主事姜準永不勤仕進 盧載淵屢由
過限職務上有所怠慢 請施以譴責事
十七日日曜晴 主事金宇鉉入直
十八日月曜晴 判尹朴 少尹李億 主事金宇
鉉李明煥盧載淵進 姜準永入直
江華郡來報 李能植田土秋收穀亦出給申
養善事

124

漢城裁判所去照 德國人高平基對元興燮家
涉訟事 卽撤移付與高員事
美館去照 美國人東來汲草家五間新契換送
事
十九日水曜晴 判尹朴 少尹李億 主事金宇鉉
李明煥盧載淵進 姜準永入直
美館來照 新門外盤松坊草家六座以牟利時
名下出交事
內部去報 本府建築費用命令書所爲儀支
事

二十日水曜早晴午晩雪花下飛 判尹朴 少尹李億 主事金宇鉉
姜準永盧載淵進 李明煥入直
日館來照 日本人谷川與一外三名及山下五藏等賣收新契換給事
南署來照 藝洞等地乞男殭屍一名收埋金支撥事
各館去照(日清英美德法義比) 五署內發給官契規則更新矣 另飭賣民等依規換
去事
清館去照 周福齡典執朴熙柄家契 自有商界已例 公拍該家事
二十一日木曜晴寒 判尹朴 少尹李億 主事金宇鉉盧載淵
進 李明煥入直
警廳去照 城門與民家墻壁各項告示黏付事 甚未安 另立

125

板臺 從今以後使民易聞而現出費用 所速示明安判事
西署來照 濟衆院治療人宋明俊金學西兩名收埋費支拂事
宮內府來訓 大笠洞白尙鏞家 清人義順興換契次來府時執留事
又 來訓 儲慶宮內行閣還退則清人所占基址公辦事
度支部來訓 測量講習及第者來十六日內飭集于本部事
二十二日金曜晴 雷始動陽初生乃是冬至月也 判尹朴 少尹李
億 主事金宇鉉李明煥進 盧載淵入直
漢裁去照 本府公錢七千四百十元欠逋之李鍾弼家舍參座
及商品物刻卽執行事
農商工部去報 南署水鐵幕新村後山石材開採認許事

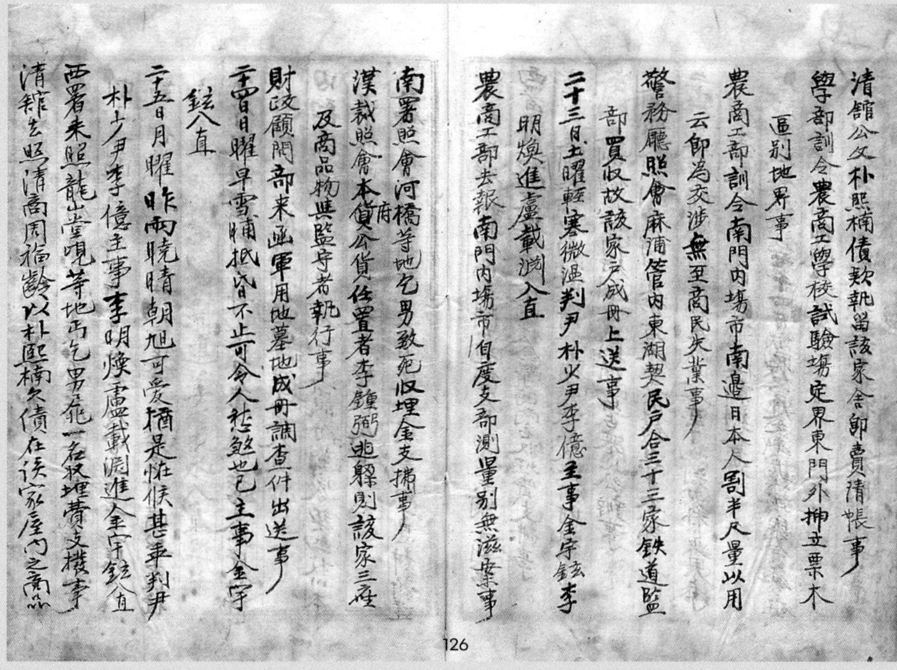
清館公文朴熙楠債欵執留該家舍卽責淸帳事
學部訓令農商工學校試驗場定界東門外揷立票木
區別地界事
農商工部訓令南門內場市南邊日本人割半尺量以用
云卽爲交涉無至商民失業事
警務廳照會麻浦管內東湖契民戶合三十三家鉄道監
部買収故該家戶成冊上送事
二十三日土曜輕寒微温判尹朴少尹李億主事金宇鉉李
明煥進盧載渕入直
農商工部去報南門內場市自度支部測量別無滋擾事
南署照會河橋等地乞男致死収埋金支撥事
漢裁照會府本貨公貨任置者李鍾鄕迎拏則該家三座
及商品物與監守者執行事
財政顧問部來函軍用地墓地成冊調查一件出送事
二十四日日曜早雪晴抵昏不止可令人愁悶也已主事金宇
鉉入直
二十五日月曜昨雨曉晴朝旭可愛猶是恠候甚耳判尹
朴少尹李億主事李明煥盧載渕進金宇鉉入直
西署來照龍山堂峴等地丐乞男兒一名収埋費支撥事
清館去照淸商周福齡以朴熙楠欠債在該家屋內之物

126

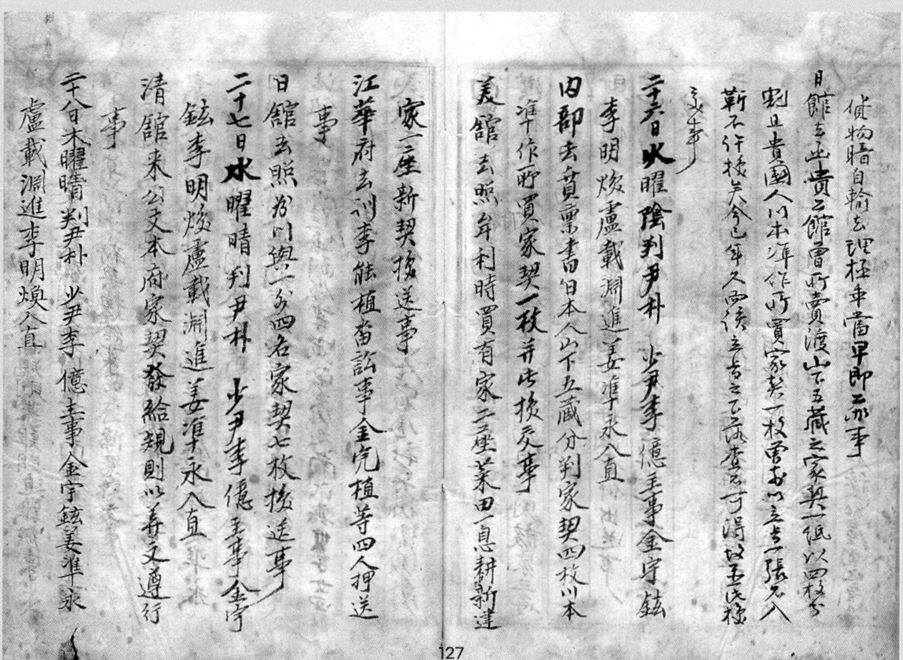
債物請自輸去理極平當卽函示事
日館去照貴之館曾所賣渡山下五藏之家契一紙以四枚分
劃且貴國人川本準作所買家契一枚曾有四之告一張不入
斷不許換矣今已年久而後之告之不流查之可得故玆洗換
之文事
二十六日火曜陰判尹朴少尹李億主事金宇鉉
李明煥盧載渕進姜準永入直
日館去照貴會書日本人山下五藏分割家契四枚川本
準作所買家契一枚并此換交事
美館去照弁利時買有家二座萊田一息耕新建
家一座新契換送事
江華府去訓李能植畓訟事金先植等四人押送
事
日館去照爲川與一外四名家契七枚換送事
二十七日水曜晴判尹朴少尹李億主事金宇
鉉李明煥盧載渕進姜準永入直
淸館來公文本府家契發給規則以漢文遵行
事
二十八日木曜晴判尹朴少尹李億主事金宇鉉姜準永
盧載渕進李明煥入直

127

法館来覆貴府家契發給新規則果難期迫難辨事
美館来照三度家契規則實難同意事南署豆毛坊草十二間
東署草七間半新契換給事
英館来覆家契規則有于英人等斟酌後再行照覆事
二十九日金曜雨判尹朴 少尹李 憶 主事金宇鉉姜準永
盧載渊進李明煥入直
内部来報美國人英吉利衣[illegible]家契換給事
法館来照[illegible]陸軍副領李寅栄夫人及南氏與其子女四
人從前入籍法國事[illegible]
美館来照長老教會買有四座家屋新契換給事

128

内部来照[illegible]三座[illegible]家契[illegible]換
給事
又来訓官[illegible]社服着[illegible]事
三十日土曜日暖如春劃條街路泥濘如海通涉甚艱也判尹
朴 少尹李憶主事金宇鉉姜準永李明煥進盧載渊入直
農部指令陰曆乙巳四五六七月税金領收事
全部指令水鐵幕新村後山石採權不得許施事
美館照覆長老教會買收家屋四座新契換交事
内部質稟書中署寬仁坊長老教會買收家四座換契事
電務課照會前課長李鍾翼電柱購買於日人石井周平丈

使典所當券異於查還推事
三十一日日曜陽曆終歲之月氣候甚驃烈各官衙休暇已是
通行之例也主事盧載渊入直
光武十年一月
一日月曜天氣栗烈終風且曀休暇主事金宇鉉入直
二日火曜飄雪滿空寒威稍弛休暇主事金宇鉉入直

129

[illegible]進来事